All Voices from the Island

島嶼湧現的聲音

左翼自由主義

公平社會的理念

周保松

LEFT-LIBERALISM

The Idea of a Fair Society

獻給我的妻子　翠琪

謝謝風雨同路三十年

目次

前言

左翼自由主義的基本理念是：每個公民都有要求得到國家公正對待的權利。一個公正的社會，必須確保平等公民享有充分的基本自由（basic liberties）、公平的機會，以及足夠的社會和經濟資源，去發展自己的能力和活出自己認可的人生。個人權利、憲政民主、共享發展、社會福利，以及多元文化等制度安排，都可以從這個理念推導出來。這裡的「左翼」，是自由主義的左翼，而不是反自由主義的左翼，追求的是「平等自由人的公平社會」。

這樣一套理論，既反對威權主義和獨裁統治，也反對自由放任的市場資本主義。在中國思想界，右派通常指前者，左派則指後者，而我所倡議的左翼自由主義，卻既反對威權主義，又反對市場資本主義，並嘗試整合自由和平等，作為公平社會合作的基礎。我有這樣的理論關懷，因為政治威權主義和市場資本主義，是我們這個時代面對的最大挑戰。這兩種主義既有複雜的理論建構，也有龐大的政治力量背書，在中國形成所謂「威權資本主義」，為活在制度下的個體帶來雙重壓迫：他們既在政治上失去基本權利，也在經濟上承受各種不義。如何在理論上回應這些挑戰，是本書的主要工作。[1]

本書因此有兩條討論主線。第一條是論證自由民主的可貴，以及批評極權專制的可惡；第二條是分析右翼自由主義（也稱為「自由放任主義」〔libertarianism〕、「經濟自由主義」〔economic liberalism〕或「新自由主義」〔neo-liberalism〕）的不足，指出它為何無法回應「公平社會」的訴求，以及左翼自由主義為何更為可取。這部分尤其重要，因為過去數十年華語思想界的自由主義論述，幾乎全由右翼主導，直接影響人們對自由主義（liberalism）的想像和評價。

讀者或會好奇，既然自由左翼和自由右翼都主張自由和反對專制，那麼兩者最大的理論分歧在哪裡？我長期在香港生活，而香港獲公認為最能貫徹自由放任主義理念的經濟體系。我以下將以香港的發展經驗為例，對此稍作說明。

長期以來，香港社會運動最重要的政治訴求，是「保自由、爭民主」。這意味著，自由是我們已經有的，而民主是我們想要的。自由和民主，是自由主義的核心價值，而香港社運的理論資源，確實由自由主義傳統提供。可是，這個傳統對香港影響最大的，不是政治自由主義，而是經濟自由主義，特別是芝加哥經濟學派的海耶克（F. A. Hayek）和傅利曼（Milton Friedman）。[2]從上世紀八〇年代開始，香港的政界、學界、商界，以及有代表性的媒體，都奉自由市場為圭臬，視之為「一國兩制」中必須保持五十年不變的基本制度。

正因此故，在香港談自由，首要的就是經濟自由，例如財產自由、價格自由、投資自由、商品出入口自由，以及創業和就業自由等。也就是說，政府必須將監管減到最少，同時實行低稅收低福利的經濟政策，貫徹「小政府、大市場」的管治理念。而為了令市場經濟能夠順利運作，也需要其他制度配合，例如完善的司法制度、新聞和出版自由，以及資訊和遷徙自由等。[3]這樣一套以經濟自由為基礎建立起來的自由制度，在香港得到廣泛支持，也獲得國際肯定，例如香港便曾連續二十五年獲評為全球經濟自由度指數第一。[4]

「市場至上」和「積極不干預」的強勢，並非沒有代價。最明顯的，就是香港長期存在大量貧窮人口和出現嚴重的分配不均，情況更持續惡化。[5]以香港這樣富裕的社會，政府只需實行溫和的財富再分配，例如略微提高公司利得稅和個人薪俸稅，又或徵收銷售稅和資產增值稅等，窮人處境已可大大改善。[6]經濟自由主義菁英卻說萬萬不可，因為任何財富再分配都是對自由的傷害，而自由是香港的核心價值。這種論述使分配正義的討論在香港幾無容身之地，甚至連民主派政黨多年來也不敢對市場範式（market paradigm）提出根本質疑。我們因此見不到，或不願意見到，香港繁榮背後極端的社會不公平，以及無數底層人民處於寸步難行的不自由狀態。我們甚至沒有機會好好辯論過，所謂「保自由」，保的是什麼自由，誰的自由，以及須為這些自由付出多大代價。

其次，這些經濟自由主義菁英也不斷勸導香港人，自由是一回事，民主是另一回事，千萬不要混淆兩者。既然香港已經有引以為傲的經濟自由，民主發展便可以循序漸進慢慢來，畢竟自由比民主重要。更甚者，如果我們為了爭取民主而不得不損害自由，就更應該三思而後行。最流行的說辭是：民主骨子裡是民粹主義，香港一旦有了民主，民主派為了討好基層選民，就會向政府施壓，要求大幅增加社會福利，而這樣做的後果，是嚴重限制經濟自由。為了避免這種情況，香港根本就不應該追求民主。一旦接受這種將經濟自由和政治民主對立起來的論調，那麼經濟自由主義者不熱中於爭取民主，也就完全可以理解。

許多人以為，自由主義一定是自由和民主堅定的支持者和推動者。香港的經驗卻告訴我們，經濟自由主義者既不一定為所有人爭自由，也不一定重視我們認為至為重要的政治自由，更不一定真心支持民主改革，至於公平分配和社會正義（social justice）更從來不在他們的考慮之列。這樣的自由主義，成為市場資本主義的代言人和辯護士，結果是後者導致的問題，被人們認定全數來自自由主義本身。自由主義於是被視為既有體制的共謀，失去批判性和進步性。我們因此也能明白，這種支配香港的意識形態，很難為民主運動提供太多有用的道德資源。我們的困境，不僅來自中共打壓，也來自我們自身。[7]

在這種背景下，讀者應能明白，為何我認為我們需要另一種自由主義——一種將平等自由人和公平社會合作放在理論核心的自由主義。這種自由主義不是要取消經濟自由，也不是要否定市場機制，而是認為它們的功能和界限，均須受到正義原則的約束；而正義原則的基礎，則應以公平地保障和促進平等自由人的根本利益為目標。在這幅政治藍圖裡，民主和自由並非對立，而是平等公民實踐政治自由的必要條件，而政治自由不是可有可無，而是個體活出完整而有尊嚴的人生的前提。

這種版本的自由主義，不僅對未來的香港重要，對中國大陸同樣重要，因為要在中國推動民主轉型，我們不可能繼續依賴右翼自由主義，以為只要有了經濟自由，權利、民主和正義就會跟著來。歷史已證明並非如此，因為威權和市場可以緊密地結合在一起，創造出所謂的「中國模式」和「中國道路」。如果要說服人們——尤其是年輕一代——他們仍然有理由做個自由主義者，我們需要告別右翼，尋找新的政治想像。

讀者或會問，這些討論和臺灣有何相干？有的，因為中國威權主義帶來的政治威脅和市場資本主義帶來的社會不正義，也是臺灣今天無從迴避的大問題。而在這個不確定的時代，如何肯定自由民主的制度優勢，以及如何使得公平正義的理念植根於社會，同樣刻不容緩。臺灣的公共文化，本身就已有很多和自由主義相關的道德資源，左翼自由主義不是無中生有，而是嘗試從中提煉出更完整的主張，幫助我們思考一個公平社會應該是何模樣。政治哲學的論述，或許不能對現實政治有即時影響，可是卻能促進我們的自我瞭解，改善我們的公共討論，從而推動社會改良。

本書源起於二〇二〇年，春山出版社希望在臺灣出版我的《政治的道德：從自由主義的觀點看》。該書初版於二〇一四年，由香港中文大學出版社出版，讀者群主要在香港。我最初以為，只要對原著稍作修訂便可大功告成，孰料修訂工作甫開始，我已發覺要完整地論證一種左翼自由主義理論，就必須添補新的觀點，以及調整全書的結構。四年下來，結果全書有近半文章為新作，舊的文章也做了相當大程度的修訂。[8] 這是我不曾料到的結果，過程雖然辛苦，我卻很慶幸能夠

將自己的想法較為系統地整理出來。我在這裡要多謝春山總編輯莊瑞琳和主編夏君佩的耐心等待和持續鼓勵。在這個出版業不景氣的時代，她們願意出版我的作品，我心存感激。我也要多謝香港中文大學出版社願意售出版權，容許原著以新的面貌出現。

本書大部分寫作，是二〇二二年秋天至二〇二三年夏天，我在臺北國立政治大學政治學系擔任訪問學者期間完成。政大說得上是我學術生涯的第二家園，為我提供了舒適安靜的寫作環境。我要多謝系主任陳陸輝教授和葉浩教授的邀請，以及張詠雯女士行政上的協助。我也要多謝政大江明修、黃厚銘、魏玫娟、周家瑜、陳建剛和張其賢等教授對我的關顧。那段日子，我通常在新光路宿舍伏案工作到天亮，然後到樓下「來來豆漿」買一杯豆漿和一個饅頭作早餐；下午醒來後，再去「惜惜咖啡」喝張瑞櫻女士的手沖咖啡，然後黃昏時分和妻子女兒去景美溪散步。我當時已知道，這些尋常，是我最應珍惜的美好。

在臺北期間，除了教學和寫作，我最愉快的時光，是去邵懿德先生在金華街的家，和王浩威、錢永祥、陳宜中、廖咸浩、倪世傑、劉世芳、馬泰然、賈思婷、王維薇等朋友聊天喝酒。懿德的好客和健談，家中的藏酒和藏書，以及那一聽難忘的音響，實在是臺北城中好風景。我也要多謝陳健民、朱耀明、林載爵、詹炳發等朋友對我們一家的照應。我和我的老師石元康先生，在過去三十年，從來沒有停止過嚴肅的思想交流，我要在此多謝石先生的教導和師母蔡美麗老師的鼓勵。在我近年的思想發展上，我最要感謝的，是錢永祥先生給我的各種啟發，以及在我活得最困頓的時候，給我的安慰和支持。

本書部分篇章，曾在《思想》、《二十一世紀》、《中國民主季刊》、《端傳媒》、《明報》等處發表，也有文章收入牛津大學出版社出版的著作，謹此一併致謝。本書部分章節，得到錢永祥、陳祖為、鄧偉生、李敏剛、王邦華等先生提供寶貴意見。陳日東和高重建先生多年來的思想交流和深厚情誼，教我銘感。我也多謝王靖雯幫忙校對。一如我之前的著作，遠在德國的梁采珩小姐為本書做了大量校對工作，並在文句修飾上給了許多寶貴建議。沒有采珩的付出，本書不會以目前的形態出現。

寫作本書期間，我的父親周瑞才先生和博士指導老師碩維教授（John Charvet）不幸先後辭世。他們是我最在乎的人，以前每有新著面世，我總會第一時間告訴他們。此生從此無此調。父親這一生，給了我這個兒子所能想像的最好的愛。去年（二〇二三）六月四日父親走後，一直未曾入我夢，直到我完成書稿那一夜，父親來我夢中對我說，莫擔心，莫擔心，一切都會慢慢變好的。我要謝謝我的母親和三個姊姊，陪伴我渡過這段艱難日子。

最後，我要多謝妻子翠琪和女兒可靜。無論在香港還是臺北，我們都共享一間書房，每天一起讀書一起工作。每完成一章，我總會第一時間告訴她們；每寫到絕望無助，也幸得她們時時為我打氣。沒有她們在身邊，我不可能完成這本書。我謹將本書獻給翠琪，謝謝她這些年來對我的理解、包容和愛護。

香港中文大學忘食齋

二〇二四年六月四日

導論：思想的力量

一

每個公民——每個自由、平等的公民——都有要求得到國家公正對待的權利。[1]這不是乞求，而是人作為社會成員的基本權利；也不是施捨，而是國家對待公民的基本責任。當個體意識到這項權利並努力捍衛時，國家便不能只靠暴力來統治，而必須提供理由來爭取人民的支持。我們擁有的權利，讓我們可以堂堂正正地參與公共事務，理直氣壯地監督政府。

政治的道德性，來自我們視自身為道德存有，並堅持站在道德的觀點去理解和規範政治：政治不應只是利益計算和權力爭奪，也不應只看黨派不問是非，而應重視人的權利和制度的公平。當這種信念植根於公共文化並得到社會普遍認可，我們就不會認為政治與我們無關，而是自覺我們都是國家的主人，開始懂得運用道德能力去評價政治，甚至身體力行去參與政治。這種文化也會為公民社會提供寶貴的思想資源，容許公民運用這些概念和價值去提升公共辯論的品質和改善政府的施政水平。

要求正義的權利，是自由主義的起點。可是，個體為什麼擁有這項權利，因而使得政治必須講道德，並受到正義原則的規範？我們基於什麼理由，相信這些原則可以得到合理證成，並應用到社會基本制度？最後，這些制度具體應該如何安排，以形成一個公平而有效的合作體系？這是本書要探討的主題。

二

政治必須講道德，和我們如何理解人與國家密切相關。一方面，我們理解人擁有自由意識和價值意識，可以對世界做出反思和評價。另一方面，打從出生起，我們便活在國家之中。國家擁有至高無上的權力，要求我們對其無條件服從。面對這一境況，我們就可以合理地問：如果我生而自由，國家憑什麼統治我？

對於上述問題，國家不能說，因為我擁有權力，所以你必須服從。如果是這樣，那就是不需理由和問責的統治，近乎暴政。如果不想這樣，國家就有義務提出理由說服我們，為什麼它享有統治的權利（right），而不是只有統治的權力（power）。從權力到權利，是個尋求「正當性」（legitimacy）的過程，而正當性的基礎，必須是公民經過充分反思後普遍認可的理由。缺乏正當性的統治，往往給個體帶來巨大傷害，例如剝奪人的自由和踐踏人的尊嚴。「政治離不開道德」這個說法，並非描述既有事實，而是召喚一種可以實現的理想：我們希望活在一個有道理可講、有對錯可言、權力須向人民交代的社會。[2]

本書取名《左翼自由主義》，副題為「公平社會的理念」，旨在闡述和論證一種自由主義的觀點，即以構建公平社會為它的最高目標。它要處理的問題是：社會由人組成，每個人有自己的利益和追求，同時每個人又有足夠的正義感願意參與社會合作，那麼國家應該基於怎樣的一組原則，以及建立怎樣的一種制度，才能夠給予每個人公平對待？[3]

這個問題關乎社會制度的基礎，影響每個人的權利和福祉，其重要性自不待言。我在本書將提出我的觀點，並邀請讀者與我一起開展一場知性之旅，看看左翼自由主義如何想像和建構一個公平社會。我提出的理由或許未必能完全說服你，這很正常。真正重要的，不是共識，而是在探索過程中，我們學會如何思考這些問題，看到自己的選擇背後的理由，以及這些理由為何重要。本書分為六部分，每部分都有特定主題。當我們將不同部分整合起來，就會形成一個正義社會的完整圖像。儘管如此，由於每章相對獨立成篇，讀者大可根據自己的興趣自由選讀。

三

第一部分「政治與道德」是全書起點，主要論證政治道德如何可能，以及為何重要。只有對這兩個問題有較為滿意的回答，我們才能進入左翼自由主義的實質討論。本部分有兩個概念特別值得留意，那就是「要求正義的權利」和「反思性認可」（reflective endorsement）。前者是個道德命題，後者是個證成方法。簡單來說，我們作為國家公民，也作為道德存有，有要求得到國家公正對待的權利。而當我們運用這項權利去要求政治時，那些約束我們的制度和法律，就必須得到我們的反思性認可。這裡的「我們」，是指擁有基本理性思考和道德反思能力、在乎自己利益和關心正義，並享有平等地位的公民。個體看似很微小，而國家貌似很強大，可是我們一旦接受個體擁有這項權利，整個社會制度的建構，就不能外在於個體的正義訴求。這是本書的基本立論。

第二至第五部分，是本書主體，我將從不同角度去論證左翼自由主義的基本立場，包括：基本自由的意義及其優先性、個人自主的價值，民主的精神、市場和正義的張力、產權和自由的關係，以及自由主義如何回應多元文化主義和愛國主義的挑戰等。更重要的，是我花了頗多篇幅，去回應右翼自由主義（又稱自由放任主義、經濟自由主義，或新自由主義），包括海耶克、諾齊克（Robert Nozick）和傅利曼等代表性思想家的觀點，從而彰顯左翼自由主義的理論特色。在閱讀過程中，大家當清楚見到，我的思想深受穆勒（J. S. Mill）、柯亨（G. A. Cohen）和羅爾斯（John Rawls）等哲學家影響，而我心目中左翼自由主義的代表作，是羅爾斯的《正義論》。[4]

具體而言，一個自由主義式的公平社會有以下制度特點：主權在民，公民享有一系列由憲法保障的基本自由和權利、普及而平等的民主選舉、滿足機會平等和保障勞工權益的市場經濟、健全的社會福利政策（教育、醫療、房屋、失業和退休保障等）、每個社會成員都能從中受惠的經濟發展，以及建基於平等尊重的多元文化社會等。

這幅圖像背後，反映這樣的信念：每個公民都是國家的平等成員，不管其社會背景和能力高低，都有要求得到國家公正對待的權利。在這樣的社會，沒有人受到制度的忽略、排斥和歧視，也沒有人只是他人或集體的工具。相反，每個公民都應享有充分的基本自由、公平的平等機會，以及足夠的社會和經濟資源，去發展自己的能力和活出自己認可的人生。就此而言，自由是我們的根本利益，平等是我們的道德關係，正義則是平等的自由人公平地生活在一起的基本原則。這三項價值，不是非此而彼，也不是互相對立，而是構成公平社會不可或缺的組成部分。

這樣的自由主義，自然反對威權主義和極權主義，因為它將保障公民的基本自由和權利放在首位，並要求權力必須得到人民的授權。與此同時，它也反對自由放任的市場資本主義，要求政府通過政治和經濟制度上的安排，確保每個人從出生開始，便盡可能享有公平的教育和競爭機會，並在經濟條件許可下，通過稅收和財產分配制度，為所有公民提供完善的社會福利，尤其是關顧弱勢階層的需要，並採取必要措施防止貧富差距無止境地擴大，因為這樣會對民主政治的有效實踐，以及公平的機會平等帶來極壞影響。自由左翼和自由右翼最大的分別，是它將「公平社會的理念」放在首要位置，並從這個角度去看待和規範市場。左翼不是反對市場本身，而是認為市場是社會制度不可或缺的部分，因此不能先於和獨立於社會正義。

本書最後一部分，主題是「往事與時代」。這組文章，記載的是我多年的公共實踐以及對這些實踐的哲學反思，也可說是個人的時代見證。正常的政治哲學著作，不會有這些文章，因為那會顯得不夠純粹和學術。我幾經考慮後，還是決定將它們收錄，一來這些文章能印證我所說的公共哲學的理念，二來我的哲學思考其實離不開這些個人經歷。政治哲學作為一門規範性學科，本身就有實踐的一面，畢竟它不是在描述世界，而是在要求世界。而作為一個自由主義者，活在一個不自由的社會，去到某些關鍵時刻，一如其他公民，覺得有必要站出來表達自己的態度，實在自然不過。這組文章不是冷靜的學術書寫，筆端有我許多個人情感，希望讀者理解。

四

本書的主題，是政治理論，難免牽涉學術名詞，也有各種概念分析和哲學推論，不過，我有一個很大的心願，就是一般讀者也能夠讀得進這本書。所以，在寫作過程中，我很有意識地在做一種寫作實驗，就是盡可能地清楚和明晰。不過，有人或會說，抽象晦澀是哲學的本質，因此最好留給學者在象牙塔研究，普通人既沒興趣、也沒能力思考這些問題。

我不認同這種看法。首先，政治哲學的工作不應只局限於學院，而應面向所有公民，因為它處理的問題，關乎公民的根本利益。其次，認定人們對這些問題沒有興趣，其實沒有道理。多年來，我有許多機會，在不同場合和人們公開討論政治哲學。我發覺，無論是在廣場、咖啡館、書店，還是網路平臺，大部分參與者都對哲學討論有極大熱情，並且能夠提出很有深度的問題。最後，要推動社會轉型，前提是要有大量關心公共事務的公民，而要培養出這樣的公民，活躍的思想討論不可或缺。

這樣一種面向公眾的政治哲學，今天看來可能很不尋常，可是在二千多年前的雅典城邦，蘇格拉底（Socrates）實踐的正是這樣的哲學。蘇格拉底終其一生，都是在雅典街頭，和一般老百姓討論哲學，探究什麼是真理、美德和正義，結果被告上法庭，以「荼毒年青人」及「不相信本邦神靈」的罪名公開審判，並遭五百零一人的陪審團判處死刑。[5]蘇格拉底向我們展現的，就是一種公共哲學：在城邦，以公民身分，用大家能夠理解的語言，和其他公民一起，反思重要的人生和政治問題。來到我們的時代，政治哲學同樣可以在社會發揮類似作用，例如：設定值得社會關注的重要議題、推廣公共說理的精神、理解政治觀念的意義、批評不合理的法律和政策，以及提出社會改革主張等。

公共哲學的工作，有助於公共文化的發展；而公共文化的發展，又對推動社會進步有莫大作用。為什麼呢？我們總是活在某種文化之中，文化會為我們提供必要的思想養分。社會要改變，需要人的行動；人的行動，需要價值和思想的指引；價值和思想，來自我們的公共文化。如果文化本身欠缺足夠的道德資源，人們就很難去做出有意義的反思和批判。此外，政治權力的行使，必須滿足正當性的要求，而後者很大程度上來自全體公民的反思性認可。在反思過程中，公民可援用的道德資源，同樣離不開我們的文化。我們因此須明白，在公共領域從事文化建設，就不是可有可無，而是具有重大的實踐意義。

五

儘管如此，我們也須清醒地認識到，即使政治哲學有它的角色和位置，社會轉型往往需時甚久，而且極為艱難，因為轉型意味著制度的根本改變，遭到既有勢力的頑強抵抗自是理所當然。社會轉型要成功，需要許多條件配合，例如新觀念的傳播、民眾的覺醒、反對力量的形成、公民社會的團結，以及政權內部的矛盾和分裂等。要逐步形成這些條件，需要許多代人的努力，而在最後成功之前，沒有人能夠告訴我們，我們需要為此堅持多久以及付出多大代價。這種不確定性，對活在歷史當下的我們，是很大的考驗。

舉例說，臺灣的民主轉型，相較許多國家已算順利。可是回溯歷史，一九四七年「二二八事件」發生時，一九六〇年《自由中國》被查封及主編雷震先生入獄時，以至一九八〇年「美麗島事件」大審時，相信當時沒有人能夠預料得到，臺灣要到一九九六年，才有第一次民主總統直選。在這個漫長的抗爭過程中，無數人失去家庭、事業、自由和生命，甚至在曙光未見之前，許多犧牲者已在歷史長河遭人遺忘。

既然如此艱難，抗爭者憑什麼堅持下去？最重要的，一定是對某些價值的堅持。他們必定相信，自由和民主是極重要的價值，值得為此付出。他們也必定深信，即使當下遭受重大挫折，也總會有相同信念的人願意接力下去。如果革命只有激情，卻沒有經得起理性檢視的價值，在步入歷史低谷的時候，人們很容易就會自我懷疑和自我否定，認定之前所做一切皆是虛妄，未來所有努力盡是徒然。既然如此，堅實的信念如何建立？這是不容易回答的問題。可能來自我們對人類抗爭史的瞭解，也可能來自友儕之間的互相砥礪。不過，至為關鍵的，是對我們所堅持的價值，有足夠的認識。認識的過程，無可避免牽涉到對各種觀念（ideas）的理解、修正、揚棄和肯定，因為我們的價值體系，由觀念構成。

我年輕的時候，初次讀到伯林（Isaiah Berlin）的〈兩種自由的概念〉，印象最深刻的，是他在文章開首告誡讀者，千萬不要低估觀念的力量，因為哲學家在書房中孕育出來的觀念，可以摧毀一個文明。[6]我當時只覺得這個說法頗震撼，卻沒有很深的體會，直到近年才慢慢明白，那是因為人是觀念的存有。人創造觀念，然後通過觀念瞭解自我和認識世界，並為行動賦予意義。觀念一旦改變，我們看世界的方式就會跟著改變。觀念的革命，才是最根本的革命。

誠然，任何觀念的產生、成長和衰落，不會無緣無故，而是有特定的社會脈絡和歷史條件。可是，一個觀念的內在理路和價值意涵為何，確實有賴從事觀念工作的人的知性努力。最明顯的例子，是自由。自由是人人珍惜的價值，在社會運動街頭，許多人都會大喊「為自由而戰」。可是，自由卻是個一點也不簡單的觀念。在西方思想史上，從霍布斯（Thomas Hobbes）、洛克（John Locke）、盧梭（Jean-Jacques Rousseau），到康德（Immanuel Kant）、黑格爾（G.W.F. Hegel）、馬克思（Karl Marx）、穆勒，再到當代的伯林和羅爾斯，就各有不同的關於自由的學說。如果自由對我們重要，我們到底在談什麼版本的自由，就是須先弄清楚的問題。只有在這個基礎之上，我們才能確切知道，我們什麼時候是自由的，實現自由需要什麼制度條件，以及不自由的狀態為何如此難以忍受。

我們至此可以總結說，理解政治觀念的起源和意義，在公民社會耕耘這些觀念，以及運用這些觀念去詮釋和批判世界，就不是可有可無，而是社會改變的前提。在此意義上，只要我們不缺席於時代，政治哲學就永遠不會來得太遲，思想就必然有它的力量。[7]

第一部分

政治與道德

1 政治道德之必要

我們一出生，便活在國家之中。國家制定法律，設立制度，擁有權力，並要求我們無條件服從。作為有反思能力和價值意識的存在，我們就有完全正當的理由質問：既然我們生而自由，國家憑什麼可以統治我們？這是自由人的「政治道德之問」。

我們會問這個問題，因為我們清楚，國家作為政治組織，並非自然秩序，而是由人建立起來的政治秩序。我們同時相信，作為獨立個體，我們沒有任何天然的、非如此不可的政治義務，必須聽命於國家。為什麼呢？因為我們相信人生而自由，任何加諸我們身上的限制，都必須要有合理的理由。不願給出理由，或給出的理由完全沒有道理的統治，只是建基於暴力的暴政。

換言之，我們是在提出一個關於政治道德（political morality）的根本問題：國家權力的行使，必須滿足某些道德要求。這意味著，我們理解自身為道德人，可以自由運用我們的理性能力和道德概念，對政治做出反思，要求政治秩序必須同時也是一種道德秩序。只有這樣，我們才談得上有服從國家的義務。這個信念，是政治哲學的起點，也是本書的關懷所在。

一

所謂政治必須講道德，說的是國家的制度安排和公權力的行使，必須以道德規範為基礎。這些規範不是源於暴力、謊言和恐懼，而是來自我們能夠合理接受的理由。只有當這些理由得到政治社群成員的普遍認可，國家才說得上具有政治正當性（political legitimacy）。正當性體現的，是國家和人民之間的道德信任。當一個社會出現正當性危機（legitimacy crisis），也就意味著國家失去人民的信任，從而產生一種道德斷裂。

這種觀點卻受到政治現實主義者的質疑：政治遊戲的本質，是權力的爭奪和分配，每個參與者都是自利主義者，唯一的動機，就是用盡各種必要的手段，為自己及自己所屬團體謀取最大利益。以道德來要求政治，其實誤解了政治的本質，是不務實和不成熟的表現。這種想法相當普遍，以至許多人總會將「政治」等同於「爭權奪利」和「不擇手段」，有極強的負面意味。既然如此，強行要求政治講道德，就是緣木求魚，必然徒勞無功。

我認為這種想法並沒道理，也不符合我們在公共生活中的道德經驗。首先，我們毋須否認，政治活動的過程，必然牽涉到黨派角力和利益之爭。即使在成熟的民主國家，這樣的事情也是屢見不鮮，因此令人對民主政治失去信心。可是，我們不應以為這些就是政治的本質，又或以為這些就是政治的全部。

為什麼呢？因為實然不等於應然。我們不能說，因為現實政治充滿各種各樣的不好，所以這些不好就是必然。剛好相反，正因為我們見到政治中的不合理，這些不合理給我們的生活帶來很大傷害，才希望努力改革和完善制度，約束各種由於自私和貪婪帶來的政治之惡，並更好地保障我們的權利和福祉。如果我們一開始便認定政治沒有對錯可言，也不相信政治有變好的可能，那麼我們不僅是對政治絕望，也是對自己絕望：我們不相信憑著我們的努力，可以建設出一個更公平的社會。

事實上，回看西方政治思想史，從古代的柏拉圖和亞里士多德（Aristotle），到啟蒙時代的洛克、盧梭和康德，再到近當代的馬克思、穆勒和羅爾斯等，儘管彼此立場各異，可是卻都關心怎樣才能建立起一個合理的社會秩序，使得所有活在其中的人能夠獲得公平對待。而現代政治的核心價值，例如自由和平等、憲政和民主，以及權利和正義，在過去數百年，也通過一波又一波的思想革命和政治運動，為世界帶來根本改變，並推動社會進步。來到今天，綠色思想、女性主義、動物權利、全球正義等理念，同樣在挑戰舊的政治範式，催生新的社會變革。由此可見，政治觀念一直在人類歷史發展進程中起著重要作用。

更重要的是，我們活在國家之中，政治絕非身外事。事實上，推動我們關心和參與政治的理由，往往不是因為對自己有什麼好處，而是出於我們的正義感。我們批評時政，因為覺得那樣不合理；我們走上街頭抗議，因為覺得政府做錯了。遠的不說，只要看看過去十年，香港那浩浩蕩蕩的社會運動，無數港人為此付出沉重代價也不言悔，自是清楚不過。他們為什麼要那樣做？如果你在抗爭現場，可能最多人會告訴你，那是為了自由和尊嚴，而最荒謬的說法，是認為他們收了金錢或受了煽惑。須知道，當人們有意識地基於政治信念而參與公共行動，他們就是具備反思能力的獨立主體：清楚行動的理由，並願意承擔起相應的責任。

我們因此可以總結說，如果有人把道德和政治割裂，並把政治簡化為權力和利益的爭奪，就既違背經驗事實，也貶低人的價值和政治的意義；而當這種觀點獲大眾毫無保留地接受時，就可能出現可怕的「自證預言」：道德從政治退場，愈來愈多人相信政治行為沒有是非對錯可言，自利、冷漠、犬儒日漸成為人們面對政治時的普遍態度。這種心態，會令人們不再覺得政治有變好的可能，也不認為自己有參與政治的權利和義務，最後剩下來的，很可能就是人們最初所預期的暴力和欺詐，並不得不承受這種壞政治帶來的所有後果。

二

讀到這裡，有人或會有以下疑惑：即使政治制度是人為的，而人又有道德思考的能力，為什麼政治制度的設計和政治權力的行使，就必須受到道德規範的約束？要回答這個問題，我們有必要先後退一步，思考一個更為根本的問題：到底在怎樣的環境中，政治才會出現？

政治活動之所以必要，最為基本的原因，是人們渴望生活在一起。群居能帶來許多好處，例如通過分工合作和互相照應，我們可以享有更安全的社會環境、更充裕的物質條件、更豐富的文化生活，以及更健全的社群關係。如果一個人一出生便孤零零活在荒島，為了生存，他可能需要許多別的東西，但卻不需要「政治」，他甚至沒有「政治」的概念。政治，關乎人與人如何活在一起。

可是，故事到此尚未結束，因為人雖然想活在一起，卻會有各種爭端。最明顯的例子，是每個人都希望在合作中，為自己謀取最多的好處（例如土地和食物），可是社會資源總是相對稀缺，難以滿足所有人的要求，因此，對於在合作中應該分到多少份額才算公平合理這個問題，每個人會有很不同的想法。[1]此外，我們難以否認，人性中雖然有良善、慷慨、正義的一面，可是也有貪婪自私、求名逐利、好勝嫉妒的一面，因此很容易發生爭執。最後，人不僅有物質需要，也有精神需要，所以會相信不同的宗教和哲學，而不同信仰的人活在一起，價值和文化上的差異往往產生嚴重衝突，甚至為此發動戰爭。[2]

在這種背景下，我們的群體生活遂經常面對這樣一種處境：一方面，合作能夠為每個人帶來好處；另一方面，人們又會因為利益和信念的差異而產生各種矛盾，使得合作不穩定，甚至破裂。為了避免這些衝突，我們必須建立一套所有參與者都能理解和接受的「遊戲」規則：通過這套規則，界定成員的權利和義務，決定資源的分配方式，解決可能出現的衝突，並建立起一個公平、穩定的社會合作體系。[3]這套規則，就是國家制度的基本政治原則。

在現代社會，這組政治原則往往體現在國家憲法，而法律要有約束力，就必須有強制性的權力在背後支持，包括軍隊、警察和法庭。對於「什麼是國家」，德國社會學家韋伯（Max Weber）給了這樣一個定義：國家是特定領土內的人的聯合體，而且是聯合體內唯一可以正當使用武力要求人們服從的組織。[4]由此可見，政治確實離不開權力，因為法律的權威和制度的運作，需要國家這臺機器去維持，而國家權力的行使，往往具有非常暴力和不近人情的一面。

有人或會因此認為，人類群居最理想的方式，是沒有國家和法律的「自然狀態」(state of nature)：人們想做什麼就做什麼，不受任何約束和限制，從而享有完全的自由。這是某些無政府主義者的主張。不過，十七世紀的英國哲學家霍布斯卻早已指出，在這種無政府狀態下，一方面每個人都會努力為自己謀利益，另一方面卻無法保證自己不會受到他人攻擊，於是，為了自保，人們會選擇互相攻擊，從而導致非常悲慘的「戰爭狀態」(state of war)。[5]所以，即使從保障個人生命和自由的角度出發，我們也應接受國家存在的必要：我們需要這樣一個政治權威來確保和平與秩序，使得穩定的社會合作變得可能。

由此觀之，政治的核心問題，不是要不要國家，也不是如何取得和行使權力，而是要怎樣的國家，以及權力如何才具有正當性。我們關心的是：從道德的觀點看，怎樣的國家制度，才能公正對待所有公民，以及行使國家權力的人得到合理的授權和監督。

三

為什麼制度的正當性如此重要？因為制度對我們影響深遠。我們一出生，就活在制度之中，而制度在很大程度上決定了我們享有多少自由，擁有什麼機會，分得多少資源，承擔何種義務，以至活出怎樣的人生。[6]因此，我們須明白，沒有所謂中立的制度：政治制度總會以這樣或那樣的方式，約束和模塑我們每個人的生活。好的制度，令我們活得安全、自由，能力得到充分發展，並感受到人與人之間的平等尊重；相反，壞的制度，往往帶來壓迫、歧視、異化，令人無法活出自主而有尊嚴的生活。

是故，我們千萬不要輕易說，政治與我們無關。只要活在國家之中，政治就無處不在地影響我們。政治不是社會諸領域之一，而是所有領域的基礎，其他領域必須受到政治制度的規範和約束。例如，經濟領域中的生產和分配方式、宗教領域中教會的權力與信眾的權利、教育領域中的課程內容與考試制度，以至家庭領域中的婚姻關係，種種看似和政治無關，可是它們的運作規則卻全由國家制定。規則一變，我們的生活就跟著改變。我們可以將此稱為政治的優先性。

一旦清楚這點，對於有自由意識的獨立個體來說，政治權力的正當性問題就變得極為重要——尤其當我們知道，制度是人為的，並沒有所謂必然的、永遠無法改變的制度。我們的正當性之問，不是從階級、政黨、信仰或形形色色的集體身分來問，而是作為有自由意志、有反思能力，還有自己人生追求的道德人的角度來問。當所有人都接受這樣的身分，同時相信我們都有要求得到國家公正對待的權利，政治就不是一種外在的力量，而是內在於我們的集體生活。

我們需要學習告訴自己，也告訴彼此，國家屬於我們每個人，我們是國家的主人，因此國家需要被問責，是理所當然的事。這是一種政治範式的轉移：我們不是奴隸，是主人；我們不是臣民，是公民。既然如此，用盧梭在《社會契約》的說法，只有當國家把「力量轉化為權利，服從轉化成責任」時，權力才有正當性可言，我們也才有服從的義務。[7]

既然公民有能力也有權利對政治做出道德評價和提出道德要求，那麼公民對國家制度的反思性認可，就是實現權力正當性的重要條件。一個愈重視政治道德的社會，就愈有機會形成公開、透明、問責，並具批判性的公共文化。這種文化愈成熟，活在其中的個體，就愈有可能協調個人自由與服從國家之間的張力，建立起個人與國家之間的信任，並對國家產生發自內心的認同。

當然，即使我們同意政治道德之必要，卻不表示我們對於政治原則的實質觀點，能夠輕易形成共識。在現代多元社會，我們必須接受，在許多重大的政治和倫理議題上，我們往往很難形成共識。儘管如此，卻不表示因此便要放棄公共對話。相反，持不同政治觀點的公民，都有責任將自己的立場，好好論述和論證出來，並用理由說服別人，為什麼他們所描繪出來的政治制度，值得大家追求。只有這樣持續的對話，我們才能建立起公共說理的政治文化，拓闊我們的政治想像，以及提升公民的社會參與意識，我們的社會也才有可能朝著公平、進步的方向發展。

2 較真的政治

這個學期我教的一門政治哲學課，學生坐滿兩百人的課室，熱鬧得很。我在第一課上說，政治離不開道德。政治的終極關懷，是建立合理的制度，藉此界定公民的權利和義務，公平分配社會資源，妥善解決各種紛爭，從而確保人們能好好一起生活。沒有道德的政治，政府將難言正當，社會將難言穩定，人與人之間也將難言建立互相信任的合作關係。

有些同學聽完，眼中充滿困惑：政治的世界，難道不是只有赤裸裸的權力爭奪和利益算計嗎？對著政治說「道德」，要麼是偽善，要麼是傻瓜，要麼是徒勞。偽善也者，是認為道德只是權力的包裝，又或虛假的意識形態，專門用來欺騙無知大眾。傻瓜也者，是因為人性自利，所有人做事的動機都是為了個人利益。與自利者談道德，好聽是過於理想，不好聽是天真無知。徒勞也者，是即使我們想談道德，也將無從談起，因為道德一如人的口味，主觀相對，沒客觀理由可言，注定流於自說自話。

這三種態度，問題性質並不一樣，卻往往混雜在一起，導致人們對「政治道德」整體不信任，因而認為在關乎所有公民福祉的公共議題上，道德論述不可能在場。如果這種說法成立，那麼即使我們同意前一章所說的「政治道德之必要」，用道德來規範政治也是不可能的。我將在本章反駁這些觀點，因為它們無法合理解釋我們真實的道德經驗，同時會帶來難以接受的政治後果。

一

讓我從我教的這門課談起。政治哲學作為一門規範性的理論學科，既不容易讀，更談不上有什麼即時可見的實用價值，那為什麼還會有那麼多同學有興趣來修讀呢？不少同學告訴我，他們覺得這個社會有太多的不公不義，卻不懂得如何去改變，故此希望通過這門課來尋找答案。

我於是問，所謂「社會不正義」具體是指什麼？同學馬上會說，這個實在多不勝數，例如香港沒有民主選舉，言論、新聞、政治自由受到各種限制，社會貧富懸殊，以至教育機會上的不公平和階級流動緩慢等。我再問，你們這些判斷的基礎是什麼？大家於是提出各種理由來為自己辯護，例如：不民主的制度剝奪人的政治選擇權利；新聞不自由限制公民的知情權；貧富懸殊導致各種社會問題，並對弱勢社群不公平；教育機會不公則令許多貧窮家庭的孩子，一出生就已輸在人生的起跑線。討論繼續，意見紛陳，大家逐漸意識到自己最初的判斷並非完全合理，於是一邊回應同學的質疑，另一邊修正自己的想法。

討論到相當程度後，我通常會請大家停下來，就前面的發言做一點後設反思。例如，我會問：

為什麼你會如此在乎和堅持自己的觀點才是對的？當你和別人辯論時，你如何能夠堅信你所提出的理由，是別人可以接受甚至應該接受的？面對這樣的提問，同學們很快便意識到，既然他們如此認真對待自己的觀點，認真到一個地步，要特別走來修讀這門課，希望能夠找到正確的答案，甚至因此坐而起行去從事社會抗爭，那麼他們就不可能說自己偽善，不會形容自己為傻瓜，更不會接受自己的努力注定徒勞。

為什麼呢？因為這些關於社會是否正義的道德判斷，是他們自己經過自由討論和理性反思之後得出的結論，有實在的理由在背後支持。因此，他們不會說自己所做的政治判斷，只是一種自欺欺人的意識形態，或出於自利之心，又或純屬個人主觀喜好。因為這樣的話，就會和我們理解自身為「認真對待自己信念的道德主體」產生嚴重的不一致，並否定自己的初衷。要知道，當我們真誠地做出道德判斷，我們總是相信那是有理由支持的。這些理由來自我們認同的價值，同時，這些價值也可以被他人接受；萬一不行，我們也可以將道理說清楚，並令其他同樣願意講理的人看到我們的理據。更重要的是，一個在乎信念的道德人，會要求自己活在真實之中，所持信念經得起理性考驗，並且願意將原則實踐於生活。

換言之，當這樣的主體去評價和要求政治時，他不可能輕率地認為政治道德是不可能的，並抱持一種懷疑、嘲笑、自以為看透世情的犬儒態度來看待道德在政治中的角色。他不能接受自己這樣，也不能接受自己生活的世界變成那樣。我相信，每年來修讀政治哲學的年輕人，絕大部分是這樣的人。當然，我這裡並不是說，這些同學所做的判斷就是真的和對的，而是說，我們一旦如此理解和要求自己，就已進入一個政治道德產生約束力的規範世界，我們就不再可能是犬儒主義者和虛無主義者。至於這個世界中哪些判斷更為合理，就要看提出的理由在多大程度上經得起理性的檢視。

二

對於上述說法，有人或會回應，他們覺得政治道德不可能，指的不是他們自己，而是每天面對的現實政治。簡單來說，無論我們對正義有多麼強烈的渴求，現實政治卻總是令人失望，失望到一個程度，教人覺得政治和道德分屬兩個世界，有著完全不同的「遊戲規則」，以至我們作為個體的道德訴求對政治權力操作不能產生任何影響。無可否認，這確實是不少人對政治的感受。以香港為例，在公民自發的民主運動一次又一次遭到無情鎮壓後，許多人對現實感到絕望，認為所有的公共努力終注定徒勞，於是要麼選擇移民離開，要麼從此遠離政治。

為什麼人們會有這種感受？很明顯，這種對政治的絕望，其實沒有否定政治道德本身，只是由於現實過於晦暗，離大家想要的正常社會太遠，因此人們才會有這種反應。如果討論下去，我們將發現，失望和憤怒的背後，有著人們對於合理政治的渴求，例如：法律面前人人平等，政府公平廉潔，公民權利受到保障，弱勢社群得到照顧，以至政治人物要有基本的道德操守等。既然有這種要求，那麼最合理的做法，是大家團結起來，一起去爭取改變制度，而不是默默忍受壞政治強加在我們身上的各種枷鎖。

事實上，許多國家都曾經歷過不同形式的極權或威權統治，並在艱苦抗爭後才完成民主轉型。絕大部分的制度改變皆非僥倖所致，而是有賴公民努力不懈的參與，甚至好幾代人的付出與犧牲。我相信，抗爭者在爭取民主的時候，往往抱持這樣的信念：國家是我們的，權力來自人民，參與政治是我們的權利；壞的政治並非必然，而是人為造成；我們有能力證成正義原則，並使它實現於制度。換言之，面對現實政治的不義與醜陋，我們身在其中，總是可以有兩種選擇：要麼逆來順受，要麼努力求變。

有人或會繼續質疑：道理雖是如此，可是體制的高牆實在太厚，個體的力量實在太小，再加上「囚徒困境」(prisoner's dilemma)和「搭便車問題」(free-rider problem)等理性選擇的局限，個體根本無從團結起來挑戰「高牆」。[1] 一旦明白這些局限，我們就該知道，無論我們對政治現狀有多大的不滿，卻總是不得不站在政治的外面，無力影響體制。我們最多就是圍觀和調侃，卻不可能參與其中。真正的局中人，只會通過暴力和權謀來統治，為自己及所屬政黨謀取最大利益，絕對不會跟你講道理。

這種觀點雖很普遍，卻不見得合理。第一，如果高牆真的永遠無法撼動，個體所有努力注定徒勞，我們就無法解釋，民主政治為什麼會成為現代世界的潮流。畢竟，在民主尚未到來之前，許多國家都處於極權或威權統治之下，統治者用盡各種方法打壓人民的力量，可是最後都以失敗告終。遠的不說，南韓和臺灣的民主運動，就是最好的例子。如果在歷史低潮的時候，兩地人民不相信有改變的可能，不堅持自己的信念，很可能就不會有今天的民主果實。

吳乃德在總結臺灣民主運動經驗時，便有這樣的觀察：「反抗運動，不論是反殖民運動、民權運動、還是民主運動，最大的實力都是運動的道德性。反抗運動、或非武力抗爭最重要的原則即是，不斷地犧牲、不斷地挑戰，直到統治者完全失去合法性和道德性，而不得不妥協。」[2] 劉瑜在探討韓國的民主轉型時，同樣指出它是一場政治觀念驅動的變革，尤其是「主權在民」的想法得到不同階層的廣泛認同，逐步形成全民抗爭的局面。她由此指出：「觀念的水位如何影響制度的變遷？簡單來說，就是不斷提高舊制度的運轉成本，使其高到不可能再繼續運轉。」[3]

是故，所謂高牆永不會倒，抗爭注定失敗的論調，根本經不起歷史的檢驗。改變為何可能？原因有許多，不過至為關鍵的一點，是政治乃人的活動：人的主觀能動性，包括人的信念、意志和行動，以及人與人之間的互相激勵，都會影響政治的發展。印度聖雄甘地（Gandhi）、美國黑人民權領袖馬丁．路德．金恩（Martin Luther King Jr.）、南非反種族隔離領袖曼德拉（Nelson Mandela），以及捷克劇作家哈維爾（Vaclav Havel），都是改寫歷史的代表人物。他們都曾受到政治迫害，甚至坐過多年牢，卻在大部分人感到絕望的時候，給人堅持下去的信念和希望。當然，歷史上也有不少抗爭失敗的例子，例如中國大陸的八九民主運動，和香港近年的雨傘運動和反修例運動，雖然有成千上萬的人參與，最後還是遭到無情鎮壓。

我這裡不是以成敗論英雄，而是想指出，擁有堅定道德信念的抗爭者，往往在改變不義體制的過程中起到關鍵作用。即使一時成果不彰，他們的努力也不會白費，反而會激勵更多後來者，並為社會累積起寶貴的抗爭經驗。社會轉型不可能一時半刻便見成效，而是漫長的集體學習的過程：學習新的觀念，學習組織和聯結，學習求同存異，以及學習在困境中保持意志和韌性。

第二，即使在最艱難的處境，我們也不應自視為政治上的局外人，並因此而放棄努力，因為我們作為道德主體的集體行動，即使看來微不足道，但只要堅持下去，早晚會對政治產生影響。記得在上一章我們說過，政治的核心問題是權力的正當性問題。正如盧梭所說，除非統治者能將力量（strength）轉化成權利（right），服從（obedience）轉化成義務（duty），否則就不可能得到人民長期真心自願的支持。[4]在現代開放社會，國家的正當性不可能再建立在暴力、恐懼和謊言之上，亦不可能訴諸神祕的宗教或古老的傳統，而必須訴諸公開的理由，並得到公民的反思性認可。否則，這個國家就會陷入正當性危機。

這種正當性的約束力從哪裡來？為何統治者有責任向被統治者證明自己具有統治的權利？那必然是因為自由、平等的人民有所要求，從而對統治者構成一種「正當性壓力」（strains of legitimacy）。如果一國之民根本不關心政府的管治是否正義，總是默默忍受政府所作所為，政府被人民問責的道德壓力就會變得很小，濫用權力的機會就會變得很大。是故，我們沒有理由自我放逐，令自己變成國家的局外人，因為這樣做往往導致更大的壓迫。

事實上，暴政有一種聰明的治術，就是將政治從我們的生活世界異化出去，於是我們明明活在政治之中，政治卻與我們無關，我們的生活遂失去公共性。這樣的政權，往往會大力鼓勵人們吃喝玩樂，盡情消費，卻嚴厲禁止人們參與公共事務，並運用各種手段將個體趕到無法與他人進行公共交往的私人領域。久而久之，人們就會習以為常，以為沒有公共討論、結社組黨、遊行集會、投票選舉的生活，本身就是正常的，沒有任何不妥。可是，我們要知道，沒有公共生活的人生，不足以言完整，更不足以言美好，因為我們公民身分最重要的部分，被硬生生剝奪。

作為政治社群的公民，我們理應活在政治之中而非政治之外，並有參與公共事務的權利。要打破這種困局，我們就必須在道德上較真，不犬儒不冷漠，相信公共議題皆有好壞對錯可言，並要求政治權力向公民負責。在我們的時代，我們迫切需要一種較真的政治：愈較真，我們就愈能看到道德在公共生活的力量，也就愈能克服我們的無力感。

三

討論到這裡，或會有人提出更為根本的質疑：以上所說都是基於一個前提，就是人事實上是道德存有，並在乎政治道德，可是實際上真的如此嗎？我們見到別人用不正當性手段獲得各種利益，心生不滿，難道不只是因為自己沒有那麼幸運？我們奉公守法，難道不是因為外在壓力而迫不得已服從？這些質疑驅使我們回到最初的問題：會不會自利才是人的真本性，道德只是外在的偽裝而已？

當人們如此聲稱時，好像在描述一項自然事實，這項事實意味著，自利才是人的正常和真實狀態，所謂道德只是一種迫於外在壓力而不得已的屈從。既然如此，要求個體去追求政治的道德，就是違反人性的非理性之舉。問題是：我們真的是如此活著嗎？我們又應該如此活著嗎？我認為兩者皆否。

人作為道德存有，有四種基本能力。一，能使用道德語言去理解世界；二，能運用道德語言去做價值判斷；三，能根據價值判斷去做出道德行動；四，能在道德行動中產生相應的道德情感。在一個正常社會，當人們自小培養出這些能力，並在生活中運用這些能力去反思和行動時，他們就是具備自主能力的道德主體。

這不是什麼特別的事，因為我們每天都在進行各種各樣的道德判斷和道德行動，例如：反對暴政、珍惜自由、爭取人權、嚮往民主、抗議暴力、痛恨貪腐，以及重視正義。我們也尊敬師長，愛護家人，對朋友守諾重義，對弱者同情憐憫，甚至關心動物權益和自然生態。當我們受到不公平的對待，會義憤填膺；遭到歧視，會自尊受損；做了錯事，則會深懷歉疚。又例如我們在網路就某些公共事件與他人爭論，儘管意見分歧，也會嘗試用心聆聽，尊重異見，用理由去說服別人，而不是靠謾罵去羞辱對方。即使有時做不到這樣，我們也大多會同意，這是值得我們追求的人際關係。

換言之，我們從出生起，就已經活在各種各樣的道德關係之中，並在這些關係中建立和肯定自我，瞭解和承擔對他人的道德義務，並在不懈的道德探索中尋找活著的意義。道德不是外在之物，而是我們存在的基礎。如果有人一下子將我們的道德語言、判斷、行動和情感的能力通通拿走，我們將無從認識自己，因為定義我們自身最為根本的東西將不復存在。

許多人一談起道德，就會想起道德說教，或政治洗腦，因此心生抗拒。這是很大的誤解。反對某種道德教育的方式或某種道德教條，和反對道德本身是兩回事。前者是我們平時經常做的事，社會每天也充斥著各種各樣的道德爭論。可是當我們批判某種特定的道德觀點時，我們是基於另一種我們認為更合理的道德觀，而不是站在道德之外的虛無之地。這種批判性，正好反映人是具有反思能力的道德主體。因此，我們應該努力在社會發展和累積批判性的道德資源。這些資源愈豐厚，社會進步就愈有可能。

四

當然，即使以上所說為真，也不表示人沒有自利的一面，更不是說人不會因為自利而做出傷害他人的行為。人作為擁有自由意志的存有，自然有作惡的可能，並須為此承擔起應有的責任。這不難理解，因為人雖有正義感，卻不表示它在任何時候都能發揮作用，推動人們行正義之事，並無條件地給予正義優先性。正因如此，人格培育和道德教育，才對我們如此重要。

不過，我們也須留意，人在多大程度上發展出自己的道德能力，不僅和個人選擇有關，也和我們活在怎樣的制度之中有關，因為人生下來就受到制度的模塑和制約，制度因而影響我們的動機和行動。舉例說吧，如果制度本身很不公平，既不能給予每個人所應得的，又不能給予公民平等的尊重，那麼人與人之間就很難建立互信和互助的關係，個體也會欠缺服從制度的道德動機。

因此，我認為，一個理想的社會，應該能讓每個人自自然然做個正義的人，快快樂樂過上有德的生活。在這樣的世界，我們能感受到尊重、關懷、信任、公平、誠實、正直、惻隱、付出、自由和愛。實現這些價值的生活，才是美好的生活；要有這樣的生活，不能單靠個人的運氣和努力，更需要正義的制度。

有人或會回應說，你的觀點或許有理，但我們卻無法走出這樣的困局：要過上美好的生活，就需要公正的制度；要建立這樣的制度，就必須要有願意參與社會改變的積極公民；可是生活在充滿不義的社會，誰會願意做這樣的公民呢？是的，要打破這種困局，確實需要有更多覺醒的公民，認同政治道德的重要，願意在條件許可下，一起去建設公共文化和累積道德資源。這不是容易的事，卻值得我們努力。

事實上，我們不是活在一個無縫的封閉時代，以至於權力可以肆意支配我們的思想。閱讀歷史、吸收新知、參與公共生活，以及對世界保持好奇和批判，都有助於我們成為獨立自主的個體。我們每天在道德上較真，儘管看來多麼微小，都在完善自己和改變世界。我們活在世界之中，我們改變，世界就跟著改變。

3 反思性認可與國家正當性

在前面兩章，我們討論了政治道德為何必要，以及政治道德如何可能，並且把國家的正當性當作我們的首要考察對象。[1] 這主要是因為我們一出生就已活在國家之中，國家擁有制定和執行法律的權力，從根本處影響我們每個人的自由和福祉。我們作為擁有反思能力的自主個體，遂有合理的理由問：國家必須滿足什麼條件，才享有統治的權利，並值得我們擁護和服從？讓我們稱此為「正當性問題」(legitimacy problem)。

正當性問題之所以重要，在於我們一旦意識到自己是自由人，並且視自由為重要價值，就不可能對國家的存在無動於衷——它可以隨時運用權力限制我們的自由。正當性問題要處理的，是個人自由和國家權力之間的關係。我們希望知道，到底在什麼情況下，個人自由才可以受到合理限制。我在本章將提出一項具普遍性的證成原則：政治權力的行使要有正當性，當且僅當它能得到自由而平等的公民廣泛的反思性認可（reflective endorsement）。

一

首先，什麼是國家？作為一個由眾多個體在特定領土範圍內組成的政治聯合體，國家有什麼特點？自由主義之父洛克在《政府論》中提出一個很有代表性的定義：「政治權力就是為了規定和保護財產而制定法律的權利，判處死刑及一切較輕處分的權利，以及使用共同體的力量來執行這些法律和保衛國家不受外來侵害的權利；而這一切都只是為了公共福祉（Public Good）。」[2]

洛克這裡說的「政治權力」，也即國家，至少包含四項元素：一，國家的基礎是法律，有了法律才有所謂政治秩序，而國家是最高的立法者。二，有了法律，就必須確保所有人遵守它，國家因此也是法律的執行者，並且壟斷使用武力的權利。三，國家存在的主要目的，是更好地保障和促進所有人的利益，特別是人的生命、安全、自由和財產。四，國家不僅擁有權力，更聲稱具有行使這些權力的權利，也即是說，它的存在本身是有正當性的，而非僅建基於利益交換或暴力威嚇。[3]

洛克這項關於「國家」的定義，目的顯然不是為現實世界中存在的國家提供概括性描述，而是對國家應有的角色和功能，做出規範性要求，而其中至為重要的，就是國家必須建立它的統治正當性，使得人們普遍接受它享有制定和執行法律的權利。[4]這種由國家獨享，主宰所有人的自由和福祉的絕對權力，必須要有合理的理由支持。

既然如此，這種統治的權利從哪裡來？洛克認為這是政治至為根本的問題，是故他的《政府論》下篇題為「論公民政府的真正起源、範圍和目的」。[5]洛克認為，要回答這個問題，可以想像我們活在一種沒有國家的「自然狀態」(state of nature)：沒有政府，沒有制度，也沒有一個大家認可的機構去詮釋和執行自然法。[6]在這種狀態，每個人生而自由、平等、獨立，擁有一些根本的自然權利，包括生命、自由、健康和財產權等。未經個體同意，沒有任何組織可以強迫人們離開這種狀態。這就是有名的社會契約論：國家存在的唯一正當理由，是得到人民的「同意」(consent)。國家並非自有永有，而是人民為了更好地保障自身利益而自願訂立契約的結果。一七七六年，傑佛遜(Thomas Jefferson)起草的美國《獨立宣言》(*Declaration of Independence*)沿用了洛克的思路，提出政府的首要職責，是保障人民天賦的自然權利；如果政府違反契約，人民便有權起來反抗，推翻現存的不義政體。[7]

二

洛克的論證其實有兩部分。(1)人擁有自然權利，這些權利保障了人的根本利益，可是沒有公權力規範的自然狀態最後難免導致矛盾和衝突，我們因此有充分理由讓渡出各行其是的自由，進入國家，由國家擔當起仲裁者和執法者的角色，從而更有效保障我們的自由和財產，並且令我們和平、安全地活在一起。(2)身為自由、理性的個體，我們清楚知道前面所說的道理，因此有意識地一致選擇同意離開自然狀態，進入國家，並接受國家的統治權威。

某些學者認為，在這兩個論證中，(2)才是根本的，而(1)只是幫助解釋人們為什麼會同意，因為「同意」這一真實而具體的行動本身，才是構成政治義務的必要條件。[8]「同意」如此重要，在於它體現和尊重人是獨立自主的道德主體。如果政治權威是自願同意的結果，政治義務便是自己加給自己，而不是他人強迫我們接受，因此具有最高的政治正當性。[9]

可是這種詮釋卻受到不少質疑，例如歷史上絕大部分國家的存在，都不是人民真實同意的結果。如果「同意」是國家正當性的必然條件，那麼這些國家都無法通過這項測試。既然如此，人們之所以願意活在國家之中並服從其法律，相當大程度上是一種迫不得已的妥協。[10]

洛克不是沒意識到這個困難，因此區分「明示同意」（express consent）和「默示同意」（tacit consent），認為人們只要在國家中享受到某些好處，例如擁有財產或使用道路，也就等於做出了某種默示同意，因此有義務服從國家。[11] 洛克這個辯護很難站得住腳，畢竟我們一出生便已活在國家之中，就算不喜歡也別無選擇。即使我們享有國家提供的好處，也不表示我們已做出某種實質承諾，並因此必須承擔相應的政治義務。

這於是帶出一個問題：儘管社會契約從未在歷史上出現過，國家的起源也不是我們真實同意的結果，但作為自由、平等、理性的道德主體，我們立足當下並經過集體反思後，是否仍有足夠理由接受國家存在的合理性，並追求一個自由、民主、憲政的國家？

我認為值得一試，並將這個論證過程稱為「反思性認可」。它是人們經過深思熟慮和理性反思後的結果，背後有經得起考驗的道德理由支持，而不是基於特定的個人利益或受到外在力量操控。與此同時，論證過程得出的結論不是固定不變和一勞永逸的：只要政治社群的平等參與者能夠在討論中提出更有說服力的理由，就有可能修正，甚至推翻原來的判斷。[12] 換言之，這是一個開放、持續、容許出錯、主體互動的公共商議的過程。正因如此，這個過程雖然致力尋求共識，卻無法保證共識。然而，參與者都願意在接受一些基本規範的前提下，致力提出最好的理由說服彼此，尋求高度可證成（highly justifiable）的原則來建立國家的正當性。就此而言，正當性建立在滿足反思性認可的條件之上。最後，由於正當性關心的是個體如何看待國家權力，因此證成的理由，必須直接面向個體，並從個體的實踐理性立場出發去判斷這些理由是否成立。[13]

我必須承認，這裡談及的「反思性認可」仍是個相當抽象的理念。它本身並沒有直接告訴我們，什麼樣的理由和原則能通過這項測試，而這項測試到底具體如何操作，暫時也是不確定的。我的用意是呈現一個思考問題的框架：如果政治權力的行使必須接受道德理由的規範，這些理由不是自有永有的，也不是由一個外在的絕對權威告訴我們，而是我們作為自由、平等的理性主體通過理性反思後自願認可的。接下來，我會嘗試做出一些論證來充實這個框架。

三

讓我們從當下想起。我們已活在國家當中，並且具有自由意志和道德反思能力。設想我們問自己這樣一個問題：「我有義務服從這個國家嗎？」有人或會馬上說，這樣問根本沒意思，因為我們別無選擇——無論願意與否，我們都必須接受國家的統治。實情並非如此。例如，如果我們的答案是否定的，那麼我們可以嘗試改變這個國家的制度，又或者乾脆離開這個國家。即使無法離開，我們也可以選擇做個哲學上的無政府主義者，不承認自己有任何服從國家的義務，甚至在力所能及的情況下，做出各種消極和積極的抵抗。

更重要的是，我們身在國家之中而提出這樣的問題，不管答案是什麼，都有非比尋常的意義，因為這意味著國家的存在並非自有永有且不可改變。相反，我們總是可以站在一個批判的觀點，對國家進行理性反思和道德評價。這個反思過程反映這樣一種態度：國家加諸我們身上的種種約束是需要理由的，而這些理由必須得到我們的合理接受。這實際上反映一種公共證成的要求：權力的正當行使，必須在公共領域得到合理辯護，並因此而具有一種政治上的透明度：社會秩序的基礎，必須原則上能獲得活在其中的每個人理解和接受，而不是建基於只有部分菁英或特權階層才能接觸的神祕源頭或特殊傳統。[14]

所以，論證國家的必要性和正當性，我們其實不需要以某個歷史上曾存在過的「自然狀態」作為前提，而可以直接站在當下，從一個理性思考者的角度探問。我們可以一起反思集體生活的性質和政治制度的特點，然後看看能否合理化國家的存在。如果可以，那麼國家加諸於我們身上的種種約束，雖然是強制的，卻由於得到我們的理性認可，而具有自加其上的約束力。[15]

正如前面洛克所說，國家最重要的特質，是擁有制定和執行法律的公權力。它的存在最主要的理由，是為了更好地保障我們每個人的福祉，包括我們的生命、安全、自由和財產。這裡的思路很清楚：我們擁有一些根本利益，這些利益難以在無政府狀態得到實現，因此需要國家提供一個和平、穩定的社會秩序，令合作成為可能。

人與人的合作，會為我們帶來許多好處，例如聯合起來以抵抗自然災害和外敵侵略，分工合作以生產更多物品，互相學習以創造知識，彼此關顧以建立社會關係，代代相繼以承傳歷史語言文化等。我們甚至可以說，我們建立自我、追尋人生意義，以至安頓倫理和宗教生活，都離不開政治社群。但與此同時，我們也知道，由於社會資源有限、人與人之間價值觀有所差異、宗教觀有所分歧，還有個體對自身利益的偏好，群體生活難免會出現各種矛盾和衝突。

我們因此認識到，要有公平、穩定的合作，就必須建立一套合理的、大家認可的制度，並且確保所有人都願意遵守這套制度。這套制度將規定我們以什麼方式合作，包括政治權力的分配基礎、公民的權利和義務、社會資源的合理分配，以及處理社會衝突的公平程序等。沒有這樣的制度，我們將很難避免「理性選擇理論」（rational choice theory）中談及的「囚犯兩難」（prisoner's dilemma）和「搭便車」的情況，甚至陷入霍布斯所描述的「戰爭狀態」。故此，我們可以得出這樣一個結論：從社會合作的觀點看，有國家（有公共權力且法律得到有效執行）的狀態較沒有國家的狀態要好得多。

以上這些理由，都是社會契約理論經常用到的。可是，我們須留意，這個結論不是從國家的歷史起源來談，也不是說國家的出現是人們簽下一紙明文契約的結果，而是當下真實的自由、平等的個體，在公共領域經過認真反思後所做的理性認可。如果這種認可在社會獲得廣泛接受，國家就會變得穩定，社會解體的機會就很小。事實上，在各種有關國家正當性的爭論中，無論是主張改革還是革命，焦點都不在要國家還是要無政府，而是要怎樣的國家。也就是說，絕大部分人都接受國家有存在的必要，爭論的只是國家應該根據什麼原則來組織。

接下來，我們須回答第二個問題：從平等自由人的觀點看，怎樣的國家制度才能保證公平的社會合作？大家應留意到，這個問題加入了「自由」和「平等」來限定「人」。我們是自由的，同時是彼此平等的——我們以這樣的道德身分來思考和論證國家的正當性。這是羅爾斯在他的名著《正義論》中嘗試回答的問題。羅爾斯雖然明言他的理論上承洛克、盧梭和康德的社會契約論，但他的基本問題不是國家的起源，而是國家應該根據怎樣的正義原則來建立公平的社會合作關係。他一開始便清楚告訴讀者，他的契約論是假設性的，因此提出的正義原則的說服力不是來自立約者的真實同意，而是來自道德反思後的理性認可。[16]

四

根據羅爾斯的主張，如果從自由和平等出發，一個公正的國家至少須滿足以下的制度要求。一，國家必須通過憲法，確保每個公民享有一系列平等的基本自由，這些自由構成人的基本權利，並具有絕對的優先性。二，國家必須確保所有人都享有公平的平等機會，同時社會資源的分配必須重視每個人的權益，尤其要令最弱勢階層也能在最大程度上分享到經濟發展的好處。只有如此，經濟上的分配不平等才可以被接受。[17]

如何論證這種制度的合理性？這牽涉複雜的道德考量，但關鍵之處，在於我們對「自由」、「平等」及「公平社會合作」的理解。羅爾斯的基本想法是：我們理解自身為平等的自由人，參與一場對大家都有好處的社會合作，因此，我們有正當的權利，要求國家提供合理的制度安排，容許每一個體都有機會實現自己的人生計畫，並全面發展人的自主能力，成為真正的自由人。

我在這裡，特別用上「理解自身」一詞。自由與平等，不是自然之物，而是道德價值（equal moral worth）。它們不是不證自明的自然權利或先驗的普世價值，而是在政治實踐中經過反思後認可的價值。因此，這些價值能否在我們的社會生根成長並形成制度，相當程度上取決於作為實踐主體的我們如何理解這些價值的意義。極權之惡之為惡，不是明明白白放在那裡，我們便能見到；自由之好之為好，也不是簡單隨便一說，人們便能體會，而是需要通過對歷史的反省梳理，積極的公共參與和政治實踐，以及對人的生存狀態的把握，才有可能慢慢成為政治社群公共文化的部分。

那麼，什麼是自由人呢？第一，自由人在身體、意志、思想和行動上，不會受到他人的任意支配。他有自己的獨立人格，以及有自己對生命的感受和追求。就此而言，他是自己的主人，而不是別人的財產或工具。第二，一個自由人，有能力做出明智判斷和理性選擇。他有能力選擇自己的宗教信仰、政治信念、人生目標，並且就這些選擇負責。換言之，他不是由本能支配，而是能對欲望和信念本身進行後設的理性檢視。第三，自由人有能力在道德和政治領域實踐反思性認可。他既可以使用道德語言與他人進行論證和對話，同時有意願去遵從道德的要求。

為什麼我們要從這樣的角度去理解人，並如此重視自由人這個身分？這是自由主義必須回答的問題。回答的方式有兩種。第一種是「往後問」，即先反思自由主義的制度安排和價值判斷，並由此追問這些制度和判斷的背後，必須預設怎樣的一種對人的理解。第二種是「往前推」，即直接提出正面理由來論證，為什麼這種對人的理解是合理且值得我們重視的。這兩種方式並不互相排斥，反而互相印證和彼此支持，同時構成「反思性認可」的重要部分。

由於這不是本章要討論的重點，所以我不打算就此展開具體論證。[18]但有兩點須特別強調。第一，「人視自身為自由人」首先是個經驗性的事實命題，即在正常社會環境下，每個人都能夠發展出自由人的能力；第二，它同時也是道德命題，即「自由人」是構成人作為「理性的道德能動者」（rational moral agent）的必要條件，而我們有理由視培養、發展和保存自由人的能力為人的根本利益。這是因為，一旦喪失這些能力，我們就很難活出自己想過的有價值的人生。[19]

當我們意識到自己是自由人且極為重視這個身分時，我們便可站在一個具有普遍性的觀點，意識到社群中其他人同樣是自由人，同樣有他們對幸福和尊嚴的追求，我們也因此主張所有公民都應享有同樣的道德地位。在此基礎上，平等權利和公平分配的重要便顯得順理成章，因為兩者正是實現平等自由人的必要條件。權利的核心價值，是確保每個公民在社會生活的重要領域，享有自主選擇的自由；而社會正義的基本目標，是確保每個公民享有平等的機會和資源去實現自己的自主人生。

五

以上兩節旨在說明，國家權威的正當性，其實並不能像洛克所說那樣，通過一次過的契約來完成：因為那不是歷史事實，所以並沒有他所希望的規範性和約束力。我嘗試指出，政治正當性的建立，一個很重要的論證面向，是立足於當下的我們——自由、平等的公民——在公共領域運用我們的理性能力和道德能力提出理由，並且通過持續的對話和論辯，實現的反思性認可。國家制度愈能通過這項測試，正當性就愈高。

從此一角度看，政治權力正當性的建立，是個持續、公開、互動的過程，而不是終結於歷史某一點。在實際政治中，正當性問題恆常存在，並會在不同層面，以不同形式及在不同程度影響政府的權力行使。[20]更重要的是，在一個主體意識和權利意識高揚的時代，統治者不可能再靠傳統、宗教、個人魅力，或政治宣傳來令人們相信它的統治權威，而必須在公共領域直面公民，訴諸合理的道德理由來贏得人民支持。換言之，政治正當性不是如韋伯所說，靠人們的「信仰」(belief)來確立，也不是靠一組獨立於主體的普世價值來奠基，而是公民通過公共理性的實踐而達致的反思性認可，從而建立個體和國家之間的特殊道德關係。[21]

總言之，以「反思性認可」這一進路來建立正當性，有幾個好處。一，它是開放的，容許所有自由平等的公民一起參與。二，它是反思的，確保所有論證都受到理性檢視，並滿足我們對正當性的要求。三，它是有道德約束力的，因為這是真實公民經過認真反思後所做的理性認可，並且通過民主投票及各種社會行動表現出來。[22]四，它是有可能進步的，因為持續的公共證成會完善我們的道德判斷，培育我們的道德情感，豐富我們的道德資源，以及拓寬我們的道德想像。

基於以上所說，本書接下來的討論，都可視為本人作為公民社會的一員，面向平等的公民社群，提出我的觀點和立場，並尋求他人的反思性認可所做的努力。在這個過程中，沒有人有任何知識上的特權，也沒有人可以說自己真理在握，更沒有人預先知道公共證成的終點。就此而言，我們永遠在路上，一起努力，務求社會政治秩序能向每個公民提出的公共理由負責。[23]

4 羅爾斯與要求正義的權利

一、導論

羅爾斯的《正義論》被譽為二十世紀最重要的政治哲學著作，影響了當代政治哲學的整體發展。[1] 在書的首頁，羅爾斯做了一項有名的聲稱：「正義是社會制度的首要德性，一如真理是思想體系的最高價值。」[2] 這意味著當我們評估社會制度的優劣好壞時，最重要的衡量標準是正義。一個不義的制度無論看上去多有效率和多麼精緻，都不值得追求，都有必要改革；而我們作為公民，有責任去推動和實現正義。換言之，正義是政治哲學的中心問題，具有最高的優先性。[3]

「正義」是個道德概念，關心的是從道德的觀點看，人應該如何合理地與他人生活在一起，並獲得所應得的權利和資源。羅爾斯認為，我們理應以道德規範政治，使得制度合乎正義，確保所有人都能得到國家公正對待。這是相當獨特的一種政治哲學觀，因為對很多人來說，正義只是眾多政治價值之一：國家還應追求經濟發展、社會穩定、民族認同，又或是大多數公民的快樂和幸福；這些價值同樣重要，如果這些價值和正義兩者之間發生衝突，正義不一定就有優先性。這種思維非常普遍，並且經常被政治人物用來合理化他們的許多決定，例如為了社會穩定而犧牲某些基本公民權利，又或為了經濟發展而剝削勞工階層的正當權益。

羅爾斯完全不認同這種思路。他明確宣稱，正義不容妥協，政治哲學的首要任務，是證成一組正義原則，並把原則應用到社會基本結構，確保所有人得到公平對待。由此帶出一個問題：正義為什麼那麼重要，重要得足以凌駕其他價值，甚至成為價值之中的價值？我認為，羅爾斯在建構他的正義理論時，預設了一項沒有清楚言明卻極為根本的前提：每個公民都有要求得到國家正義對待的基本權利（fundamental right to demand justice）。[4] 我認為，只有接受這個前提，「原初狀態」（original position）和「無知之幕」（veil of ignorance）的設計才有可能得到恰當的理解，同時羅爾斯的正義理論才有一個穩固的基礎。[5]

二、原初狀態的目的

正義是個好東西，大抵每套政治理論都會聲稱，根據自己的理想建構出來的社會是最正義的。而對羅爾斯來說，正義社會必須滿足一個條件：它的制度必須能夠充分體現社會是個自由、平等的公民之間的公平合作體系。[6] 為了實現這個目標，我們有必要設計出一套公平的立約程序，藉此推導出一組能夠充分體現這種合作精神的原則。羅爾斯稱這組原則為正義原則，而他的理論為「公平式的正義」（justice as fairness）。[7]

這個公平程序應該是怎樣的呢？羅爾斯說，讓我們來做個思想實驗。設想我們進入一個稱為「原初狀態」的立約環境，並被一層厚厚的「無知之幕」遮去所有個人資訊，包括我們的自然能力、家庭及社會背景，以及當下抱持的人生觀和宗教觀等。在這種環境下，假定每個人都是理性選擇者，關心自己的利益，願意通過商議找出一組大家都能接受的原則，並以這組原則去設計社會基本結構，決定公民的權利和義務以及社會資源的分配。[8]

羅爾斯認為，經過理性計算和比較，立約者將在眾多可能方案中，一致選擇他提出的兩條原則：第一，每個公民平等地享有一系列基本自由，包括人身自由、良知和信仰自由、思想和言論自由，以及組黨、結社和參與民主政治的自由等，它們構成憲法保障的公民權利。第二，每個人在教育和社會職位的競爭中，都應享有公平的平等機會；與此同時，社會及經濟資源上的不平等分配，只有在對社會最弱勢群體最為有利的前提下才可接受。[9]

在當代政治理論光譜中，這是一種左翼自由主義（liberalism）或社會民主主義（social democ-racy）式的社會規畫：一方面主張個人權利和基本自由優先，另一方面重視機會平等和資源公平分配。更具體一點，就是政治上追求憲政民主，經濟上強調社會福利和分配正義。羅爾斯也清楚意識到，財富收入與自由民主的實踐密不可分，要確保政治自由的公平價值（fair value of political liberties），以及不同階層的公民都有參與民主政治的平等機會，就必須調整和約束資本主義，避免因為生產工具和財富過度集中在極少數人手上而導致財閥和金權政治。他晚年甚至特別強調，最能實現他的理想的制度安排，是「財產所有民主制」（property-owning democracy），而不是今天常見的福利國家模式。[10]

讀者或會馬上提出疑問，為什麼要通過原初狀態和無知之幕來決定什麼是最正義的制度？羅爾斯的回答是，這是為了實現自由而平等的道德人之間的公平合作。原初狀態和無知之幕是一種道德證成的方法，目的是將「公平合作」、「自由」、「平等」和「良序社會」（well-ordered society）等理念整合進去，確保公平的立約環境，藉此推導出一組能夠充分體現這些理念的正義原則。[11]他稱這種證成方式為「道德建構主義」（moral constructivism）。

具體怎麼做呢？為了確保所有人能在一個平等的位置做決定，羅爾斯於是把立約者的社會背景和自然能力方面的資訊，用「無知之幕」遮蔽起來，使他們無法知道自己在真實世界擁有的先天和後天優勢，因而無法選擇那些只對自己有利的原則。這樣做為什麼合理？那是因為羅爾斯相信，人的自然能力和社會背景的差異都是任意和偶然的，如果容許這些不應得的差異影響立約者的議價能力，最後得出的原則就是不公平的。又例如，羅爾斯認為，立約者作為自由人，其中一個重要特點，是有能力去形塑、修正和追求自己的人生計畫。對他們來說，想成為怎樣的人，要過怎樣的生活，應該由自己來決定，而不是由外在權威和傳統習俗來主導。為了反映人的這種自主性，立約者特定的人生觀和宗教觀會被暫時遮去，確保他們做選擇時不會受當下所持的特定信仰影響。

簡言之，如此設計原初狀態最重要的理由，是反映和承載「社會作為自由、平等的道德人之間的公平合作體系」這一理念。原初狀態每個部分的設計，都可以給予特定的理由支持；當這些理由被恰當地整合在一起，並營造出一個公平的立約環境時，最後將得出一組為所有理性立約者一致接受的原則。[12] 羅爾斯把他的理論稱為「公平式的正義」(justice as fairness)，因為它體現了「純粹程序正義」(pure procedural justice) 的精神，即是說，當原初狀態獲得合理設計而成為一套公平程序，那麼從這個程序得出的原則也將是公平的。[13]

三、無知之幕的理由

對於羅爾斯的契約式理論，有人或會從第一身的角度，提出這樣的疑問：如果我從一開始便知道無知之幕背後有這樣的道德約束，那麼為了自己的利益著想（這是原初狀態中對立約者的動機假定），為什麼仍然要選擇進去？更具體一點，如果在未進去之前，我已知道自己在自然稟賦和家庭出身方面較他人有更大的競爭優勢，同時清楚無知之幕將限制我的優勢，為什麼我願意讓無知之幕遮蓋我與他人的差距，並在此平等的基礎上重新制定新的社會合作規則？

這個從立約者的角度提出的問題，並非無可無不可，而是極為重要。首先，原初狀態是個人為的理論設計，反映了某種對公平合作的特定理解。當我們選擇進去時，即使尚未知曉最後會商議出什麼原則，卻已事先接受這樣一項重要前提，就是我們同意無知之幕的設計，並知道這個設計將直接影響立約者的理性判斷，因此而影響決定最後得出的原則。我們也清楚，這套原則將是社會制度的基礎，約束我們可做什麼和不可做什麼，以及影響我們的利益分配。既然如此，對一個擁有競爭優勢，同時十分在意自己利益的人來說，這樣做是理性和明智的嗎？

其次，羅爾斯經常強調，他的理論的出發點，是民主社會面對的重大正義問題。他希望對話和說服的對象，是像他那樣具有理性和道德能力的平等公民。因此，當有公民提出上面的質疑，他就有責任主動向他們解釋，為什麼他的原初狀態是個合理的、值得每個理性個體支持的設計。[14]當然，我們從第一身角度追問這個問題，並不表示我們只懂得關心個人利益，又或要否定羅爾斯的理論，而是一種對道德自我和社會正義的反思。例如我們想知道，這樣一種通過暫時抽離現實世界而建構出來的正義原則，到底在什麼意義上是合理和吸引的，同時又在什麼意義上對我們的生命（道德上和個人福祉上）帶來根本影響。[15]這種反思愈深，我們就愈能見到公平式的正義的合理性，並在個人與社會、自由和平等、幸福與道德等看似對立的關係中找到一種協調與和解，因而也更能說服自己和他人，原初狀態是思考社會正義問題的合理起點。

現在讓我們回到問題本身。如果提出問題的是個自利主義者，認定人的行事動機必然是通過制度為自己謀取最大利益，那麼他的答案自然只會是：「除非原初狀態對我有利，否則我不會考慮進去。」換言之，那些知道自己在真實世界擁有競爭優勢的自利者，確實沒有進去的理由，因為無知之幕使得他們必須和其他人處於相同的起步點去制訂新的遊戲規則，這樣做對他們沒有好處。至於那些沒有明顯競爭優勢的自利者，即使願意進去，原因也不見得是尋求公平合作，而是覺得這樣做對自己更為有利；一旦自身的競爭優勢改變，他們也會隨時放棄原來的立場。此外，那些完全接受資本主義市場競爭邏輯的人，儘管不是自利主義者，相信也不會考慮進去，因為對他們來說，「優勝劣敗、適者生存」才是最合理的遊戲規則，而無知之幕顛覆了這個想法。

我認為，羅爾斯從一開始就不打算說服以上這兩類人，因為原初狀態開宗明義的目的，是要排除那些道德上任意和偶然的因素，確保立約環境公平。[16] 由此可見，原初狀態並非價值中立的設計，而是承載了清晰的道德理念。那些從根本上不接受這些理念的人，確實不會選擇進去；即使選擇進去，也會要求修改原初狀態的條件，從而設計一個對他們有利的新立約環境。[17] 換言之，羅爾斯不是要通過原初狀態去說服人們為什麼要正義，而是嘗試論證：如果一個人想追求正義，希望將社會看成自由和平等的個體之間的公平合作體系，那麼，經過道德反思，他將有理由接受這個設計，因為原初狀態能夠充分體現這個公平合作的理念。[18]

對羅爾斯來說，社會合作的理念主要有兩方面。一方面是承認每個參與者都有自己想要追求的利益，並且希望通過合作來促進和實現這些利益。人的各種利益中，有兩類特別重要。第一，每個人都有自己特定的人生計畫和想要追求的理想生活。要活好自己的人生，我們便要創造各種有利條件去實現這些計畫和理想。第二，我們還有一種更高層級的利益（higher-order interest），就是致力實現人的理性自主能力和道德自主能力。只有這些能力得到充分發展，個體才能成為真正自主的人，得以積極參與社會合作。建基於此，立約者會視自由、權利、機會、收入和財富為所有人都會欲求的「社會基本益品」（social primary goods），因為它們是實現上述兩類利益的必要條件。[19]

不過，社會合作還有更為重要的另一面，那就是它必須建基於一組公開、公平、所有參與者都能合理接受的規則之上。這組規則構成集體合作的基本條款，決定利益分配和解決可能出現的爭端，從而成為團結社會的紐帶。換言之，社會合作既不是零和遊戲，也不是叢林法則式的競爭，更不是理性自利者出於各自利益盤算和議價能力而選擇共存的暫時妥協（modus vivendi），而是基於公平規則下的「互惠」（reciprocity）。[20]

就此而言，「合作」的理念本身就涵蘊了人與人之間的一種道德關係。公平合作為什麼可能？因為相應於上述兩方面，人在合作中的動機也有兩方面。一方面是人是理性的，會基於自己的利益做出各種策略計算，力求在合作中為自己爭取更多好處。原初狀態假定立約者「互不關心」（mutual disinterestedness）和根據「手段—目的理性」（means-end rationality）做決定，正是要反映人的動機中的這一面。是故立約者在無知之幕中做選擇時，主要的動機是考慮哪組原則才能夠最有效地保障自己的根本利益。由此可見，對羅爾斯來說，人作為獨立個體，擁有自己的目標和理想，關心自身的利益是正常和正當的事。如果人不在乎自己的福祉，就沒有參與社會合作的動機了。

不過，羅爾斯特別強調，理性自利不是人唯一和最強的動機，因為人還擁有正義感（sense of justice），使得人可以從道德的觀點去思考和行動，甚至當正義的要求和個人利益發生衝突時，願意給予前者優先性。[21] 羅爾斯稱之為社會合作中「合理」（reasonable）的一面，這一面反映於原初狀態的各種約束條件，其中最為關鍵的，就是無知之幕的設計。由此可見，原初狀態中「合理」的部分從一開始便已約束立約者的「理性」（rational）的部分，使得個體利益的追求必須尊重正義原則設下的限制。[22] 羅爾斯對此有個特別的說法，就是「正當」（right）優先於「好」（good）。[23] 不過，人雖然有正義感的能力，可是一如其他自然能力，人的正義感可否充分發展，和一個社會的基本制度是否公平公正息息相關。[24]

四、正義與權利

討論至此，我們應可清楚看到，當羅爾斯邀請人們進入原初狀態參與正義原則的制定時，已假定立約者不僅能夠而且願意從正義的觀點看世界：視人為自由、平等的道德人，並以這個身分共同決定社會合作的根本原則。他們不接受人與人之間先天和後天的不平等是不可改變的現實，也不接受人一出生就注定要相信某種信仰或服從某種權威，更不接受將社會視為優勝劣敗、適者生存的場域。[25]他們明白，一旦接受這些前提，就不可能建立起公平、穩定的社會秩序。這一切之所以可能，在於人擁有正義感。

這裡須留意，當這個回應是從第一身的觀點做出時，就不僅是羅爾斯站在一個理想的第三身的道德立場，要求所有人必須這樣做，而是我們自己認同這樣的道德觀點，並有意識地選擇進入原初狀態。這也就意味著，制訂規則並願意接受規則約束的，是我們當中每一個人——每一個自由而平等的人——而不是任何我們不認可的外在力量。「在這個意義上，參與合作的成員是自主的，而他們所承認的義務也是自己加給自己的。」[26]

我們因此可以說，無知之幕實際上代表了一種「正義優先」（primacy of justice）的政治觀。所謂正義優先，就是當我們去評價和改革社會制度時，必須將正義放在第一位。我們首要關注的，不是這個制度是否最有效率，可否最大化社會整體效益，而是它能否公正地對待每個公民。一個制度如果是不正義的，往往意味著有社會成員在其中受到不公平的對待，他們的自由、權利、收入、機會與尊嚴等各方面因此受到極大的壓制、剝削、宰制和傷害。正義優先要求政府不能為了其他社會好處，而對制度所導致的結構性不義視而不見。

羅爾斯說正義是社會制度的首要德性，反映的正是這樣的堅持：國家有責任正義地對待所有公民，因為每個平等公民都擁有一項不可讓渡及不可任意凌駕的要求正義的權利。[27]這項權利對國家構成一種「道德約束」(moral constraint)，要求公權力的行使必須向每個公民交代。[28]就此而言，「正義優先」實際上預設了「權利優先」：社會必須承認和肯定個體是平等、獨立的道德主體，可以自主地規劃人生和參與社會合作。這樣的主體，並非先天從屬於任何人或只作為滿足他人目標的手段，而具有道德人格上的獨立性。基於這樣的獨立性，每個人都可以向制度提出訴求，要求受到公正對待。[29]

我認為，承認每個平等個體都擁有要求正義的權利，是羅爾斯的契約式正義理論至為關鍵的道德預設。沒有這項預設，我們就難以解釋為什麼正義應該被視為社會制度的首要德性，也難以解釋原初狀態為什麼會如此設計。一旦承認這項權利，最直接的含義，就是國家不可以在不給予充分、合理的理由下，任意把它的意志強加於個體；而尊重這項權利的最具體表現，就是政治社群的最高原則必須得到自由、平等的個體的反思性認可。

當代哲學家沃爾德倫(Jeremy Waldron)在一篇有名的文章〈自由主義的理論基礎〉中提出，洛克、盧梭、康德以降，自由主義傳統一個共同信念，就是國家有責任向所有公民公開地證成所建立的政治秩序的道德正當性。[30]要滿足這個條件，國家就必須提出理由，論證它的法律和政策能夠得到每個公民的合理同意。「自由主義要求社會秩序原則上應該能夠在每個人的知性法庭上解釋自己。」[31]羅爾斯完全同意這個說法，並聲稱這是自由主義的中心論旨：「一個具正當性的政體，它的政治和社會制度必須通過訴諸公民的理論和實踐理性，從而被所有公民視為可證成的——這包括所有人中的每一位（justifiable to all citizens-to each and every one）。[32]

為什麼是每一位？那顯然是因為每個人都擁有平等的要求正義的權利。對他們來說，制度的正當性奠基於正義原則的合理證成，而合理證成必須以自由、平等的道德人的反思性認可為前提。一個不正義的政治秩序無法如此證成，因此不具正當性。我們因此可以見到，正當性和可證成性（justifiability）兩者有非常緊密的連繫。至於如何通過社會契約的理念去完成這個任務，則是羅爾斯畢生努力所在。

五、道德人的觀念

一旦接受上述分析，原初狀態背後的理念就不難理解：每個自由、平等的道德人都是國家的主人，都有資格成為社會制度的制定者和合作者，都有權利要求規範社會的政治原則滿足正義的要求。原初狀態的目的，實際上是要實現一種自由主義式的政治道德觀。這個論證過程有幾個步驟：先有一種對人和社會的理解，並因此預設每個人都有要求正義的權利，然後有原初狀態和無知之幕的設計，接著推導出一組立約者一致同意的正義原則，然後基於這組原則去設計憲法和社會基本制度。我們由此見到，個體要求正義的權利先於制度而存在，因此具有自然權利式的特點：它歸屬於個體、基於人的特質而不是基於社會習俗或法律規則，以及優先於於其他價值等。[33]

既然這種權利歸屬於個體，羅爾斯就必須建構一種關於「道德人」（moral person）的論述，來賦予這項權利穩固的基礎。事實上，羅爾斯在《正義論》中說得很清楚，他確實預設了一個「人的理想」（ideal of the person）作為他整套理論的阿基米德支點。[34]這個理想的具體內涵，主要是把人視為自由、平等的理性道德存有。而對原初狀態的描述的主要用意，是全面彰顯這種對人的理解。正因如此，整個契約論的證成程序以及最後得出的原則，可以用一種「康德式的詮釋」（Kantian interpretation）來理解：正義原則是自由、平等的理性存有自主選擇的結果。[35]而在後來發表的〈道德理論中的康德式建構主義〉一文，羅爾斯更特別強調，公平式的正義最為關鍵的理念，是「通過一個建構的程序，在一種特定的人的觀念和正義第一原則之間建立起合適的連繫」。[36]正義原則的具體內容，是這個建構程序（即原初狀態）的結果，而這個建構程序的設計，則反映這種道德人的觀念。

或許有人會進一步追問，這種道德人的觀念要在道德建構中發生作用，是否需要如我所說，必須預設每個道德主體都有要求正義的權利？羅爾斯本人對此沒有明確說法，我甚至認為他不太想踏出這一步。理由主要有二。第一，他可能認為沒有這樣的需要，因為只要確立一種道德人的觀念及公平社會合作的理念，就足以引入原初狀態去完成整個理論的建構工作。[37]第二，他希望所有關於個人權利的實質內容，都由最後推導出來的第一原則來界定和說明。如果在第一原則未出來之前已經預設一項更為根本的道德權利，並引入人的內在價值和人的尊嚴之類的訴求，那麼不僅會引來爭議，還會削弱原初狀態作為契約的角色，即這項根本權利並非人們在理想的立約狀態下一致同意的結果。[38]

我認為這兩項解釋都不成立。對於第一種回應，我在上一節已經指出，如果沒有預設這樣的權利，羅爾斯將難以證成「正義優先」和「正義承諾」，同時難以說服人們為什麼應該接受無知之幕並進入原初狀態。至於第二種回應，我認為既然原初狀態本身已是個道德建構，承載了「自由、平等的道德人之間的公平合作」的理念，那麼最後得出來的正義原則也必然會反映這個理念。可是這個關於合作的理念既非自明，也非中立，而是牽涉實質的道德判斷。更重要的是，這個理念本身不是原初狀態中人們同意的結果，反而是決定如此設計原初狀態的主要理由。換言之，決定最後得出來的原則正義與否的真正關鍵，並非來自於假設性環境下的「同意」本身，而是來自於令這個「同意」成為可能的合理條件（reasonable conditions）。既然如此，預設一項根本的要求正義的權利作為進入原初狀態的道德前提，就不僅沒有問題，而且相當必要，因為只有這樣才能令原初狀態具備一個穩固的道德起點。

最後，讀者或會問，為什麼我在本書第一部分，要花如此篇幅去討論羅爾斯。原因是這樣：羅爾斯是當代左翼自由主義的代表，他的理論影響了過去五十年政治哲學的發展。他的理論有個重要特點，就是主張國家基本制度必須滿足正義的要求。對他來說，政治道德不是可有可無，而是政治實踐的起點和終點。這是我認同的信念，而我在本章嘗試多走一步，指出羅爾斯的契約式正義觀其實預設了一個更為根本的命題：每個參與社會合作的平等個體，都有要求正義的權利。

一旦承認和接受這個命題，我們便明白，個體作為自由、平等的道德人，在國家面前雖然看來弱小，卻有權利要求國家向我們每個人負責。負責的方式，是國家必須給予每個公民公正的對待。最根本的理由，確實是康德式的：我們每個人都是目的自身，不應只是國家或他人的工具。[39]這是一項道德權利，要求我們用一種全新的方式去理解個人與國家的關係。我所理解的左翼自由主義，正是以這項權利作為建構公平社會的出發點。

5 公共哲學的理念

在前面四章，我已論證政治道德為什麼必要以及如何可能，也指出公民作為政治社群的道德主體，有通過反思性認可來要求得到公正對待的權利。由此可見，這是一種政治哲學式的思考，關注的是權力的正當和制度的正義等規範性問題。這裡引申出兩個更為基本的問題：什麼是政治哲學的目標和關懷？什麼是政治哲學人的責任和期許？

我認為，政治哲學的根本關懷，是思考人類應該如何合理地活在一起。我在本章將指出，為了處理這個問題，政治哲學至少有三項任務：理解政治規範、實踐公共證成，以及尋求另類的政治想像。這是三種性質不同卻彼此相關的知性探索，目的在於更好地瞭解我們的政治世界，證成更公正的社會秩序，以及尋找集體生活的另類可能性。

本文頭三節，我將嘗試論證這樣一種對政治哲學的理解。然後在餘下三節，我會進一步主張，這三種探索可以具有一種「公共哲學」（public philosophy）的特質：作為哲學工作者，我們可以在公共領域，以公民身分，就重要公共議題，運用清楚明晰的語言，做出理解、證成和想像，並積極以不同方式介入公共討論，與其他公民一起建設有道德底蘊的公共文化，從而為政治轉型和社會進步提供有用的道德資源。[1]

本文無意提供一個關於「何謂政治哲學」的普遍性定義。事實上，對於政治哲學可以做什麼和應該做什麼，不同哲學家有不同的理解，這很正常，我們不必在此問題上要求共識。我對公共哲學的理解，深受我多年來公共參與的經驗影響，本文可說是我對這些經驗的總結和反思。公共哲學的理念，目前或許得不到哲學界足夠的認可和重視；公共哲學的實踐，現在更須面對各種艱難的現實考驗。可是正因如此，我特別希望更多人見到它的意義和價值。

一

我們先來談「理解政治規範」。我們一出生，便活在政治世界。這個世界以規則為基礎，形成各種制度，並以強制性的方式要求我們服從。定義這些規則的，是一套規範性語言；其中骨幹，往往是政治社群共享的觀念和價值。舉例來說，主權在民和個人權利是民主社會的核心價值。這些價值體現於制度，沉澱成文化，模塑我們的政治道德觀，從而指引我們的思考和行動。一個真正穩定的政治社會，必然也是一個道德社群，其共享的價值不僅為人們的行動提供規範，更為強制性權力的行使提供正當性。若要評價政治秩序的得失好壞，我們便須先理解這個充滿規範性和強制性的世界。

「理解」作為人的一種知性活動，必然預設「我」作為理解的主體。理解的過程，是指「我」作為主體對政治社群的觀念、價值、歷史、文化和制度展開廣義的反思性探究。這種探究有助我們認識觀念的定義與意義，價值的起源與演變，傳統的活力與限制，以至整個社會制度對人的影響和支配等。更進一步說，反思性也意味著「我」可以運用各種思想資源，對探究對象做出批判性的詮釋和評價，而不是先驗地受到意識形態和習俗成見的規限。

當然，這並不意味著，我們可以徹底擺脫歷史和社會條件的約束，成為完全自主的（fully autonomous）主體。由於人總是活在某個特定的歷史語境之中，限制遂無可避免。儘管如此，在合理的社會條件下，我們仍然有能力發展成為有效的反思性主體，使批判和超越成為可能。與此同時，理解的過程，也非完全主觀和任意，而是有其客觀性，其背後的判斷標準，往往由知識社群通過持續的反思性探究形成的價值共識來提供。

因此，我們須留意，作為主體的「我」，總是活在世界之中而非世界之外，而政治秩序中的觀念和制度，也必然會以不同方式影響「自我」的構成。既然如此，自我的內涵必然也是規範性的，並在最深的意義上界定人的身分。例如在民主社會，我們理解自身為「平等的自由人」，就顯然和我們生活的政治秩序分不開。在此意義上，我們對世界的理解，同時是對自我的理解；同樣的，我們對自我的探索，也是對世界的探索。理解的過程，無可避免地將「我」和世界連結起來：它既是主體尋求對外在世界的客觀認識，也是一種內在的自我認識，幫助我們更好地看到政治的規範性如何從根本處影響自我的構成。

一旦意識到「我在政治世界之中」以及「我可以系統地反思這個帶強制性的規範世界」，我們做為主體的能動性就會彰顯，政治秩序就不再是不可改變和無法質疑的既定事實，而是我們可以作出道德評價並提出正當性訴求的對象，包括要求受到國家公正對待的權利。這種意識的覺醒，是政治哲學思考的起點：個體在內在和外在的各種限制中，努力嘗試建構一個政治道德的觀點，藉此理解和要求世界。

有人或許會問，既然我們活在制度之中，同時每天在運用不同觀念，要理解它們還不容易？實情恐非如此，而這至少有三個原因。其一，我們正在運用各種觀念，並不等於我們便能夠確切知道這些觀念的意義，更不要說清楚背後的證成理由。例如我們天天在談論自由，可是對於如何定義「自由」，哲學史上卻有數之不盡的爭論。其二，我們不是活在「真空狀態」，而是活在某個特定的歷史文化脈絡之中，因此，我們接受的觀念和制度都有一個傳統。要瞭解當下，我們往往必須認識過去；而要認識過去，就必須對我們的傳統有深入瞭解，包括觀念史和精神史。其三，要認識當下和瞭解過去，我們須先具備問題意識和建構出合適的理論框架，再通過細緻的分析整合，才有可能形成有意義的詮釋和論述。

以上三者，均是極大的知性挑戰，需要知識人的共同努力。以源起於十六世紀歐洲的「現代性」文明為例，它的觀念和制度為世界帶來根本改變，包括科學革命、工業革命、政教分離、資本主義的興起、民族國家和民主制度的出現等等。理解和反思現代性及其後果，是過去數百年西方思想家的共同關注。[2]而到了今天，現代性席捲全球，對前現代的傳統文化和宗教構成巨大挑戰，同樣也是當下中國面對的大問題。

讀者或會質疑，理解政治世界為什麼那麼重要？畢竟對制度和文化的反思性探究，不僅需要大量的知識勞動，也可能令我們付上不菲代價，例如不為當權者所喜（因為揭穿了社會某些虛假景象），又或承受一種「世界解魅」的失落（因為原來的意義世界不復存在）。[3] 最大的問題，是缺乏對制度和傳統的足夠理解，一旦社會出現巨大變動和嚴峻挑戰，我們將難以知曉問題的根源，更不知該以什麼方式去應對這些挑戰。

讓我舉例說明。清朝末年，內憂外患，李鴻章曾上書皇帝，感嘆他們的時代「實為數千年未有之變局」。[4] 李鴻章和那個時代的士大夫意識到中國正面臨前所未有的大危機，可是卻不知道如何應對，因為傳統文化的知識資源不足以幫助他們去理解那樣的大變動。中國現代化之所以舉步維艱，其中一個原因，正是對自身傳統和西方欠缺深入理解，所以往往只能「摸著石頭過河」。洋務運動、百日維新，以至新文化運動，可視之為中國知識階層一波接著一波的自救運動。他們一方面努力尋找中國積弱的病因，另一方面積極仿效西方以求出路，所以有「師夷之長技以制夷」、「中學為體，西學為用」、「君主立憲」、「全盤西化」等主張。[5]

中國近代知識人為了現代化而這樣上下求索，雖然挫折重重，直到今天仍是前路未明，卻是集體自救和社會變革必須要走的路。[6] 石元康先生便認為，自我瞭解是自我超越不可或缺的條件：「我們必須要先瞭解到自己所處的環境究竟是怎樣的，以及自身主觀所擁有的世界觀，價值觀究竟是怎樣的之後，才有可能擺脫它們對我們的羈絆。」[7] 我們甚至可以說，這種反思性的自我瞭解，包括與不同傳統和制度的比較，是一個社會面對困境，不斷集體學習以求出路的過程。[8]

回到個人層面來說，自我理解對於追求幸福同樣重要。作為自己生命的主人，我們每個人都渴望活好自己的人生。可是怎樣才叫「活得好」（living well）？要回答這個問題，我們首先要對「活得好」這一概念本身有所把握，否則我們根本無從判斷怎樣的生活才值得過；其次，我們須對自身有所瞭解，否則我們不知道如何在眾多可能性中，選擇最適合自己的「生命模式」（mode of life）；[9]最後，我們須對實現幸福人生的社會條件有所認識，例如要知道怎樣的制度安排，才能確保每個人有基本的自由和必要的物質條件，去實現自己的人生計畫。由此可見，人的幸福不能簡單地等同於個人欲望的最大滿足，而須對「自我」和「社會」有深刻瞭解。

誠然，其他人文和社會科學學科也會促進人對世界的理解，而政治哲學的獨特之處，是以人類社會的「規範性」（normativity）為主要探究對象。規範性關心的是應然問題，包括行為對錯、權力有無正當性、法律是否正義、政策好壞，以至制度能否給予個體公平對待等。規範性貫穿我們生活的每個領域，構成集體生活和個人行為的基礎。在此意義上，政治哲學的反思性探究絕非可有可無，而是我們致力尋求公正社會秩序、活出幸福人生不可或缺的條件。

二

政治哲學的第二項任務，是公共證成（public justification）。公共證成是指政治哲學的實踐者，積極運用人的理性反思和道德判斷能力，在公共領域就規範社會制度的基本原則和影響深遠的公共議題，提出合理的理由為自己的立場辯護，並在必要時修正。公共證成有以下特點：

第一，證成的目的，是尋求合理和經得起理性檢視的答案。證成的過程，不是簡單的立場宣示，而是公開說理。證成的重點，不在於你相信什麼，而在於你所信的是否有充分理由支持。同時，這些理由不能只有你自己認為合理，也要有理由相信其他人可以同樣合理地接受。[10]說理的過程，是一個面向他者，公平對話，來回反思，和持續修正自己的觀點的過程。

第二，為了實現上述目標，公共證成必須盡量將操縱、欺詐、宰制、壓迫等行為減到最少，並創造一個自由、公平、透明的社會環境，使公共說理得以順利進行。言論和思想自由、新聞和資訊自由，以及多元開放的討論平臺，是公共證成的基礎。與此同時，參與者也須具備「證成的德性」(virtues of justification)，例如：耐心聆聽、容忍異見、平等尊重、以理服人、謹守程序正義，並在必要時修正或拋棄自己原來的觀點等。顯而易見，這些德性對促成有效的公共說理十分必要。可是，在一個文化多元、利益分殊、黨派分明的社會，怎樣通過公共生活有效發展出這些德性，無疑是極大挑戰。證成的德性不僅對民主社會重要，對那些正在努力尋求政治轉型的社會也同樣重要，因為它們更加需要具備這些德性的公民來耕耘公共文化，提升公共討論的質量，為社會改革累積道德資源。

第三，哪些證成的理由更有說服力，須在證成的過程中，通過比較、論證、詰問、回應來逐步呈現和達致。這個過程沒有止境，因為新的觀點和相關證據總可以對原來的結論提出質疑，因此沒有所謂「證成的終結」。與此同時，證成可訴諸的理由也不應該預先限定邊界，假設它們只有在某個文化中才能成立。例如，我們不能說，由於我們是中國人，所以只應採納從中國傳統中產生的理由；又或者說，因為某些觀念源自西方，所以一開始就必須被排除出去。當然，這並不是說文化本身並不重要，或者我們不可以訴諸傳統，而是說文化傳統本身沒有任何不證自明的權威，同樣須通過我們的反思性認可的測試。

第四，公共證成關乎道德對錯，所以提出的理由必須和所討論的問題的性質相關。例如，在論證什麼是公平的社會分配時，我們不能只訴諸經濟效率，因為效率本身並不涵蘊公平；在討論民主制度的優劣時，不能只訴諸歷史起源，因為某種制度是否合理和它源於何處，是兩個完全不同性質的問題。我們也須知道，社會批判和公共證成並非互不相干，而是如同一枚錢幣的兩面：我們對現狀的批判，往往預設了某些我們認為值得肯定的價值。例如，我們批判種族歧視，因為我們相信種族平等；我們反對言論審查，因為我們重視言論自由。人們有時覺得公共證成的理念過於抽象和理想，卻忘記了它是社會批判的預設。因此，當有人批評某項公共政策時，我們只需追問一句「請問你的批評基礎何在」，就已進入公共證成的領域。

最後，公共證成是政治哲學追求的目標。我們希望它不僅能實踐於學術社群，也能實現於公共領域，形成健康的說理文化，使得所有公民都有機會就公共議題慎思明辯。在自由社會，公共證成往往體現這樣一種理想：權力來自人民並屬於人民，每個公民都有要求得到國家公正對待的權利。要充分實現這項權利，法律的制定、政策的推行，以至公權力的行使就須在最大程度上得到合理證成。[11] 惟有如此，我們的社會才有條件建立共識，才有機會改良和進步，也才有可能不靠暴力來維持和諧穩定。

三

在自我理解和公共證成的基礎上，政治哲學還有一項重要任務，就是運用人的想像力，致力呈現人類集體生活的其他可能性。另類想像並非無中生有，不過，既然被稱為「另類」，通常意味著會對既有的觀念做出根本挑戰，提供新的角度去重新檢視我們的世界，以及揭示主流社會不曾或不敢觸及的禁忌。也正因為此，這些主張往往不能在當下社會得到公眾理解，甚至很難在既有的知識傳統中獲得充分證成。相反，這些觀念由於過於前衛，常常被視為異端，受到權力和輿論打壓：輕則言論和出版自由遭到限制，重則生命受到威脅。

讀者或許會問：為什麼政治哲學要努力思考另類的政治可能性呢？這是因為，這些可能性一旦呈現，往往會改變我們習以為常的看世界的方式，也因此能產生一種解放的效果，將人們從某些根深柢固的習見偏見中釋放出來，並用全新的眼光來審視我們的社會制度和權力關係。因此，另類可能性往往見時人所未見，思時人所未思，並為我們提供新的角度去反思政治現象。

在政治思想史上，蘇格拉底、洛克、盧梭、馬克思都是這樣的哲學家。在當代政治哲學中，女性主義、動物權利、墮胎和安樂死、全球分配正義、綠色政治等方面的討論，同樣極大地拓寬了我們的視野，改變許多我們過去視之為理所當然的觀念和制度。在政治轉型過程中此起彼落的社會運動，更往往催生出基進的、顛覆既有秩序的新思想。當然，新的觀點可能會錯，也可能過於烏托邦，可是正如穆勒所說，如果我們不能容忍這樣的思想討論，社會就會變得平庸，缺乏原創性，也就很難有道德進步。[12]

如果以上所說仍然過於抽象，那麼讓我舉幾個例子。在自由主義傳統中，十七世紀的洛克聲稱，人生而自由、平等、獨立，國家的統治權力必須得到所有人的「同意」（consent）；國家一旦背棄承諾，不能充分保障個體的生命、自由和財產權時，人民就有革命的權利。[13]這個說法端的是石破天驚，使得人們可以從一種嶄新的視角來看待國家和個人的關係，甚至影響後來美國的《獨立宣言》。又例如，穆勒讓我們看到，即使在自由社會，多數人仍然有可能用群眾輿論去壓制那些特立獨行的少數，從而令我們意識到「個性」（individuality）是追求幸福和社會進步的必要條件。[14]回到當代，羅爾斯的正義理論幫助我們看到，在真正公平的社會合作之中，人們必須願意分擔彼此的命運，並致力將自然能力和家庭出身對所得財富的影響減到最低。[15]這些例子實實在在說明，新的政治想像可以為我們帶來多大的思想解放。

當然，建構新的政治想像，不是要求我們完全脫離身處的社會環境和文化傳統，甚至全盤否定既有的一切。事實上，大部分的思想突破都是在前人基礎上推陳出新。至於前面所說的理解、證成和想像三者，也不是非此即彼，而往往是同時進行，甚至互相支持。我們也須留意，充分的思想自由、公平的教育機會、開放的觀念市場和公共媒體，以及容忍異見的文化氛圍，是新的可能性得以產生的重要條件。

在中文世界從事思想探究，我們經常羨慕西方學術界人才輩出，新思想層出不窮，有人甚至因此懷疑我們的民族文化是否欠缺創造性基因。我認為，這是問錯了問題。我們缺乏原創性，主要不是人的能力問題，而是我們的社會制度、教育環境和學術規則，無法給予有想法的個體自由呼吸的空間和成長的土壤，所以才難以形成敢於挑戰傳統和質疑權威的知性文化。

四

以上所談，是我所理解的政治哲學的三重目標。那麼，在追求這些目標的過程中，我們如何體現政治哲學的公共性？也許此處有必要先說明，什麼不是我所理解的公共哲學。首先，它不是一般人所稱的「普及哲學」，即致力將學院中的專業知識以淺白方式介紹給普羅大眾的嘗試，因為哲學普及不是公共哲學唯一或主要的目的，而且公共哲學也牽涉對重要哲學問題的原創性思考，包括理解、證成和想像。其次，它也不反對所謂的「學院哲學」，因為在學科分工日益細緻的今天，學院在推動哲學研究上無疑起到重要作用。簡言之，學院哲學、普及哲學和公共哲學之間，不是彼此對立，而是具有不同的角色和任務。

所謂公共哲學，是指知識人在公共領域有意識地從事的一種哲學實踐，其中包括對公共議題的反思和批判、對話和論辯，以及書寫和出版，也包括不同形式的公共行動，例如策劃思想論壇、組織文化沙龍、參與公共論爭，以至發表政治宣言等。在這種理解中，「哲學家」不再只是一個留在書房沉思冥想，而是積極以哲學介入社會，同時在公共討論中發展出具現實感且能有力回應時代的觀點。[16]在當代，有不少這樣的思想家，例如歐洲的沙特（Jean-Paul Sartre）、傅柯（Michel

Foucault）、哈伯瑪斯（Jürgen Habermas），在美國任教的鄂蘭（Hannah Arendt）、杭士基（Noam Chomsky）、德沃金（Ronald Dworkin）、辛格（Peter Singer）等，是其中的佼佼者。華人社會的胡適、殷海光和余英時先生，同樣是深具公共關懷的知識人。而在西方哲學史上，蘇格拉底可說是公共哲學的先驅和楷模：終日在雅典城邦和公民討論美善和正義，為了真理不怕得罪權貴，最後甚至為了堅持實踐哲學而不惜以身殉道。[17]蘇格拉底沒有留下任何著作，卻透過與無數人面對面不斷地對話、辯論，獲後世尊為西方哲學之父——他的思想體現於他的生命，而他的生命和他作為雅典公民的哲學實踐密不可分。[18]

要進一步理解公共哲學的特質，我們可循以下四個問題思考：憑何言說？向誰言說？如何言說？為何言說？以下是我的初步想法。[19]

首先，是憑何言說。實踐公共哲學的人，是以政治社群平等成員的身分參與其中。這樣的身分認定至少有兩重意義。其一，它表達了這樣一種政治認同：我屬於這個國家，這個國家也屬於我，我因此有權利也有義務去關心這個社群的福祉和正義。當然，這不是我們唯一的身分，可是這個身分卻使得我們和其他成員活在同一個政治共同體，並使得公共生活成為可能。[20]其二，我們不會因為哲學家這個身分而擁有任何政治和社會特權，而是以平等的地位和心態來與他人進行哲學對話。學問有高低，觀點有對錯，可是我們不應利用這些差別將人分類，更不應藉此剝奪某些人接受思想啟蒙的機會。正如蘇格拉底的教導，哲學家的學問不是用來標榜自己的高人一等和與眾不同，而是幫助城邦公民活出一種有所反省的人生。

其次，是向誰言說。公共哲學言說的對象，是政治社群中的所有公民，而不是局限於大學中的專業同儕，又或者服務於權力，並為當權者提供各種合理化其統治的論述。這意味著，投身公共哲學的人，是投身於一種公共生活。這種生活的主題是政治社群的公共議題，實踐這種生活的方式，是與他人進行持續的思想對話。可是，我們也知道，現代社會是個合理的多元社會，公民會基於自己的理性反思而選擇不同的宗教觀和人生觀，又會基於這些觀點的不同而對公共事務做出極為不同的價值判斷。因此，我們一方面承認所有參與者都是享有平等權利，且擁有理性判斷和能夠自主選擇的公民，同時也承認每個公民可以合理地擁有不同的觀點和判斷。[21]

承認上述兩點，並不會令我們滑向犬儒主義和相對主義，而是會令我們參與公共生活時保持一份知性上的謙遜和謹慎：哲學家不一定就真理在手，也不一定就擁有關於美善和正義的絕對知識。我們每個人都有可能犯錯，而哲學家的任務，是盡其所能以其所識所學對公共議題做出反思，同時接受他人的批評和指正。我們期望，通過這種公共討論，一方面可以為許多問題找到更合理的答案，另一方面也能提升公民社會「觀念的水位」，改善公共生活的質量。[22]雖然由於立場不同，公民之間難免有激烈爭論，但這不應是所謂敵我之爭，更不應視之為非此即彼的零和遊戲；相反，在謹守公共討論基本規範的前提下，我們應將這些爭論視為豐富道德資源和建設公共文化的共同努力。

再其次，是如何言說。公共哲學既然發生於公共領域，重視的是人與人之間的交流對話，那麼它就必然不限於大學課堂和學術期刊，而是可以在報章、雜誌、書店、咖啡館、廣場、公園、臉書、推特、Podcast、YouTube等平臺上進行；至於交流的方式，隨著科技進步和社會轉變，同樣有了各種各樣的新嘗試，例如新冠疫情期間大受歡迎的視頻會議軟體，就打破地域界限，容許來自不同國家成千上百的人共聚於同一網路空間進行討論。這些都是過去難以想像的事。

事實上，在網路時代，知識的學習和觀念的傳播方式，正在發生翻天覆地的轉變，而傳統教育中那種單向、由上而下、權威式的教育模式，已變得愈來愈不合時宜。對於公共哲學的發展來說，這是很大的機遇，也是很大的挑戰。一方面，我們可以用更平等和互動的方式來設定議題和引發討論，讓哲學以有效和有創意的方式走進社會；另一方面，我們也須嘗試掌握新的溝通工具，願意用清楚明晰的語言和開放包容的心態去參與公共討論——即使網路時代的「公共」，經常有碎片化以及停留於同溫層和舒適圈的危險。如果公共哲學的精神是回到蘇格拉底，我們就必須思考，如何在今天無比複雜的社會更好地實踐他的精神。

最後，是為何言說。例如，有人會問，網路時代各種資訊充斥，眾聲喧譁不斷，公共哲學真的有它的必要和重要性嗎？這是大問題，我這裡只集中談一點。羅爾斯曾經說過，正義是社會制度的首要價值。既然如此，政治哲學家的首要任務，是思考如何證成正義和實現正義。我在前面指出，制度正義關乎權力和資源的合理分配，因此必須得到合理的公共證成。在民主社會，哲學家必須將自己對於社會正義的想法放到公共領域充分討論，爭取公民的反思性認可，才有可能滿足公共證成的要求。

同樣的，要在不正義的社會逐步實現正義，我們不可能坐等當權者的施捨，而必須要靠足夠數量的有正義感的公民團結起來共同爭取。許多國家社會轉型的經驗告訴我們，要培養出這些公民，就必須要有活潑的公共文化，容許人們就廣泛的社會政治議題做出深入討論，從而意識到自己的權利和義務。毫無疑問，愈多哲學家願意投身公共哲學，我們的公共文化就會愈豐富，也就愈能為思想啟蒙和公民賦權（citizen empowerment）出一份力。過去二十年，我持續地以不同方式在中國大陸和香港實踐公共哲學，包括長年在微博和網友討論哲學，出席各種公開講座，以及主持咖啡館文化沙龍等。這些經驗讓我體會到，在思想和言論自由受到嚴重限制的社會，人們對政治哲學知識的渴求有增無減，而我們可以做和值得做的事情實在太多。

與此同時，我們也須知道，公共哲學並不只是將一些既有的觀念普及予大眾，而是同時在進行創造性的哲學探究。在學院哲學的訓練中，我們常被教導必須跟從各種既定的常規和範式去從事學術生產，而生產出來的論文即使有時是閉門造車之作，仍然會被視為有自足價值。長期活在為生存而出版的狀態，對社會有關懷和對自己有要求的哲學人，難免會有虛空和異化之嘆。可是，當我們嘗試走出象牙塔，與其他公民一起面對各種社會壓迫和制度不義時，我們對於「政治是什麼」，就會有迥然不同的感受，並因此有機會發展出植根於所屬社會的問題意識和理論框架，甚至建構出有生命力和原創性的政治思想。到了那一天，我們或許就可以說，我們有屬於華人世界在地的政治哲學傳統。

五

如果以上所論有理，公共哲學就是值得我們追求的目標。可是，理想歸理想，現實卻是大部分學者寧願留在學院，從事較為純粹的學術研究，對公共哲學則敬而遠之。這不一定表示他們不認同公共哲學的價值，而是覺得在這樣的時代做這樣的參與，吃力不討好，甚至須付出巨大的個人代價。就我觀察，困難至少來自三方面。

第一，今天從事政治哲學的人，大部分在學院工作，而現在的大學體制，對學者主要甚至唯一的要求，是在學術期刊發表論文。換言之，要在這個體制生存，學者必須放下所有「雜務」，全力掌握期刊的書寫語言和遊戲規則，傾注所有心力於論文生產。在不少大學，甚至教學也變得無足輕重。在這種環境下，使用母語從事哲學書寫以及積極參與公共討論便跟體制的要求背道而馳，不僅不會得到鼓勵，甚至會遭到排斥。有志於公共哲學的人，就要有難以在學院生存的心理準備，甚至從一開始就須考慮走一條體制之外的路。可是，這樣的路，在目前卻很難得到知識界的認同和肯定，畢竟在許多人眼中，哲學只能在學院裡做。蘇格拉底如果活在今天，恐怕也不能稱為哲學家。

第二，要從事公共哲學，並非想像般容易。它要求哲學家放下菁英心態，走出舒適圈，學習使用清楚明晰的語言參與公共討論，同時要有面對各種直率批評的心理準備。更大的考驗，來自網路時代的言論生態。過往的公共討論，主要在報紙雜誌開展，由於有專業媒體人把關，討論的方式和內容的質量都會得到保障。可是來到今天，網路平臺已取代傳統媒體，成為觀念傳播和公共討論的主要媒介。網路討論的好處，是開放多元，人人都可發聲。不過，它也可以導致混亂失序，讓平等尊重和理性交流變得愈來愈困難。立場先行、揣度動機、上綱上線、情緒勒索，以至人身攻擊，成為網路常態。我們因此見到，不少本來有志於積極參與公共哲學的人，最終都選擇退回到自己的書房。

第三，在民主社會，面對上述情況，個人多少仍有可選擇和可努力的空間。可是，在不民主不自由的威權社會，卻須面對另一重更為艱難的處境，那就是公民社會萎縮，言論自由、新聞自由、出版自由、結社自由嚴重受限，任何具有公共性而為當局不喜的活動，都有可能遭到嚴厲打壓，甚至導致舉辦者和參與者失去個人自由。以本人為例，有差不多十年時間，我曾在中國大陸的微博平臺，和數不清的網友進行哲學交流，引起頗大迴響。可是，隨著言論審查日益加劇，我持續受到有組織的人身攻擊，個人帳號更數度遭微博刪號，以至完全失去發表個人言論的空間。[23]和我有著類似遭遇的自由派學者和公共知識人，不知凡幾。同樣的，香港在二〇二〇年引入《國家安全法》後，不少獨立媒體被迫解散，各種被視為政治敏感的書籍從書店和公共圖書館消失，以往那個眾聲喧譁、百家爭鳴的自由社會不再復見。可以說，這是最迫切需要公共哲學，卻又是公共哲學最難生存的時代。

綜上所述，投身公共哲學的人，很可能會面對遭學界排斥、被網路言論攻擊，以及受政治打壓的風險。在缺乏制度保障和社群互援的情況下，知識人實踐公共參與，最後很可能會變得孤立無援，傷痕累累。這是我們必須正視的現實。

如何改變這種情況？首先，學術界必須認識到公共哲學的意義和價值，爭取改變現在的遊戲規則，給予有志於公共哲學的年輕一代更多的肯定和支持。其次，建設有質量的網路討論文化，是我們的共同責任。袖手旁觀或退回書齋，只會使得劣幣驅逐良幣。相反，如果有更多知識人願意走入公共世界，以身作則展示理性討論應有的規範，我們的公共文化就有改善的可能。最後，言論自由和思想自由是學術存在的基礎，無論政治環境如何艱難，我們也不應輕易向威權屈服，而應盡可能利用各種機會拓寬我們的言論空間。

六

最後，讀者可能會問，儘管道理上我們可以同意公共哲學的必要和重要，可是，在目前的大環境下，要改變制度實在是難上加難。既然如此，從個體的角度看，我們堅持下去的理由是什麼？這樣做，真的是理性的嗎？

坦白說，對於這個問題，我沒有斬釘截鐵的明確答案。在個人自由得到充分保障的民主社會，問題會相對簡單一些。可是，在一個接近威權主義式的社會，情況卻複雜得多。許多時候，我們面對的，不是某個時刻的某個決定，而是日復一日的艱難抉擇，例如：該就某事件公開表態嗎？發表這篇文章會有風險嗎？應該籌辦這個活動嗎？受到警告和限制後，要公開抗議嗎？如果做，該以什麼方式進行，又應做到什麼程度？你心裡清楚，每個決定都可能有無法預料的後果，而一重後果又會導致另一重後果，產生的連鎖反應非你所能控制，影響的也不只是你一個人。不安和恐懼，開始侵擾你的內心，甚至左右你的思考。

在這種不確定的環境中，你唯一能夠確定的，是什麼對你重要（what matters to you）。什麼對我重要呢？我後來發覺，推動我去從事公共哲學最重要的原因，主要不是抽象的理念，而是具體的人——那些在各種思想交流場合遇到的人。回想這些年，在微博、臉書、Zoom，在二〇一四年雨傘運動的街頭和二〇一九年自由之夏運動的咖啡館沙龍，在書店、廣場、教堂和社區中心，還有夏令營、中學和大學，我曾經和無數萍水相逢的朋友一起討論政治哲學，留下許多難忘回憶。例如，我曾在香港政府總部的草地公園和上千計市民討論穆勒的《論自由》，也曾在Zoom和數以百計的大陸年輕人一起閱讀羅爾斯的《正義論》逾六小時，甚至和一群馬來西亞大學生在他們的國會席地而坐探討公民抗命的理念。

我留意到，在大大小小的不同場合，儘管大部分參與者都沒有受過什麼哲學訓練，可是毫無例外地，每次我都能明顯感受到，他們十分珍惜這樣的交流機會，並在討論過程中有問不完的問題和敞開心扉的對話。那種熱切和投入，不身在其中真的難以想像。為什麼人們會有這樣的反應？哲學給人的印象，不是曲高和寡、令人望而生畏嗎？我有以下幾點觀察。

第一，人活在社會，對於社會發生的一切，許多時候會有自己的判斷和感受。這些判斷和感受，常常是直覺的、未經整理的，更會彼此不連貫和互相衝突。與此同時，人們也觀察到，身邊的人對同樣的事件，也會有他們的判斷和感受，而大家的意見往往並不一致，甚至有嚴重衝突。人們於是感到困惑、不安和痛苦。我們的正義感，讓我們在乎對錯；我們對他人的重視，教我們不可能對彼此的道德分歧無動於衷；我們對人格完整性的追求，也令我們不滿足於長期活在一種價值混沌和分裂的狀態。我想說的是，在一個正常社會，人們對於公共事務的道德思考，其實有很大的需求。可惜的是，這些需求常常受忽略，甚至被權力體制有意識地加以壓抑。我的經歷告訴我，一旦創造出合適的環境，容許人們自由地表達自己的困惑和分享自己的感受，他們就會感受到巨大的釋放和解放，因為他們渴望他們的觀點可以被聆聽和被理解，也期望他們的道德關注能夠被承認和被重視。

第二，一種恰當的公共哲學的討論形式，同樣能給人帶來難以想像的愉悅。好的公共討論常常能提供一種環境，讓人們坐下來就共同關心的公共議題，自由地、平等地暢所欲言。參與者既要在眾人面前清楚表達自己的觀點，也要學習聆聽他人的批評，並嘗試做出回應。這是一個理性思考和理性對話的過程。許多參與過我的活動的人告訴我，他們幾乎從未體驗過這種討論，因為身邊的人要麼認為政治議題不值得關心，要麼覺得這些議題不可能有對錯可言。人們明明活在政治之中，卻對政治漠然，甚至嘲笑別人對政治的較真。因此，那些不滿於這種狀態的公民一旦感受過公共討論的滋味，就無異於打開一個新世界，令他們體會到嚴肅認真的思想交流是何等美好。

最後，公共討論還有一個很大的好處，就是使得人們有機會實現一種公共生活。舉例說，我曾經在香港城市中心一家咖啡館主持過一系列文化沙龍，歷時三年，每月一場，每次邀請一位講者來做分享，討論各種社會及思想議題。沙龍很成功，每場都擠得水洩不通，很多出席者往往要站著聽幾小時。其中不少人曾告訴我，沙龍最吸引他們的，是那種大家在一起的氛圍。在一起做什麼呢？在一起思考。他們說，討論後能否形成共識並不重要，重要的是大家能在這個急劇變動的城市找到那樣一片公共空間，大家不談股票不說樓市不聊八卦，而是談哈維爾、鄂蘭和尼采（Friedrich Nietzsche），又或八九六四和雨傘運動。[24]這樣的生活，在這個繁華璀璨的光輝都市，幾乎無從得見。

一旦體驗過這樣的公共生活，人們便會見到活著的另一種可能性，並漸漸形成一種知識自信：原來我也可以像哲學家那樣思考，我深藏心中的想法原來別人也有共鳴，我對社會的不滿竟然可以得到這樣的理解，如此種種。不要小看這種自信，因為這很可能是培養獨立公民的重要起點，更是推動社會改變的積極元素。[25]

長期待在學院的朋友，或許覺得以上所說言過其實。老實說，我自己有時也覺得難以置信。回望這十多年走過的路，經歷各種挫折，如今香港「城破山河在」，可是記憶中留下來，給我鼓舞和希望的，竟然是無數場合，那一張張因思想激盪而煥發出明亮光彩的年輕人的臉。沒有人知道，那些光亮是轉瞬即逝，還是長留於心；可是我們知道，它們確實存在過；而我始終相信，一起思考是我們共同面對黑暗時代最重要的力量。

有了這些年的經歷，政治哲學於我也不再是書齋中的概念遊戲，又或使用晦澀語言生產學術論文的謀生手段，而是能在公共生活給自己和他人帶來美好的一門技藝。它是技藝，因為如何和人討論問題，如何進行公共說理，如何創造出理想的思想交流空間，絕非輕而易舉，而是需要長時間的摸索和嘗試。我也比以前更清楚地看到，社會轉型需要更多知識人意識到公共哲學的重要，並且以不同方式將進步價值灌溉到公民社會。

這是日拱一卒的耕耘，努力未必得到認同，付出未必立見成效，可是只要投身其中，我們自然會感受到思想對話的愉悅和公共生活的美好。我始終相信，這樣的哲學實踐，正是二千多年前，蘇格拉底在雅典用他的生命所教導我們的。就此而言，公共哲學不是離經叛道，而是回到哲學的源頭。[26]

第二部分

自由與自主

6 自由的理念

一

自由民主社會最重要的制度特點，是普及而平等的定期選舉，以及通過憲法確立的一系列基本自由，包括人身自由、信仰和良心自由、言論和思想自由、新聞和出版自由、遊行集會和結社組黨的自由、個人財產的自由，以及選擇個人生活方式的自由。這些基本自由是公民應享的權利，構成自由社會的基礎。[1] 政府的首要責任，是通過制度安排，為平等公民提供各種必要條件，讓每個人可以有效地實踐自由，活出自己的人生。這是自由主義的基本信念。

長期生活在自由社會的人，也許覺得自由就像空氣那樣，是如此理所當然，甚至不會意識到它的存在。可是視自由為最高價值，要求國家必須以保障自由為最高責任，卻是中國數千年政治傳統從來沒有過的事。自由主義從十九世紀末傳入中國，得到許多思想家的重視和推廣，可是來到今天，中國仍然不是一個自由社會，許多人也仍然覺得理想的政治不應以個人自由為基礎。理由有許多，例如：自由不適合中國國情，以自由為本的政治秩序會導致自利主義和虛無主義，又或自由會導致社會失序和過度縱欲。不少人因此認為，最理想的政治，應該是傳統的賢人菁英政治，由最有能力和最有智慧的人來做統治者，像家長那樣照顧好每個人。

要反駁這些論述，最重要的，是好好論證出自由的意義和價值，讓人們見到自由的重要。在這一章及接下來的幾章，我將從不同角度，論證基本自由為什麼對個體重要，以及自由社會為什麼值得追求。這個問題不僅對中國大陸重要，也對已經轉型成為民主社會的臺灣重要，更對在過去幾年從世界稱羨的自由城市急速墜落至半威權社會的香港重要。

二

自由是什麼？一個簡單直接，也容易為人理解的定義，就是當一個人能免受某些人為限制去做自己真正想做的事的時候，他就是自由的。自由的定義，總是牽涉到主體、限制和選擇這三項要素。[2]例如：信仰自由，指的是人們能夠免受政府干預，根據自己的意願去選擇自己的宗教；政治自由，指的是人們可以不受國家限制，以公民身分去遊行示威和參與選舉等；言論自由，指的是人們能夠免於恐懼和壓迫，在公共領域以不同方式去表達自己的觀點，即使這些觀點他人未必認同，甚至視為離經叛道。

所謂主體，是指具有理性反思、價值判斷和自主選擇能力的個體。我們假定，在正常環境下成長和接受教育的人，都能在最低程度上逐步發展出這些能力。這些能力的發展很重要，因為自由總是關乎主體的選擇，而選擇的過程，總是要求我們在各種可能性中做出比較、評價和取捨。這些能力發展得愈好，我們就愈有機會做出對的和好的決定。

所謂限制，是指人為地加在我們身上的約束。最明顯的，是法律。法律由國家制定和執行，決定公民可以做什麼和不可以做什麼。我們平時感受到自由受限，主要是來自法律，例如不准吸菸，限制車速，禁止某類言論和某類活動等。當然，社會習俗和群眾輿論，也可以給個體帶來各種有形和無形的限制。

所謂選擇，是指主體在各種可能性中，經過理性反思後，為自己做的決定。選擇要有意義，選項就不能太少。例如政治選舉，如果國家只容許一個政黨參選，那麼即使你有投票的自由，你也會說這不是真正的選舉。同樣的，如果某個社會只容許一種宗教存在，那麼法律上所謂的信仰自由也只是徒具形式。

由此可見，個人自由的實踐，受三方面因素影響：能力的高低、限制的程度，以及選項的多寡。每種因素的實際情況，都會影響某種特定自由對個體的價值。那麼，什麼是一個人的自由狀態？首先，它不是指人活在一種沒有任何法律約束，可以為所欲為的狀態。它實際上指的是，我們作為主體，在社會許多重要領域，能夠免受法律和其他形式的人為干預，並根據自己意願去做各種選擇的狀態。它不是絕對的，而是相對的。即使生活在民主社會，法律仍然會設下許多限制，只是我們覺得這些限制是必要及可接受的而已。[3] 所以，我們不能理所當然地認為，一個社會愈多自由就愈好。我們需要先知道那是什麼樣的自由，以及那些自由為什麼重要。對毒品施加限制，確實減少了吸毒者的自由，可是我們不會因此說，這些自由的減少一定是壞事。

我們由此明白，當我們平時說「自由無價」時，不是說所有自由都是好的或具有同樣價值，而是說，某些我們重視的自由很珍貴，因為這些自由對我們很重要，例如可令個體活得更幸福和社會更進步。一個值得追求的自由社會，是指該社會許多重要領域的大門，能夠向所有人充分打開，使得每個人可以在這些領域自由探索，自由成長，以及自由地成為自己。人身、思想、信仰、政治、新聞、教育，以及婚姻和家庭等，都是這樣的領域。

就此而言，自由不是單一之物，而是一張清單，清單中每一項的實現，都意味著某些重要領域之門被打開，從而容許主體為自己作主。控制這些門能否打開以及每道門可開得多寬的，通常是國家法律。舉例說，同性婚姻這道門以前在臺灣是關上的，現在打開了，這個領域的自由因此大大增加。又例如，安樂死以前在所有國家都被嚴格禁止，現在某些國家已合法化，因此活在不同國家的人就有不同的選擇死亡的自由。還有另一種情況，就是某些門曾經暢通無阻，現在卻設下重重關卡，例如香港目前的新聞和言論自由就是這種境況。讀者此處也須留意，概念上，法律並非必然是自由的反面，因為法律既可以限制自由，也可以增加自由。我們活在國家之中，法律是國家用來分配和限制自由的工具。從自由的觀點看，法律並非必然之惡，而須看具體的法規是否合乎正義。

自由是什麼，看似很抽象，不過只要我們在生活中經歷過從自由到不自由的過程，對此一定會有很深感受。香港過去這幾年，就是這樣的境況：曾經每天閱讀的報紙突然消失了，公共圖書館部分藏書據說政治不正確被下架了，常常流連忘返的獨立書店有天被迫結業了，有些音樂會突然不能再欣賞了，有些拍好的電影無法播映了，有些你喜歡的歌不能再唱了，網上有些網頁你永遠打不開了，更加不要說過往習以為常的示威遊行和燭光紀念如今也絕跡了。[4] 今天少這塊，明天缺那塊，不知不覺間，我們曾經引以為豪的自由之都，已變得無從辨認。活在其中，你會明白，隨著每種自由的失去，生活中一些看似平常卻極珍貴的東西就會從此不再。

三

對自由的概念有所瞭解後，接著下來，我們就須問：基本自由為何如此重要？具體言之，為什麼容許我們免於限制去做出選擇，對我們的生命如此重要？我們想知道，自由選擇對主體的意義。

從歷史上看，並非所有時代的人都會覺得自由重要。例如在奴隸社會，奴隸便未必明白自由對他們的意義，因為在那種制度下，他們根本無法想像改變自己身分的可能。那個世界的制度告訴他們，既然你們生而為奴隸，就永遠只能是奴隸，沒有任何改變的可能。在那樣的環境下，奴隸很難發展出什麼自由意識，因此也無從意識到自由對他的重要。同樣的，生活在中國傳統社會的女性，恐怕也很難理解自由的意義，因為從出生起，她就已被告知必須「在家從父」和「出嫁從夫」，她的女性身分已經決定她的一生幾乎沒有選擇的可能。

我這裡並不是說，自由對奴隸或女性並不重要。正好相反，儘管在他們的時代，自由選擇的想像空間極為有限，我們仍然可以說，客觀而言，自由對他們很重要，只是當時的他們未必意識得到。一個人要理解到自由的價值，需要發展出一種自由意識。不過，這種意識的出現，並非憑空而來，而是需要特定的社會制度和文化環境。最明顯的例子，是一九一九年前後的新文化運動，當時一個主要訴求，就是爭取兩性平等和女性解放。這種想法之所以盛行並產生那麼大的號召力，是因為辛亥革命之後，傳統制度崩塌，女性可以入讀大學接受西方教育，從而接觸大量的新思想和新觀念。同樣的，洛克和盧梭提出「人生而自由」，也不是歷史偶然，而是在回應啟蒙時代的理性精神。

有了上述背景，我們現在便可以問：生活在今天，當我們視自由為人的基本權利，並視保障這些權利為國家的基本責任時，我們其實接受了怎樣的一種關於自我和幸福的理解？

以「婚姻自由」為例，為什麼國家應該給予每個成年人選擇跟誰結婚的自由？在中國傳統社會，這種自由並不存在，因為和誰結婚是父母之命，媒妁之言，子女沒有說不的餘地。你可能會說，婚姻是人生大事，關乎我一生幸福，只有我自己才知道什麼人最適合我，所以選擇權應該在我手上。可是你的父母會說：婚姻確實重要，而且不僅關乎你的幸福，還關乎我們整個家族的名聲。而在這個問題上，我們比你有經驗多了，為了避免你犯錯，應該讓我們來幫你挑個最合適的伴侶。

可以如何反駁？你恐怕很難說，你的選擇一定較父母的更加正確，畢竟你的人生閱歷遠遠不及他們，你確實可能會做出錯誤決定。於是，你會回應說：我的婚姻是我的，而不是你們的，是我要和我的伴侶共渡一生，而不是你們。因此，即使我可能會犯錯，也應該由我來做決定，而我願意承受犯錯的代價。

你的父母或會很困惑：如果我們的目標一致，由你來決定和由我們來決定，真的有那麼大的分別嗎？你會說：分別很大，而關鍵並不在於你們選擇的結果和我很不一樣，而是決定權如果在我手上，便意味著那是我真心真意地喜歡和認可的，而不是你們強加給我的。在選擇的過程中，我的意志是自由的，我的決定是自願的，同時我也尊重了對方的意願。

這也反映了你們對我的尊重：你們不再當我是個小孩，而是有自己想法，並且可以承擔起責任的獨立個體。通過這樣的選擇，我也會更深刻地理解自己和伴侶，因為為了避免犯錯，我必須深思熟慮和謹慎行事。最後，由於這段婚姻是我的選擇，我會覺得我是自己生命的主人，而不是任何人的複製品。如果我的人生是一部書，那麼這部書應該由我來寫，而不是由別人代筆。只有如此，我才是真正活出自己的一生，並由自己賦予其意義和價值。

四

以上這段對話，雖然是虛構，卻經常出現在傳統父母和現代子女的爭論之中。而對話的結論，則能很好地說明，自由為什麼對我們如此重要：我們是獨立而有主見的個體，希望活好自己的生活；活得好的一個重要條件，是我的生命中的許多重要事情，應該由我自己來決定，並得到我發自內心的認可；通過這樣的選擇和認可，我成為自己生命的主人。如果這些決定都是由外人為我來做，不管那是父母還是政府官員，也不管他們的動機多麼良善，都是對我的不尊重：不尊重我是一個有自由意志、有選擇能力、有自己生命要過，同時極為在乎自己過得怎樣的人。

讓我們稱這個為「個人自主論」（personal autonomy thesis）：我的生命應該由我來作主。自主和自由的關係，可以如此表述：我們視自身為有選擇能力的主體，希望將生命掌握在自己手中，因此需要為自己做選擇。而要充分行使選擇的權利，就要有免於外在限制的各種基本自由。[5]換言之，婚姻自由之所以必要，是因為那是實現個人自主的必要條件。我認為，這是支持自由最強的論證。

個人自主的理念，不僅可以應用到婚姻自由，也可以應用到政治、市場、信仰、教育、職業、結社、性傾向、安樂死等不同領域，並要求給予主體選擇的自由。道理很簡單，作為一個主體，我們需要通過不同領域的活動實現自己，例如在信仰領域選擇自己最認同的教派，在政治領域選擇自己最信任的政黨，或在經濟領域選擇最能發揮自己所長的工作。

我們因此明白，要認同自由的價值，就有必要先理解人自身為有自主性的存有。我們的自主意識愈強，對自由的渴求也愈強。正因如此，當我們享有的自由被強行拿走，才會感受到那麼大的痛苦和羞辱，覺得政府完全不尊重我們——不尊重我們是有能力做選擇的人。也正因如此，威權政府壓制自由最有效的方式，往往不是直接使用暴力，而是通過各種軟手段削弱你的自主意識，並大肆宣傳政治家長制的好處，使得人們心甘情願地將選擇權交給政府。

有人或會說，既然自由社會將那麼多重要決定交給個人，然後要個體選擇過怎樣的生活和成為怎樣的人，包括信仰、教育、婚姻、朋友、職業、投資、興趣等，人們萬一選擇錯了怎麼辦？在現實中，不是有許多由於選擇錯誤而墮落，並付出沉重代價的例子嗎？確實，只要給人選擇的自由，人就會有犯錯的可能，因為這個世界沒有人是不會犯錯的。既然如此，為什麼仍然要給人那麼多的選擇自由呢？我認為主要有四點理由。

第一，自由主義對人有基本信任，認為在正常自由環境下成長的人，都能發展出足夠的理性能力和道德能力去做明智的決定。第二，為了幫助人們有效發展這些能力，政府有責任提供必要的制度支持，包括完善的義務教育、足夠的社會福利、豐富多元的文化資源，以及重視個人自主的公共文化。只有生活在這樣的背景制度，個人才能逐步學習成為自主的人。第三，人們雖然會犯錯，可是人可以從犯錯中學習，而且許多時候也有重新選擇的機會，例如結錯婚可以離婚，信錯宗教可以脫教，選錯政黨可以下屆另選，揀錯職業可以辭職，如此種種。所以，我們沒理由說，因為擔心人會犯錯，所以乾脆剝奪人的選擇自由。第四，選擇中的犯錯和糾錯，本身就是一種學習，並有重大的內在價值，因為在認識、判斷、比較、權衡，以及評價的過程中，我們同時在積極地培養自己的自主能力。[6]

因此可見，真正重要的，不是不准許人們犯錯，而是建立起一個合理的制度環境，容許個體通過學習來減少犯錯和面對犯錯，從而令人們成為明智、獨立、能為自己生命負責的人。當然，即使如此，社會中仍然可能有些一錯再錯的人。在這種情況下，我們可一方面要求當事人承擔起應負的責任，另一方面也在制度層面盡可能減低這些錯誤帶來的傷害。就此而言，自由社會不是一個完美的社會，而是一個承認人會犯錯，也願意去學習如何面對錯誤的社會。

五

或者會有人質疑說，我以上論述的個人自主觀，實在有太強的文化偏見，根本不適合以儒家為倫理的華人社會。儒家以家庭為本位，重視人與人之間的倫理關係（例如：父子、夫妻、師生、朋友），從而產生各種義務。自由主義卻完全不重視這些關係，只將人視為孤零零的、沒有任何倫理和社會承載的「選擇式自我」，完全與我們真實的倫理生活不合。[7] 因此，以個人自主為基礎去建立一個自由社會，既不可能，也不可取。我認為這種批評，部分是誤解，部分是過慮。

首先，我在前面已承認，以實現個人自主為美好生活的前提，是現代社會才出現的想法。個人自主的觀念，既不是自有永有，也在許多思想傳統中沒有什麼位置。可以說，這種自我理解，是自啟蒙運動以降，經過洛克、盧梭、康德、穆勒，再到當代羅爾斯、拉茲（Joseph Raz）等哲學家運用實踐理性建構出來的成果。[8] 所以，我不會聲稱這種自主觀先驗地合理和普遍。如果它有合理性和普遍性，那必然是我們經過歷史實踐和理性反思後達成的結論。

我在前面的論證策略，是邀請大家去思考：如果你接受婚姻自由，反對父母之命，那麼你為之辯護的理由是什麼？我通過一步步向後反思，指出我們必須預設個人自主作為婚姻自由的基礎。我並不因此說這是唯一的理由，因為完全可以有從其他道德理論產生出來的理由。不過，我認為這是最強的理由：它既能合理地解釋我們當下抱持的道德信念，同時又能提出好的理由來證成婚姻自由的合理性。在這種來回反思的過程中，我們因此可以說，婚姻自由不僅應該適用於西方社會，也應該適用於華人社會，因為經過無數人的婚姻經驗，我們確實發覺，婚姻自由是對人更好的制度。

如果有人說，不行，因為我是華人，所以無論如何我都不能接受這種源於西方的自由觀，否則我就不再是華人，而我們的文化傳統也會因此被摧毀。這種想法有幾處錯誤。一，一種制度起源於何處，和這種制度是否合理，是兩個問題。我們平時也不會說，因為馬克思是德國人，所以社會主義一定不適用於中國。二，你的文化身分是什麼，和一種制度是否合理，是不相干的兩回事。如果你相信了一種不好的制度，並用這種制度來定義自己，那麼你的身分也是不好的。三，社會制度和價值觀念並非靜止不變，而總是在持續不斷地改變，我們的身分認同也因此跟著改變。如果你真心相信自由民主，並將這些價值作為你的公民身分的基礎，你不會因此而經歷什麼認同危機，反而會深感自豪。臺灣過去數十年的民主轉型經驗，為我們做了最好的示範。

最後，個人自主確實要求我們尊重個體的選擇，但這是否表示我們一定要接受一個原子式的（atomistic）、沒有承載的自我？[9]其實不會。我在前面已指出，人活在制度和文化當中，人的自主能力的培養和發展，本身就離不開在政治社群持續不斷的學習，同時國家需要提供相應的社會條件。所以，自主的人不是與社群割裂的完全自足的人。更重要的是，個人自主觀完全不否認社群生活和文化身分對人的重要，它強調的只是這些生活和身分必須要尊重人的選擇和認同。宗教自由和結社自由之所以如此重要，因為這樣才可以保證個體能在自願的情況活出自己認可的社群生活。

我們至此可以總結說，經過理性反思，如果我們認同自由社會值得追求，同意基本自由的背後是對個人自主的肯定，那麼我們應該做的，就是嘗試令這些觀念和價值傳播於社會，植根於文化，實踐於制度，以期我們大家都可以生活在一個自由的世界。

7 「消極自由」的基礎

在當代中國自由主義論爭中，伯林的〈兩種自由的概念〉影響深遠。[1] 在這篇被譽為二十世紀最重要的政治哲學論文中，伯林提出了兩個著名的命題。一，將自由區分為「消極自由」(negative liberty)和「積極自由」(positive liberty)，並且認為自由主義應該支持前者而小心後者，因為在某些情況下，積極自由很容易被扭曲，甚至有可能導致極權主義。二，消極自由的基礎，在於價值多元論（value pluralism）。由於價值本質上多元且無法用單一標準做量化比較和排序，價值衝突於是不可避免，選擇遂變得必要和重要。這兩個命題，深刻地影響了中文知識界對自由主義的想像，並成為理解和評價自由主義的重要參照。

問題是，伯林的命題能夠成立嗎？我認為不能。第一，離開積極自由，消極自由將難以得到恰當的理解和證成。第二，價值多元論本身並不足以為自由的優先性提供道德支持。我由此進一步指出，由於伯林的消極自由觀缺乏一套有關自由人的主體論述，他的理論其實很難為自由社會提供一個穩固的道德基礎。

一

根據伯林的定義，所謂消極自由，指的是一個人免受人為干預而行動的自由。換言之，一個人受到的束縛愈少，活動的空間愈大，他便愈自由。這些束縛可以是他人對我們身體的干涉，也可以是國家法律對我們的限制。一個被關在牢房或遭政府禁止發表意見的人，自然失去了行動和言論自由。這裡的「消極」(negative)，沒有道德上負面之意，而是指一個人的自由狀態，純粹以他受到多少外在干預來界定，例如有沒有人為的障礙阻擋他的去路，有多少道門為他打開，以及這些門開得多寬等。至於這個人本身具有的特質、目標、利益、能力、欲望，以及自我實現等，則和他享有多少自由沒有必然關係。

伯林這裡所說的消極自由，頗為符合我們平時對自由的理解，也是自由主義傳統普遍接受的定義。伯林寫作此文的主要目的，是要為消極自由辯護，因此他有必要回答兩個問題：一，在眾多自由中，哪方面的自由是他最想捍衛的？二，這些自由為何如此重要？

當我們說自由是一項重要價值時，我們不可能說，所有免於外在約束的狀態都是好的。如果是這樣，最自由的狀態，理應是無政府狀態，因為國家從我們出生起，就已經通過法律及其他方式，對我們的生活施加各種限制。如果我們不服從，便會受到懲罰。可是，我想大部分人會同意，為了使我們能夠和平、合理地生活在一起，許多約束是必要的，例如我們不能自由買賣槍械，也不能隨便侵占他人的財產。即使在最自由的國度，人們的生活依然會受到各種法律限制。我們不能簡單地視這些約束為必要之惡，因為它們中的許多本身是合理的。伯林在文章中將自由定義為人為約束的闕如，然後認為所有這些闕如都是好的，其實並不合理，也不應是自由主義的立場。[2]

與此同時，我們也不能將國家和法律視為自由的必然敵人。如果自由是一種政治價值，其實就已預設我們活在某種制度之中，因為這些自由的內涵和界限，是由制度決定並給予保障。許多國家的憲法，開宗明義清楚羅列公民享有什麼權利和自由，正是明證。在古典自由主義傳統中，常常有將自由和國家對立起來的傾向，以為國家的盡頭才是自由的開始，甚至認為市場是獨立於國家制度之外的東西。這其實是概念混亂。市場可做什麼不可做什麼，公私領域的邊界如何界定，個體可以享有多少政治權利，本身就是制度的一部分。離開制度，政治自由將無從談起。[3]

有了以上討論，我們當明白，伯林談自由時，不能只提供一個關於消極自由的形式定義，然後主張所有自由都值得追求。嚴格來說，這樣的定義本身並不承載任何政治價值。他必須進一步告訴我們，在這個定義之下，哪些特定的消極自由是重要的。[4]伯林似乎並沒充分意識到此一問題的重要性，可是如果我們追問下去，我相信他會說，他所指的是自由社會中最為珍視的公民和政治自由，包括言論和思想自由，良心和信仰自由，集會和結社自由，擁有個人財產的自由，以及在社會生活中最低限度的個人選擇自由等。[5]

可是，這些自由為何如此基本？很明顯，這不是定義的問題，而牽涉到實質的道德理由。伯林需要告訴我們，為什麼在某些社會領域，國家不應干預個體的行動，而應該將選擇的空間留給他們。一個合理的回應自然是，這些特定的自由對保障人的根本利益很重要。

二

伯林指出，自由主義傳統有不同學說為自由辯護，包括自然法和自然權利、效益主義、社會契約論、康德和穆勒的政治哲學等。儘管這些學說觀點各有不同，但他們的論證最後都會對什麼構成「人性的本質」(essence of human nature)有個說法，而且認為一個社會如果不能容許一個最低度的個人自由的領域，便必將「矮化又或否定我們的本性」。[6] 也就是說，個人自由是保證人性得到正常發展的必要條件。伯林清楚意識到，要為自由辯護，離不開自由主義對人的特定理解。既然如此，那什麼是伯林的人性觀？教人意外的是，伯林並沒有就此給出進一步的說明和論證。他最後訴諸的，是有名的價值多元論。以下這段原文十分重要，值得詳細引述：

> 我們在日常經驗中遭逢的世界，總是得在同樣終極的目標和同樣絕對的訴求之間做出抉擇，實現了其中某些的同時卻又不得不犧牲另一些。事實上，正正由於人類這樣的處境，人們才賦予選擇自由那麼大的價值；試想像，如果他們獲得保證，在人世間某種可實現的完美狀態下，所有他們追求的目標永遠不會有衝突的可能，抉擇的必然與痛苦也將消失，那麼選擇自由的重要性亦將不再。[7]

伯林在這裡，是想告訴我們，選擇自由為何如此重要。他認為，人類的價值和目標是多元的，這些價值和目標不一定彼此相容，甚至難以用同一把尺來比較衡量，因此在諸多目標中做出選擇以及承受隨之而來的犧牲，是人類永恆面對的處境。如果我們承認這個事實，我們便應該給予個體選擇的自由——即使自由不是唯一、也非最高的價值。唯有如此，我們才能更真實地面對人性，更人道地尊重每個個體的決定。換言之，由於價值本質多元，是故選擇自由必要。自由的必要和重要，並不繫於選擇的主體，而繫於價值多元且無法調和統一這個事實。

價值多元論能夠推導出自由選擇的重要嗎？我對此甚有保留。首先，設想在我前面有A和B兩個選項，它們同樣終極且無法加以比較，而我只能二擇其一。在此情況下，我該如何決定？根據伯林的思路，因為沒有共同比較的尺度，我根本沒法在兩者之間做出理性評價並排出高低，因此選A或選B並無實質分別，我甚至可用擲硬幣來做決定。

問題是，如果是這樣的處境，選擇的意義何在？我們平時之所以認為選擇重要，其中一個重要原因，是因為相信選擇有助我們找到好的和對的答案。如果我一開始便知道這樣的答案並不存在，那麼由我來選，還是由別人來為我選，似乎沒有根本分別。也就是說，多元論如果為真，選擇將變得無可避免，可是伯林沒有告訴我們，這種選擇的意義和價值在哪裡，以及為什麼必須將選擇自由交到每個人手上。

其次，伯林論證的另一面，是認為如果多元論為假，選擇自由則失去價值。實情未必如此。試想像在一個封閉的政教合一社會，某種宗教支配了人們生活的每個環節，也成為人們做各種決定的標準。在這樣一個人們普遍相信一元論的社會，我們仍有理由支持選擇自由嗎？我認為有。正如洛克在《論宗教寬容》一書所說，真正的信仰必須要得到人們的真心認可。[8]如果我的信仰不是由我自己選擇，無論它本身有多好，對我的生命也不會產生作用。因此，選擇自由的重要性和多元論並沒有必然的內在關係。

最後，多元論不僅不能支持自由的優先性，甚至會令伯林陷入更大的兩難。例如一個非自由主義者大可以對伯林說，我完全同意你的多元論，不過既然自由只是眾多價值之一，且和其他價值不相容，而國家安全、社會穩定和民族復興等都較個人自由來得重要，為了這些目標而犧牲部分自由（或部分人的自由），就是完全合理且必要。伯林可以如何反駁？他當然不能訴諸價值多元論，因為這個結論正是從多元論的邏輯中推導出來，更何況伯林自己也承認，多元論本身並沒有足夠的道德資源支持自由的優先性。[9]

我認為，要走出這個困局，伯林可以做的，是提出實質的道德理由，論證個人自由為什麼較這些集體目標更加重要，而這些理由的性質，必須和選擇的主體密切相關。可是，伯林卻不願意走出這一步。要理解伯林的決定，我們有必要思考這樣一個問題：為什麼我們如此重視選擇自由？

三

在現代社會，選擇是我們生活的一部分。從大事到小事，我們每天都在為自己做各種各樣的選擇。如果我們做一些自我反省，我們很可能會接受以下的思路：第一，我是獨立的個體，我的生命是我的，不是別人的。第二，我希望活好自己的人生，從中找到價值和意義。第三，要活好自己的人生，有許多條件，其中至為關鍵的一點，是找到既有價值同時適合自己的目標，並努力將之實現。第四，要發現這樣的目標，我們需要對生活的各種可能性，有個認識、比較和選擇的過程。我們如此在乎選擇，因為我們相信這些人生選項有真假、好壞、對錯可言，而不只是個人的主觀口味。所以，我們需要一個自由的環境，容許個體為自己做出明智的決定。最後，雖然我在當下做了一個深思熟慮的決定，我卻知道自己有機會犯錯，又或會在將來某一刻改變初衷。[10]所以，我希望自由選擇的環境能夠一直存在。

有人或會馬上說，既然你承認人有機會犯錯，如果有一些人較你更加聰明、更有經驗，又或更有德行，因此比你更加清楚什麼是對的和好的，為什麼不可以讓他們來為你做決定？我不能說，這是因為在任何情況下，我都較別人更知道什麼對自己最好，又或聲稱凡是我選擇的就是對的。我也不能說，長遠而言，容許個體有更多選擇必然會為整體社會帶來最大好處，沒有人可以做這樣的保證。於是，問題變得更加尖銳：在各種知識、宗教、道德和政治權威面前，為什麼我們仍然堅持給予個體選擇的自由？

我認為，在自由主義傳統，回應這個質疑最強的理由，是我們應該尊重個體。尊重個體什麼呢？尊重個體是獨立自主、可以為自己做決定，並且對自己的決定承擔起相應責任的存有。用穆勒在《論自由》中的話，我們可以用理由來勸導和說服那些和我們觀點不同的人，但只要這些人的行動沒有傷害別人，我們便不應該強迫他們做自己不願意做的事。在關乎一己的事務上，個體是自己身體和意志的最高主權者。[11]

換言之，捍衛自由的背後，有著現代人最深的道德信念：我視自己為自主的獨立個體，希望在最大程度上做自己生命的主人；我渴望活出自己的人生，而不是別人安排的人生；我要走的路，不一定就是最好的路，可是因為這是我的選擇，我遂實實在在感受到我的生命掌握在自己手中。這是我在上一章所稱的「個人自主論」。我認為，沒有這樣一種思路，我們便難以理解也難以論證，為什麼選擇自由在現代社會，會成為如此重要的政治價值。

四

既然如此，為什麼伯林不願意接受這樣的論證？因為這種對人的理解，正是他所定義的「積極自由」的要旨所在。讓我們看看伯林怎麼說：

> 「自由」這個詞的「積極」意義，來自於個體渴望成為自己的主人這部分。我渴望我的生命和種種決定完全由我來做，而不是任何外在力量。我渴望是自己意志行動的工具，而不是他人的手段。我渴望自己是主體，而不是客體。[12]

由此可見，積極自由要回答的問題是：誰是主人？只有當一個人完全自主地支配自己的生活時，他才享有真正的自由。如果是這樣，承接上面的討論，我們之所以那麼重視消極自由，之所以那麼希望擁有一片不受外在干預的空間，正是因為我們渴望做自己的主人。也就是說，積極自由才是消極自由的基礎，而非價值多元論。

伯林不是沒有意識到，消極自由和積極自由的緊密連繫。可是他從他的思想史研究中得出一個結論，就是西方在價值一元論的傳統下，本來主張自我主宰的積極自由，受唯心論和理性主義的影響，最後很容易會墮陷到它的反面，成為形形色色的集體主義和專制主義鉗制個人自由的藉口。為了避免這種情況，伯林於是努力將消極自由和積極自由做出概念上切割，並另覓他途去為消極自由的優先性找基礎，而他的答案就是價值多元論。

不過，正如我在前面指出，價值多元論和消極自由之間，有難以化解的內在張力。如果我們接受前者，就很難為後者的優先性找到穩固的基礎，可是這卻是自由主義的基本任務。伯林於一九五八年發表此文時，正值二戰結束不久及東西冷戰時期，有很強的時代針對性，可是伯林所說的從積極自由到極權主義之路，並沒有概念上的必然性。相反，通過觀念的釐清和制度的確立，個人自主論完全可以為基本自由和政治權利提供有力支持。[13] 事實上，在自由主義傳統，從洛克到康德，再從穆勒到羅爾斯，個人自主都是支持自由社會的重要理由。[14]

8 自由與容忍

——回應胡適先生

一九五九年三月，胡適先生在臺灣的《自由中國》雜誌上發表了一篇重要文章，叫〈容忍與自由〉。這篇文章引來毛子水、殷海光等先生回應，胡適遂在同年《自由中國》十週年紀念會上，進一步闡述其觀點。這兩篇文章，已成為中國自由主義發展史的重要文獻。[1]

胡適的主要觀點如下：一，容忍比自由更重要，「沒有容忍，就不會有自由。」容忍是政治自由、思想自由和信仰自由的基礎。二，容忍是一種極為難得的態度，是一種值得讚許的美德。三，不容忍的根源，主要源於人們相信自己所信就是絕對真理。「一切對異端的迫害，一切對『異己』的摧殘，一切宗教自由的禁止，一切思想言論的被壓迫，都由於這一點深信自己是不會錯的心理。」四，要養成容忍的雅量，就必須承認自己的想法不一定是對的，而是總有犯錯的可能。容忍的基礎，建立在一種溫和的懷疑論之上。它是溫和的，因為它並不否認有真理，而只是要求人們對當下所信抱一種懷疑的、不確定的態度。胡適因此說：「所有一切保障自由的法律和制度，都可以說建立在『理未易明』這句話上面。」[2]

胡適對容忍的強調，有其特定的歷史背景。[3] 但就理念來說，他對容忍和自由兩者關係的理解，我認為沒有足夠的說服力。我以下將指出，懷疑論不足以支持容忍成為一種美德，而容忍本身也不足以支持自由的必要。

一

在政治哲學中，容忍（toleration，有時也譯為「寬容」）作為一種美德，一般指的是一個人對另一個人的言論、思想、信仰和行為等極不認可（disapprove），同時相信自己的不認可是有理由的，可是卻有意識地選擇約束自己不加干涉——即使他有能力這樣做。而這種自我約束，是道德上值得讚許的，所以才視為美德。這裡的容忍者，可以是個人和團體，但更多是指向政府，因為往往只有政府才擁有干涉及限制他人行動的權力。在各種有關容忍的案例中，最經典的是宗教容忍。[4]

此一定義，有幾點值得留意。第一，容忍必然意味著一方對另一方的負面評價，即容忍者認為他人的思想行為是錯的、不可取的，甚至在道德上是可譴責的，同時認為自己的觀點立場是真的和對的。所以，容忍絕對不是無所謂或不在乎。容忍的「忍」，其實有「忍受」之意，正好捕捉了那種不得已的感覺。此外，容忍往往意味著雙方權力關係不對等，弱者通常談不上容忍強者。[5]

第二，容忍的態度，並非一概適用於所有場合。例如沒有人會認為容忍種族歧視和性別歧視是應該的，因為這些歧視本身便是錯的。我們要做的，是立法禁止這些歧視。與此同時，有些對他人的負面評價，如果一開始便是不妥，那麼基於這些評價而做出的容忍，也是不合理的。例如在很長時間，異性戀對同性戀的容忍，被視為難得的美德。來到今天，愈來愈多人認為，這樣做反而隱含了某種歧視性判斷：同性戀本身是道德上錯的。他們指出，同性戀者真正需要的，是平等的尊重，是和異性戀者享有相同的權利，而不是他者的容忍，因為這樣會帶給他們一種不獲恰當承認的傷害。

由此可見，並非在所有情況下，容忍都是美德。我們必須對被容忍之事，有這樣一種判斷：一方面容忍者所做出的負面評價是可理解的，同時容許這些信仰和行為的存在是可接受的，甚至是應該的（不同宗教之間的容忍是很好的例子）。正是在這個特定範圍內，容忍才被視為美德。當然，基於什麼標準來界定這個範圍，是很困難的事，因為什麼是不應容忍的，什麼是可容忍的，什麼是和容忍無關的，本身就是極具爭議性的議題，需要通過實質的道德論證來確定。

第三，不在乎（indifference）、容忍和尊重，是性質不同的三種態度，雖然出來的結果，都是某一方選擇不干涉另一方。容忍往往處於兩者中間：容忍者在乎別人做些什麼，同時認為這些行為並不值得尊重，但最後選擇了自我約束。真正的問題是：既然他認為別人的信仰是錯的，可能對當事人及社會帶來很壞的後果，同時他又有能力阻止對方的行動，為什麼他應該保持克制？

有人或會說，這樣做純粹出於自我保護，因為容忍者計算過，如果不這樣做，難保他朝別人不會以其人之道還治其人之身。可是，如果這是容忍的唯一理由，我們就很難說容忍是一種美德，因為我們完全可以想像另一種可能：在情況許可下，為了確保敵人沒有機會報復，便採用加倍殘暴的手段將對方徹底消滅。基於自利計算，不容忍同樣可以很理性（rational）。[6]

所以，如果容忍是一種穩定、持久且出於自願的美德，容忍者的決定便必須基於道德理由。這些理由的性質，既要和他對別人的信仰所做的負面評價的理由不一樣，同時要讓前一類理由凌駕後一類理由。基本思路是這樣：「我雖然不認可你的觀點和作為，但基於某些更重要的理由，我選擇容忍，不干涉你的行為。」這些理由是什麼？為何它們具有如此重的道德分量，使得人們能夠培養出容忍這種很不容易的德性？

二

現在讓我們來檢視一下胡適的論證。胡適認為，容忍的主要理由，就是容忍者意識到自己可能會錯，並由此養成容人之量，不隨便干涉他人的自由。「因為難免有錯，便應該容忍逆耳之言。」[7]胡適實際上認為，如果一個人堅信真理在握，就沒有容忍的理由，而這正是歷史上各種宗教和政治不寬容的主要原因。容忍的必要條件，是當事人須對自己的信念，恆常地抱一種懷疑和不確定的態度。只有這樣，人才會保持謙遜和不獨斷。

這個論證最大的問題，是將「容忍作為美德」最關鍵的難題消解了。這個難題是：如果我堅信自己所信為真，我仍有理由容忍嗎？胡適的回答是，沒有那樣的理由。可是，這個回應本身，卻迴避了「容忍」中最迫切的問題：最需要寬容的時候，正是人們深信自己所信是對、而他人所信是錯的時候。[8]十七世紀以降的自由主義傳統，都在努力尋找回答這個難題的方法。

自由主義不願意接受胡適的論證，至少有兩個原因。首先，自由主義沒有正當理由這樣做。它不能要求說，為了容忍的出現，所有人必須培養出一種懷疑論的態度。這一來很難做到，二來違反了自由主義的基本原則：尊重每個人的信仰，包括人們如何理解和實踐自己的信仰。誠然，在多元開放的社會，人們會相對容易培養出一種非獨斷、不排他，且較易承認自己可能會錯的生活態度，而這種態度也可能有利於社會變得寬容，可是自由主義不能為了這個後果，而要求人們變成懷疑論者。這等於另一種不寬容。再者，既然自由主義堅信容忍是美德，如果沿用懷疑論的邏輯，那麼「容忍作為美德」這一命題本身便可能是錯的，有權力的一方選擇不容忍，似乎也就沒什麼不可以。

自由主義還有另一個理由拒絕這種論證，我將之稱為人的「信仰的完整性」(integrity of belief)。胡適在他的文章中曾很感激地說：「這個國家、這個社會、這個世界，絕大多數人是信神的，居然能有這雅量，能容忍我的無神論，能容忍我這個不信神也不信靈魂不滅的人。」為什麼這些信神的人會容忍胡適這樣的無神論者？按胡適本人的邏輯，那必然是因為這些信神者對自己所信的宗教抱持懷疑態度，覺得自己可能會錯，所以才容忍他的無神論。

可是，對大多數信神的人來說，他們一定不願意接受這種解釋，而且會覺得很反感，認為這曲解了他們的信仰。對一個全心全意投入某個信仰且深信其為世間真理的教徒來說，他不可能這樣對胡適說：我之所以容忍你，因為我同意無神論也有可能為真，而我無法確定自己的信仰必然為真。為什麼呢？因為這種態度將令他的信仰生命變得割裂和異化。對他而言，信仰是個人生命的整體投入，一種全心全意的相信。他不可能既是虔誠的信徒，同時又是自己信仰的懷疑論者。這種不一致，對胡適來說問題可能不大，但對教徒來說，卻是對自己信仰生命的背叛。

胡適似乎沒有意識到，在懷疑論和信仰之間，有很大的張力。他只是理所當然地假定，那些容忍他的無神論的人，都已接受了懷疑論，卻沒有考慮可能有其他理由支持他們的決定。我們可以見到，如果自由主義的容忍觀建立在懷疑論之上，那不僅沒有說服力，同時會被認為是對真誠信仰者的不尊重。我們於是回到最初的問題：如果我們堅信某種信仰為真，我們仍有理由選擇容忍異見者嗎？

三

自由主義會說：有的，理由在於尊重每個人都是獨立自主的個體。自主的意思，是自我作主。自由主義認為，每個人都是自己生命的主人，有理性能力去構想和規劃自己想過的生活，活出自己生命的意義。就此而言，人是有自由意志且能對自己生命負責的行動主體。因此，我們應該尊重每個人的選擇。這並不是說每個人的選擇必然是最好的，而是說尊重個體的選擇，是尊重人作為自主的理性存有最為恰當的方式。基於此，自由主義便可以說：儘管我不同意你的信仰，而我仍然有理由容忍它的存在，因為我尊重你是自主的個體。在這個論證裡，我並不需要成為懷疑論者，而同時又有理由對你寬容。

我們因此可以見到，容忍作為美德，其實牽涉兩類性質不同的理由。第一類理由，關乎容忍者對被容忍者的信仰的負面評價。第二類理由，關乎容忍者對被容忍者的獨立人格的尊重。這兩類理由同時存在，並能很合理地解釋容忍的雙重特性：一方面不同意對方的觀點，另一方面選擇不做干涉。容忍背後的理由，是對個人自主的尊重，而不是對一己信仰的懷疑。這樣的論證，顯然和胡適的想法不一樣。

讀者或會問，既然兩類理由同時存在於主體身上，當它們有衝突時，為什麼對個人自主的尊重必然能夠凌駕對別人信仰的反感？確實保證不了。事實上，人類歷史上各種各樣的不寬容事件，已經說明這點。這正好說明，培養容忍的美德是如此地不容易。艱難之處，不在於你要承認自己也有機會犯錯，而在於你堅信自己沒有錯的同時，仍然願意放下你和別人在道德、政治和信仰上的深刻分歧，看到別人也是人，是理性自主且值得我們尊重的獨立個體，從而約束自己支配和壓迫他人的衝動。

不過，在自由民主社會，容忍的難題已通過一種巧妙的政治分工得到相當程度的解決，那就是基於政教分離而逐漸發展出來的平等權利制度。在這種制度中，國家最重要的責任，不是去宣揚和支持某種宗教，而是保障每個公民享有平等權利去追求和實現自己的信仰，這些權利包括良心自由和宗教自由，思想自由和結社自由等。我們甚至可以說，在這個過程中，自由社會慢慢完成了一種由容忍到尊重的過渡，因為在國家賦予公民平等權利時，它的理由不是容忍，而是尊重。例如國家再不能說，容許伊斯蘭教徒享有信仰自由，是對他們的容忍。在民主社會，國家對不同宗教，理應一視同仁和公平對待。既然國家不再有自己的國教，那麼不同公民的信仰選擇，就與國家無關。這種過渡完成後，權利話語遂逐漸取代容忍話語。

四

我們因此可以說，胡適認為沒有容忍就沒有自由的說法，並不準確。沒錯，容忍會導致某種不干涉，但這只是支持個人自由的其中一種途徑，而不是唯一的方式。自由主義可以訴諸「個人自主」來證成思想和信仰自由，而不用說這是國家或大多數人或某個政黨對另一些人容忍的結果。不僅不需要，有時甚至不應該，例如我們不應懇求執政黨和它的領袖在政治上容忍反對派，而應要求它充分尊重反對派應有的政治權利。

為什麼呢？因為這兩種要求的性質，其實完全不同。前者不僅預設了不對等的權力關係，同時隱隱然默認了這種不對等的合理性。於是，容忍就彷彿是掌握權力的一方對沒有權力的另一方的施捨，而這種施捨還能獲得讚許。後者卻顛覆了這種關係，強調作為國家的平等公民，言論自由和結社自由本來就是所有人應享的權利。我們完全可以理解，在某些歷史時刻，基於政治現實，懇求統治者容忍異見者也許是不得不為之事。不過，如果將容忍作為自由的基礎，甚至認為容忍話語較權利話語更為重要，那麼就不見得是對自由主義很好的辯護。

胡適先生被譽為中國自由主義之父，我認為當之無愧。我對他的學問與為人，有極高評價。我也留意到，胡先生在其他地方對自由主義的闡釋和論述，並不總是以容忍作為唯一的出發點。9

不過，由於這兩篇文章影響力太大，以至許多人很容易就認為，要談自由主義，就必須從「容忍比自由更重要」談起。我在本章指出，如果我們將自由建基於容忍，同時將容忍建基於懷疑論，將會雙重削弱自由主義的說服力和吸引力。要為自由和容忍辯護，我們應該另尋更好的理由，而我認為，個人自主論是其中一條出路。

9 論思想自由

思想和言論自由，是自由社會的基石。它主張，每個人都應享有抱持與表達觀點和意見的權利，政府不得在欠缺合理理由和忽略公平程序的情況下，任意限制和控制人們的思想，相反，它有責任提供相應的制度安排，確保公民能夠有效實踐這些自由，包括出版和印刷自由、新聞和資訊自由、信仰和學術自由，以及多元開放的公共空間和網絡平臺。

早在一九二九年，著名歷史學家陳寅恪就曾說過，「思想而不自由，毋寧死耳。」[1] 確實，對一個以思想為志業的學者來說，活在一個不自由的環境，痛苦實在難以言喻。所以，思想自由理應是所有思想者必須共同捍衛的底線，畢竟沒有思想自由，就很難產生真正的思想，思想者也就不再是思想者。不過，道理歸道理，現實卻是另一回事。距離陳寅恪先生那番說話，倏忽已近百年，中國思想言論自由的環境，不僅沒有進步，甚至今不如昔，而知識社群為爭取思想言論自由所做的努力，實在也乏善可陳。

思想自由真的那麼重要嗎？在教人窒息的大環境下，或許有人會問這樣一個問題。甚至問的人，可能就是從事思想研究的。如果答案不是那麼確定，大家內心也許會好過一點，覺得不必如此較真，更不用輕言生死，只要忍耐和遷就一下就好，畢竟日子始終要過。只是，思想者不能或不願去面對思想不自由帶來的惡，絕對不是好事。本文嘗試提出我的一些初步想法。

一

為了方便討論，試想像我們生活在一個思想和言論自由嚴重受限的社會。在這個社會，警察不僅維持社會秩序，還維持思想秩序，確保所有人不會「離經叛道」，故此新聞媒體會受到嚴密監控，書籍出版要通過嚴格審查，圖書館藏書須有安全檢查，獨立書店不能隨便辦讀書會，電影文化藝術活動不可越界，網絡言論更要受到全天候監視，稍有不妥便隨時刪帖封號。與此同時，政府也鼓勵人們互相監控，積極舉報任何涉嫌違反國家安全的危險言論。

不過，這還不夠，因為要有效控制思想，最高明的，不是靠高壓統治，而是令人們心甘情願地接受官方所說的一切，並從靈魂深處自覺地抗拒異端思想。要實現這個目標，教育和宣傳部門就扮演重要角色。

教育的目的，不是培養學生成為自由獨立的思考者，而是通過官方清楚的指引，學校和教師的緊密配合，配以特別設計的課程和考試，令年輕一代在不知不覺中接受官方的歷史觀、國家觀和價值觀。至於各種另類觀點和不能說的歷史真相，也不用特別擔心，因為它們早已不存在於課程和考試，老師又被禁止和學生討論，不用多久，一代人的思維模式和價值系統就會有根本改變。這樣的思想淨化教育，剛開始的時候或者會有部分老師抵制，不過當他們也被處理掉後，整個教育界就會徹底唯命是從。那些被視為不乾淨、有雜質的思想，會無聲無息地消失。這種淨化工程，裡面當然有殘酷的權力操作，可是它畢竟不是極權社會那種完全不加掩飾的洗腦教育，家長和學生因此未必很直接地感受到自己其實活在一種思想受控的狀態。

至於宣傳部門，面向的不僅是學校，而是整個社會，主要做兩件事：放大社會的光明面，掩蓋社會的陰暗面，從而令人們相信，政府所做一切皆合情合理，而他們正活在一個美好、正義和偉大的時代，應該感恩和自豪。要完成這樣的美化工程，當然很不容易，需要投入大量人力物力，動用先進的電腦科技，以及有強權部門在背後支持。

要掩蓋陰暗面，自然要令那些專門揭露社會問題的媒體和人物噤聲。這些人物可以是記者、學者、劇作家、歷史研究者、出版人、律師、藝術家、電影導演，又或流行歌手。什麼職業其實並不重要，重要的是你不能用你的身分，去告訴世界真相和控訴社會不公。至於放大光明面，則需要培養大量親官方媒體和意見領袖，指令他們在有需要時，為政府搖旗吶喊和說非成是。更高明一點，則是重金聘請政治公關來為政府政策做各種包裝，又或找來知名學者利用各種大論述來炫惑大眾，讓人們相信存在就是合理，而且當下的世界已是各種可能世界中最好的一個。

二

活在這樣的社會，有什麼不好？我認為至少有六方面。

首先，你會時刻感到恐懼。你必須小心翼翼，謹言慎行，因為你知道，如果你發表了一些批評當局的文章，又或在網路轉發一些報導和評論，可能就會有人找你麻煩。更令人頭痛的是，你往往不知道警戒線在哪裡，也不會有人告訴你哪些領域什麼觀點是不能碰的，你必須自己揣度。那種「你必須小心，老大哥正在看著你」的恐懼，會將你整個人包圍，教你惶惶不可終日。不知不覺間，你開始習慣自我審查，審查自己應該讀什麼，講什麼，和想什麼。警察不僅守在外面，還進駐你的內心。恐懼——無處不在的恐懼——遂蠶食你的生命，影響你的工作，以及破壞你對別人的信任。當情況壞到一個地步，要麼你就離開這個國家，要麼就只能選擇沉默，甚至放棄思考，成為思想上的植物人。

其次，這樣的社會極為單調乏味。我們每個人生下來，便有不同的性格和才能，會追求不同的目標和理想，形成不同的個性。也就是說，只要容許人們有選擇的自由，人與人之間就不可能千篇一律。我們不僅自己有機會活得精采，同時可以受益於別人的精采。舉例說，我雖不擅寫作，卻可讀到許多作家的偉大作品；我雖不會彈琴，卻可欣賞不同鋼琴家的精湛演奏；我雖不懂編寫程式，卻可以使用到最先進的科技產品。可是，在一個嚴密監控的社會，人的多元性卻會受到極大限制，那些從官方觀點看不能容忍的思想、藝術和科技，都將很難生存。世界於是只剩下一種旋律和一種顏色。我們失去的，不僅是可能性，還有想像可能性的能力。每個獨特鮮活的生命，未曾綻放已枯萎。

第三，我們將很難在這樣的社會發現真理。當權者當然不會這樣想，因為他們會告訴你，他們所代表的，就是絕對真理，你只需要無條件地相信和服從。可是穆勒早在《論自由》中告訴我們，歷史上無數曾經如此宣稱真理在手的人，無論當時看上去如何權威，最後都被證明錯了。原因很簡單，就是每個人都有可能犯錯。人類知識發展的過程，是個不斷試錯和否證的過程。我們渴望找到真理，卻沒有確定之門，唯一可行之途，就是提供一個思想和言論自由的環境，容許各種觀點在其中針鋒相對和彼此質疑。穆勒相信，只有通過自由辯論，我們才能見到事物的不同面向，瞭解到不同觀點的優劣，也才有機會接近真理，促進社會進步。[2] 沒有思想和言論自由，整個社會都會付出沉重代價。

第四，這樣的社會，人的能力將無法合理發展，而發展這些能力是人活得好的重要條件。穆勒便認為，即使有些習俗被證明是好的，我們也不應強加於人們身上，而應鼓勵他們為自己做決定。因為只有在做選擇的過程中，人們才有機會運用人的感知、判斷、辨別、理性推論和道德反思的能力，從而成為有個性的人。穆勒因此說，我們不應只看人們結果做了什麼，還應看他們以怎樣的方式去做。在一個沒有思想和選擇自由的社會，我們的生命將有極大缺失，因為許多寶貴的潛能根本沒有實現的機會。[3]

第五，我們將難以參與正常的公共生活。公共參與的前提，是公民能夠無所恐懼地就公共事務發表意見，包括批評政府的法律和政策。通過這些參與，我們會建立起一種主人翁意識，覺得參與政治是公民應有的權利和義務，同時對自己所處的政治社群產生歸屬感。可是，當政治意見表達的渠道全被封鎖，我們就被徹底排斥於政治之外。我們明明活在世界之中，世界卻不屬於我們，我們遂在自己的家園成為異鄉人。久而久之，我們的生活將沒有公共性可言。這意味著，我們將失去許多只有通過公共參與才能有效發展的能力和關係，例如我們的公共說理能力，對社會正義的想像能力，以及與其他公民的社群連結。簡言之，我們將活得很不完整。

最後，這樣的社會，會令我們失去做人的尊嚴。帕斯卡（Blaise Pascal）有個有名的說法：「人是一根能思想的蘆葦，而人的全部尊嚴就在於思想。」[4] 思想和尊嚴的關係到底在哪裡？我認為，那是因為思想彰顯了人是有反思意識和價值意識的主體。人的主體性，必須通過思想來實現。不容許人們有思想的自由，就是不把人當作人，不容許人成為自己，而只是將人當作工具。極權社會最大的惡，不僅是在肉體和物質上摧殘人，更是在精神和意志層面，將人變成不用思想和不能思想的物件。

有人或許會說，即使以上所說有理，但只要我不做政治異見分子，不發表什麼批評和不參與任何活動，安分守己地做個順民，我的生活就不會受到什麼影響。這恐怕是一廂情願。自由是一種制度安排，而人活在制度之中。當制度不自由，沒有人可以置身事外，包括你讀的書，聽的音樂、看的電影、上的學校、交的朋友，以至對整個社會的感知和感受。就此而言，一個人不自由，整個社會都不自由，不是一個譬喻，而是真實的描述，因為他的不自由是由於不義的制度所致，而制度約束我們每一個人。一旦意識到這點，我們就應明白，那些為了爭取自由而失去自由的人，他們不僅是為了自己爭自由，更是為所有人爭自由。

三

上述論證的基本思路是：我們每個人都渴望過上好的生活，好的生活需要一些重要條件，這些條件的實現有賴自由的社會制度環境。思想自由之必要，植根於我們對活得好的期望。當然，論證自由的必要，可以有其他進路，例如促進經濟發展、有效監察政府，又或避免權力腐化等。我將焦點放在個體身上，因為不自由的社會對人最直接的影響，就是生命質量的下降。只有將自由和人的存活連繫起來，我們才能更清楚看到思想自由為何如此基本。

身為一個活在香港的政治哲學研究者，思考自由問題有年，不過如果不是過去幾年目睹身邊許多朋友失去人身自由、思想自由、新聞自由、創作自由、演出自由，以及經營書店的自由，同時見證這些不自由帶給朋友們巨大的痛苦和恐懼，我恐怕沒有這種切膚之痛。我開始明白，要談自由，就要從最接近生命的地方談起。

我們每天都在思想、在表達、在閱讀、在創作，可是當有一天，你這些習以為常的自由開始受到嚴重威脅，你將如何應對？在當下的香港，這些早已不是抽象的學術問題，而是我們每天必須面對的考驗。有的人選擇永久離開，有的人選擇留下來，而留下來的人又會選擇不同的活法。本文沒有能力告訴大家應該怎麼做，而是嘗試分析，一旦失去自由，我們將失去什麼，以及失去之物為何如此重要。不過，要讓人充分感受到自由的重要，還有一點很關鍵，就是當事人必須要有自由意識。道理很簡單：主體必須先意識到自己是個有自由意志、有反思能力、能對自己生命負責的存有，他才會特別珍惜手中的自由，並對自由的失去有痛徹心扉的遺憾。可是，人的自由意識並非生來便有，而是需要我們思想的覺醒，並在公共領域練習自由的實踐中，以及在承受各種壓迫和恐懼的痛定思痛中，逐步發展而成。就此而言，我們不僅是在追求一種制度，也是在經歷一種成長。在各種自由中，思想自由特別重要，因為它是我們成為會思想的人的必要條件。

10 為民主辯護

一

在種種有關中國應否走向民主的論爭中，有兩類頗為流行的質疑。第一類是素質論，認為在現階段，中國人的民主素質不夠，所以民主應該緩行。這類觀點並不反對民主本身值得追求，只是認為好的民主實踐需要一些條件，否則會弄巧反拙。

對於這類質疑，可有三種回應。一，要有效實踐民主，公民的確需要一定的民主素養，包括具有基本的政治判斷能力，能夠理解和遵守民主制度的一些基本規範，以及對公共事務有相當的認識和關注等。但要擁有這些能力，並不需要特別技能或特殊訓練。在正常環境下，大部分人都可通過教育和公共參與，逐步發展出這些能力。

二，退一步，即使這個說法有一定道理，那麼合理的推論，也不應是維持現狀不變，而應是加快制度改革，提升人民的民主素質。這包括積極推動民主改革，落實言論和結社自由，鼓勵不同層面的政治參與等。要知道，參與民主的能力只能在民主的實踐中孕育和發展，就像游泳只能在水中學會一樣。

三，持這種論調的，往往錯誤地將人的素質視為靜態和本質的東西，卻沒有意識到人的信念和行為，其實很容易受外在的制度環境影響。今天社會上出現的對個人權利的不尊重，對程序正義的踐踏，對異見的不寬容，對規則的漠視，並非什麼中國人的劣質國民性所致，而是直接和制度相關。如果一個社會日趨公正民主，活在其中的人自然會傾向培養出相應的正義感和民主意識。以不民主社會導致的「不良素質」為由來反對民主，是倒果為因。

二

第二類質疑，可稱為菁英論。這種觀點認為，政治權力應該掌握在一小部分菁英手中，因為只有菁英才有能力、遠見和情操來為人民謀福祉，知道什麼是國家真正的共同利益，以及掌握歷史進步的祕密等。菁英論有不同形式，它可以是柏拉圖式的哲學王、儒家式的聖君賢相，也可以是革命先鋒黨。儘管有著各種不同，菁英制的共同敵人是民主政治，因為後者主張所有公民無論在其他方面有多大差異，都應享有平等參與政治的權利。而對菁英論來說，在一個本質上不平等的世界強求平等，並將權力平均交給大眾，完全是非理性之舉，因為大眾總是無知、短視和易受操縱，很容易做出大錯特錯的決定。

我們可從不同角度反駁菁英論。例如我們可以問：即使菁英論是對的，但在沒有經過選舉洗禮下，我們怎麼知道擁有權力的，就是真正的菁英？這些菁英從哪裡培養出來？退一步，即使他們真是菁英，我們怎麼保證他們不會因為擁有絕對權力而變得腐敗？畢竟有能力和有德行，是兩回事。我們也可以問：在一個利益分殊、價值多元的社會，不同個體、不同族群、不同階層對於什麼是政治社群的共同利益，必有不同看法，一小撮統治菁英的個人判斷，真的較一人一票的集體選擇，更能反映什麼是共同利益嗎？

這些都是菁英論必須面對的問題。自由民主制在世界取得支配地位，並得到不同民族和不同文化的人廣泛支持，不可能只是偶然。這些事實最少說明，運作良好的民主制度，不僅不是非理性的，而且較菁英制更能保障個人權利，更能反映人民意願和向人民負責，更能有效爭取社會財富的合理分配，也更能防止權力被濫用，因此具有更高的正當性和穩定性。所以，即使從後果看，菁英論的斷言也經不起事實檢驗。

儘管如此，不少人依然認為在理念上，菁英制並沒有問題，只是在實踐上，由於較難找到制約菁英濫用權力的有效方法，所以才迫不得已選擇民主制這個次佳方案。民主制最大的作用，是防止專制暴政，而不是為了實現什麼最高價值。為什麼呢？因為由大多數人決定的政治，必然是庸人政治。民主或許不壞，但極平庸。對於政治抱有極大期望同時自視為菁英的人，不喜歡民主，自然不難理解。這背後隱含了這樣的態度：政治很複雜，統治是一門技藝，要實現政治社群的最高利益，就必須由才德兼備的專家來治理。真正好的政治，絕不應是「眾人」之事。[1]

這種觀點十分流行，卻不見得成立。首先，今天在大部分國家推行的代議民主制，其實並不否認治理國家需要專門知識，也不像古代雅典城邦那樣用抽籤的方法決定誰擁有權力。民主制選擇政治人才的方式，是通過公開公平的多黨競爭。它相信，在一個制度健全的社會，通過發表政綱、公開辯論、媒體監督、黨內初選複選，最後經全民投票選出來的代議士，有較大機會是合適的治國之才。嚴格來說，代議民主並不反對菁英治國；它反對的，是未經人民一人一票授權的菁英治國。

當然，菁英論者可能會繼續說，一群無知之民，怎麼可能選出有識之士？我們絕對不應該這樣看。在健全的民主社會，良好的公民教育、自由多元的公共文化、不同形式和不同層次的社會參與，都能使公民意識到自己的權利和責任，並且就公共事務做出合理判斷。那些藐視公民的人，往往是出於傲慢或者無知。退一步，即使選民有時選出能力不好和德性不彰的人，全體公民仍然可以用手上選票在下次改選他人。民主制的優點，不是保證人們不會犯錯，而是保證大家有學習和改正的機會。

三

討論至此，我們見到無論是素質論還是菁英論，都是擔憂民主選舉會導致不良的政治後果。我在前面已指出，這些擔憂要麼不成立，要麼可以在實踐中得到解決。接著下來，我希望進一步指出，相較於民主制，菁英論有個極大缺陷，就是忽略了公民的政治參與，對權力正當性及對個體生命的重要。忽略這兩點，我們就難以恰如其分地理解，為何民主制能在現代社會取得那麼大的支持。

先談正當性問題。現代政治問題的難題，不在於如何將權力交到有能者手中，而在於交到有能者手中的權力，必須滿足什麼條件，才具有足夠的政治正當性，從而令人們心服口服，自願服從其統治。在前現代社會，只要訴諸君權神授說，或許就沒有人敢質疑，因為當時的人都相信上帝，也同意地上君主的權威直接源於上帝。可是，在一個普遍相信人生而自由、平等、獨立的時代，這類理由早已不再有效。權力的正當性，不能不問人民的意願。

在這樣的時代背景下，菁英論者就不能說，僅僅因為某人的政治能力卓越，又或擁有聖人般的美德，他便可以有權統治，並要求別人服從。為什麼呢？因為我們看世界的方式變了。我們不再視政治秩序為不可改變的自然事實，也不再相信權力的來源只能是外在權威，而是認為統治者的權力基礎，必須得到我們的認可。道理也簡單：既然我們都是平等的自由人，如果得不到我們的認可，你憑什麼可以統治我？

自由意識和平等意識的興起，是現代政治的大事。在平等的自由人面前，無論是君權神授論還是天命說，也不管是貴族論還是菁英說，都變得沒有說服力。民主選舉之所以重要，並非在於它是實現某個政治結果的最好手段，而在於這個過程體現了對人的尊重：我們都是國家的平等公民，國家權力來自於全體公民，我們理應享有參與國事的權利。民主政治，是公民的集體自治，背後的理念是個人自主和政治平等。菁英制最大的缺陷，是它無法回應現代社會這兩個最根本的政治價值。

事實上，民主參與只是體現個人自主其中一個環節。在社會其他領域，人們同樣要求能夠擁有自由去主宰自己的生命，包括信仰自由、戀愛自由、婚姻自由，職業自由，以及決定如何死亡的自由。背後的根本原因，也是尊重人的自主性。如果有人說，自由意識和平等意識不屬於我們的文化傳統，民主制因此不適合我們，那麼他們只需看看臺灣今天運作良好的民主制度，自然已毋須多辯。2

菁英論第二個盲點，是沒有看到政治參與本身，對參與的公民有重大意義，卻以為民主最多只有工具性價值，目的是為了某些獨立界定的政治目標，例如找到一個好的政治領袖。言下之意，如果我們能夠找到更好的方法去實現這些目標，民主參與就沒有價值了。

我們一出生，就活在國家之中。國家設立制度、制定法律、擁有武力，並要求我們無條件服從。我們享有多少自由、擁有什麼權利、承擔何種義務，都由國家規定。既然如此，身為獨立自主的個體，對於國家的法律和政策如何制定，如果完全沒有發言權，我們將感受到強烈的被排斥：這個國家明明屬於我們，我們明明是國家的主人，卻被迫成為政治上的異鄉人。在國家眼中，我們就只是臣民，我們只需要無條件服從，承受別人為我們安排好的一切。對於平等的公民來說，這是莫大的羞辱。

為什麼是羞辱呢？對於自小生活在威權社會，從來沒有機會參與公共事務的人來說，對此或者沒有很深感受，因為他們一直都是政治上的旁觀者，很難想像政治上的「在家」(at home)是什麼意思。不過，對於那些曾經享有過民主選舉，並視公民參與為生命一部分的人來說，當他們的政治權利有一天被硬生生奪走，他們將經歷巨大的失落，因為他們成了二等公民。

在家之意，是說這個國家我也有分，我可以和其他公民一起去建設屬於我們的政治共同體。就此而言，我們是國家的主人翁。我們也許觀點不同立場各異，對於哪個政黨應該執政以及什麼政策值得支持，會有很多分歧，可是我們承認，我們都是國家的平等公民，願意接受政治平等和集體自治作為集體生活的基本原則。我們必須見到，民主政治雖有競爭和對立的一面，背後卻預設了這樣一種共識。

我相信，渴望在家和渴望平等尊重，是現代人最深的精神需要。這種需要在制度上得不到合理回應，人就很難活得有尊嚴。菁英制只看到人的不平等，並將政治建立在這種不平等之上，然後以為這樣做就是對所有人最好，卻看不到這種政治給人帶來的傷害。現實中的民主制當然不完美，需要我們努力去改善，而要從威權政體轉型為民主政體，更是困難重重，可是如果我們能夠更好地理解民主的價值，我們就會明白這些努力都是值得的。

11 個人自主與自由的優先性

一 導論

自由是民主社會的核心價值。[1] 一種政治價值被視為核心價值，通常有以下特點：一，體現和實踐於社會基本制度，構成社會合作的基礎，並界定公民的權利和義務；二，得到政治社群成員廣泛接受，成為公共辯論中最常援引的價值；三，作為政治身分的「構成性」(constitutive) 元素，為公民權利提供最強的支持理由；[2] 四，在政治體系不同價值的排序中，具有優先性。[3] 根據這四項特點，民主制度中的基本自由無疑是核心價值。所謂基本自由，包括：人身自由、良心和信仰自由、思想和言論自由、集會及結社自由、個人財產自由，以及政治參與的自由等。這些自由構成公民的基本權利，在憲法中享有特別位置，並約束政府權力的合理行使。[4]

長期生活在民主社會的人，或許對這種制度安排早已習以為常，不會覺得有何特別。可是如果我們將眼光放遠一點，當見到「保障所有公民的基本自由是政府的最高責任」這種想法，其實只有短短數百年歷史。即使來到今天，許多國家仍然不把尊重個人自由當一回事，因為這會給他們的統治帶來許多「不方便」。為什麼呢？因為自由社會一方面給予個體許多選擇的空間，另一方面卻嚴格限制政府的角色，不容許它像傳統國家那樣過度干涉人們的生活。

個人自由一旦增加，社會必將變得多元，因為人們會選擇不同的宗教觀、政治觀、生死觀，以及各種生活方式。多元意味著差異，差異過大往往引起爭端，令傳統習俗受到質疑，主流價值遭到衝擊，甚至導致社會分裂。批評者因此主張，為了社會團結，千萬不能給予人民過多自由，否則人們將不知節制，社會將道德敗壞，傳統文化也將難以延續。這是因為自由的威力太大，擁有自由的人卻不一定懂得好好利用，結果會為自己和社會帶來嚴重傷害。

這種批評背後，還隱藏了更為普遍的一種觀點：自由只是眾多價值之一，社會還有其他同樣重要的目標，例如和諧穩定、道德教化、宗教傳統、經濟發展、公共衛生，以至民族興盛和國家安全等，當個人自由和這些集體目標發生衝突，前者就沒有不證自明的優先性，而必須和其他考慮做出平衡和取捨。既然如此，自由就不應被視為核心價值，也不應對政府構成道德和法律上的約束。這裡的約束，是指公權力除非有極強的道德理據，並通過公平程序獲得授權，否則不得隨便限制和剝奪公民的基本自由。[5]

面對上述挑戰，如果我們希望論證基本自由的優先性，就必須要有合理的支持理由。這是本文要處理的問題，我將集中討論三種觀點：價值多元論、價值主觀主義（value subjectivism）和個人自主論。我會在第二及第三節，介紹並反駁頭兩種觀點，然後在餘下兩節集中討論個人自主論，並指出自由之所以重要，在於它是我們作為獨立個體活出自主人生的必要條件。

二、價值多元論

第一種觀點，是當代著名哲學家伯林提出的價值多元論。這種觀點認為，我們生活的世界，有各種各樣性質不同的價值，例如自由、平等、正義、幸福、安全和公共秩序等。這些價值各有重要性，可是當這些價值應用到現實生活時，往往不能彼此相容，甚至發生難以調和的衝突。例如，自由放任的資本主義制度必然會導致嚴重的貧富不均，因此和政治平等及社會正義這些同樣重要的價值產生衝突。當衝突發生時，由於這些價值的性質並不一樣，我們根本無法找到一個量度及評價這些價值的共同標準，因此無法在它們之間做出比較。伯林認為，在這樣的處境下，我們只能在各種終極價值之間做出選擇和取捨，而不可能令這些價值同時實現於社會。這是人類社會難以消除且無從逃避的存在處境，甚至可稱之為悲劇。[6]

伯林指出，這種多元論觀點並非西方思想史主流。相反，從柏拉圖以降，大部分哲學家相信的是價值一元論（monism），認為人世間的價值其實可追溯到同一個終極源頭，又或有同一把尺來衡量不同價值的高低。伯林認為，這種對價值的理解不僅是錯誤的，甚至很可能為限制個人自由提供支持：既然最高價值和終極真理只得一個，那麼統治者最重要的任務，就是確保所有人見到和實現那個唯一、絕對、最高的價值；如果有人持異議，那往往是由於無知和非理性，國家就有必要採取措施去限制和消滅這些觀點。

價值多元論和自由有什麼關係？伯林認為，既然多元論為真，個體在各種終極價值之間做出選擇就無可避免，而選擇涵蘊自由。在〈兩種自由的概念〉這篇經典文章中，他對此有明確表述：「我們在日常經驗中面對的世界，必須在眾多同樣終極的目標、同樣絕對的訴求中做出選擇，而在實現其中一些時，也就意味著不得不犧牲別的。事實上，正是由於這種處境，人們才會賦予自由選擇如此重要的地位。」[7] 伯林的想法是，如果我們承認價值多元，就應該給予個體在性質不同且互不相容的諸多價值、目標和生活方式中做選擇的權利。自由之所以必要，直接源於「價值多元」這個客觀現實。如果我們的生活世界並非價值多元，自由就不再非如此不可，或沒有那麼重要的位置。

問題是：既然價值多元，而自由只是眾多價值之一，那麼當自由與其他價值發生衝突時，自由為何具有優先性？所謂優先性，是指一方有更強的理由凌駕另一方。例如有人會問，如果自由與傳統道德、宗教倫理、經濟發展、公共衛生，甚至國家安全有衝突時，政府為什麼不可以對個人自由做出限制？事實上，這正是政府經常用來限制個人自由的理由。例如，二〇二〇年全球爆發新型冠狀病毒後，為了控制疫情，所有國家都採取了不同的強制措施來約束人們的活動自由，包括強制隔離、強制關閉公共場所及停止各類商業活動、限制人們的旅行自由等。儘管這些限制引起很多爭論，大部分政府仍然認為這是必要之舉，因為在巨大的健康風險面前，個人自由必須讓路。至於以國家安全之名，對言論、新聞和政治自由做出各種限制，香港人這幾年就更加深有體會。

事實上，伯林完全接受這個可能性，例如他說：「即使在最自由的社會，個人自由也不是社會行動唯一，甚至不是最主要的標準。」[8]他又進一步補充：「一個人或一個民族所能享有的『依自己希望去生活的自由程度』，必須和其他價值訴求做出比較權衡，最明顯的例子或許是平等、正義，幸福，安全或公共秩序等價值。基於這個理由，自由不可能沒有限制。」[9]問題是，一旦承認這個事實，那麼從價值多元這個前提出發，伯林將難以提出強而有力的理由，來為自由的普遍優先性做出辯護。他最多只能說，自由是否有優先，必須視乎情況，例如討論公共政策時，政府必須在各種價值及相關的經驗事實之間做出考慮及平衡後，才能決定應該給予公民多少自由。由於每次情況都不一樣，我們也就無從總結出任何具普遍性的優先性原則。

有讀者或會說，伯林只是如實地反映人類的生活處境，那就是在價值多元的狀態下，我們注定無法找到普遍性論證來支持自由的優先性。既然如此，最務實的做法，是承認和接受這個事實，然後因時制宜，留給人們按具體情況做具體決定。[10]可是這樣一來，伯林就很難再說自己是個堅定的自由主義者，因為他自己也無法提供充分的理由，論證為什麼在諸多價值中，自由理應作為社會制度的核心價值。誠然，自由主義者毋須主張在任何情況下，自由都有壓倒性的位置。事實上，很少自由主義者會抱持這種立場，可是他們都會努力論證，國家必須在制度上保證所有公民享有一系列基本自由——除非社會出現極為緊急的例外情況。伯林作為自由主義者，確實有必要為自由的普遍優先性提供理由，可是價值多元論的邏輯卻令他很難走出這一步：自由的優先性和價值多元論之間有難以化解的內在張力。

伯林或會回應說，他其實已經提出這樣的論證：如果價值多元論為真，那麼容許主體在各種價值之間享有自由選擇的權利，就是價值中的價值，而非眾多價值之一。例如他說：「必須在各種絕對訴求之間做選擇，是人類處境中無可迴避的特徵，而這種處境賦予自由價值。」[11] 伯林似乎相信，價值多元涵蘊選擇的必要，選擇的必要涵蘊自由的必要。具體而言，國家一旦承認和接受價值多元這種真實的人類生存處境，就應通過制度安排將自由選擇的權利交到每個個體手上。如果國家禁止人們有廣泛而充分的選擇自由，就是漠視價值多元這一事實，更是違反人性的基本需要。[12]

伯林這裡是希望從一個關於價值性質的形而上學命題，推導出一個規範性的政治道德命題。這個推論能夠為自由的價值辯護嗎？恐怕仍然不能，因為即使我們接受價值多元論，也無法推論出國家有責任將選擇的自由交給每個個體。例如那些相信菁英論或賢人政治的人會反駁說，正因為價值多元且事關重大，而大部分人根本沒有足夠的知識水平和理性能力去分辨是非好壞，無法在眾多價值中做出明智的、對自己及對社會都有利的選擇，因此我們不應該將各種決定輕易交給每個人。他們繼而指出，最合理的制度安排，應是由才德俱備的政治菁英來為普羅大眾做決定。[13] 這種觀點沒有否定多元論，甚至沒有否定選擇的重要，只是選擇者不是每個公民自身。我們由此可見，價值本身是否多元，和主體應否有選擇的自由，兩者沒有任何必然連繫。

伯林如果要捍衛他的觀點，就有必要提供一個獨立於價值多元論的論證，說明即使每個人的能力和知識不一樣，因此所做的選擇有高低好壞之別，國家仍有充分的理由給予公民平等的選擇權利。這個論證該從何入手？顯然它不能從選擇的後果來立論，例如不能說凡是個體選擇的，就必然是對的，又或必然帶來最好的後果。因為每個人都有犯錯的可能。

另一種進路，則主張不管結果如何，給予主體選擇的自由本身就對主體很重要，構成主體的根本利益。事實上，伯林曾經提及過，當面對根本的價值衝突時，最後的解決之道，還是須訴諸一種「人的觀念」(conception of man)，以及相應的對人的基本需要和福祉的理解。[14]可是伯林對此卻著墨甚少。我估計，那是因為伯林一旦將「消極自由」的價值訴諸於人的主體性和自主性，就會很接近他所稱的「積極自由」，而這卻是他要極力要避免的，因為他一直努力清楚區分消極自由和積極自由，並且認為前者的證成必須獨立於後者。

我在下文將指出，這其實是正確的論證方向，因為只有將自由的價值和主體的根本利益緊密連繫起來，我們才能理解，為什麼從主體的角度看，自由對他們如此重要。除了伯林提出的價值多元論，也有另一些哲學家認為，自由主義之所以將自由視為核心價值，主要是因為他們接受了價值主觀主義。這是另一種相當流行的論述，值得我們重視。

三、價值主觀主義

價值主觀主義認為，價值並非內在於某事物或某種事態（state of affairs）的特徵，而是人的喜好和欲望的產物。換言之，價值並非獨立於人而存在的實體，而是在一種「喜好的關係」(relations of preferences）中，價值才會存在。當代哲學家高契爾（David Gauthier）便認為，「設想價值的出現有賴於一種情感關係，就是設想價值是主觀的。與之相反的價值客觀論並不否定價值會和情感相關，但會否定價值是這種關係的產物。」[15]套用這個定義，自由之所以有價值，是因為我們欲求自由這種狀態，並希望這種欲求得到滿足。如果我們沒有這種喜好，「自由」這個事態本身是否有價值的問題根本就不會出現。反對這種觀點的人卻認為，價值並非源自人的主觀喜好，而是來自其他地方。[16]

價值主觀主義關心的是價值的來源及其性質，本身不是一套道德理論，不會告訴我們應做什麼和不應做什麼，那麼它和自由的優先性有什麼關係？一個常見的推論是這樣：既然價值是人的主觀喜好的結果，而每個個體由於性格和環境的差異，自然會形成不同喜好，因而對於什麼是人生和社會的重要價值，也會形成不同看法。這意味著，在關乎人應該如何生活的問題上，並不存在任何客觀普遍的答案，一切都隨著個體的喜好而變。這種不確定性和任意性，不僅存在於個體與個體之間，也存在於同一個體的不同時間點。一旦接受上述結論，國家就沒有任何正當理由強行要求所有人必須過某種倫理生活或相信某種宗教，因為國家沒有任何知識和道德上的權威，可以告訴人們什麼是正確的生活方式。國家唯一應該做的，就是在價值問題上保持中立，並提供一個自由寬容的環境，容許人們根據喜好來選擇自己想過的生活。

自由主義經常強調的國家中立（state neutrality）、政教分離、平等尊重、個人自主、多元包容等制度安排，在上述推論中，似乎都得到一個頗為合理的解釋。例如石元康先生便認為，如果價值客觀存在，享有自然科學中真理那樣的地位，同時人又有能力去發現這些價值，那麼我們就沒有理由接受自由主義的制度安排。這個安排看來如此合理，是因為在韋伯所說的世界解魅後的現代社會，人們早已不再相信有一個獨立於人而客觀存在的價值世界。主觀主義是我們時代的精神，自由主義的貢獻，是將這種精神把握在思想之中，並提供一個能夠回應這種現代處境的制度安排。[17]

我認為這種說法並不成立。理由主要有二。一，價值主觀主義的主張並不合理，自由主義作為一套政治道德，不可能接受它的基本命題，否則就會自我推翻。二，自由主義的制度安排可以有更合理的解釋，而根本毋須預設主觀主義。[18]本節會先集中討論第一點，第二點則會留到後面。

首先，我們須知道，價值是個評價性（evaluative）的概念，當我們說一個行為、活動或事態是有價值的（valuable），又或體現了某種價值，其實是在下一個判斷：這個行為、活動或事態是好的（good）或者對的（right），因此值得我們追求，或我們因此有義務服從。為了支持這些判斷，我們必須提出理由。理由是否成立，決定這些判斷是否成立。什麼時候最需要這些理由？在我們的判斷遭到質疑，並需要我們為其辯護的時候。在一個開放社會，關於政治價值的辯論，是公共文化不可或缺的部分，因此某種價值是否值得接受，某項原則是否合理公正，必須視乎背後的理由能否經得起我們的理性檢視。這個檢視和證成的過程，不是一個人關在房間獨語，而是在公共領域，面向他者，使用大家都能接受的概念和價值，來回討論和不斷修正的說理過程。

價值主觀主義並不接受這種對價值的理解。對價值主觀主義來說，判斷一個事態是否有價值，純粹看它能否滿足當事人的喜好和欲望，換言之，當事人的感受便是最後的終極判準，不用面向他人做出任何的公開說理和來回證成。我們此處毋須否認欲望的滿足對當事人來說是好的，可是這種好為什麼便值得欲求？例如一個人通過侵犯他人的自由而得到極大的心理滿足，可是我們不會說這種滿足是有價值的。它不僅沒有價值，而且應該受到譴責，因為這種行為是道德上錯的。[19] 道理很簡單，「值得欲求」是個評價性的判斷，背後必須預設一個評價人們各種欲求的標準，而這個標準不能等同於人們實際欲望的滿足。例如奴役他人的欲望，無論多麼強烈，本身都是沒有價值的。這個錯誤，類似於穆勒混淆了「凡是人們實際欲求的」就是「價值上值得欲求的」。[20]

為了避免上述批評，或會有人主張，我們可引入一個獨立的價值篩選標準，藉此區分道德上可接受的喜好和道德上不能接受的喜好，然後規定只有前者的滿足才可視之為有價值。事實上，羅爾斯在《正義論》中用來規範社會合作的正義原則，正是這樣一套標準，告訴我們什麼樣的欲望追求，才是道德上可容許的。他不同意效益主義所說，所有的欲望滿足都有價值，因此都應在效益計算時被考慮進去，因為這樣做將會導致少數人的自由和權利被不合理地犧牲。他因此主張，所有個人欲望都應受到正義原則的約束，也就是他所說的「正當優先於好」(the right prior to the good）的意思。[21] 問題是，價值主觀主義者無法接受這樣的約束，因為這就等於承認，並非所有個體的喜好的滿足都是有價值的。

價值主觀主義另一個困難，是很容易導致「個人主義式的相對主義」(individualistic relativism）。[22] 既然所有價值皆源於個體喜好，而每個個體都是獨特的，會基於個性而形成不同喜好，那麼每個人的價值觀自然很不一樣，並難以建立任何普遍共享的價值。如此一來，自由作為價值的一種，最多也就是特定環境下某些人的特定偏好而已，沒有客觀性可言。同樣道理，如果價值必然因人而異，也就無從推導出「政府應該尊重每個人的選擇」這樣的規範性原則，因為「尊重人的選擇」作為普遍性的道德命題，必須要有普遍性的道德理由支持，而對主觀主義者來說，這樣的理由不可能存在。

問題的癥結，是價值的主觀性質為理性畫下了界限。去到最極端，將是每個個體都是價值的界定者和仲裁者。借用石元康的說法，「A認為是好的及決定性的理由，對B而言卻不一定是好的及決定性的。」[23] 一旦接受這種觀點，有些道德和政治後果就是我們不得不接受的。例如獨裁者在面對他人批評時，大可以理直氣壯地回應：既然價值是主觀的，你有你的自由觀，我有我的專制論，你眼中至高無上的個人自由在我的價值系統卻毫無分量，因此你沒有任何合理的理由批評我的選擇。

自由主義當然不會接受這樣的立場。對自由主義來說，國家的基本責任是確保每個公民享有一系列的自由權。這些權利寫於憲法，體現於制度，並對所有公民構成約束。價值一旦落實為制度，並在社會得到廣泛的反思性認可，就具有客觀、普遍、穩定等特點。我們毋須說，自由是自有永有的價值，具有不證自明的地位；相反，我們大可承認，自由制度是歷史產物，歷經無數人努力，才得以逐步建立，並得到不同國家人民的認可。制度一旦存在，它就成為事實，我們可稱為「制度事實」(institutional fact)。制度從我們每個人出生起，便深刻影響我們，模塑我們的社會觀和自我觀，並成為約束社會合作及人際交往的基礎。

在此意義上，制度及其承載的價值不可能是主觀和相對的，恰恰相反，這個制度事實告訴我們，藉著共享的理性能力和道德能力，並通過不斷試錯和經驗累積，人類可以克服各種人性弱點和外在限制，將經過反思後認可的價值實現於社會，並逐步擴展到其他國家，形成所謂「普世價值」和「全球共識」。這裡的普世和共識，沒有任何先驗的必然性，而是人類長期實踐的成果，具有一種我稱之為「歷史實踐的客觀性」(objectivity through historical practice)。這種客觀性是人類集體實踐的結果，而且總是在一個動態、試錯、反思的過程中，證成各種價值和制度的可欲性(desirability)。

通過上述討論，我們見到，價值主觀主義無法有效解釋自由制度的客觀性，也難以解釋歷史上為什麼會有那麼多人為了爭取和捍衛自由，願意義無反顧地反抗極權，甚至不惜付出生命這個事實。自由作為現代社會重要的道德價值和社會制度，背後必有重要的理由支持。既然如此，這些理由是什麼？

四、個人自主論

要回答上述問題，我們便須追問，國家為什麼應將選擇的權利，交到每個個體手上。正如我在前面一再強調，一個充分保障基本自由的社會，最大特點是通過制度設計，令個體擺脫各種不合理限制，在不同社會領域為自己作主。對自由主義來說，自由如此重要，不是因為價值多元主義或主觀主義，而是因為這是人活得好的重要條件：失去選擇的自由，人們將無從為自己作主，並給個體帶來嚴重的傷害。我稱之為「個人自主論」(personal autonomy thesis)。以下是我對這個論證的理解，合共有五個步驟，我會依次層層展開。

首先，自由主義認為，每個人都是獨立個體，擁有獨立意志和獨立人格，並有能力規劃和追求自己的人生。在最基本的存在論意義上，我們是自己生命的主人，不是任何人的附庸。我們渴望將生命掌握在自己手中，成為自己生命的作者。羅爾斯便認為，現代社會最重要的特徵，就是每個人都有自己的人生目標，而且每個人都是獨立和分離的存在。任何規範社會合作的正義原則，都必須承認和尊重這種「獨特個體的多元性」(plurality of distinct persons)。[24] 另一位當代重要哲學家諾齊克也強調，我們的世界只有一個一個獨立的個體，擁有自己的生命，而沒有所謂集合所有人的「社會實體」(social entity)。如果國家要求我們為了這個想像的實體而犧牲自己的利益，那就是不尊重我們的獨立和分離。[25]

這裡須留意，從存有和道德的觀點去肯定人的主體獨立性，並不表示人完全自足，和他人處於完全疏離和割裂的關係，也不表示個體的行動只會從追求和保障自己的利益出發。它肯定的毋寧是：每個個體都擁有自己完整的生命，能夠感知和想像，以及規劃和實現自己的生命。每個人的生命，都有他的內在價值，而不只是別人的工具。我認為，這種對個體的尊重，是自由主義的起點。

第二，自由主義進一步假定，每個獨立個體都有一個根本的和最高的渴求，就是活好自己的人生。背後的想法是這樣：我的生命是我的，沒有任何人可以替代，而每個人都只能活一次，過去了便不能重來，因此對於自己活得好不好，我們不可能不在乎。一旦我們意識到「我要活好自己的人生」的重要性時，這就意味著我的人生不是即時式和碎片式的，而是具有連貫性，並形成生命的敘述（narrative）。這也意味著，我必須對自己的敘述及其中的各種活動，有一個價值評價，因為我們必須知道什麼是好，什麼是有價值，以及什麼是值得我們追求的信仰、事業和愛情。要有效做出這些評價，我們就必須發展出相應的感受和判斷生命的能力，並擁有相關的知識。只有如此，我們才能在生活的各種可能性中，找到既有意義，同時適合自己的理想和目標。每個人的生活都可以有價值，同時每個人都有能力活好自己的生命，是自由主義的第二個基本認定。接受這個認定，自由主義在構思公平制度時，才會以如何幫助每個個體活好自己的人生作為它的重要考慮。

第三，活得好需要各種條件，其中一個至為關鍵的，是每個人生命中的重要事宜，都應該得到主體本人的反思性認可。[26]具體而言，我的思想、我的信仰、我的婚姻、我的性取向、我的職業、我的社會連結、我的文化身分，以至我的政治認同，都應是我經過反思和比較後，發自內心認同的結果，而不應由任何外力強加給我。[27]這並不是說，我當下所做的決定，就必然是最好和最正確的，更不表示我的決定永不會錯，可是我的人生應該由我來譜寫，並得到我的認可，因為那是我的生命。

穆勒以下這段話，特別體現這種精神：「在僅僅關涉他自己的那一部分，他的獨立性照理說來就是絕對的。對於他自己，對於其身體和心靈，個人就是最高主權者。」[28]穆勒這個說法，真的要落實在生活和制度，難免引起各種爭議，例如生活在社會，每個人的行動難免對他人有影響，所謂「僅僅關涉自己」的範圍要麼極為有限，要麼實情並非如此。同樣的，既然人活在社群之中，反思性認可的過程不可能不受別人影響，包括朋友和群體，政治宣傳和商業廣告，以及各種有形無形的社會壓力和傳統習見。自由主義不是看不到這些，反而是清楚看到，所以才致力建立一個自由、開放、多元的制度環境，容許每個人有機會和條件去做出反思性認可。

為什麼反思性認可那麼重要？這至少有兩重原因。第一重是承認人的多元性。我們每個人生來便有不同的能力和性格，在成長過程中，更會發展出不同的喜好和追求，建構出不同的人生觀和世界觀，因此沒有一種放諸四海而皆準的生活模式適用於所有人。只有通過不同形式的「生活實驗」(experiment of living)，我們才能瞭解自己的志趣，找到適合自己的路，實現自己的潛能，從而逐漸發展出自己的個性和活出有價值的生活。[29]

第二重是尊重人的自主性。如果我的生命是我的，同時我有能力規劃自己的人生，我自然渴望將生活掌握在自己手中。如果有人不理我的意願，強迫我過一種我不願意過的生活，我不僅會感到十分痛苦，更會覺得自己的意志和人格完全沒有受到尊重。別人當然可以向我提出意見和做出批評，我也必須承認我有機會犯錯，可是尊重我的自由意志，是我活得好的前提。這樣的信念，不僅體現在「如何活得好」，也體現在「如何死得好」。例如在關於末期病人可否自行決定終結自己生命的「安樂死」討論中，支持者最強的理由，就是尊重病人的自主性。對個人自主的重視，其實早已是現代社會最為深思熟慮的共識，並充分反映在制度設計和文化實踐。

第四，人是活動的存有，總是通過參與不同社會領域的活動來發展潛能，建立自我，尋求他人的認同（recognition），並體會這些活動帶給人的價值和意義。這些活動屬於不同領域，例如家庭、學校、教會、藝術、市場和政治等。在家庭，我們感受親情和愛；在學校，我們學習知識和建立友誼；在教會，我們尋求救贖和解脫；在藝術，我們追求創意和美感；在市場，我們通過工作賺取收入和實現自我；在政治，我們參與公共事務和成為積極公民。[30]這些領域構成我們的生活世界，並界定我們的社會身分。更重要的是，當我們投入其中，我們也在發展我們的知性和情感能力，建立起與他人的連結，譜寫我們的人生故事。在傳統社會，誰有資格進入這些領域，以及在這些領域中個體可以扮演什麼角色，往往由外在權威決定，個人沒有多少置喙的空間。自由主義卻認為，既然這些領域的實踐與個人幸福密切相關，國家便應盡可能將這些領域的大門打開，容許個體在其中為自己做決定。婚姻自由、學術自由、信仰自由，職業自由，以至政治參與的自由，都是在保障個體為自己作主的空間。

最後，往往也最易為人忽略的，是自由主義雖然主張將選擇權交到每個個體手上，可是卻同時強調，在「人該怎樣才活得好」這個重要問題上，每個人都有可能犯錯。犯錯的原因，可能源於認知不足和判斷錯誤，也可能來自價值觀和人生經歷的改變。例如，你曾經十分虔誠地相信某種宗教，後來卻發覺那不是你想要的，於是希望脫教；你曾經全心全意地投入某段婚姻，後來卻發覺雙方相處不下去，於是計劃離婚；你也可能曾積極支持過某個政黨，後來卻發覺理念不合，於是決定轉換政治陣營。

也就是說，自由主義認為，要活好自己的人生，最重要的，並不是要找到一種宗教或政治信仰，然後終生不渝地依託其中。重要的，是有一個自由的社會環境，容許每個人有機會去檢視自己的人生，並在有必要時調整和修正，甚至重新出發。在此意義上，一個自主的人，是承認自己會犯錯，同時有能力去修正錯誤的人。[31]

五、總結

如果我們接受上述五點，我們便可得出以下結論：作為獨立自主的個體，如果我們希望活出美好的、有價值的人生，我們便需要一個基本自由和權利能夠得到充分保障的制度。在這樣的社會，我們可以在不同的社會領域自由探索，一方面發展自己的能力，另一方面瞭解自己的志趣，從而建構出自己認可的人生目標，並在不斷的試錯和糾錯的過程中，活出自己想過的生活。

這個論證的最大特點，是將自由、自主和美好人生三者緊密連結起來。自由社會之所以值得珍惜，絕對不是因為價值主觀主義。正好相反，自由主義其實相信，「美好生活」、「個人自主」和「基本自由」三者，皆有客觀合理的理由支持。自由主義也不反對價值多元，不過要維持一個多元社會，自由便不可或缺。基本自由具有優先性，因為我們重視個人自主，而實現自主是活得好的必要條件。

或者換個角度看，當我們活在不自由的專制社會，其實意味著什麼？它意味著，我們生活中的許多重要領域，將被國家權力粗暴關上。自由的萎縮，將導致人的生命的萎縮：失去思想自由，我們將不懂得如何思考；失去信仰自由，我們的靈魂將無法安頓；失去結社自由，我們將難以連結他人；失去政治自由，我們將被排斥於公共領域之外，成為國家中的異鄉人。一言以蔽之，沒有自由，我們就無從活出完整而有尊嚴的人生。

最後，我們必須清醒地意識到，我們所有人都活在制度之中。當制度不自由，無人得以倖免。自由確實是眾多價值之一，可是它是價值之中的價值，因為它是人得以成為自主的主體的基礎。失去自由，我們將失去自我，也將失去幸福。自由之必要，奠基於此。

第三部分

市場與正義

12 金錢、產權與自由

一

每年上政治哲學課，討論到社會正義問題時，我總會問學生：「你們認為一個人擁有多些金錢，是不是就等於享有多些自由？」大部分同學都會舉手，眼裡還有不解，然後告訴我：「有錢，我就可以暑假去旅行，畢業後去外國深造，日後也不用為了還房貸而放棄自己的理想，自由當然大大增加了。」我於是繼續問：「既然如此，在我們的社會，窮人是不是較有錢人少許多自由？」大家又都點頭稱是，覺得我有點明知故問。[1]

聽完同學的分享，我會告訴他們，過去數十年，香港政府和商界，最感到自豪的，就是香港被公認為世界最自由的城市。事實上，香港曾經連續二十五年獲美國傳統基金會（The Heritage Foundation）評為全球最自由經濟體，直到二〇二一年才被剔出排名，改為與中國一起評分。而在加拿大智庫菲沙研究所（Fraser Institute）二〇二三年公布的《世界經濟自由度報告》中，香港也僅次於新加坡，名列世界第二。[2]可是，根據香港政府統計處的報告，二〇二〇年香港的貧窮人口，估計有一百六十五萬人，占總人口的二三・六%，是先進國家和地區之中貧富差距最嚴重的城市，而且多年來情況一直在惡化。[3]

這於是帶出一個值得深思的問題：香港一方面是全世界經濟上最自由的城市，另一方面貧窮問題又如此嚴重。如果我們同意一個人多些錢就多些自由，那麼我們就必須承認，有過百萬活在貧窮線之下的香港人，他們的自由其實受到很大限制。

討論到此處，同學眼中開始出現疑惑。有疑惑很正常。一個號稱全球最自由的城市卻有無數人因貧窮而活得不自由，似乎既矛盾又諷刺。按上述兩個智庫的標準，一個經濟體的自由度，主要看政府對市場的干預程度。干預愈多，社會就愈不自由，例如有較多的稅種和較高的稅率、社會福利占政府總開支比重較大、較多限制市場的法規（例如最低工資、最高工時、租金管制、工人集體談判權）等，都將直接減少自由。香港政府一向以「小政府、大市場」自居，自豪於自己的經濟自由排名，甚至以此為由反對社會福利。背後的理由很簡單：要增加福利開支，就要加稅；加稅，就等同於干預市場；干預，就意味著自由的減少。無論我們是否同意政府的做法，這種關於自由的論述，在政府、商界、學者和媒體長期鼓吹和宣傳下，卻是根深柢固且廣為人接受，包括許多窮人。

在政治哲學討論中，人們習慣將這種觀點稱為「自由放任主義」。簡單來說，它主張嚴格限制政府權力，將政府功能減到最少，並將經濟領域中的生產和分配問題交由市場處理。市場作為看不見的手，不僅最有效率，同時也最能保障個人自由。這種觀點通常稱為「右派」，以區別於社會主義傳統的「左派」。從右派的觀點看，這是最正宗的自由主義，因為它將自由放在社會制度的核心位置，而當代重視平等和正義的左翼自由主義，則被視為是自由主義的歧出，甚至是對自由主義傳統的背叛。一旦接受這種論述，自由主義和市場資本主義，就在概念上牢牢綑綁在一起。自由放任主義的主張，可以歸納為以下論證：

前提一：自由是極為珍貴的價值。一個理想的社會，必須將保障和促進公民的自由視為最高目標。

前提二：市場競爭確實會導致經濟不平等及令部分人陷入貧窮，可是貧窮本身不會令人不自由。

前提三：政府對市場的任何干預，例如通過徵稅來進行財富再分配和提供基本福利，都意味著自由的絕對減少。換言之，市場受到政府愈少干預，人們就愈自由。

結論：一個重視自由的社會，應該反對社會福利和財富再分配，全力支持市場資本主義。

我認為這個論證並不真確，因為前提二和三都是錯的。我將指出，貧窮會減少自由，因為一個人愈少錢，他就愈少自由。與此同時，政府的財富再分配，並不意味著自由的絕對減少，而是自由在人與人之間的再分配。換言之，即使我們同意自由是極為珍貴的價值，也不等於我們要接受市場資本主義是最能保障和促進自由的制度的觀點。

本章的結構如下。第二節討論前提二，指出在以私有財產權為基礎的資本主義社會，貧窮將直接導致人的自由的減少；第三節檢視前提三，指出財富的再分配並非自由的絕對減少，而是自由的再分配，因此放任市場不是最自由的制度；第四節反駁自由放任主義的兩個回應，分別是「自由的條件」和「自由作為權利」；最後一節是總結。[4]

二

讓我們先為自由下個定義：一個人是自由的，當且僅當他能夠免受限制而去做自己真正想做的事的時候。[5]這裡所說的限制，可以有不同形式，包括他人使用武力控制我們的行動和思想、國家法律在不同領域定下的各種約束，以及某些力量對我們的精神和意志的操控。不自由的狀態，就是我們作為有思考和選擇能力的主體，受到某些人為力量的干預，令我們無法根據自己的意願去做出選擇和行動。

例如，一個被關在監獄的人，毫無疑問已失去行動自由。為什麼會這樣？因為他觸犯法律，國家因此將他囚禁起來。不管這樣做是否合理，這個人客觀上已失去自由。我們活在受法律約束的社會，而法律背後有武力支持。任何人只要觸犯法律，國家就會做出干預。[6]下文將以這個沒有爭議的例子，作為討論的起點。

現在來觀察一下我們的日常生活。每天起來，我們坐捷運上班，必須購票才能坐車；中午去餐廳吃飯，必須付款才能取得食物；下班想看電影，必須購票才能進場。所有這些我們想要做的事，都需要金錢才能實現。假設你現在身無分文，你會立即發覺，同樣的你，想進入捷運卻會被職員擋在外面；吃完飯沒錢買單，餐廳會打電話報警；去到電影院卻沒有門票，會被拒之門外。

這些例子告訴我們，在其他條件相同的情況下，你身上沒有錢，就不能免於外力限制去做你想做的事。如果你堅持要做，就會受到外力干預，你的行動自由因此受限。如何才能免受這些干預？付錢。只要你有錢，那些限制就會被移走，你就可以恢復自由。也就是說，金錢是容許你在這些場合享有自由的必要條件。當然，也不是沒有例外，例如去公立圖書館，大家就可以免費借書，因為它是由政府開辦。如果有一天圖書館被私有化，付不起錢的人就會失去使用它們的自由。

當我的學生在課堂上告訴我，沒錢就沒自由的時候，我相信他們對此其實早有體會。他們未必是在思考什麼抽象的哲學問題，而是在生活中真實感受到這些限制。而這種不自由的狀態，完全符合上面的定義：由於缺乏金錢，且僅僅由於缺乏金錢，人的行動便會受到外力的限制。只要有錢，他們就可以免除這些約束。也就是說，一個人擁有金錢的多寡，直接影響他的自由的多寡。

為什麼會這樣？因為在一個以市場經濟和私有財產為基本制度的社會，絕大部分資源和服務均已由個體和公司擁有，這些資源和服務都有一個交易價格，如果有人想從原來的擁有者手中取得這些物品，他就必須用自己的錢在市場上購買（除非擁有者自願捐贈）。如果你沒錢卻想強取，就會侵犯法律規定的私有財產權，政府就可以依法限制你的自由。錢，是這個產權制度認可的交易憑證。[7]擁有錢，就等於擁有一張通行證，讓你免受限制而去擁有或使用本來屬於他人的財產。所以，當你的悠遊卡沒有錢時，你就會在捷運的驗票閘門前被攔住（你的自由於是受限）；當你付錢加值後，你就可以不受阻地進去（你於是重獲自由）。

我們因此見到，在資本主義社會，金錢和自由的關係，其實預設了私有財產權制度，以及確保這個制度得到貫徹的國家權力。你沒有付款而想使用和占有別人的財產，代表國家的權力機構就會出來干預，理由是你違反了財產法。換言之，沒有錢就沒有自由，是私有財產制的結果。試想像，如果我們更換一種制度，捷運由政府全資擁有，並改為免費乘坐，那麼在此情況下，金錢就不會再對人們構成約束。制度改變，金錢的角色隨之改變，我們能享有的自由也跟著改變。

我們由此見到，在資本主義社會，當所有物品均已由人擁有，且產權受到法律充分保障時，身無分文的人就會真實地經歷一種寸步難行的狀態：不能不受限制地坐車、吃飯，或看病。在這個意義上，有錢人確實較窮人擁有更多自由。當人們努力賺錢以追求財務自由時，說的就是一種不受限制的狀態，可是這種狀態不是指內在的精神自由，也不是指從此不用上班工作，而是說當你擁有更多金錢以後，就可以免受許多限制而去做你想做的事，又或不去做你不想做的事。[8]

基於上述討論，我們可以總結，前提二所陳述的事態並不真確，因為貧窮會直接限制人的自由。我們的人生，需要通過各種活動來實現自己。這些活動像一道一道的門，而要打開這些門，往往需要錢。沒有錢，這些門就會關上，你可以選擇的機會就會大為減少。這項事實，所有經歷的自由遠較富人為少。

過貧窮或者正身陷貧窮的人，都會很容易明白。自由放任主義者告訴我們，在高度市場化的資本主義社會，不論貧富，每個人都能在最大程度上享有同樣的自由。事實並非如此。事實是，窮人的自由遠較富人為少。

三

現在讓我們來檢視前提三：「政府對市場的任何干預，例如通過徵稅來進行財富再分配和提供基本福利，都意味著自由的絕對減少。」這個命題看上去完全沒有問題，並且廣泛為人接受。我以下將指出，這個前提同樣不成立，因為財富的再分配，其實是自由在人與人之間的再分配，而不是自由本身的絕對減少。

先讓我們看看，這個命題的基本思路及其政治意涵。以加拿大菲沙研究所的「世界經濟自由指數」為例，一個國家的經濟自由程度由五個領域來決定，排在首位的是「政府規模」：「當政府的開支、稅收，以及政府控制的企業的規模增大，即意味著政府的決策取代了個人選擇，經濟自由因此而減少。」[9] 這個定義意味著：一，經濟自由和政府規模是對立的，政府愈多作為，愈重視社會再分配，個人自由便愈受限制；二，市場愈大，個人自由便愈多，社會也就愈好。由此可以得出，小政府、大市場是最值得追求的制度。[10] 這種對市場和自由的理解，甚至為不少自由左翼接受，儘管他們會批評，經濟自由過多將犧牲平等和正義這些同樣重要的政治價值。換言之，他們並不反對，一個完全不受政府干預的市場制度，是人類社會所能冀求的經濟最自由的狀態。這很好地解釋了，為什麼「右派重視自由，左派重視平等」這種說法得到如此廣泛的認可。[11]

可是，如果我們接受上一節的結論，即金錢的多寡會直接影響自由的多寡，那麼這個命題便是錯的，因為政府通過財富再分配政策，增加窮人的可支配收入，他們的自由便會隨之增加：他們有更多機會免受外在干預而做到他們想做的事。從此觀點看，今天大部分民主國家推行的社會保障制度，不僅改善了貧窮階層的生活條件，同時也增加了他們的自由。[12]既然如此，我們就不能說，政府干預必然會導致自由的絕對減少。真實的情形，是財富的再分配涵蘊了自由的再分配。通過財富轉移，窮人的自由實實在在地增加了。

這裡不是要否認，政府徵稅會限制富人的自由。假設你的工資是十萬元，現在要繳交二〇%的個人所得稅，這自然部分限制了你支配這些收入的自由。可是這只是故事的一面，另一面是當這些稅收轉移到窮人手上，他們的自由便會因此增加。至於二次分配之後，自由的淨值是增加了還是減少了，那得看具體情況。不過，在一個大部分財富掌握在極少數人手上，同時貧窮階層人口眾多的社會，我們不難想像，即使是徵收比例不高的稅項，受惠者因此而增加的自由，很可能遠多於富人失去的自由。再者，根據經濟學的邊際效用遞減定律，貧窮階層自由多了所增加的效用，也會大於富人少了自由所減少的效用。[13]退一步，即使政府介入後的自由不及原來的多，前面菲莎研究所那種陳述依然是錯誤的，因為無論如何，財富再分配都不可能是經濟自由的絕對減少，而只能是自由的再分配。

當代哲學家柯亨指出，自由放任主義者之所以會犯這種錯誤，和他們對於私有財產權制度的理解密不可分。在他們眼中，政府徵稅意味著對私有財產權的干預，因此減少了自由，可是他們卻沒有意識到，私有財產權作為社會和法律制度，並非自然秩序，而是某種人為的、特定的分配自由和不自由的方式：在保護有產者的財產自由的同時，必然也限制了他人使用這些財產的自由。[14]概念上，這是一枚錢幣的兩面。舉例說，某人擁有一座私人花園，他可以在花園任意做他想做的事，包括玩樂、種植蘋果並在市場出售圖利，又或將花園轉讓給別人。可是，這也意味著，在私有產權法保護下，除非得到業主同意，他人沒有使用這個花園的自由。如果有人想非法闖入花園，業主可即時報警將他拘捕。

這是平常不過的例子，反映的卻是私有財產制的本質：它像一道籬笆，將私有土地圈起來，保護財產擁有人的權利，並防止他人入侵。這道籬笆，就是國家定下的法律。[15]現在設想政府收購這座私人花園，將它變成公共休憩場所，任何人都可以免費使用。這樣一來，原來業主的自由確實減少了，因為他再不能一個人獨享整座花園，可是其他人的自由卻也因此大大增加，因為原來的法律限制被解除了。[16]

這點一旦清楚，前提三為何不成立便明顯不過，而我們也再沒有理由說，任何對市場的干預，均必然導致自由的減少。我們甚至可以接受自由放任主義的前提，承認自由是最重要的價值，並由此推論出政府應該採取必要措施，限制財富和生產工具過度集中，並推行社會福利制度，使得更多人享有更多的自由，又或者令自由以更公平的方式分配。也就是說，在這個關鍵問題上，自由左翼實在不應輕易地將「自由」讓給右派，假定無約束的市場就是最自由的狀態，然後再嘗試用別的價值來制衡市場的「過度」自由。這不僅是策略上不明智，更是在概念上誤解了公平分配資源和個人自由之間的關係。

我們現在可以總結，既然前提二和前提三均不真確，那麼最後的結論「一個重視自由的社會，應該反對社會福利和財富再分配，全力支持市場資本主義」自然也就不成立。不僅如此，我們還開始有理由拒絕市場資本主義，因為在放任市場和低社會保障的制度下，社會很可能會出現大量活在不自由狀態的貧困階層。作為一套聲稱要將所有人的自由放在最高位置的理論，自由放任主義不應接受這樣的後果，尤其當我們有更好的替代選擇的時候。

四

對於上述批評，自由放任主義可以有兩種回應方式。第一種是在自由和實現自由的條件之間做一區分，藉此切割金錢和自由的關係；第二種是將自由和權利連結起來，然後聲稱限制一個人本身沒有權利做的事，並不構成對自由的限制。這兩種方式，都在嘗試重新定義什麼才是真正構成對自由的限制，從而規避上述批評。我以下將指出，這兩種回應都欠缺說服力。

第一種回應最為常見，就是指出一個人缺乏金錢，只是缺乏實現某種自由的條件（conditions）和能力，而不是缺乏自由本身，因此富人和窮人其實同樣享有制度保障下的自由。試想像有兩個國家。A國是極權國家，法律上有嚴格的出境限制，除非有特別准許，否則所有公民都不可出國旅行。B國是民主國家，所有公民只要出示護照和有效機票，便可搭飛機出國。我想人們很自然會說，A國公民沒有出國旅行的自由，而B國公民則享有平等的出境自由。如果在B國，有人因為窮而買不起機票，那只可以說他缺乏旅行自由的條件，而不是缺乏自由，因為法律並沒有限制任何人出境。[17]

或會有人投訴說，對於窮得三餐不繼的人來說，所謂的出國旅行自由徒具形式，沒有任何實質意義。如果我們真的重視某種自由，就應該提供實現這些自由的經濟條件。自由放任主義者會回應說，他們並不否認每個人實現自由的條件都不一樣，可是政府卻沒有責任去滿足這些條件，因此當我們談自由時，應該嚴格限定於法律意義上的消極自由，即只要法律一視同仁對待所有人，沒有以階級身分或收入高低來限制人的行動，公民便已享有平等的自由。

一旦接受這種解釋，自由放任主義就可以理直氣壯地說，競爭性市場已經將法律對人的限制減到最少，使得每個人在市場享有同樣的消費和交易自由，例如有錢人和窮人都有同樣的看電影、旅行和買房子的自由，沒有人會受到法律不合理的限制。如果政府為了確保所有人享有平等的實現自由的條件而干預市場，那就無可避免地會損害部分人的自由。這是很聰明的辯護策略，以至許多人雖然認同貧富懸殊不好，卻不覺得這會影響人的自由；而既然自由很重要，那麼政府干預市場自然要不得。

很可惜，這個辯護忽略了一些重要事實。讓我們接受「自由就是免於法律干預」這個定義，再來看看上述B國的例子。設想B國有位公民很想出國旅行，他有護照，可是沒有錢購買機票。如果他想強行登機，就會被保安人員阻止。為什麼呢？航空公司會說，飛機屬於公司的私有財產，根據法律，沒有機票就不能登機。要免除這個限制，乘客就必須花錢購票。這說明什麼？A國公民無法自由出國，因為受到法律限制；B國窮人無法自由出國，也是受到法律限制。他們受限制的理由並不一樣，性質卻沒有分別，就是「法律不容許」。航空公司設下的限制，來自私有產權法：沒有錢，你就會被阻止登機。

什麼是自由呢？根據伯林的定義：「當沒有個人或集體干預我的活動時，我就在該程度上被視為是自由的。就此而言，政治自由就是一個人可以免受他人限制而去行動的範圍。如果我受到他人阻止去做我本來可以做的事，我便在那種程度上是不自由的。」[18]基於這個定義，一個人沒有錢而又想去坐飛機，就會受到他人的限制，因此會失去自由。我們由此可見，缺乏金錢和缺乏實現某種自由的自然能力，兩者的性質並不一樣。例如有人由於先天目盲而無法閱讀，我們可以說他缺乏實現某些自由的條件，但法律上卻沒有限制他去圖書館借書的自由；可是缺乏金錢，他的某些自由就會受到直接限制，例如不可以自由地擁有書店的一本書。兩者最大的分別，在於金錢是財產制度不可或缺的部分，而身體殘障不是。[19]

面對上述質疑，自由放任主義者或會進一步回應說，沒錯，B國窮人的旅行自由確實受到限制，可是他們並沒有權利要求國家補貼他們去旅行。可是一旦承認這點，自由放任主義最初提出的「自由論證」就不再成立，因為這等於承認，金錢的多寡直接影響自由的多寡。而在上述討論中，我們由始至終都沒有主張，政府應該補貼窮人購買機票。一個人因為貧窮而失去某些自由是一回事，政府或其他人是否有責任去做出補貼是另一回事，前者是從概念分析推導出來的結論，後者是個價值判斷命題，需要有更多合理的理由支持。[20]

自由放任主義要走出這種困境，還可以有另一種回應：既然飛機屬於航空公司，那麼對沒有付錢購票的人做出限制，嚴格來說，就不能視為是對自由的限制，因為這些人一開始就沒有權利這樣做。也就是說，一個人的行動受到外在干預，應否視為失去自由，要先看該行為是否侵犯了他的權利。我們可稱此為「權利式的自由觀」（rights definition of freedom）：自由不再中性地被理解為一種免受外力干預的實然狀態，而是權利保障之下的免受干預。也就是說，我們必須先知道你是否擁有做出該行動的權利，然後才能判斷你的自由是否受損。[21]

從這個定義出發，自由放任主義就可以說，市場資本主義中由於貧窮而導致的對人的限制，不應視為對自由的限制，因為在一個私有財產權得到承認和保障的社會，沒有錢的人並沒有權利去使用和占有他人的正當財產。既然他們一開始就沒有這樣的權利，那麼嚴格來說，這些限制就不應被視為不自由。換言之，問題出在如何定義自由。只要我們接受這種權利式的自由觀，那麼貧窮給人帶來的各種限制，雖然實實在在，窮人和富人仍然享有同樣的自由。

我認為，這個回應並不合理。首先，這種定義會帶來一些難以接受的結論。例如：一個人由於殺了人而被關進監獄，毫無疑問的，他因此失去人身自由。可是根據權利式的自由觀，由於該犯人一開始就沒有權利殺害他人，所以即使身在牢房，他的自由也不會因此而減少。[22]又例如：一個主張公有制的社會主義者會說，將資本家的財富充公，並沒有限制他們的自由，因為私有財產權本身就是不正義的，根本應該被廢除。這種結論不僅有違常理，而且會引致無休止的爭論，因為隨著不同人有不同的權利觀，對於什麼構成自由和不自由就會有完全不同的理解。如果我們接受「自由就是主體免受外力干預去做他想做的事」這樣的中性定義，我們就可以說：殺人犯確實失去了自由，儘管這是他應該受到的懲罰；同樣的，充公財產確實限制了資本家的自由，儘管這樣做是否正義值得爭論。這樣的詮釋不僅更合乎常識，也可令不同立場的人對於「何謂自由」先有共識，然後再就自由的價值及其限制等，展開實質的辯論。[23]

其次，既然這種自由觀是以權利來定義自由，那麼它就必須先提出一個獨立於自由的論證來證成人的權利：在確定我們擁有什麼自由之前，我們須先知道我們擁有什麼權利。對自由放任主義來說，最主要的任務，自然是要證成絕對的私有財產權。唯有如此，它才能夠聲稱，任何對私有財產的干預都是在侵犯個人自由，而放任市場是對人的自由限制最少的制度。這是近乎不可能的任務。現實中絕大部分的資本主義國家，都不會接受個體擁有絕對的私有財產權，否則任何的徵稅和社會福利政策，都會被視為對個人權利的侵犯。而哲學上的嘗試，從洛克到黑格爾再到諾齊克，皆無法提出令人滿意的財產權理論，支持小部分人可以壟斷社會絕大部分資源，同時無視無數無產者活在極度貧困的狀態。[24]事實上，採用同樣的權利式的自由觀，左翼自由主義哲學家德沃金便認為，通過徵稅來進行財富再分配，根本不會傷害那些被徵稅者的自由，因為一開始就沒有絕對的私有財產權。[25]由此可見，主張福利國家的人，完全可以運用同樣的邏輯，聲稱根據他們的權利觀，福利社會不會限制任何人的自由。

既然如此，自由放任主義的論述為什麼仍然可以獲得那麼廣泛的認同，以至連那些不贊成它的人，也不得不同意「任何社會再分配都在限制人的自由，因此市場資本主義就是在最大程度上平等保障所有人的自由」這樣的論述，並因此而獲得極大的道德正當性？

柯亨指出，那是因為自由放任主義者的論述，同時使用了兩種自由的定義：當他們反對社會再分配時，使用的是自由的中性定義，因此任何為了社會福利而進行的徵稅行動，都會被視為對有產者的財產自由的干預。[26]可是，若沿用同樣的定義，他們也須接受，私有財產制其實同時限制了無產者的自由。為了避開這個難題，尤其在面對「貧窮導致自由受限」這一質疑時，他們就改用權利式的定義，默認私有財產權的正當性和優先性，從而使得這個制度對無產者帶來的限制，不再被視為是對自由的干預。通過這種前後不一致的用法，自由放任主義就能巧妙地以自由之名，既反對社會再分配，又令人們相信有產者和無產者都能在資本主義社會享有相同的自由。[27]

這是非常銳利的觀察。不過，我認為，這兩種定義的不一致使用能夠被廣泛接受，恐怕不能簡單地歸結為概念混亂，而是因為私有財產權在資本主義社會享有不證自明的合理性，以至成為社會結構和集體生活根深柢固的共識。而在關於權利的論述中，又總是以保障權利擁有人的利益為主要考慮，因此對於私有財產權限制無產者的自由的那一面，要麼有意忽略，要麼認為這些限制在道德上可被接受。換言之，自由放任主義的自由論證，背後其實預設了私有財產權的正當性。它真正在乎的，不是如何令所有人在最大程度上享有平等的自由，而是務求令私有財產權不會受到任何威脅。為了後者，即使以大部分人的自由為代價，道德上依然可以接受。不過，這樣一來，自由放任主義就再不能聲稱自己的目標是「自由至上」，更不能聲稱市場資本主義是個絕對自由的社會。借用柯亨的話，這是一個幻象。[28]

五

最後，讓我為本章作結。人們談起自由時，很自然就會認為，自由總是好的，而愈多自由就愈好。是故，當香港每年被評為世界最自由的經濟體時，即使那些生活在底層的人，也覺得這是大好事；他們甚至因此覺得，既然大家都是社會一員，也就共享這個城市的所有自由；而要充分保障這些自由，就有必要接受市場經濟導致的貧富不均，嚴格限制政府的再分配政策，因為那樣做必然導致自由的減少；這種減少影響的不是某一部分人，而是所有人；既然如此，我們每個人就有充分的理由去支持市場資本主義。

這種想法經過政府和媒體長年累月的論述和宣傳，簡直已成為香港社會的意識形態，以至低下階層明明活在各種限制之中，仍然覺得自己的自由沒有分毫減少。我在本文指出，市場資本主義下的窮人，可以擁有和行使的自由，其實遠較富人為少。財富的不平等，直接導致自由的不平等；而財富的再分配，也是自由的再分配。無論我們抱持怎樣的政治立場，都應見到和同意這樣的事實。一旦承認這個事實，自由放任主義描繪的那種市場之中，所有人享有平等自由的美好圖像就會隨之崩塌。如果我們真的重視，平等的公民應該享有最基本的自由去實現自主的生活，那麼完全放任的市場資本主義就不應是我們的選擇。[29]

最後，讓我和讀者分享一個小故事。有那麼一年聖誕節，我在香港的購物區旺角逛街，街上熙來攘往，人人穿著新衣服，手裡提著大包小包的禮物，熱鬧得很。隨後，我在街角見到一位老伯跪在地上，不停向路人乞討。那一刻，我明白，這位老人家雖然也是香港人，受到同樣的法律保障，貧困卻令他失去許多別人有的自由。他的生活，是真正的寸步難行。他正在乞求的，不僅是食物，也是自由。意識到這點，我見到的香港，從此不再一樣。

13 市場秩序與社會正義

——對海耶克理論的一個反駁

一、前言

在上一章，我已論證在以私有財產權為基礎的資本主義社會，窮人不僅缺乏物質，還缺乏自由，因為在許多情況下，金錢是實現自由的必要條件。因此，社會財富的再分配，實質上也是自由的再分配。一個真正重視平等公民的自由實踐的社會，不應無條件地支持資本主義，無視無數窮人活在不自由的境況。不過，自由放任主義可以從另一種角度繼續為市場辯護，那就是：市場秩序本身是合理的，如果有人以「社會正義」之名要求政府干預市場，藉此再分配資源以及為弱勢社群提供基本的福利保障，那麼反而是不義之舉。

這是對市場的道德辯護。這種辯護，通常基於以下幾類論證。第一類認為，市場是個「自生自發的秩序」(spontaneous order)，裡面牽涉無數個體的自願交易，沒有任何人需要為這個秩序產生的結果負責，因此使用「社會正義」這個概念來約束市場，就是犯了「範疇錯誤」。第二類並不否定社會正義，卻聲稱完全放任的市場競爭機制才能給予每個參與者他們真正所應得的，因此是最正義的結果。第三類則主張，市場是公平的競爭遊戲，它的規則本身滿足了「純粹程序正義」的要求，因此最後競爭出來的結果無論是什麼，對每個人也是公平的，或至少不是不正義的。[1]以上三類論證性質並不一樣，可是只要任何一種成立，都可以得出同一個結論：政府不應以正義之名干預市場。

諾貝爾經濟學獎得主海耶克是當代有名的自由市場的捍衛者，他主張第一個論證，反對第二個論證，同時傾向支持第三個論證。[2]具體言之，他徹底反對所有關於「社會正義」的論述，認為這個概念本身是個幻象，沒有任何實質意義；他也不認為市場的收入高低和道德上的「應得」（desert）有任何必然連繫，市場無法保證一個人的努力和功勞可以獲得相應的回報。最後，他認為市場不是人為的組織（organization），沒有任何自身要實現的目標，而是由一組抽象和普遍的規則界定的自由人的聯合體。[3]只要市場競爭滿足這組規則，那麼最後出來的分配結果就不是不正義的。海耶克甚至認為，他在這個問題的立場，和當代左翼自由主義哲學家羅爾斯的觀點其實一致。[4]

本章將以貧窮現象為出發點，回應海耶克的觀點。我的討論將環繞這樣的問題展開：如果市場競爭必然導致社會性貧窮（societal poverty），而社會性貧窮必然令當事人承受極大傷害，但這種傷害在制度上其實可以避免，那麼一個完全放任的市場機制為何仍然被視為公平，並且值得我們支持？我將論證，「社會正義」的概念不僅有意義，而且十分重要。市場的運作邏輯儘管和「個人應得」無關，並因此無法保證市場的競爭結果等同於一個人所應得，可是由於市場的遊戲規則本身並不公平，我們因此沒有理由接受「市場至上」的結論。換言之，我一方面同意海耶克對第二類觀點的批評，另一方面卻反對他的第一和第三類論證，而在討論過程中，我會引入羅爾斯的正義理論以作對照。

讀者須留意，本章雖然質疑海耶克的觀點，卻不是要否定市場經濟的作用，更不是主張高度集權的計畫經濟，而是追問：怎樣的經濟制度，才能給予參與社會合作的成員公平和公正的對待？我們須先回答這個問題，才能決定怎樣的合作方式及怎樣的分配制度值得追求。事實上，如果以聯合國「人類發展指數」(Human Development Index)的標準來衡量，全世界排名最前的國家，既不是放任的市場資本主義國家，也不是社會主義的計畫經濟國家，而是民主福利國家。[5]我們同時也應明白，國家有責任好好回答如何公平分配的問題，因為分配制度是由國家來制定和執行，直接影響每個人的自由、權利、機會和福祉。而要回答這個問題，我們就必須站在正義的觀點來檢視和評價市場機制。事實上，海耶克本人也強調，他儘管不接受「社會正義」和「分配正義」這些概念，卻不否定「正義」的意義和價值，因為後者是法律規則和社會制度的基礎。[6]

二、貧窮與受苦

在回應海耶克之前，我們須先明白，貧窮問題並不抽象，更不只是統計學上的一堆數字，而是意味著一個個具體的人，由於缺乏基本的經濟和社會資源而生活在極度困厄受苦和備受羞辱的狀態。這種狀態，不僅是物質上的匱乏，更是整體生活質量的惡化，包括健康、教育、機會、社會認同和個人尊嚴等。如果我們對這些苦楚缺乏理解，就會很容易忽略制度性貧窮的嚴重後果。以下我會用一個例子說明這點，並為其後的討論提供參照。

設想我們現在生活在一個接近完全放任競爭的市場之中，產品價格和工資水平全部由供給和需求自行調節，政府不會做出任何價格管制，也不會為了任何社會目標而進行財富再分配，例如義務教育、公共醫療、廉租房屋，以及社會安全保障計畫等。政府徵稅的唯一理由，是為了維持穩定的社會秩序及有效的市場運作，包括保護參與者的人身安全、確保商業契約得以遵守，以及維護私有財產權等。除此之外，國家應該什麼也不做，而將集體生活的大部分功能交給市場。用當代著名哲學家諾齊克的說法，這是一個「功能最小的國家」（minimal state），國家扮演的只是「守夜人」（night-watchman）的角色。[7]

現在讓我們想像，這個社會有張先生一家。張先生年近六十，之前在工廠打工，可是由於經濟不景氣，工廠在數年前已倒閉。[8]張先生原來的工作技能再無用武之地，加上年紀不小，儘管努力求職，卻沒有公司願意聘請，只能靠做兼職勉強糊口。張先生的妻子因病早逝，他現在和十多歲的女兒及八十多歲的母親擠住在貧民區一個小單位，日子過得很艱難。既沒有穩定工作，又沒有積蓄，維持衣食住行等基本需要也成問題，張先生一家很快便陷入赤貧狀態。可是在市場主導的社會，張先生既無法向政府求助，又不能指望親友長期救濟，慈善團體能夠提供的幫助也很有限。這種處境將令張先生一家面對怎樣的苦況？

首先，張先生一家將連最基本的生活也難以維持，包括食物、房租、交通、醫療，還有水、電力、煤氣、電話費和上網費等。這些需要是人得以在社會生存的前提，而要滿足這些需要，人們就必須花錢在市場購買；要有錢，就必須有賺錢的能力；可是，不是所有人都擁有這些能力，或者有條件去發展這些能力，例如社會中的老弱傷殘、低技術工人和遭到社會歧視的群體。可以想像，如果政府完全置之不理，這些「市場失敗者」就會在生存邊緣苦苦掙扎，而「朱門酒肉臭，路有凍死骨」將是社會的真實寫照。

其次，張先生一家會長期活在一種不安全、不穩定的狀態。張先生明白，在沒有外力可依的情況下，只要生活出了一點意外，例如家人大病，整個家庭的命運就會急轉直下。缺乏安全感，人就會脆弱，感到焦慮和無助，更無從就自己的人生有任何長遠規畫。貧窮，不僅意味著缺乏資源和保障，更意味著失去人的自由和自主，因為生活中許多必須用錢打開的可能性都會被關上，人們的選擇將大受限制，談不上掌握自己的生命。

再其次，張先生的女兒雖然用功讀書，天資也不錯，可是由於家境不好，既沒有機會入讀好的學校，也沒有條件通過參加不同活動去發展自我和建立自信，性格變得內向自卑，既無法肯定自己，也很難結識到朋友。另一方面，張先生的母親是長期病患者，可是由於家裡沒有能力為她購買昂貴的醫療保險，她只能留在家中，無法去醫院接受必要的治療。身體痛苦加上精神折磨，老人家常有「不如早點離開，免得加重家人負擔」的念頭。

最後，張先生失業後，和原來工廠的同事接觸愈來愈少，失去正常的社交生活，就算感到抑鬱也不知道可以找誰傾訴，更加付不起錢去看精神醫師。張先生也不再像以前那樣關心社會事務，對世界不聞不問，更甚少參與選舉投票和示威遊行。對他來說，如何確保自己和家人生存下去是首要之事，所有的社會參與都變得無可無不可，因為他根本沒有那樣的時間和心力。張先生深深覺得自己已被社會排斥，失去與他人連結的動力和能力，自尊心變得很脆弱。

上面關於張先生一家生活狀況的描述，儘管頗為簡略，仍然顯示出，貧窮帶給人的傷害，既是物質性的，也是精神性、社會性和政治性的，反映於生活每個層面，對人的整體生命有極壞影響。我們也須明白，張先生的故事，並非特殊個案，而是普遍現象。以香港為例，香港號稱資本主義制度的典範，奉行積極不干預政策，市場自由指數位居世界前列，人均國內生產總值已接近五萬美元，可是根據二〇二〇年統計，香港的貧窮人口卻有一百六十五萬，占總人口的二三・六％。這裡貧窮人口的界定，用的是「相對貧窮」的概念，以每月住戶收入中位數的一半作為「貧窮線」的標準。在二〇二〇年，一人住戶的貧窮線是四千四百港元，兩人住戶是九千五百港元。[9] 這樣的收入水平，要在香港維持最基本的生活也不容易，實際上已逼近「絕對貧窮」。又或以中國為例，經過四十年的經濟高速發展，許多人以為中國早已解決貧窮問題，可是前總理李克強卻在二〇二〇年坦承：「我們人均年收入是三萬元人民幣，但是有六億人的月收入也就一千元，一千元在一個中等城市可能租房都困難。」[10] 換言之，今天中國仍然有四〇％的人口活在極度貧困之中。

從上述例子可見，貧窮問題絕對不是個別現象，不能簡單地歸咎於個人因素。我們更不能想當然地認為，只要經濟持續發展，貧窮問題自然會得到解決。事實上，導致貧窮的成因和解決貧窮的方案，均和經濟制度密切相關，而經濟制度是社會基本結構的一部分，背後有一組普遍性的規則作為基礎。這組規則規定經濟活動的運作方式，界定參與成員的權利和義務，以及決定經濟資源如何分配。這些規則適用於所有人，直接影響所有人的人生前景，而且是以強制的方式要求所有人服從。[11]

我們由此可以總結：每個人都渴望生活得好，而活得好需要一些基本的物質和社會條件，貧窮卻導致這些條件無從存在。就此而言，一個導致社會性貧窮的制度，是壞的制度。[12]張先生一家的命運，直接受市場制度影響。要改變他們的命運，就有必要檢視制度哪裡出了問題。如果我們漠視貧窮給人們帶來的痛苦和傷害，同時無視背後的制度性成因，那是對他們的雙重不義。

三、「社會正義」為何虛妄

海耶克對於上述觀點，卻提出過很有名的質疑。海耶克完全同意市場需要一組普遍性的規則作為規範，也不否認市場競爭必然會導致貧窮，卻反對將這樣的結果視為不正義。值得留意的是，他的這個結論並非基於實質的價值判斷，而是基於對「正義」和「市場」的定義和詮釋。海耶克認為，「正義」這個概念根本不適用於「市場」，市場交易的過程本身並無所謂正義或不正義，故此將市場導致的結果視為不正義，是犯了「範疇錯誤」。[13]他甚至很不客氣地聲稱，「社會正義」根本是個「空洞和沒有意義」的概念，是人們建構出來的「幻象」和「迷信」，背後反映了一種「知性上的不誠實」。[14]海耶克對「社會正義」的批評，用詞之強烈以及態度之鄙夷，確實教人驚訝。

他在《法律、立法與自由》的「前言」中，解釋他這樣做的目的，是見到許多人對「社會正義」有一種宗教狂熱式的追求，因此必須盡全力去否定這個概念，讓人們見到它的虛假和荒謬，以免它成為「摧毀自由文明所有價值的工具」。[15]

為什麼海耶克會有這種擔憂？因為當代對資本主義最猛烈的批評，往往來自各種社會正義理論。這些理論認為，放任市場必然導致嚴重的社會不正義，而正義是社會的最高價值，我們因此有理由要求政府約束和改革市場，建立更加公平的政經制度。海耶克擔心，一旦這種論述獲得廣泛支持，政府就很容易將它想要的分配模式強行加諸社會，藉此限制個人自由，結果「這個過程就會逐步走向極權主義體系」。[16]海耶克深信，要解除這種威脅，就不能滿足於單單駁斥某一套特定的正義理論，而必須從根本處揭示「社會正義」概念上的錯誤和危險。這個策略如果成功，便可以一勞永逸地消解所有的社會正義論述。

海耶克的立場，主要基於對兩個問題的回應。其一，在一個以市場為基礎的經濟秩序中，「社會正義」的概念是否有任何意義？其二，假設我們接受某種分配模式為正義的，例如以人的「需要」或「功績」來決定資源分配，那麼這些模式有可能和市場秩序相容嗎？海耶克對這兩個問題的回答皆為否定。[17]我們來看看他的分析。

當我們談論「正義」時，通常所指為何？正義是個道德概念，用來描述和評價某種事態，同時指引和約束人的行為。一個廣為人接受的說法是，正義就是給予一個人其所應得（due）。海耶克指出，使用「正義」的場景有以下特點。一，只有人的行為才有正義或不正義可言。先天殘障或者自然災害，雖然給人帶來不幸，卻與正義無關，因為它並非由人造成，沒有人需要為此負責。[18]二，正義的主體，可以是個人、組織或者政府。他們的共通點，是能夠有意識、有目的地做出行動，影響他人的自由、財產和福祉，因此須就自己的行為負上應有的責任。三，正義的應用對象，可以是個人行為、公共政策、法律條文，以至社會制度。四，要判斷某個特定環境下，什麼是個人所應得，以及人該如何行動才合符正義，我們需要一組關於正義的規則。[19]這組規則要獲得充分證成，就既要滿足某些形式條件（例如普遍性），也要體現某些道德價值（例如給予所有人公平對待）。

那麼什麼是「社會正義」呢？最直接的理解，就是將正義的概念應用到整個社會，並基於某些我們認為合理的分配原則，給予每個成員應得的回報。既然市場是社會重要的組成部分，直接決定人們的機會和所得，那麼它自然應該受到正義原則規範，也應該在制度安排上盡力滿足正義的要求。[20]海耶克指出，在這種論述中，市場其實被想像成具有獨立意志和行動能力的主體，可以基於特定的分配模式將社會組織起來，並按其所設定的標準，將資源和產品分發到指定的個人和團體手上。就此而言，市場和政府的角色沒有本質上的不同，都是運用權力去實現一個已經事先知道的正義目標，因此是「意志經過深思熟慮後所做的行動」(deliberate acts of will)，而這是一種將市場「人格化」(personification)的表現。[21]

海耶克觀察到，一旦人們對市場有這樣的想像和期待，就很容易指責市場秩序極為不義，因為無數像張先生那樣的家庭，正在承受這個制度帶來的苦果。既然如此，要求用另一種看來更公平或更人道的分配模式，似乎便順理成章，並很容易得到群眾支持。海耶克卻指出，這種想法完全錯誤，因為它徹底誤解了市場：「在一個容許每個人運用自己的知識去實現自己的目標的體制中，『社會正義』的概念必然是空洞和無意義的，因為沒有任何人的意志可以決定市場中不同人的相對收入，又或阻止它們部分地受到機遇（accident）的影響。」[22]

簡單來說，市場不是一個獨立行事的組織，而是由無數自由的個體組成，每個人的目標、興趣、技能、知識都不一樣，所做的選擇因此也不一樣。市場中既沒有組織可以指導和控制人們如何做決定，也沒有人能夠預測千變萬化的決定會帶來什麼後果，至於每個人可在市場得到多少回報，完全視乎當時勞動力的供應和需求。張先生之所以失業，部分是由於缺乏市場技能，部分是由於運氣不佳。即使我們很同情張先生的處境，也找不到任何要為此負責的人，因為這是市場秩序中無數參與者基於各自的選擇並互為影響所導致。[23]

海耶克因此總結，那些指責市場不正義的人，其實問錯了問題。誠然，市場競爭必然會導致不平等，可是這樣的結果卻「沒有所謂的義與不義」（neither just nor unjust）可言，因為要做出這種判斷，需要一組大家都接受的分配正義原則，同時須明確知道是誰在過程中違反了原則，我們才能確定責任誰屬。[24] 問題是，市場根本無法滿足這些條件。首先，市場本身並沒有任何特定的分配正義原則，例如按需求分配或按貢獻分配，而是建立一套交易規則，容許人們根據自己的需求和喜好做出決定，包括生產什麼和消費什麼，以及從事什麼職業等。只要交易過程沒有人違反市場規則（例如尊重財產權、不可欺騙和掠奪等），那麼最後得出的結果無論是什麼，都應被視為道德上可接受（morally acceptable），雖然這個結果無關「應得」和「正義」。[25]其次，每個人的處境都是由無數人在交易過程中的決定所致，可是這些決定不是出於任何不良的意圖，因此沒有人需要為此負責。

海耶克因此聲稱，既然上述兩個條件在市場中都不存在，而市場的運作邏輯從一開始就不是以給予一個人所應得的為目標，那麼以「社會不正義」來形容及批評市場，就是概念混亂和沒有意義之舉。海耶克視「社會正義」為「海市蜃樓」（mirage），原因正在於此。[26]海耶克的觀點如果成立，像張先生這樣的人，似乎就沒有道德投訴的基礎。這也就意味著，既然沒有人需要為市場的後果負責，失敗者便只能接受自己的不幸是「命運」（fate）所致，而不能要求國家以正義之名去干預市場。[27]當然，國家或他人仍然可以出於同情而向赤貧者施以援手，可是這卻不是他們的道德義務，因為這無關正義。以下我將指出，海耶克的論證並不合理，而張先生事實上有合理的投訴理由。

四、市場規則與國家制度

要反駁海耶克，我們需要回答兩個問題。第一，到底張先生是否能夠用「社會正義」之名來投訴市場制度？第二，如果能夠，這些投訴的實質理由是否成立？第一個問題關乎我們對社會正義和市場制度兩者關係的理解，第二個問題則關乎為市場辯護的道德論證。概念上，第一個問題優先於第二個問題，因為前者如果不成立，後者便不用談。本節先處理第一個問題，第二個問題則留到第六節。

首先，我們須留意，海耶克否定「社會正義」，其實已經預設了市場遊戲規則的正當性。只有在這個前提下，他才可以說，張先生的處境是市場自由競爭的規則所致，而我們應該接受這樣的結果。我們進入市場時，我們的判斷和行動便已受到市場規則約束。[28]換言之，市場中所有人的選擇以及因此而承受的後果，都離不開規則定下的條件。如果市場規則本身不正義，我們自然無法接受海耶克所說，無論最後結果是什麼，都是道德上可接受的。

我們因此完全有合理正當的理由問，為什麼市場規則是正義的，畢竟那不是唯一且無可改變的自然秩序。雖然香港是個低福利的社會，可是張先生活在這裡，命運已經非常不同，例如一家可使用政府提供的公共醫療服務，女兒可接受十二年義務教育，也可以用低廉租金入住公共房屋，更可以向政府申請失業救濟和社會綜合援助等。不要小看這些制度安排，因為它們可以大大改善無數像張先生這樣的家庭的處境，令他們免於匱乏和恐懼。事實上，香港的福利政策並不特別，更談不上激進。以聯合國二〇二二年的「人類發展指數」為例，排在前二十位的國家，都採取了不同的社會福利政策去改善人民的生活。[29]更值得留意的是，這些國家在推行這些政策時，往往訴諸「社會正義」，並且認為促進正義是政府應有的責任。[30]

既然如此，這些國家是否犯了範疇謬誤，誤用了「社會正義」這個概念？不僅沒有，而且還符合海耶克對「正義」的定義。首先，經濟制度是人為的，由國家制定並執行，而不是自然而然形成的秩序。其次，這些制度將界定參與者的權利和義務，同時確定市場競爭中的合理回報，是故對每個人都有深遠影響。我們須知道，市場並非獨立於國家之外，而是社會制度不可分割的部分，並由國家運用公權力確保其有效運作。構成市場體系的基本元素，包括私有財產權、以供求關係決定的價格機制、徵稅的種類和稅率的高低，以至國際貿易的條件和限制等，都由國家制定和執行。

明乎此，運用社會正義的概念來評價經濟制度，就是應有之義。在這裡，實現正義的主體是政府，正義的對象是制度，而正義的判準是我們對公平分配的道德考量。海耶克認為，由於「社會正義」的主體是並不存在的抽象「社會」，這個概念因此才變得空洞和沒有意義。不過，他隨即補充，如果主體是政府機構，則分配問題確實就是正義問題。他似乎沒有留意到，當代大部分關於社會正義的討論，無論立場和主張為何，都會同意政府才是決定社會資源如何分配的主體。[31]換言之，如果海耶克要我們接受他的結論，就必須先論證市場機制為什麼是正義的。而那些不願接受他的論證的人，自然可以提出其他替代方案。海耶克和那些主張社會正義的學者的分歧，不在於前者要市場，後者要正義，而在於市場秩序本身是否能夠滿足正義的要求。

事實上，海耶克完全同意上述分析。例如他說：「政府加諸個體身上有關正義或不正義的要求，必須參考正義行為的規則（rules of just conduct）來決定，而不是這些規則應用到個別案例之後而產生的特定結果。政府當然應該在所有它做的事情上謹守正義。」[32] 這裡所說的「正義行為的規則」，也就是市場秩序的道德基礎。市場不會僅僅因為被視為自生自發的秩序，就可以免於正義的評價，又或天然地具有正義的特質。作為社會制度的一部分，市場為何較其他制度更為正義，必須要有充分的理由支持。

由此可見，海耶克反對「社會正義」，只是特別就市場規則導致的結果而言，可是他卻完全認同規則本身必須符合正義，否則也不會稱之為「正義行為」的規則。我們因此不要誤以為海耶克是在一般意義上否定正義的必要和重要。他對正義的理解，其實有兩個層面。首先，市場需要規則，規則必須合乎正義。其次，當這些規則建立起正義的市場秩序後，人們就可以在市場裡自由選擇和自由交易，至於最後出來的結果就與社會正義無關。正是在這一點上，海耶克認為他和羅爾斯的社會正義觀，表述上雖有不同，卻沒有實質上的差別（substantial differences）。[33] 我在下一節將指出，實情並非如此，他們兩人的正義觀其實有根本分歧。[34]

五、兩種純粹程序正義觀

海耶克十分重視羅爾斯在一九七一年出版的《正義論》，甚至為了閱讀和回應羅爾斯，而延遲出版自己著作。[35] 這不難理解，畢竟《正義論》開宗明義以社會正義為主題，清楚明確地反對自由放任主義，主張國家通過制度安排確保來自不同社會階層的人都可享有公平的機會平等，以及收入和財富的不平等分配必須以對最弱勢者最有利為前提。[36] 教人意外的是，海耶克雖然沒有具體回應過羅爾斯的實質正義觀，然而卻認為只要羅爾斯放棄使用「社會正義」一詞，那麼兩人之間將沒有根本差異。他的主要理據，基於羅爾斯這段話：

> 正義原則的目標，不是在某個特定人群既有的欲望下，選擇某種特定的分配可欲之物的方式，然後視之為正義。這種工作應被放棄，因為原則上它就是錯的，而且無論如何也難以找到確定的答案。相反，正義原則會為制度及合作活動設下必須滿足的限制（constraints），從而令得參與活動的人不會就它們有任何投訴。如果這些限制得到滿足，那麼最後出來的分配結果，無論是什麼都可以被視為正義（或至少不是不正義）。[37]

羅爾斯的想法是：正義原則首要的應用對象，是社會基本制度。只要我們能夠找到一組所有參與者都能合理同意的正義原則，並以此作為社會合作和資源分配的基礎，我們就不用操心特定人群在特殊情景下的分配正義問題，一來我們不可能追蹤社會合作中無數交易的來龍去脈以確保其正義，二來如果我們抽離制度脈絡並將每個個案孤立來看，我們也無從判斷某個特定結果是義或不義，例如我們見到張先生活在貧窮之中，我們不能因此便認為只要將最多的資源分配給張先生就是正義，因為我們既不知道張先生為何會陷入貧窮，也不知道這些資源如何通過合作生產出來。

羅爾斯因此認為，要實現分配正義，宜從大處著眼，將焦點集中於社會基本結構的制度安排。當制度本身充分實現正義，那麼這個制度導致的分配也將是正義的，因為它是公平的程序產生出來的結果。[38]羅爾斯稱這種程序觀為「純粹程序正義」。它有三個特點。一，對於什麼是正確的分配結果，並沒有預先知道的獨立標準；二，有一套大家認可的公平程序；三，這個程序在應用過程中能夠有效執行。只要滿足這三個條件，那麼這個程序產生出來的任何結果都是正義的。最明顯的例子，是賭博。如果賭博規則是公平的，同時過程中沒有人作弊，那麼最後不管誰勝誰負，結果都是公正的。[39]

羅爾斯之所以引入這個概念，是因為他希望論證，如果他提出的分配原則是正義的，同時能有效地應用於制度，那就可以滿足純粹程序正義的要求。讀者宜留意，羅爾斯所說的「純粹程序」，不是抽象和形式的，而是有具體和實質的內涵，那就是他主張的兩條正義原則，包括第一條的「平等的基本自由原則」和第二條的「公平的機會平等原則」和「差異原則」。[40]同樣重要的是，這兩條原則必須在政治和經濟制度上充分實現，才能令純粹程序正義變得可行。當上述條件得到滿足後，羅爾斯就可以說，儘管社會合作牽涉無數個體的無數決定，沒有人可以預見最後的結果，可是由於程序正義涵蘊結果正義，是故每個人的最後分配結果都可視之為公正制度下的合理所得。

一旦明白羅爾斯的想法，我們就能理解海耶克為何會視羅爾斯為同道中人。首先，他們都同意社會規則的重要，而規則的目的是減少衝突、協調合作，以及保障人的權利和自由。[41]其次，他們也都同意，在判斷何種社會規則值得支持時，正義是首要考慮。既然正義關乎制度如何對待人，那麼這些規則必須滿足一個基本條件：給予所有平等參與者公平的對待。[42]第三，他們均強調，這些規則必須滿足一些形式限制（formal constraints），例如一般性、普遍性、抽象性、一致性、公開性等。這些限制是特別為社會規則而設，目的在於令規則能夠更有效地完成它們要做的工作，包括確保法律面前人人平等，以及一視同仁地對待所有社會成員等。[43]儘管如此，他們對於這些形式限制也有不同要求，例如海耶克特別強調，為市場秩序而設的正義行為規則必須是消極（negative）的，只應限制人們不能做某些行動（例如不能侵占他人財產），卻不可要求所有人必須承擔某些積極責任（positive duties），例如幫助有需要的人。[44]

除了以上幾點，最為關鍵的，是海耶克以為羅爾斯會認同他的主張，即正義規則必須「獨立於目標」（end-independence），而這是自生自發的市場秩序至為重要的特點。[45]海耶克的意思是，市場秩序只是在抽象、形式、消極的層面確保自由交易得以順利進行，自身卻不會設定任何要實現的實質目標，諸如促進平等，又或設計某種特定分配模式去照顧某些特定人群（例如滿足窮人的基本需要）。具體而言，市場規則的功能，主要是保證私有財產的占有和轉讓、商業契約的承認和兌現、生產和就業自由，以及違反規則的人會受到懲罰等，餘下的事就交由個人根據各自的目標和利益自行決定。至於經過無數自由交易後出來的結果是什麼或者應該是什麼，那就不是規則本身可以預見，也無人須為此負上任何責任。[46]市場和政府的根本分別，在於後者是「依賴於目標的組織」（end-dependence organization），而這些目標往往被認為是值得追求的道德目標。海耶克認為，羅爾斯至少在這點上和他沒有分歧，因為「純粹程序正義」本身也沒有設定任何要實現的目標。

事實是否真的如此？海耶克似乎沒有留意到，前引羅爾斯那段說話之中，最後一句是「如果這些限制得到滿足，那麼最後出來的分配結果，無論是什麼都可以被視為正義（或至少不是不正義）。」也就是說，正義原則如果能夠在制度中得到充分實現，那麼最後的特定結果也將是正義的。正義的公平程序，涵蘊最後的結果正義。海耶克卻否定這點，因為他認為，「由於只有源於人的意志所導致的情狀，才可以稱為正義或不正義，是故自生自發的秩序所產生的特定結果，就不能稱為正義或不正義。」[47]也就是說，市場規則的正義和市場最後的結果之間，沒有任何必然連繫，前者不僅無法保證後者，我們甚至無法判斷後者是否正義。規則與結果之間，有不可踰越的鴻溝。

這個分別，真的如海耶克所說，只是兩人表述上的不同而已嗎？恐怕不是，而且這背後反映了兩人至為根本的差異。對海耶克來說，自生自發的市場秩序存在無數的不確定性，同時牽涉無數個體之間的自願交易，出來的結果必然混雜各種因素，因此無法找到任何個體為某個特定結果負責。事實上，海耶克心目中的理想市場，是政府愈少干預愈好，並容許各種運氣和偶然因素發生作用。正因如此，他才如此強調市場的消極性和獨立於任何目標。在這種背景下，海耶克無法保證市場程序導致的結果必然正義，也就完全可以理解，因為這正是他要極力避免的。對他來說，任何對實質正義的追求，都意味著賦予政府更大的權力，而這將很容易滑向社會主義，甚至極權主義。[48]他甚至直言，「爭取社會正義也將帶來極為惡劣的後果，尤其是會摧毀令傳統道德價值能夠蓬勃發展的不可或缺的條件，即個人自由。」[49]

可是對於關心社會正義的人來說，結果正義和規則正義同樣重要。正如海耶克承認，市場競爭的本質是能力加運氣，而每個人的能力和運氣生來便不一樣，那麼結果必然是嚴重的經濟不平等。既然如此，我們為什麼要接受市場規則？要知道，市場作為強制性的制度，本身並非價值中立，無可避免地為不同能力及出身的人的生命帶來或好或壞的影響。國家作為市場規則的制定者和維護者，自然有責任向所有公民交代，為什麼這種安排對每個人都公平和公正。退一步，即使市場秩序並非完全由政府設計，而是在歷史中逐步演化而成，這個秩序的正當性仍然必須由國家來認可，並通過各種法規維持其有效運作，因此國家仍有不可推卸的責任。所以，海耶克必須提出理由說服我們，為什麼市場規則本身是足夠正義的，以至於我們完全不應干預市場導致的結果。

討論至此，讀者或會好奇，既然市場充滿不確定性，為什麼羅爾斯卻敢於聲稱他的純粹程序正義觀最後必然會導致結果的正義？要回答這個問題，我們需要進一步瞭解羅爾斯的正義觀。

羅爾斯認為，社會不應被理解為一群理性自利者互相競逐個人利益之所，而應是自由而平等的公民為了互惠而共同建立的公平合作體系。「自由、平等、互惠、公平、合作」是建構這個體系的關鍵理念。為了實現這個目標，我們就要找到一組大家能夠合理接受的正義原則作為社會合作的基礎，從而界定我們的權利和義務，以及決定社會資源的合理分配。羅爾斯繼而主張，要證成這組原則，便須回到社會契約論的傳統，通過「原初狀態」和「無知之幕」的構想，論證在這樣一個公平的契約環境中，自由且平等的立約者將一致接受他提出的兩條原則。當這組原則在手後，我們就可以將之應用於政治、社會和經濟諸領域，從而建構一個正義的合作體系。

在這個合作體系中，市場扮演什麼角色？羅爾斯承認，在有效調配資源和促進生產力方面，競爭性市場的價格機制具有極大優勢，同時市場也能有效保障人們的基本自由，包括職業和工作的自由。不過，要全面實現他的正義原則，單靠市場並不足夠，還需要有「穩定部門」(stabilization branch）去確保全民就業，「轉移部門」(transfer branch）去提供社會最低保障，滿足公民的基本需要，以及「分配部門」(distribution branch）去負責兩項重要任務：一，通過遺產稅、繼承法以及私有財產權的調整，避免權力和生產工具過度集中在小部分人手上，從而確保政治自由的公平價值和公平的機會平等；二，通過銷售稅、個人所得稅、公司利得稅以至其他稅收，為公民提供公共物品（public goods）及社會福利，從而滿足第二條正義原則的要求。[50] 羅爾斯特別指出，在應用層面，什麼樣的經濟制度才最能實現他的正義原則，不能一概而論。原則上，以私有財產制為基礎的資本主義或以公有制為基礎的社會主義，都可以和市場及民主相容。至於何種制度最為合適，須視乎每個國家特定的社會環境、制度文化和歷史傳統，並通過民主的方式由人民做出決定。[51]

羅爾斯稱上述安排為分配正義的「背景制度」(background institutions）。當一個社會充分實現這個制度時，它便滿足了純粹程序正義的要求：社會規則是正義的，同時也得到有效執行。生活在其中並參與社會合作的成員，只要服從和遵守這些規則，那麼最後每個人所獲分配的資源，便屬於制度下的「正當期望」(legitimate expectation），因此也是正義的結果。[52]

我們至此可以清楚見到，海耶克以為他和羅爾斯有著相同的對社會正義的想法，其實是個美麗的誤會。羅爾斯的「純粹程序正義」的理念背後，有他的正義原則作為前提：背景制度必須充分實現以自由和平等為基礎的「公平式的正義」。[53] 市場是整個背景制度的一個部門，必須受到正義原則的約束，同時須有其他分配部門配合，確保每個人都可享有平等的基本自由、公平的平等機會，以及分享到社會及經濟發展的好處。只有在這樣一個公平的制度環境中，我們才不用考慮市場交易中人們的各種喜好和訴求，以及各種偶然的運氣因素，並達致羅爾斯想要的結論：「那麼最後出來的分配結果，無論是什麼都可以被視為正義（或至少不是不正義）。」[54]

我相信，如果海耶克明白羅爾斯的思路，便不可能認同羅爾斯的正義藍圖。我們甚至可以說，羅爾斯所要努力追求的，正是海耶克要大力反對的。一個政府干預最少的市場秩序，才是海耶克心目的理想社會。既然如此，這就進入到本章要探討的最後一個問題：支持自由市場背後的「正義行為規則」，相較於羅爾斯的正義原則，真的更為公平和正義嗎？

六、市場競爭與機會平等

要回答上述問題，讓我們集中討論兩個問題：一，市場秩序真的能夠給予每個人公平的競爭機會嗎？二，市場秩序真的能夠充分保障每個人的基本自由嗎？我們也可以從其他角度審視市場的正義性，不過這兩個問題尤其重要。簡單來說，如果市場能給予每個人平等的競爭機會，同時每個人又都享有平等的自由去做出選擇，那麼出來的任何結果都是道德上可接受的，政府的干預因此既不必要也不應該。我將在這一節及下一節指出，海耶克無法就這兩個問題給出令人滿意的答案。

先談機會平等。「機會平等」的意思，是人們進入市場時，應該將那些從道德的觀點看不相干的因素排除出去，從而確保那些具有相近能力以及同樣意願運用這些能力的人，享有平等的競爭和成功的機會。[55]用一個通俗的說法，就是「職業向才能開放」，而不是靠關係或特權。為什麼機會平等如此重要？為了公平。試想像，如果社會中有人僅僅由於其性別、信仰、種族以至階級的差異而獲得各種特權和優勢，我們會認為這是不應得的，而這種起點的不平等必然導致結果的不平等，然後結果的不平等又會以各種方式傳到下一代，產生更大的起點上的不平等，如此循環往復，最終導致一個階級嚴重分化和機會極度不均的社會。機會不平等是人的權力不平等的體現，因此只要有不合理的權力關係存在，就會很容易轉化成不同領域的機會不平等。這種不平等，不僅直接影響人們在教育和職業上成功的機會，更會嚴重傷害人的自尊，因為那種不公平往往直接來自根深柢固的歧視，使人難以在公共生活中肯定自己的能力和人格。

在民主社會，隨著平等公民權利逐步落實，在教育和工作領域，由於性別、宗教、種族、膚色、性傾向的差異而導致的明顯的機會不公，在相當程度上已得到正視和改善。不過，在經濟領域，貧富懸殊和階級分化帶來的機會不平等，卻是既廣且深，而且日益嚴重，以至成為最多人詬病資本主義之處。以張先生的女兒為例，她大抵從小就在學校和生活中體會到，無論她多用功多努力，都很難克服「輸在起跑線」的宿命，並在人生的每一步體會到家庭出身帶來的的不公和艱難。這不是個別例子，而是普遍的社會現象。道理不難理解：一個人的家境及財富，會很容易轉化成各種優勢，包括教育機會、人際網絡、生理和心理能力的全面發展，以及各種有利於己的文化資本。

海耶克完全意識到問題存在，也同意「機會平等」理應是自由主義重視的價值，同時知道不能依賴市場秩序去自行解決這個問題，因此，餘下的唯一方法，一如羅爾斯所建議，就是在制度層面，通過政府不同部門的努力，盡可能減低家庭出身及社會階層帶來的機會不平等。不過，一碰到政府的權力問題，海耶克的態度馬上變了：「為了實現真正的機會平等，政府必須控制所有人的物質和人文環境。」[56]於是，這個最初看上去很美好的理念，將無可避免地導致政府權力過大，最終「變成一個完全虛妄的理想，而任何實現它的嘗試都很易變成惡夢」。[57]海耶克的結論很清楚：儘管市場會導致嚴重的機會不平等，我們卻必須限制政府不可做得太多，否則就會是個人自由的喪失。說得直白一點，為了自由，公平必須被妥協。更令讀者意外的是，相較於羅爾斯以「公平的機會平等原則」作為他的正義理論的基礎，並用上很多篇幅去探討如何實現之於制度，海耶克卻只用了一頁不到去討論和駁斥這個如此重要的原則。

問題是，海耶克的觀點並沒有說服力。首先，海耶克的論證有滑坡謬誤之嫌。誠然，政府往往須通過立法和徵稅來實現機會平等，因此會影響某些人的既得利益和限制某些人的財產自由，可是這並不意味著政府沒有正當性去進行這些改革，更不表示政府可以無限制地運用權力控制一切。在民主社會，個人權利獲得法律充分保障，政府施政受到民主程序約束，無論是在立法層面還是政策層面，政府都不可能罔顧程序和民意而為所欲為。

事實上，大部分民主福利國家，例如瑞士和紐西蘭，又或臺灣和日本，便既有完善的社會福利制度去促進機會平等，也採納市場機制作為經濟生產的基本制度，同時有良好的人權和自由紀錄。[58]我們沒有任何理由說，只要政府主動承擔起爭取公平和正義的責任，約束現有的市場行為，就會一直滑落到極權主義的地步。為了捍衛市場秩序的正當性，海耶克將政府作為等同於政府大作為，再將政府大作為等同於社會主義和極權主義。[59]民主國家大量歷史經驗告訴我們，這種推論並無事實基礎作為支持。

其次，既然海耶克同意市場規則必須正義，又同意機會平等是正義社會的條件，更同意現成的市場秩序無法保障機會平等，那麼如果只是由於擔心在執行上會出現政府權力過度集中的問題，便放棄對機會平等的追求，其實也就等於承認，市場秩序有嚴重的內在缺陷，根本無法找到可行的方法去實現機會平等。面對這樣的不正義，海耶克又不容許政府採取任何積極措施做出修正，也就等於無視弱勢社群承受的不公平，並且默許這種不公平循環往復，持續惡化下去。海耶克的困境，也就是市場資本主義的危機：過度的機會不均導致階級分化和跨代貧窮，使得社會流動緩慢甚至停滯，還有在這種不平等的權力結構下帶來的種種歧視和宰制，令人們對這個秩序的正當性失去信心和信任。

七、法律的兩面與自由的分配

對於上述批評，海耶克或會如此回應：機會平等的理念本身沒有錯，可是必須限制在一個很小的範圍，例如反對社會歧視和提供基礎教育，因為市場秩序不能只考慮機會平等，還必須考慮個人自由。[60]當兩者有衝突時，我們應該給予自由優先性，因為自由才是市場規則的正當性基礎。基於此，約束政府對機會平等的過度追求，重點不在於執行上可不可行，而在於原則上應不應該。

我相信，這是海耶克真實的想法。他不是看不到市場資本主義的困難和危機，可是他始終堅信，市場機制是保障所有人的自由的最好制度。[61]

海耶克的論點簡單且直接：市場是自生自發的秩序，參與者都是自由人，可以在其中根據自己的意願做出自由選擇。自由之所以可貴，是因為它能容許個體不受限制地發展自己的能力和個性，活出自己想過的生活；自由也能促進經濟效率和增加產出，更好地滿足人們的欲望。市場要有效運作，便須有一套正義行為的規則作為規範；而為了在最大程度上保障自由，這套規則必須嚴格限制政府對市場的干預，與此同時，市場也不應追求任何獨立的道德目標。這套論述非常普及，且具有強大的道德吸引力，因為它將市場和自由緊密地連繫在一起：如果我們想要多些個人自由，就必須接受小政府大市場的制度。[62]

這套論述的背後，其實有兩個沒有言明的重要假設：一，放任市場被想像成限制的闕如（absence of constraints），是完全自由的狀態。唯一會破壞這種狀態的，是政府外力介入。[63]二，市場中的每個人都是自由人，享有平等的自由，能力、階級和財富的差異不會影響他們的自由。這兩個前提放在一起，就會得出海耶克想要的結論：只有市場秩序才能完美地保障所有人的平等自由。我認為，這兩個假設皆不成立。

讓我們從基本概念談起。首先，自由市場需要規則，規則由國家制定，形成法律體系，再由權力機關負責執行，並要求所有人服從。市場規則中最重要的，是私有財產法。只有通過財產法，市場才能確定在什麼條件下，個人可以合法地占有、使用和轉讓財產。當一個人的財產遭到他人侵犯時，也只有國家才能依法保障此人的權利。換言之，在現代資本主義社會，市場是國家其中一個環節，沒有國家就沒有市場。將市場想像成獨立於國家，在自生自發的狀態下自然形成和自由運作的體系，既與事實不符，也是概念混亂。

其次，既然市場離不開法律，我們就不應將法律單純理解為國家干預市場的工具。如果是這樣，我們就無法解釋，為什麼需要財產法來保障個人的財產自由。事實上，法律既有限制自由的一面，也有保障自由的一面。法律的功能，是通過立法來分配自由，並且限定個人行使自由的方式。再以財產法為例。財產法最大的目的，是保障有產者的權利。例如我依法擁有一片私人土地，即表示我可以獨占這片土地，而這也意味著，如果有人在未經我同意下強行闖入，我可以要求警察拘捕他們。換言之，財產權在保障有財產者的自由的同時，也限制了無財產者的自由。一旦瞭解財產權的性質，那麼在其他條件相同的情況下，私有財產制下的市場社會，擁有財產的人較沒有財產的人，客觀上享有更多的自由，也即有財產者可以免受法律限制去做更多他想做的事，無產者卻往往寸步難行，而這是由國家制定的法律所決定，而不是自然事實。[64]

如果我們接受這個分析，那麼上面所說的兩個關於市場的預設就難以成立。首先，市場不應理解為限制的闕如，而是通過法律建構起來的一種分配自由的制度，其中最為關鍵的私有財產權制度，在保障有產者的自由的同時，也在限制無產者的自由。也就是說，即使國家不做任何資源再分配的工作，容許市場完全競爭，那個狀態也不是想像的完全自由、人們想做什麼就做什麼的狀態，而是每個人都受到財產法的嚴格約束。如果你並不擁有財產，你在市場中的自由將會嚴重受限，假設一因此並不成立。

如果假設一是錯的，而我們又知道由於個人能力、家庭出身和社會運氣的影響，市場競爭必然會導致大量社會財富和生產工具集中在小部分人手上，而缺乏市場競爭力的許多參與者則淪為無產者，甚至活在張先生那樣的赤貧境地，那麼我們自然也會同意，市場中有產者和無產者享有的自由，其實大不一樣，假設二因此也不成立。

既然兩個假設的命題都不成立，那麼「最少政府干預的市場秩序最能保障所有人的平等自由」的說法便也不成立。讀者須留意，以上分析並不建基於任何特定的道德立場，而是通過對市場和私有財產權概念上的分析，讓我們見到它們和自由的關係。我在這裡不是要否定市場的作用和價值，而是希望打破「市場等同於自由」的迷思。市場的本質，不是簡單的限制的闕如或自由總量的增加，而是以特定的產權方式，在人與人之間分配自由和不自由的特定制度。明乎此，我們也就明白張先生那樣的貧困家庭，為何不僅缺乏物質，同時也缺乏自由。如果政府通過各種福利措施增加他們的可支配所得，便既能改善他們的生活，也能增加他們的自由。

有了這種認識，我們就不會再不假思索地認為，羅爾斯主張的「財產所有民主制」必然較海耶克建議的「自生自發的市場秩序」更不自由，因此為了自由之故就必須站在海耶克那一邊。事實遠非如此。羅爾斯的第一條正義原則，就是要保證所有公民享有平等的基本自由。這裡所指的基本自由，包括我們極為重視的人身自由、思想和信仰自由、政治參與的自由，以及擁有個人合理所得的自由等。羅爾斯所追求的自由社會，並不只限於市場，而是涵蓋社會不同領域的自由體系。

與此同時，羅爾斯主張由政府約束市場導致的過度的經濟不平等，也不應理解為是為了平等而犧牲了自由，而是希望通過公平的資源分配，來實現自由的公平分配。羅爾斯和海耶克之間的分歧，不是前者要平等而後者要自由，而是對於應該如何正義地分配自由，有很不同的想法。海耶克或會說，市場沒有責任去考慮如何分配自由的問題。問題是，國家不是市場，國家有責任通過制度安排，給予所有公民公正的對待。

討論至此，我們可以回到這篇長文章最初的兩個問題。一，「社會正義」這個概念，是一種沒有意義的幻象嗎？答案為否。我們完全可以用它來評價市場，並要求市場規則符合正義的要求。二，市場規則能夠給予每個參與者正義的對待嗎？答案是不能，因為它既無法保障公平的機會平等，也難以保證所有人享有合理的的基本自由。換言之，自由主義的任務，是建構出一個正義的社會制度，既讓市場發揮它的有效作用，也令每個參與者能夠獲得公平的對待。

14 機會平等的理念

上一章，我們已觸及機會平等的理念。[1] 許多人認為，社會正義的必要條件，是在制度上確保所有人在教育和工作上享有平等的競爭機會。說起機會平等，人們腦海第一時間浮現的，往往是體育場上的競技：只要所有參與者站在同一條起跑線，那麼最後無論是誰勝出，結果都是公平的。相反，如果社會容許人們「贏在起跑線」，使得部分人從一開始便擁有不應得的優勢，那麼這些遊戲規則就是不公平的。這是現代社會普遍接受的信念。值得追問下去的是：「機會平等」為什麼具有那麼大的道德吸引力，以及到底要滿足怎樣的條件，不同社會背景的人才可以說是站在相同的起跑線？

一

讓我們先梳理一些基本概念。首先，當我們視「機會平等」為分配正義的基本原則時，往往意味著我們在競逐社會某些適度稀缺，同時絕大部分人渴望擁有的具價值之物，例如著名學校的學額或知名公司的職位。如果這些物品根本沒有人想要，自然不會有競爭；又或供應是無限的，那麼也就不需要爭。機會平等的背後，其實既承認人與人之間有競爭，也堅持競爭必須在某些公平規則下進行。[2]

其次，既然是競爭，就會有競爭的過程，最後必然會產生優勝者和失敗者，並因此而獲得不同的報酬和獎勵。機會平等不僅不等同於結果平等，而且預設了結果的不平等。機會平等要爭取的，是公平的起點，然後容許所有人自由競爭。只要起點和過程是公平的，那麼最後出來的結果也是公平的。

再其次，所謂起點公平，不是主張人為地抹平競爭者之間所有差異，使人變得一模一樣，而是排除和懸擱那些從道德角度看不相干的因素，然後容許相關的因素發揮作用。例如大學在錄取學生時，便不應根據學生的性別、種族或信仰而給予差別對待，而應只考慮學生的能力和表現。當然，什麼是相干和不相干，應得和不應得，往往不容易形成共識，甚至引起極大爭議，而背後反映了人們不同的正義觀。

最後，機會平等是個相當現代的概念，因為它實際上主張的，是我們應通過制度安排，將個體從各種既定的身分和等級中釋放出來，以平等公民的身分去參與社會合作。在傳統社會，個體可以做什麼和不可以做什麼，往往一早已由人的性別、階級、種族，以及信仰等身分決定，個人自主的空間十分有限。[3]由此可見，機會平等的背後預設了一種對「平等政治」的承諾和追求：那些與公平競爭不相干的因素，必須通過制度排除出去。

二

接著下來的問題是：怎樣的制度安排才能確保機會平等？這牽涉到對兩個問題的回答：機會平等的應用範圍有多廣，以及機會平等的實踐程度有多深。如果機會平等原則只應用於很狹窄的範圍，又或在該特定範圍內仍然容許太多不合理因素發生作用，我們就有理由說，該社會仍然存在巨大的不正義，因為它不能給予所有人公平的對待。

就第一個問題，我們觀察到，在民主社會，平等機會原則的應用範圍非常廣泛，包括學校收生、公開考試、職業招聘、政治參與，以至各種各樣的競爭和比賽等。最具體的一項要求，是法律面前人人平等，沒有人應該由於種族、膚色、信仰、性別、年齡等差異而受到歧視性對待。例如，在招聘雇員時，雇主不可以把申請人的宗教信仰當作考慮因素，又或在公共參與上，政府不可限制某些族群的政治權利。如果有人違反這些規定，公民可以訴諸機會平等法來提出訴訟。

這背後其實預設了這樣一種理念：在多元社會，每個人既擁有不同的文化身分，同時也擁有相同的公民身分。這個身分賦予所有人一系列平等的公民權利，並且要求所有機構尊重這些權利。當公民身分和文化身分發生衝突時，前者具有優先性。性別和種族歧視之所以不被允許，就是因為他們違反了人們的教育權、工作權和政治權。從平等權利的觀點看，這些差異不應構成差別對待的理由。

既然如此，在拿走這些差異後，剩下什麼因素可以合理地決定人們的回報？一個最廣為人接受的觀點認為：有能者居之。例如成績優異的人才可以進入名校，又或工作表現優秀的人才可獲得升等。在許多情況下，能力成為唯一正當的理由。再用前面起跑線的例子：只要我們能夠拿走那些不相干的因素，容許大家各盡所能，那麼就滿足了機會平等的要求。

不少人因此認為，民主社會基本上已實現這樣的目標。可是我們稍微細想，便會發覺情況不是那麼簡單。假設有兩個能力大致相同的人，出生在兩個不同家庭，一家很富有而另一家極貧窮。富有家庭的小孩，從出生起便享有各種優勢去發展他的能力，包括：更好的營養和醫療、更佳的居住環境、更優越的教育條件，以及更全面的人際網絡。至於貧窮家庭那位，卻幾乎在每方面皆遠遠落後。這些落後不僅影響他的身體發育和知識增長，更會影響他的自尊和自信。

由此可見，在一個貧富懸殊和階級分化的社會，即使人們的天賦能力相差無幾，也不可能站在同一條起跑線，因為家庭出身在很大程度上影響了人們的能力發展，從而影響他們人生路上每方面的競爭機會。如果政府真的重視機會平等，就不能只停留在消除歧視的階段，而應改革制度，盡可能令每個家庭的小朋友有同樣的發展機會。例如：除了推行從幼兒園到大學的義務教育，也應為貧窮家庭提供教育和生活津貼，關心他們的精神和人格發展，協助他們建立起應有的自信和自尊。政府也應通過累進稅、資產增值稅和遺產稅等防止財富過度累積，盡可能令不同家庭的孩子從一開始就有較為接近的起跑線。正如羅爾斯所說：「自由市場的安排必須置放在政治和法律的框架之內，從而規管經濟活動的整體趨勢，以及維持實現公平的機會平等（fair equality of opportunity）所需的社會條件。」[4]

羅爾斯在「機會平等」前面特別加上「公平」一詞，正是強調要盡可能將階級背境導致的家庭差異減到最低，因為這些差異是運氣使然，沒有人應得從這些差異所獲得的優勢。要做到這點，就有必要將市場的角色放在整個基本制度的框架來考量，而不是一開始便已假定市場的正當性，然後只在市場之外做一些修補。[5] 羅爾斯認為，公平的機會平等作為正義原則的一部分，必須應用到社會基本結構，並要求市場秩序做出根本的制度改革，來滿足正義的要求。[6]

三

讀者或會問，既然公平的機會平等原則有合理的正當性，為什麼卻很難在現實中的資本主義社會充分實現？事實上，教育和工作方面的機會不平等，即使在許多民主福利國家，也有愈趨嚴重之勢。原因有許多，但我認為有三方面的動機張力（tensions of motivation）特別值得留意。

第一是市場和公平之間的張力。市場的邏輯，是自由競爭的邏輯，背後假設了每個人都是理性自利者，而大家行動的目的，是在市場為自己謀取最大利益。市場的遊戲規則是優勝劣敗，考驗的是每個人的競爭能力。能力愈高的人，就能獲得愈多的經濟回報。在這樣的世界，公平沒有什麼位置，因為作為一種道德規範，它會要求政府訂立一些規則來約束市場，盡量令不同背景的參與者可以站在相同的起跑線。

市場中的理性自利者如果願意接受這樣的約束，他就有必要改變他的內在動機：接受機會平等的理念，將那些不應得的差異放在一邊，然後在公平的競爭條件下為自己爭取正當所得。我們可以說，這樣的動機來自人們的正義感。問題是，在市場為主導的社會，追求公平的正義感很容易就會被自利心凌駕，因為後者才是市場邏輯所承認和鼓勵的。自利心愈強，既得利益者便愈不願意為了公平而放棄原來的特權和優勢，機會平等的理念便愈難拓寬和加深。我們甚至可以說，「公平」和「競爭」之間本身就存在內在張力，而如何使得追求公平的力量在市場社會變得茁壯，是我們面對的大挑戰。

第二是家庭和平等之間的張力。我們前面曾談到，機會平等其中一個目標，是盡可能拉近不同家庭出身的孩子的教育機會，而要做到這一點，就需要政府採取各種積極措施，來收窄貧窮和富裕家庭之間的差異，包括限制教育資源過度市場化和商品化。可是從父母的觀點看，為子女提供最好的教育是父母之愛的自然表現，例如讓子女讀上最好的私立學校，以及為子女提供最優良的成長環境。對很多人來說，這是人之常情。如果政府用行政手段限制這些教育商品的供應，又或增加父母的選擇成本，往往會阻力重重，因為反對者會說，這樣做既傷害家庭本身的價值，又過度限制個人的選擇自由。[7] 這種反對有它的道理，我們甚至可以說，只要有家庭存在，家庭之愛所帶來的機會不平等就難以避免。如何平衡這種張力，同樣會影響機會平等在社會的實踐程度。

最後，是人的自然能力導致的機會不平等問題。人一生下來，就擁有不同的天資稟賦，有的人語言和數學能力很強，有的人身體健康強壯，可是也有人資質平庸，甚至身有殘障。羅爾斯認為，這些自然秉賦的分配同樣是任意和不應得的，如果社會制度容許這些差異影響人們的競爭機會及最後所得，同樣很不公平。[8] 羅爾斯認為，在制度設計上，我們毋須強行磨平這些先天差異，而只須鼓勵能力好的人善用才能去從事生產和創新，這樣既可自己受益，也可令最弱勢群體在最大程度上分享到經濟發展的好處。這就是他建議的「差異原則」(Difference Principle)。[9]

羅爾斯這種想法，等於將機會平等的理念再往前推進一步，於是所謂從道德的觀點看不相干的因素，不僅從種族和性別差異，延伸到階級及家庭差異，現在更延伸到先天能力的差異。既然如此，影響人與人之間收入差異的合理因素還剩下什麼？似乎就只有個體所做的不同選擇——在後天環境和先天能力都已滿足機會平等的條件下，每個人都可以根據自己的意願而做出不同的工作選擇，藉此而賺取合理的正當收入。

如果接受這種想法，相應的道德動機又是什麼？用羅爾斯自己的說法，它將要求我們視自然能力的分配為一種「共同資產」(common asset)，我們雖然擁有自己的身體和能力，卻不能說我們因此完全應得由運用這些能力所產生的財富，除非這樣做能令社會所有人（包括弱勢社群）都受惠。[10] 換言之，人與人之間必須形成強烈的道德紐帶，而這種紐帶將令我們不願意視自己為完全獨立的自我，與他人只存在工具性的利益關係。毋庸多說，這種對道德自我的理解與市場邏輯所預設的理性自利者之間，同樣存在難以化解的張力。

四

通過上述分析，我們見到，如果我們對機會平等的道德意涵有恰當的理解，將見到它不僅不保守，而且可對當今的社會制度提出深刻批判。事實上，對許多生活在資本主義的人來說，大家最直接感受到的社會不正義，正是那種隨處可見的不應得的機會不均，帶來的嚴重的經濟分配和社會地位的不平等。要改變這種境況，僅僅停留在法律形式上的機會平等，很明顯遠遠不夠，我們必須正視家庭和階級背景的差異，以至自然能力的差異，帶來的機會不平等。

不過，我也同時指出，機會平等的要求每往前推進一步，都需要相應的制度改變，並要求經濟和社會資源方面新的分配模式。這種改變往往阻力重重，因為它要求社會成員要有相應的道德動機。只有這種動機為人們普遍接受，大家才會充分意識到現有制度的不公平，從而願意放棄原來的優勢和特權。我們面對的難題是：只要資本主義的基本邏輯不改變，人的自利動機似乎就永遠具有最強的優勢，根本的制度改變就變得近乎不可能。可是制度不改變，人的正義感所催生的道德動機，卻又很難在社會有生根和發展的機會。

如何突破這個困局呢？歷史經驗告訴我們，我們不必過度悲觀，因為社會進步即使很緩慢，卻不是沒有可能，因為在自由開放的民主社會，我們的政治制度和公共文化本身，就有豐富的道德資源去培養我們的正義感，以及拓闊我們對公平社會的想像。事實上，我們不是純粹的經濟人，同時也是政治人和道德人，我們因此有複雜得多的動機系統。在一個相對正義的社會環境，我們既會在乎自己的利益，同時也會希望人與人之間能夠存在一種較為公平的合作關係。我們深入討論機會平等的理念，並將這些討論變成公共文化的一部分，本身也是為了這個目標出一分力。

15 自由主義的平等觀

在當代中國思想討論中，「左派」和「右派」也許是最為顯著的政治標籤。所謂右派，就是立場接近自由主義的人；所謂左派，則是同情社會主義的人。右派的核心價值是自由，左派的核心價值是平等，並由此推論出不同的政治和經濟制度。例如右派主張建立保障個人自由權利的有限政府、代議民主制、私有財產和市場經濟等，而左派則主張國家主義、直接民主、公有制和計劃經濟等。

在這種對立中，最值得留意的，是兩派對「自由」和「平等」各自的堅持，同時認為兩者在本質上並不相容。例如不少右派認為，左派對平等的追求必然意味著主張經濟上的平均主義，因此也就必然會反對自由市場，同時在政治上很容易支持威權主義和極權主義。為了捍衛自由，右派就必須徹底放棄平等，並追求「小政府、大市場」，即使這樣會導致巨大的經濟不平等也是值得的。

我認為，這種想法是對自由主義的極大誤解。自由主義不僅重視自由，也重視平等。正如托克維爾在《民主在美國》一書所說，推動民主社會發展最重要的力量，是平等原則。[1]沒有對平等的肯定和堅持，自由主義不可能成為自由主義。我在下面將從政治、社會和經濟三方面，闡述自由主義的平等觀如何實踐於這些領域。

一

先談政治。自由主義主張自由民主制，或立憲民主制。這包括兩項重要的制度安排。第一，所有公民享有由憲法保障的一系列基本自由，包括人身自由、良心和信仰自由，言論、出版和思想自由，擁有個人財產的自由，以及結社、集會和參與政治活動的自由等。這些自由被視為公民的基本權利，具有最高的優先性，不可任意讓渡和輕易妥協。自由主義重視這些權利，因為只有在這樣的環境中，個體才能免於恐懼和壓迫，自由發展自己的能力，活出和活好自己的人生。這背後有著自由主義對人的理解：人是獨立、理性、自主的道德主體，能為自己做選擇，並對自己的生命負責。

我們必須留意，這些基本自由為所有公民平等享有。這是自由主義對平等的首要承諾。自由保障我們的根本利益，平等則界定這些自由該以怎樣的方式分配。沒有人可以由於出身、財富或能力上的差異，而享有特權或遭到歧視。當然，這裡的平等不是要令所有人變得一模一樣，而是指所有人的基本權利。或許有人問，從專制社會轉型到民主社會的過程中，那些擁有特權的人，豈不是要被迫放棄他們一部分的自由？是的。從平等的觀點看，這些特權本來便不該有。中國自由主義今天最重要的政治訴求，正是要廢除各種特權，落實憲法清楚承諾的平等人權。自由派不僅在爭自由，也在爭平等。

自由民主制的第二項制度安排，是一人一票的普及選舉。不用多說，這體現了政治平等的精神。自由主義相信，主權在民，而政府權力的正當行使，必須得到全體公民的認可。民主制的獨特之處，是賦予公民同樣的權力去參與和決定公共事務，實踐集體自治的理念。這種理念顯然和任何形式的等級制和菁英制不相容，更加不能接受政治權力被某個階級長期壟斷。既然如此，自由派在爭民主時，自然也在爭平等。

二

自由主義同樣致力在社會領域建立平等的人際關係。以性別為例，自由主義支持性別平等，努力爭取兩性在社會和政治生活中受到平等對待，包括：工作上，女性和男性要享有平等的競爭機會，待遇上同工同酬；家庭中，不應再有男尊女卑的觀念，也不應再將家庭視為純粹的私領域並容忍家庭暴力；教育上，政府要為男生和女生提供相同的教育機會。又以宗教為例，自由主義主張政治與宗教分離，因此統治權力的基礎、法律的制定，以及社會資源的分配等，均不應訴諸宗教理由，政府也不應偏袒或歧視任何宗教。背後的理念很簡單：所有人都是平等公民，理應享有憲法賦予的基本權利，國家不應基於宗教、種族、膚色、地域或性別等因素而對公民有不合理的差等對待。

不僅制度上如此，自由主義同時也在社會培養平等尊重的文化。自由主義在歐洲的起源，和持續不斷的宗教衝突及逐漸發展出來的宗教寬容密切相關。去到今天，自由主義面對的最大挑戰，是如何令宗教及文化多元社會中的個體，能夠公正而穩定地生活在一起。[2]羅爾斯認為，國家必須確保自由平等的公民享有一系列基本權利，並在此基礎上進行公平合作。要實現這樣的目標，既需要制度，也需要人們認同這些理念，培養出相應的公民德性，並在生活中實踐這些價值。平等尊重不應只是外在的法律要求，更應是內在於生命的待人態度。只有這樣，我們才能克服傲慢和偏見，約束濫權行為，尊重不同的信仰和文化。

由此可見，自由主義不僅在政治上爭取憲政、人權、民主，更在社會生活每個環節爭取將壓迫和宰制減到最少。這不是說自由主義已經完美，或自由社會已經沒有不義，而是要指出，自由主義對平等有很深的堅持，而這種堅持是推動社會進步的重要力量。如果右派把自由主義理解為只要自由不要平等，那既是對自己最大的誤解，也放棄了現代政治至為重要的價值。

三

有人或會馬上反問，即使我以上所說皆對，但自由主義全力鼓吹市場自由，容許資本無止境地擴張累積，無視日益加劇的貧富懸殊，同時又反對社會福利，難道不是以自由之名放棄經濟平等嗎？的確，如何面對資本主義，是自由主義一大挑戰，並在內部引起極大爭論。而自羅爾斯一九七一年出版《正義論》以來，分配正義便一直是當代政治哲學的核心議題，湧現大批重要著作，這在在說明資本主義和自由主義之間存在極大張力。[3]篇幅所限，我以下集中討論市場和平等的關係。

首先，我們須留意，即使是在完全有效的競爭性市場，也必然會產生巨大的經濟不平等，因為進入競爭時每個人的起點（能力、家境等）不一樣，競爭過程中每個人的選擇和際遇也不一樣，資本和財富更會以不同方式擴張和累積。回到現實世界，訊息不透明、資源壟斷、金權和財閥政治等問題，往往令貧富差距更加嚴重。我們也須知道，貧窮不是一個抽象數字，而是意味著無數真實個體在受苦。這裡的苦，不僅是物質匱乏，還有生命品質的整體下降，包括壽命、健康、教育、機會、自尊、人際關係、公共參與以及人的各種重要能力的正常發展等。[4]與此同時，貧窮還會大大收窄人們選擇和行動的自由。我們亦應知道，作為普遍的社會現象，貧窮是制度性的結果，不能歸咎於人的懶惰。這些制度包括財產權、賦稅、教育、醫療、社會保障和社區支援，以及個人權利的保障等。我們的命運，從出生始就深受這些制度影響。因此，制度是否正義，是政治理論必須正視的首要問題。

我所理解的自由主義，對於市場資本主義，有兩件事並不主張。第一，它不主張徹底取消市場。第二，它不主張絕對的均貧富。背後的理由，不是許多人以為的必須接受人性自私，也不只是由於經濟效率，而是有它的道德考量。如果我們取消市場，我們在經濟領域享有的自由，將會大受限制，而這些自由是值得我們珍惜的，包括擁有個人財產的自由、交易和消費自由、就業和創業自由等。[5]如果我們追求結果平等，將忽略人們在工作過程中做出的自主選擇和付出的個人努力，而這種忽略並不公平。換言之，自由主義容許經濟不平等，但這些不平等必須是道德上可接受的。

與此同時，自由主義會主張兩件事。第一，它主張完善市場機制，確保一個公平的競爭環境。市場不應是赤裸裸的弱肉強食的鬥獸場，而必須滿足一些公平競爭的限制，並由政府立法執行。至於怎樣才是公平競爭，視乎我們的社會正義觀。上一章討論過的羅爾斯的「公平的機會平等」的理念，可以給我們很好的參考。第二，它主張市場是社會制度的一部分，而不是獨立於國家之外的自足領域。因此，自由主義思考正義問題時，不會只從市場的觀點看。對國家來說，權力的正當性問題是它的首要關注，即人民為什麼願意服從國家的統治。一個廣為人接受的答案，是國家必須令人民安居樂業，免於恐懼和貧窮，以及基本權利受到尊重。如果做不到這些，人民就會認為制度是不公正的，並且會以不同方式表達不滿。當不滿達到某個程度，政府就會出現正當性危機。

我們須知道，市場是不會考慮政治正當性和正義問題的，因為它是個不具人格、供不同個體和團體在其中為自己謀求利益的交易平臺。市場沒有責任去關懷老弱傷殘和競爭中的失敗者，可是政府有；市場不需要考慮權力行使是否得到人民認可，可是政府要。全世界沒有一個民主政府，會只從市場的觀點來思考管治問題。右派的一個理論盲點，是將市場和政府對立起來，並以為可用市場取代政治，卻沒看到市場的遊戲規則必須由政府來制定和執行，而這些規則必須符合正義的要求。

我們也可以從另一個角度來思考。在市場中，人被理解為理性的自利者，行事的動機是為自己謀取最大利益。人與人之間，只有一種工具性的、恆常處於競爭狀態的利益關係。不過，這不是人在生活世界的唯一身分，甚至不是主要的身分。人同樣是政治社群的公民，享有權利和承擔義務，有能力和意願去實踐正義和追求公益。人同樣是某個家庭的成員，某個教派的信徒，或某所學校的學生。這些身分，對每個人生命的健康發展，均無比重要。所以，在政治上，我們不允許用錢來收買選票；在教育上，我們反對用錢來決定誰有資格入讀大學；在婚姻和家庭中，我們重視的是愛和關懷，而不是經濟利益。也就是說，無論在制度上還是在道德信念中，我們都不接受市場邏輯是唯一的邏輯。

如果有一天，我們的世界成為完全的市場社會，所有東西都可成為商品並可用錢來買賣的話，那不僅對窮人不利，更對所有人不利，因為那是整個社會生活品質的墮落。[6] 要避免這種墮落，我們就不應只從市場的觀點來看待自身及世界，而須從「人應該怎樣生活」和「人應該怎樣生活在一起」的視角來思考社會制度的安排。

四

我的這種自由主義觀點，很可能會遭到以諾齊克為代表的自由放任主義的反駁。[7] 諾齊克認為，只要市場中每個人擁有的生產工具和財產是正當地得來的，同時市場交易是自願的，那麼最後導致的財富不平等無論有多嚴重也是正義的，政府不應干預。[8]諾齊克的觀點，契合不少人對市場的想像：市場中每個人都是自由的，享有平等的權利與他人訂立契約，並且各自承擔最後的結果。因此，有能力者獲得更多的財富，是他們應得的。如果國家以正義之名進行財富再分配，那是劫富濟貧，對富人不公平。

諾齊克的觀點站不住腳。第一，他的整個理論基礎，建立在絕對的私有財產權之上。可是在一個土地有限的世界，為什麼有些人可以一開始便占有大量資源，並藉此創造和累積財富，其他人卻只能在市場出賣勞動力以換取微薄收入？諾齊克認為，只要歷史上最初的占有者能留給其他人「足夠且同樣的好」的資源，那麼絕對的私有財產權便沒有問題，因為這種占有對後來者的處境沒有帶來任何負面影響。他稱這個條件為「洛克式的但書」(Lockean Proviso)。[9]問題是，在我們的世界，當大部分土地和生產工具都集中在極少數資本家手上時，這個但書無論被設想的多麼寬鬆，恐怕也無法滿足。[10]另一個常見論證是，私有財產是個體活得獨立自主的必要條件。這有一定道理。可是一旦我們接受這個前提，我們將更沒有理由接受完全放任的市場制度，因為在這樣的社會，那些由於欠缺競爭力而陷於赤貧的人，將缺乏活得獨立自主最基本的物質條件。自由放任主義如果希望每個公民都有條件活得自主，那麼它至少應確保所有公民的基本生活需要（食物、居住、教育、醫療等）得到保障，而不是以私有產權之名，容許貧者愈貧而富者愈富。[11]

第二，許多人相信，自由市場是最公平的競爭機制。真的是這樣嗎？許多實證研究均指出，決定一個人能否在市場競爭中脫穎而出，除了個人努力，更多的是家庭背景及社會階層。一個富有家庭的小孩，從一出生起便已占盡優勢。換言之，不同個體進入市場的門檻其實並不一樣。這種由社會背景而來的機會不平等，既談不上公平，更談不上應得。自由主義者因此認為，在經濟領域，雖然不必也不應追求結果平等，卻必須追求競爭起點上的機會平等。而要做到這點，政府有責任通過教育及各種社會政策，盡可能將由家庭和社會環境導致的機會不平等減到最低。

第三，許多自由主義者意識到，經濟上的不平等將直接影響政治權利的不平等以及社會關係的不平等，因為富人會利用手上的財富，以不同方式購買更多不應得的特權和地位，導致金權政治和階級分化。這既傷害民主制度的政治平等精神，也腐蝕平等相待的公共生活，更影響政治自由的平等價值。

第四，正如羅爾斯指出，沒有人可以獨立於制度之外談自己應得多少收入。一個人可以擁有多少財富，很大程度上是制度的結果。而要判斷該制度是否合理，視乎我們對正義社會的理解。[12]羅爾斯認為，我們應該視社會為自由平等的公民走在一起進行公平合作的體系，而規範這個體系的原則，必須得到公民的合理同意。在此前提下，經濟的不平等分配必須滿足一個條件，便是對社會中最弱勢的人最為有利。這是他有名的「差異原則」。[13]這意味著，社會合作不是一群自利者在市場拚命為自己爭得最多利益的零和遊戲，而是有正義感的公民願意放下先天能力和後天環境的種種差異，在平等條件下所進行的互惠合作。羅爾斯認為，自由社會理應是個合作的共同體，公民願意承擔彼此的命運。[14]

以上討論旨在強調，自由主義雖然出於經濟效率和道德考慮，肯定市場和私有財產權的重要性，可是基於對平等和正義的堅持，不會無條件地擁抱資本主義。事實上，二次大戰後自由民主國家的發展，無論在理論還是實踐上，都主張既要保障公民的政治權利，也要保障公民的經濟和社會權利。這些權利的內容，清楚列於聯合國《公民及政治權利國際公約》及《經濟、社會、文化權利國際公約》。只要認真落實這些權利，自由社會必然在許多方面變得更加平等。

五

平等和自由一樣，可以有不同詮釋，由此導引出不同的制度安排。將平等和自由對立起來，並以此來定義左派和右派，並不合理。從洛克、盧梭、康德到羅爾斯，從美國的《獨立宣言》（一七七六）、法國大革命的《人權宣言》（一七八九）再到聯合國的《世界人權宣言》（一九四八），自由與平等從來都是自由主義的核心價值。左派和右派真正的爭論，不是要不要平等，而是什麼樣的平等才最為公正合理。如果自由派將平等拱手讓給左派，這不僅在理念上說不過去，也會令自由主義失去最重要的道德資源，既無法有力批判現狀，也難以建構一個值得我們追求的民主社會。[15]

自由主義是現代社會的奠基哲學，而現代社會和前現代社會最大的分別，是前現代社會視人與人之間的種種不平等為自然和合理的，毋須特別為之辯護。現代社會剛好相反，平等成了公共生活的默認價值，任何制度造成的政治、社會和經濟不平等，都需要有合理的理由支持。[16]這是一個範式轉移。平等原則的發展絕非一蹴而就，而是經過一代又一代人的努力、一波又一波的社會運動，才逐漸實踐於制度，沉澱成文化，凝聚為精神。其背後的理念，看似簡單卻極不平常：每個個體的生命，都有其內在價值，值得我們平等尊重。

16 一種正義社會的想像

政治哲學其中一項重要工作，是探究人類如何才能公正地活在一起。我們希望知道，從道德的觀點看，怎樣的社會政治秩序才公平合理，因而值得我們支持。要回答這個問題，我們需要對人的生存狀態有所瞭解，同時也須知道什麼是規範社會合作的基本原則。本章承接前面關於自由和平等的討論，嘗試論證一種自由主義式的公正社會想像，我稱之為「自由人的平等政治」。

一

讓我們想像以下的故事。有一群遊客乘坐郵輪環遊世界，途中不幸發生海難，輪船沉沒，剩下數百生還者漂流到一個無人荒島。由於通訊隔絕，外面的人以為他們已經全部罹難，而他們亦無法重回大陸，唯有在島上開始新生活。島民認識到，要一起生活，便必須合作，因為合作對大家都有好處。合作需要一組大家都能接受，並具約束力的正義原則，藉此界定人們應有的權利和義務、社會運作的方式，以及資源的合理分配等。[1]如何找到這組原則，是島民首要關心的問題。他們於是聚在一起召開第一次全民制憲大會，共商島事。

會議一開始，意見紛紜，出現不同主張。例如有人提出，規則之所立乃島之大事，應該交由全島對政治最有認識的人去決定。這看似很有道理，但該用什麼標準去找這些人呢？畢竟每個島民都有能力發表自己的政治見解。而且即使找到了，風險也很大，因為最有知識的人，不一定就是最有德性或最公正無私的，他們很可能會選擇一些對自己特別有利的規則，例如賦予自己特大的權力，又或容許自己分得特別多的財富。因此，將眾人的命運毫無保留地交託給一個人或一小部分人，並不明智。又例如有些達爾文（Charles Darwin）的信徒提出，優勝劣汰和適者生存，是大自然不變的演化規律，大可應用到島上。但這樣做的後果，將是島上的老弱傷殘之輩將很快便遭淘汰，因為他們毫無競爭能力。這是島民不願接受的，一來他們在患難中建立了信任和關懷，二來同情心和正義感促使他們建立一種公平的合作關係。又或有些基督徒會提出，既然上帝創造人，那麼便該以《聖經》的教導作為規範社會的最後準則，可是非基督徒卻會馬上反對，認為這樣對他們不公平。

大會開了許多天，島民考慮了不同方案，並有過相當激烈的討論。幸運的是，島民們都願意擺道理講事實，也希望最後得出的是大家都能接受的方案。在此共同目標下，島民漸漸收窄分歧，並接受以下一組判斷：

一、每個心智成熟的人，均能理性思考和做出道德判斷，並願意提出理由為自己相信的原則辯護。

二、每個人都是獨立個體，各有自己的人生計畫。

三、儘管大家對於什麼是幸福的生活，各有不同的看法，卻同意應包括以下條件：人的基本物質須得到滿足；人的知性、感性和審美能力須得到基本發展；個人應有基本的選擇自由的空間；活得沒有恐懼，不會無端受到他人侮辱，更不會因為性別、膚色、種族和信仰的差異而受到歧視；每個人都能肯定自己生命的價值，並得到別人恰當的承認（recognition）。[2]

四、承認每個成年人有參與公共事務的能力，不接受有所謂天生的或世襲的統治者，也不接受有人天生便低人一等。

五、希望建立公平互惠的合作關係，而不接受弱肉強食的叢林法則。

六、最後，他們明白在公共生活中，由於島民各有不同的價值觀和利益，難免在合作中出現分歧，因此須建立一公平而有權威的程序來解決衝突。

以上是島民們經過反覆討論後得出的深思熟慮的判斷（considered judgments）。他們對這些判斷有相當大的信心，並且希望未來的社會制度能夠很好地反映和肯定這些判斷。[3]這些判斷最重要的作用，是為進一步討論提供基礎，並成為衡量不同方案是否合理的重要參照。島民的下一步工作，是建構及論證一些更具普遍性的價值，既能好好解釋上述判斷，又能由此證成一套合理的制度安排。經過另一番討論，島民最後得出兩條原則：自由原則和平等原則。

二

第一條原則，是自由原則。這條原則的要義，是肯定和尊重人是自由人，並視此為人最重要的道德身分。所謂自由人，表現於兩方面。一，具有理性反省的能力，因而能夠評估、修改，甚至重新選擇自己的人生價值，並能理性評價當下一己的欲望或信仰。二，具有道德判斷和行動的能力，能夠分析論證各種道德觀念，並有依從道德原則行事的意願。[4] 簡言之，人的理性能力和道德能力，構成人作為自主的能動者（autonomous agent）的必要條件。

這或許需要一點解釋。在正常環境下，當人成長到某個階段，通常便能對自己的信念、欲望乃至當下所相信的價值觀做出反思。我們會意識到，人並非完全受自然欲望支配，亦非命定要成為某類人。人在任何時刻，均可以如此自問：「這種信仰是真的嗎？那種行為合理嗎？這樣做是否最有效達到我的目標，而我的目標又是否真的值得追求？」當我們懂得如此發問，已表示我們是能夠反省第一序（first-order）欲望和信念的主體。而當一個人欠缺這些能力，他便難以建構自己的人生計畫，並賦予其意義，亦無從與他人一起討論和參與公共事務。人的理性反思能力，不僅增加我們對外在世界的認識，也增加我們對自身的瞭解。與此同時，因為人有自主選擇的能力，所以可以對自己的行為負責。

人當然還有其他特徵和身分，可是島民漸漸意識到，「自由人」這個身分最為值得珍視。如果不肯定它，他們便難以解釋前面提及的一些深思熟慮的判斷，例如前述的第一至第四點。更為重要的是，如果島民不自視為自由人，他們便無法理解自己為何會如此在乎「追求自己認為值得過的人生」，又或「共同建構一個合理的社會制度」這類目標。這些目標本身，已預設了我們具有自由思考和自由選擇的能力。我們因此可以說，如何發展和維護「自由人」的能力，是我們最為重視的根本利益。

既然意識到「自由人」的重要性，島民在考慮制度安排時最關注的，便是如何確保每個人有足夠的條件去實踐自由。他們認識到，雖然每個人均擁有成為自由人的潛質，可是這些能力能否得到充分發展，卻有賴許多條件配合，例如：自由和權利、基本的物質生活、教育、公共參與，還需要人們培養出自由的心智，即一種不盲目相信權威、懂得尊重個人的態度。

我們須留意，自由原則的核心，是尊重人的反省意識和價值意識，可是這卻不表示人有想做什麼便做什麼的自由。這既不可能，亦不可取。任何的社會合作，個人自由都不可能沒有限制，因為不同的自由可能會不相容，自由與其他價值之間也會發生衝突。[5]當出現這種情況，權衡取捨自然難免，而某種特定自由的價值及其優先性如何，則須視乎它在多大程度上有助於「自由人」能力的實現。[6]儘管如此，僅憑「自由原則」並不能建立公平的社會合作，因為當不同人的自由發生衝突時，自由原則本身並沒有告訴我們如何化解這些衝突，我們因此需要引入「平等原則」來協調彼此對自由的追求。

平等原則，是規範社會合作的第二條根本原則。這條原則的要旨，是肯定每個參與社會合作的人，都是平等的自由人，享有平等的道德地位，應該得到政府的平等對待和尊重。這裡的平等尊重，是一規範性的道德原則，而非純粹的經驗陳述。當我們接受這原則時，其實接受了這樣一種觀點：儘管我們之間存在各種各樣的差異，我們卻同意將這些差異放在一邊，彼此尊重。尊重人的什麼呢？尊重每個人作為獨立自主的自由人，有自己獨一無二且同樣寶貴的生命。

有人或許會說，人性自利，根本不會從這種平等的觀點去待人。可是將人視為純粹的自利主義者，不僅難以解釋我們日常生活中諸多的道德情感和判斷，也扭曲和貶低了人性。人無疑有自利的一面，而在某些制度下，這一面往往會被無限放大，甚至被視為人們行動的唯一動機。可是我們有理由相信，人的價值意識和理性能力，能令我們從這種純粹自利的觀點中抽離出來，看到人與人之間分享著共同的可貴人性，並願意在此基礎上，給予個體平等的尊重。

這種平等的觀點，並非自有永有，而是歷史的產物。事實上，人類歷史中充滿著各種各樣的不平等所帶來的宰制。奴隸主與奴隸，貴族與平民，資產階級與無產者，白人與黑人，正統與異端，如此種種。平等的意識，是啟蒙運動以降、經過一波又一波思想和政治運動，以及漫長的制度學習，才慢慢沉澱而成的集體價值意識。

三

島民的下一步工作，是商討如何將自由原則和平等原則應用到具體的制度，並處理三個基本問題：一，界定公民的權利與義務；二，確立政治權力的正當性基礎；以及三，決定社會和經濟資源公平分配的準則。

首先是權利問題。什麼是權利呢？取一種較為常用的說法，當我們說甲具有某種權利去做X這件事的時候，它意味著乙（或所有人）有義務容許甲去做X。[7]由此可見，權利和義務是一組緊密相關的概念，甲的權利涵蘊了乙的義務。而權利之所以重要，主要是因為它保障了個人的一些根本利益（尤其是個人的選擇自由），免遭他人無理干涉。

對於島民來說，由於他們最為重視「自由人」這個身分，同時又接受平等原則，因此會主張每個島民均可享有一系列的基本權利。島民將這些權利分為兩組，一組叫公民權利，另一組叫政治權利，它們都和實踐自由人的能力密切相關。公民權利包括言論和思想自由、信仰和良心自由、人身安全的自由、選擇職業和擁有物業的權利等。政治的權利則包括集會和結社的自由、投票和參選的自由，以及廣泛地參與各種政治活動的自由等。[8]

島民們重視公民權利，並不難理解，因為欠缺這些自由，個人根本難以自主地追求和實現自己的人生計畫。而政治權利和自由人的關係，卻不是如此清楚，例如在一個仁慈君主的統治下，雖然人們沒有任何政治權利，卻仍然可以有相當大的空間，不受干預地做自己喜歡的事。似乎參與政治是一回事，自由是另一回事，不應將兩者強行連繫在一起。[9]

對於這個質疑，我們可以這樣回應。第一，如果公民沒有積極參與政治的權利，一切只是仰賴統治者的仁慈和施捨，個人自由將變得毫無保障，因此政治權利是保障公民自由的必要條件。

第二，人一出生便活在政治社群之中，社群的法律會約束我們的行動，並要求我們服從。只有當每個人享有平等的政治權利去參與制定法律時，我們才享有真正的自治：以平等公民的身分，共同決定國家的政治事務。在此意義上，民主參與的過程本身便體現和實現了人的自由。

在得出這一系列權利後，島民會將它們寫進憲法，賦予最高地位。[10]這意味著，國家存在的首要目的，是保障個人權利不受侵犯。這裡有兩點值得留意。一，每個人的權利是平等的，政府必須一視同仁地對待所有公民。二，當基本權利和其他價值，甚至社會集體利益發生衝突時，除非有極強的理由，否則我們應該尊重權利的優先性。

島民們下一個重要決定，是關於該由誰統治，以及權力來源的正當性問題。既然島民接受人人平等，他們很自然會接受「政治權力屬於全體人民」的想法，並且主張每個公民均應享有相同的權利和機會參與國家管治。他們反對君主制、貴族制，又或其他形式的菁英統治。最理想的情況，或許是像古希臘的雅典城邦（polis）那樣，採取直接民主制，所有公共事務均由全體公民集體決定。[11]畢竟「民主」在希臘文的原義中，是指人民自己管治自己之意。[12]不過島民亦意識到，直接民主有它的弊病，例如隨著人口增多，分工日益複雜，要求島民像雅典那樣，每年至少舉行四十次全民大會，大部分政府職位均由抽籤產生，陪審團由五百零一人組成等，在執行上會相當困難。[13]

島民或許會傾向接受代議民主制（representative democracy），即他們不直接參與政府管治，而是通過定期選舉，一人一票選出心目中的代議士，代表他們去管治國家。即使是這樣，民主的精神也沒有改變，因為這些代議士治理國家的權力基礎，仍然來自人民的一人一票授權。一些影響深遠的公共議題，公民仍然可以用全民投票的方式來決定。

民主制度的設計，滿足了前述深思熟慮的判斷的第六點，因為民主本身是個公平的決策程序，令每個人的意願和喜好能夠以一人一票的方式表達出來。由於大家都接受這個程序的正當性，因此最後投票得出的結果，雖然未必符合每個人的意願，卻仍然能夠得到公民接受。[14] 當然，島民亦明白，健康的民主政體，不可能只靠數年一次的選舉，因為權力往往使人腐化，政治菁英更常常操縱政治議題，甚至官商勾結，破壞政治平等的精神。島民於是會提出行政、立法、司法三權分立的制度，鼓勵多元的政黨政治，確保新聞和資訊自由，同時提倡公民教育，培養人們參與政治的能力，以及發展出活潑多元的公民社會等。[15]

四

最後，島民必須決定社會財富的分配方式。基於自由和平等，他們不會接受任由市場競爭去決定個人所得。因為他們預見到，每個人的能力和出身不同，加上財富不斷累積，必然導致貧富懸殊。許多貧窮家庭的孩子，從一出生開始，便在各方面遠遠落後，公平的機會平等徒成虛言；貧窮亦令許多窮人難以有效參與公共生活，富人卻可透過政治捐款及其他方式，控制政黨和傳媒，破壞民主制中最重要的政治平等精神；不合理的資源配置更會導致階級對立，社會充滿妒忌怨恨，公民之間難以建立互助互愛的社群關係；最重要的是，由於嚴重缺乏物質和文化資源，許多處於生存邊緣的窮人根本沒有機會過上真正自由自主的生活——而這卻是島民當初最希望實現的理想。

不過，島民也不見得會接受一種結果平等的分配方式，因為這樣也不公平。第一，平均分配忽略了每個人不同的需要。那些身體殘障或身患重病的人，其實需要社會更多支援。第二，平均分配忽略了每個人的選擇及其所須負上的責任。在自由社會，每個人會選擇不同的生活方式，這些選擇往往會導致經濟收入的不平等。如果甲君選擇天天打高爾夫球而致窮，乙君選擇努力工作而致富，那麼平均分配便形同要乙君用他的勞力補貼甲君的生活方式，這樣做並不合理。最後，平均分配也會導致一個常見問題，即難以鼓勵人們努力工作及做出技術創新，最後反有可能令整體生產力下降，結果對所有人都沒好處。

排除上述兩種方案後，島民的目標開始清晰：社會分配一定要盡量實踐「平等的自由人」這個理想，同時給予個人選擇和經濟誘因一定空間。當然，如何將這項原則應用到制度設計，牽涉許多複雜問題。其中一種可能，是在奉行市場經濟的同時，政府採取不同措施，避免生產工具過度集中在小部分人手上，同時確保公民的基本生活得到保障，包括醫療、教育、房屋，以及失業和退休補助等。這是第一步。當經濟繼續發展，以及這些基本需要得到滿足後，國家仍有必要採取不同措施，使得社會中的弱勢群體也能夠分享經濟發展的成果。

不少人認為上述方案劫富濟貧。可是，這種說法假設了人們應得市場中賺取的一切。事實上，一個人應得多少收入，視乎我們生活在哪個分配制度之下。如果市場是正義制度的一部分，而該制度基於正義理由要求收入高的人必須繳納一定稅項，那麼就只有完稅後的所得，才屬於一個人的正當財產。從正義制度的語境抽離出來談劫富濟貧，是概念混亂。

要在島上實踐自由和平等，絕不容易，因為歷史告訴我們，人對於權力的過度追求，對於名譽的過度重視，乃至對於財富的過度貪婪，往往導致無止境的衝突。歷史沒有必然。可是島民如果對人性失去信心，不復追求正義，他們及他們的後代遂不得不活在各種宰制壓迫當中。事實上，只要稍稍回顧歷史，法國大革命以降，人類社會都在不懈地爭取人權和民主。努力的結果，是很多國家今天已成為自由平等的國度。這就如魯迅所說：「這正如地上的路；其實地上本沒有路，走的人多了，也便成了路。」[16]

17 左翼自由主義的正義提綱[1]

一

每個人都有得到國家公正對待的權利。這意味著國家不能任意對待公民，也不能視公民僅為工具，而是有責任向每個公民交代其權力行使的正當性。

二

在一個大部分公民具有基本理性能力和道德能力、且能自由行使這些能力的社會，國家強制性權力的行使，必須得到公民的反思性認可。滿足反思性認可的必要條件，是權力行使必須合乎正義。一個社會愈正義，正當性便愈高。

三

正義是評價社會制度的最高判準。不正義必然意味著，某些人的利益、權利和尊嚴受到制度的不公平對待，從而給個體帶來傷害、壓迫和羞辱。一個正義的制度，必須確保每個公民受到公平對待。

四

任何一種社會正義的觀點，皆須回答兩個問題。一，什麼是人的根本權利和利益？二，這些權利和利益應該以什麼方式來公平分配？沒有前者，我們不知道人需要什麼和想要什麼；沒有後者，我們不知道如何分配權利和利益才是合理。對這兩個問題的回答，構成一種社會正義觀的基本面貌。

五

自由主義認為，人的根本利益，在於活出自主而有價值的人生。在這種理解裡，每個人都在乎自己的生命，渴望將生命掌握在自己手中，成為自己的主人。重視個人自主，意味著對於人應該怎麼活，不應由別人來安排，而應得到自己發自內心的認可。這也意味著，在關乎個人福祉的重大問題上，國家應該尊重個體的選擇。

六

要實現個人自主，主體就必須在不同社會領域發展和肯定自己，確立自己的志向和追求，以及建立各種社會關係。要實現這些目標，個體必須在這些領域擁有充分的自由，包括政治自由、思想自由、結社自由、宗教自由、職業自由，以及愛情和婚姻自由等。所謂自由社會，說的是通過制度安排，容許個體在不同領域，享有充分的選擇可能性。

七

自由對人的重要程度，視乎主體的自主意識。一個人的自主意識愈強，便愈在乎自己的生存狀態，也便愈感受到暴政帶給人的痛苦。這些痛苦，不僅有加諸身體和精神上的壓迫，還有與世界的割裂和尊嚴的喪失。自由的價值，有客觀和主觀兩方面。客觀的一面，視乎外在限制的多寡；主觀的一面，視乎主體如何理解這些限制對他的生命的影響。明乎此，為我們的文化發展出一套重視自主意識的哲學，便是當務之急。

八

確立了自由是人的根本利益，那麼國家應該以什麼方式來分配自由？自由主義的答案是，我們應該享有平等的基本自由。平等，是我們作為公民最基本的道德關係。平等的基礎，源於我們具有基本的理性能力和道德能力。我們因此主張平等的政治自由，並要求民主政治。民主的核心精神，是容許所有公民享有平等的權利去實踐他們的政治自由。

九

平等自由的實踐，不僅需要法律保障，也需要足夠的經濟、社會和文化條件。沒有這些支持，許多自由就徒具形式。全面的社會福利保障，完善的義務教育體系，公平的競爭機會，廣泛的民主參與，豐富的文化選擇，以及建基於平等尊重的社會關係等，都是確保人的自主發展的重要條件。自由主義不只是為一部分人爭自由，而是要為所有人爭自由，同時爭取所有人都有實現個人自由的能力和機會。

十

在滿足上述條件後，自由主義鼓勵人的個性發展，並接受由此而來的財富和社會地位上的差異。自由主義的平等觀，不是要將人變得整齊劃一，也不是要不問理由的結果平等，而是在享有平等的自由和公平的機會平等的前提下，每個人能夠各展所長，賺取自己的合理收入。這樣的社會，是個公平的多元社會，而由於選擇和努力所帶來的經濟不平等，也是我們可接受的「正當預期」(legitimate expectation)。[2]

十一

這樣的一種正義社會的建構，有什麼現實意義？要回答這個問題，我們須明白，思想並非外在於實踐，而是實踐的一部分。人對世界的理解、批判和期望，離不開思想。當我們經過認真反思，認同這樣的正義理念，它便已通過書寫和討論，成為公共文化的一部分，並為我們的政治想像和公共行動提供寶貴的資源。所以，沒有所謂哲學來得太晚的問題，也沒有哲學只是詮釋世界的問題，只有我們的哲學是否合理的問題。[3]

第四部分

文化與身分

18 宗教自由的基礎

如果我相信的神和你相信的神有根本不同，我們怎麼可能同室共處？既然不可能，那麼我就只能用盡方法將你消滅——宗教戰爭由此而起。這樣的戰爭狀態，曾經是人類社會的常態。自由主義卻認為，如果我們換一種政治安排，那麼不同宗教就有可能和平共存。事實證明，自由主義的方案行得通，從而告別神權政治以及無止境的宗教衝突，並為現代政治開出一個新格局。[1]

自由主義的方案，包括政教分離、國家中立、宗教容忍、平等權利，以及個人自主等環環相扣的一組理念，這組理念構成現代民主社會信仰自由的基礎。本章將嘗試回答兩個問題：一，自由主義這個方案背後的理由是什麼？二，如果將這個方案應用到中國社會，能行得通嗎？

一

在宗教問題上，自由主義的基本原則，是所有公民都可享有平等的信仰自由的權利。這項權利寫進憲法，具有最高的優先性，構成自由社會至為重要的基礎。信仰自由作為一項權利，目的是保障個體能免受他人干預，根據自己意願選擇信仰和所屬教會，以及在有需要時，放棄既有信仰和離開目前的教會。與個人權利相應的，是國家的責任：一個具有正當性的國家，不應偏愛或歧視任何宗教，同時應該尊重公民的宗教選擇。

當國家確立起信仰自由原則，並得到公民普遍接受後，不同宗教便可以和平共處，不必擔心隨時受到其他宗教的攻擊，也可以在社會自由宣揚教義和爭取信眾，公民則可以在不同宗教之間做出比較，找出自己認為最合理、也最適合自己的信仰。教會和父母可以給你建議，可是最後的決定，則交到每個人手上。在這樣的社會，你也可以選擇做個無神論者，過一種完全俗世的生活，不用擔心受到別人的指責和干擾。

一出生便已活在這種社會的人，很可能會覺得這種安排理所當然，沒有任何特別。可是回看歷史，你將發覺這很不尋常，因為很多社會都不接受有多於一種宗教，更不接受信仰一事可以容許個人自由選擇。基督教如是，伊斯蘭教如是，猶太教也如是。在傳統的宗教社會，教會擁有絕對權威，同時擁有絕對權力。任何偏離教會命令的，都會被視為異端，並遭到嚴厲懲罰。在信仰問題上，個人沒有任何選擇自由可言。由此可見，基於自由主義的理念而建立的多元社會，是非常獨特的安排。問題是：這種安排合理嗎？

自由主義開闢的新路，是既不要求所有人必須相信同一種宗教，也不要求人們放棄自己的信仰，而是採用政治與宗教分離的方式，在制度上區隔政治領域和宗教領域。在政治領域，所有人擁有相同的公民身分，享有平等的政治權利；在宗教領域，人們可以自由選擇自己的信仰，擁有不同的宗教身分。通過這種巧妙的制度安排，政治上的同一性和宗教上的多元性得以並存。同一性確保社會不會分裂，多元性則尊重人的選擇。當兩者發生衝突，前者具有優先性。例如，某些教派如果堅持他們的傳統，限制女性參與公共生活和接受教育的權利，那麼國家就會介入，確保女性的公民權利不會受到踐踏。換言之，在自由社會，所有宗教實踐都必須受到政治原則的約束。這種優先性，既是社會統一的基礎，也是保障個人權利的前提。

可以想像，一個人同時擁有兩種不同的身分，身分之間難免會存在張力，甚至可能發生很大的衝突。要緩和這種張力，既需要行之有效的公平制度，也需要相應的政治文化和公共倫理，還需要公民德性的培養。舉例說，在宗教多元的社會，政府公務員來自不同背景，有的是天主教徒，有的是伊斯蘭教徒，也有的是佛教徒。那麼在制定關乎所有人福祉的公共政策，以及運用權力去執行法律的時候，這些公務員如何才能做到公平公正？

這確實是個很大的挑戰。自由主義的做法，是要求公務員履行職責時，必須將他們的宗教身分暫時懸擱，不能基於他們的信仰來做公共決策，而必須根據既定的法律程序以及大家都能合理認可的公共理由。這些理由的最高原則，是尊重公民的平等地位和平等權利。基於個人宗教信念而給予某些人特權或歧視另一些人，都違反這項原則。同樣的，政府在招聘公務員時，也必須一視同仁地對待所有申請人，申請人的宗教信仰不應成為聘用與否的相關因素。也就是說，政府在宗教上必須保持中立，因為只有這樣才能確保機會平等。

我們可以想像，要建立起這樣的制度，並在社會形成共識，是極具挑戰之事。對沒有信仰的人，這樣的身分區隔也許不是什麼難事。可是對於有虔誠信仰的教徒來說，卻等於要他承認和接受，他的信仰只能實踐於私領域，公領域則須讓渡予自由主義所界定的平等權利原則。這些教徒自然會問，為什麼平等權利具有這樣的優先性？這樣的優先性，會不會是以犧牲信仰在社會的完整實踐為代價？自由主義需要提出理由來為自己辯護。

二

為什麼對一個教徒來說，接受政教分離和信仰自由，會那麼困難？因為宗教往往有「整全性」和「排他性」兩個特點。所謂整全性，是說宗教有一套完備的關於生死、道德、政治、經濟、家庭、婚姻，教育等方面的看法，這些看法形成環環相扣的體系，指向同一個目的，就是充分實現這個宗教所界定的終極真實和圓滿境界。信仰不只是生活的某個環節，而是涵蓋生命的全部，為生前和死後的世界賦予意義。既然如此，為了實現真正的救贖，信仰就不可能只局限於某個領域，否則你的信仰就是割裂和不完整的。

基於這種整全性，信仰往往帶有很強的排他性，不能接受其他宗教同時存在。道理不難理解：容許其他宗教並存，不僅在知識論上難以成立（如果我的神是真的，他人的神就必須是假的），道德上也不可接受（如果我的神的教導是對的和神聖的，他的神的教導就必然是錯的和敗壞的），而且策略上也甚為不智（我在力量占優時容忍對方，難保時移世易時對方不會反咬一口）。

基督教和伊斯蘭教都擁有上述特性，是故當兩者相遇，就會無可避免地發生衝突，非要將對方消滅不可。這種衝突甚至發生在基督教內部。自由主義之所以會出現，很大程度上是在回應歐洲社會出現的大危機：自十六世紀新教改革出現後，舊教和新教不同教派之間便陷入綿延不絕的戰爭，以羅馬天主教廷為核心的大一統世界從此一去不返。長期戰亂塗炭生靈，人們終於不得不問：除了勢不兩立和你死我活，天主教徒和新教徒有可能和平共存嗎？這個問題極度困擾十七世紀的歐洲知識人。[2] 被譽為自由主義之父的英國哲學家洛克，在一六八九年因政治迫害逃亡到荷蘭時，寫下〈論宗教容忍〉一文，便是嘗試回答這個問題。

洛克的答案，是在政府和信仰之間做出清楚的分工。政府的責任，是制訂和執行法律，公平保障所有公民的生命、自由、財產和追求幸福生活的權利。洛克稱這些為人們在現世生活的「公民利益」(civil goods)。為了確保這些利益不受侵犯，政府就被賦予使用武力懲罰違法者的權利。換言之，無論我們是否喜歡，都必須服從法律，因為政府擁有武力。信仰的本質，關乎靈魂的救贖；而要有真正的救贖，就要有真正的相信；真正的相信，不可能來自外力強迫，而只能來自個人內心的自願認可。職是之故，信仰之事不應由政府來負責，因為政府無法使用外在的強制手段(例如充公財產、監禁、折磨)爭取人們內心由衷的相信。洛克因此總結，政教合一的做法，不可能是上帝的旨意，也不可能得到我們的合理同意。既然如此，信仰之事就應該交給獨立於政府的教會來負責，而教會是個「自願加入的社群」(free association of people)。沒有人生下來就命定屬於某個教會。加入哪個教會，應該由個人來決定。不僅如此，如果有人發覺某個教會的教導是錯的，又或違反他的信念，他也有離開的權利。[3] 政教分離和結社自由兩大理念，在洛克的論述中已得到清楚明確的辯護。

洛克提出他的宗教寬容觀的時候，天主教和新教仍然存在各種衝突，英國的「光榮革命」（一六八九年）剛剛結束，可以說那是個充滿不確定的時代。後來歷史的發展，卻讓我們見到，洛克的想法已經在自由民主社會中得到充分實現。我們甚至見到，今天的民主國家，由於大部分已沒有國教，所以也不會再用「宗教容忍」來形容它的宗教政策，而是「平等尊重」。尊重和容忍，是性質不同的美德。「容忍」通常意指擁有權力的一方，對另一方的信仰抱有負面評價，認為對方的信仰是錯的，可是卻選擇約束自己不去做出干預，容忍對方繼續持有他的信仰。「尊重」則意指國家對所有信仰一視同仁，國家本身沒有自己的宗教，因此也就不會對任何宗教有積極或負面的評價。從宗教戰爭，到不同教派之間迫不得已的暫時妥協，再到宗教容忍，最後到平等尊重，在學習如何多元共存上，西方社會走了一條非常不容易的路。

洛克對信仰的看法，不僅為宗教容忍提供支持，也為後來自由主義倡議的自由社會提供重要洞見：在關乎個人福祉的根本問題上，沒有任何外在權威可以凌駕於個人。活出美好生活的必要條件，是個體發自內心的認可。家長制之所以不可取，是因為一種生活從外人看無論是如何理想，如果得不到當事人經過反思後的認同，那種生活對他來說也是沒有意義的。職是之故，尊重個體感受，重視個體選擇，鼓勵個體的自主發展，便成為自由主義最為核心的價值，也是自由主義傳統從洛克、康德、穆勒到當代的羅爾斯、德沃金等一脈相承的理念。

三

回到前面的問題：一個虔誠的信徒，聽完洛克的論證，他有可能被說服，接受這個全新的現代政治範式嗎？或者問得更具體一點，從保障他的信仰的利益的觀點看，這位信徒有理由接受一個洛克式的自由社會嗎？我認為是有的。

首先，這位信徒會活得更加安全，而安全是信仰生活的前提。這點應該不難理解。沒有人喜歡活在一個宗教衝突不斷，恆常受到其他教派威脅，社群之間充滿仇恨，人與人之間欠缺互信的社會。宗教多元是現代社會無法迴避的事實，沒有一個宗教可以令其他宗教消失，如果我們不接受自由主義的方案，宗教衝突就會隨時再起。這不是危言聳聽。從國際新聞中我們經常見到，即使在民主社會，宗教和諧也是非常脆弱。只要某個教派覺得受到冒犯或遭到歧視，暴亂就會隨時爆發。回看歷史，在確立政教分離和宗教容忍的原則後，宗教迫害和宗教戰爭確實已大大減少，不同信仰的人和平地生活在一起終於變得可能。

第二，這位信徒會活得更加真實。信仰的目的，是要得到真正的救贖。沒有人願意相信假的神，或用錯的方式去崇拜。你愈在乎你的生命，便愈希望所信為真。試想想，如果你投入一生於某種宗教，最後卻發覺原來全是假的，你一定會覺得那是人生最大的不幸。可是，我們如何才能知道自己所信是真的呢？你不可能完全依賴外在權威，無論那個權威看上去多麼絕對。歷史上無數故事告訴我們，許多聲稱擁有信仰真理的，最後皆為虛妄。穆勒說，所有的意見都有可能會錯，而沒有思想和討論的自由，我們就無從發現真理。[4] 同樣的，要找到真的信仰以及最適合的方式去實踐信仰，我們也需要一個自由的環境，容許我們探索、比較、質疑，以至體驗不同的宗教。

第三，這位信徒會活得更有尊嚴。什麼時候人會失去尊嚴呢？就是別人不將我們看作獨立自主的人，以家長制的態度，強迫我們接受某種信仰的時候。問題不在於該信仰本身是否合理，而在於我們沒有受到尊重。信仰是人生大事，而我們是自己生命的主人，我們自然希望信仰掌握在自己手上。在自由社會，每個人都可以根據自己的意願做出選擇。就此而言，我們的意志受到國家尊重，我們也尊重彼此的宗教選擇。

安全、真理和尊嚴，無疑是極為重要的價值。職是之故，一個在宗教問題上謹守國家中立，以及充分保障信仰自由的社會，即使從信徒的觀點看，也值得大力支持。儘管如此，我們仍然可以問：在這個巨大的政治範式轉移的過程中，傳統宗教會失去什麼？我想最大的失落，是他們必須接受，我們生活的世界，將不得不從宗教社會走向俗世多元。在這樣的社會，宗教不再是統攝生命所有領域的最高原則，信仰也不再是所有人的必然選擇，而只是其中一種可能的生活選擇。[5]自由主義沒有消滅宗教，可是在新的時代，宗教確實會失去它在傳統社會的地位。作為一個自由主義者，我認為這樣的轉變，必要而且值得。不過，我也可以理解，一個傳統宗教的信徒，面對這樣的新世界，會感到極大失落，並深深懷緬那逝去的昨日。事實上，幾乎所有傳統社會在這個現代轉型過程中，都會歷盡艱辛，飽經挫折。中國就是最好的例子。

自由主義者，以至所有政治思想研究者，都要有這樣的自覺：沒有一個所謂的理想社會，能將世間所有的美好價值都包含其中。我們選擇了某些價值和某種制度，實際上也就是選擇了某種看人和看世界的方式。這個方式有它的優點，同時也無可避免地有它的限制。我們必須承認，在政治世界，沒有一個全善全義，沒有任何缺失的視角。[6]當然，承認這一點，並不意味我們就不能做合理的道德判斷，更不意味我們就要接受價值相對主義。

四

讀者讀到此處，很自然會問，既然自由主義在處理宗教多元的問題上取得那麼大的成就，那麼我們可否將同一套理念應用到華人社會？自由主義被介紹到中國已有百年，可是現實的政治發展，自由主義卻面對重重波折，一直沒有辦法在制度上取得成功。這於是帶出一個知識界十分關心的問題：自由主義要在中國生根發展，是否需要宗教作為基礎？持肯定答案的，通常會認為，自由主義源起於西方基督教文明，若要中國人從根本處接受自由主義，就有必要將中國轉變成一個基督教社會。隨著基督教在中國急速發展，基督徒人數愈來愈多，這種觀點也變得相當普遍。

這個觀點實際上預設了以下三點：一，自由和平等的理念，主要來自基督教傳統；二，中國傳統文化沒有自由主義的理念；三，自由主義要在中國生根發展，就必須先有基督教文化。我認為這三點都不成立。

首先，自由主義的發展，無疑源起於歐洲的基督教文明。可是從前面的討論可見，洛克主張政教分離與宗教自由，其實對傳統基督教的世界觀提出了根本挑戰。自由主義傳播到其他傳統社會的過程中，同樣引起這些社會內部很大的抗拒。為什麼呢？因為自由主義所代表的，是啟蒙運動以降一套全新的政治道德觀，回應的是個人主體意識的覺醒、主權國家的出現、自然科學的興起、日益世俗化和多元化的社會，以及資本主義的急速發展等。洛克、孟德斯鳩（Montesquieu）、盧梭、亞當．斯密（Adam Smith）、康德、托克維爾（Alexis de Tocqueville）等思想家建立起來的自由主義傳統，正是要努力擺脫基督教神學的影響，在俗世社會建立起一個政教分離的自由秩序。因此，認為自由主義的道德基礎來自基督教神學，並沒有太大的說服力。[7]

其次，從歷史經驗看，我們也見到不少非基督教國家，也能順利完成政治轉型，逐步建立起民主制度和發展出新的政治文化。遠的不說，即以臺灣為例，它不是一個基督教社會，自由主義的理念從上世紀五〇年代開始廣泛傳播，經過一波又一波的黨外抗爭運動，終能在一九九六年以不流血的方式結束威權統治，開始第一次民主總統直選。經過過去二十多年的發展，臺灣在二〇二二年的全球「民主指數」（democracy index）中排名第十。[8]這是一項了不起的成就。又以我親自參與過的香港社會運動為例，自由主義的許多基本理念，例如自由、人權、法治、民主等，早已是香港的核心價值，成為公共論述和社會運動的「構成性」語言。我更留意到，當人們在使用這些理念時，同樣不需要訴諸任何宗教。這些例子告訴我們，只要一個社會廣泛接受自由主義的諸種價值，它們就會在社會扎根，並成為推動社會改革的重要力量。

最後，自由主義本身是一套完整的政治思想體系，經過數百年發展，無論在理論建構還是制度實踐上，都已累積豐富的道德資源和歷史經驗，並傳播到世界不同國家，與不同傳統產生碰撞和對話。在這個過程中，自由主義自然在這些國家經歷一個本土化過程，並逐步成為當地公共文化的一部分。中國也不例外。事實上，自由主義思想在十九世紀末期開始，已開始被翻譯和介紹進中國，並在新文化運動中廣泛為人認識和接受。而自中國在一九七八年實行經濟開放改革以來，短短數十年間，中國已經成為全球經濟體系的重要組成部分，自由主義的觀念更在不同層面被介紹進來，對中國的改革進程和人們的日常生活產生不小影響。[9]換言之，儘管自由主義作為一種制度實踐，目前在中國飽受挫折，可是自由主義的概念和價值，卻早已成為當代中國公共文化不可或缺的部分，也定會為未來的政治轉型提供重要的道德資源。

就此而言，自由主義能否在中國社會扎根發展，主要並不在於它能否和傳統儒家相容，而關乎它的政治道德觀以及相應的制度主張，能否為今天的中國人廣泛接受。具體點說，這視乎自由主義所主張的平等權利、法治精神、民主選舉、機會平等、個人自主、公平正義，以至本文提及的信仰自由和文化多元，能否較今天的黨國體制和威權資本主義制度，讓人活在一個更安全、更自由、更公平，以及更有尊嚴的社會。

基於以上所論，我認為，自由主義在中國的發展，並不需要基督教或儒家來提供道德基礎和文化支持。當然，這並不表示自由主義和基督教之間互不相干或彼此敵對。一個基督徒完全可以同時是個自由主義者，只要他認同自由主義的基本價值，並接受這些價值作為社會制度的基礎。事實上，許多國家的民主運動，基督教都會積極參與，因為民主權利和信仰自由，對基督徒和非基督徒，都同樣重要。歷史也告訴我們，信仰自由不僅不會令宗教消失，反而讓不同宗教百花齊放，甚至彼此學習和互相欣賞。[10]同樣的，中國傳統文化的支持者只要願意接受政教分離和平等自由的原則，同樣可以做個自由主義式的儒家或道家信徒，並且一起為中國的社會轉型努力。

19 文化認同與承認的政治

現代社會一個重要特點，是宗教、族群、膚色、語言和文化上的多元。[1]我們生活在同一個國家，卻來自不同族群，相信不同宗教，擁有不同的文化身分。如何在多元之中尋求團結，是許多國家的大難題。自由主義的應對之道，是延續政教分離和國家中立的傳統：每個人都是平等的公民，享有平等的自由和權利。在尊重他人同樣權利的前提下，人們可以根據自己的意願，選擇自己想過的宗教和文化生活。自由主義認為，這是對人的自主性的尊重，而平等權利原則是維繫多元社會的基礎。

從上世紀八〇年代開始，自由主義這種政治範式便遭到強烈質疑。第一波批評來自社群主義者（communitarianism），他們認為自由主義所建構的社會及其背後對「自我」的理解，無法令人過上真正的社群生活。緊接而來的，是九〇年代出現的文化多元主義者（multiculturalism），他們指出，自由主義主張的所謂「熔爐」（melting pot）和「無差異」（difference-blind）的文化整合政策，不僅沒有想像般那麼公平和美好，反而導致許多弱勢的少數族裔文化難以生存。為了真正的文化多元，國家就有責任採取積極措施幫助這些文化生存下去。

在這兩波與自由主義的大論爭中，加拿大哲學家泰勒（Charles Taylor）都有積極介入，是其中一位最有代表性的哲學家。他在一九九四年發表的〈承認的政治〉一文，更是文化多元主義的經典文獻。[2]本章會以這篇文章作為討論基礎，我會先介紹泰勒的想法，然後再從自由主義的觀點做出回應。

一

文化多元主義作為一種思潮，會處理不同議題，例如原住民、少數族裔、政治及經濟難民，以及合法和非法移民問題等。不同的議題會帶來不同的爭論，也會產生不同的解決問題的方案。泰勒特別關心的，是少數族裔（ethnic minority groups）文化的生存問題，因為這個問題困擾他的出生地魁北克幾十年，並引起極大的內部爭論。

魁北克曾經是法國的殖民地，直到一七六三年才被割讓予英國，其後英國議會在一七七四年通過《魁北克法案》，保證魁北克的法語及法國文化不受威脅。從那個時候開始，魁北克省就和加拿大的英語地區，有顯著的文化差異。魁北克省曾先後在一九八〇年和一九九五年就應否獨立舉行全民公投。雖然兩次的投票結果，都是選擇留在加拿大聯邦的占多數，但去到第二次時，雙方已非常接近（五〇．六％對四九．四％）。由此可見，魁北克人有十分強烈的文化認同，並渴望在政治上擁有更大的自治權。也是在這樣的背景下，魁北克省便曾嘗試制定各種法律去保護它的獨特文化，包括立法禁止新移民及法裔人送他們的子女就讀英語學校，規定超過五十位職員的公司必須使用法語溝通，以及公共商標和商業廣告必須以法文為主等。[3]

這些以保護特殊文化為理由的政策，在加拿大引起巨大爭論，甚至最高法院也裁定部分政策違反憲法和魁北克省本身的人權法，因為這些以集體目標為名義的法律，會限制公民的部分自由，而這些自由在憲法中被視為公民的基本權利。這於是帶出一個重要的爭論：為了文化生存，國家可否給予某些少數族裔某些「群體權利」，即使這樣做會限制公民的某些個人權利？泰勒認為原則上是可以的，儘管他也意識到問題十分敏感，並小心翼翼地附設了一些條件。

讀者或會問，加拿大面對的問題，為什麼值得我們關心？因為原住民和少數族裔的文化生存問題，不僅困擾加拿大，也困擾臺灣和中國大陸，以及世界上的多族裔國家。例如中國便有五十五個少數民族，臺灣也有十六個原住民族。這些少數族裔雖然有自己的語言和傳統，可是人口卻已不多，甚至不能聚居在一起。面對現實的生存壓力，少數族裔的年輕人往往去家鄉之外工作，學習主流社會的語言和融入主流文化。久而久之，這些文化難免會逐漸衰落。

這個趨勢，在許多國家已先後出現。族群文化的生存和發展，往往需要一個穩定和自足的環境，凝聚族群的成員。可是在高度工業化、城市化和商品化的今天，這種環境已愈來愈罕見。欠缺「競爭力」的少數族裔，就無法不面對生存的壓力。泰勒及其他贊成文化多元主義的人認為，我們不應接受這樣的結果，因為少數族裔文化本身有極重要的價值。為了保護這些文化，政府不應袖手旁觀，放任它們自生自滅，而應採取積極措施，包括給予他們一些「群體權利」(group rights)，讓他們在這些特別保護下獲得生存的機會。

二

要為群體權利辯護，泰勒就須回答兩個問題：一，群體權利的重要性在哪裡？二，當群體權利與個人權利發生衝突，為什麼前者可以凌駕後者？如果泰勒的理由充分而有說服力，自由主義的政治範式就會受到嚴重挑戰。

對於第一個問題，泰勒的回答相當直接：群體權利之所以重要，是因為它是保證少數族裔文化能夠永遠生存下去的必要條件。泰勒特別強調，這種文化不僅對現在的成員重要，對未來世代同樣重要。舉例說，加拿大的法語文化一旦消失，以後的魁北克人就會失去使用法語的機會，而這個結果會對他們的身分認同帶來極大傷害。[4]為了維持法語在魁北克的地位，政府就有必要通過法律，限制英文的流通以及增加法文的使用機會。除了語言，教育也是延續文化不可或缺的一環。例如在美國威斯康辛州，州法律規定，所有學生必須滿十六歲才可以從公立學校退學，從而確保不同社會背景的學生，都能接受基本的義務教育。可是當地的阿米許人(Amish)卻認為，公立學校的教育有違他們的宗教傳統，影響孩子的心靈，因此要求豁免這項規定。州政府不同意這個主張，雙方為此對簿公堂，甚至去到美國的最高法院。阿米許人最後勝訴，主要理由是最高法院認為州政府有必要尊重阿米許人獨特的宗教生活和文化傳統。[5]

讀者或會問，文化的衰亡以至消逝，時有發生，我們即使對此感到可惜，但是否真的重要到，我們要將保存少數族群的文化的永久生存，視為我們的集體責任？在以個人權利為本，並視文化的起落為常態的全球化時代，泰勒的這個立場，不僅反潮流，而且似乎有點不必要地苛求。要恰當地理解泰勒，我們就須引入他的理論至為關鍵的兩個概念：身分（identity）和承認（recognition）。要明白文化的重要，就必須理解文化對一個人的身分構成和恰當承認的重要。

什麼是「身分」呢？那是一個人對「我是誰」的理解。例如我是一名大學教師、政治哲學研究者、自由主義者、父親、新移民，以至香港人。一個人可以同時有不同的身分，有的來自社會角色，有的來自特定關係，有的來自個人生命實踐，也有的是別人強加給我們。泰勒特別指出，我們每個人都活在社會之中，他人如何理解和看待我們，我們能否得到他人的承認，會直接影響我們的身分認同，從而影響我們的存有狀態。得到他人應有的承認（due recognition），我們會覺得受到肯定和尊重，也因此能夠和他人建立良好的關係。反過來說，我們得不到別人的承認（absence of recognition），又或遭到他人不合理的「錯認」（misrecognition），卻會「導致傷害，可以是一種壓迫，甚至將人囚禁在一種虛假的、扭曲的，以至不完整的存在狀態」。[6] 想想那些在父權社會下的女性，在種族歧視社會下的黑人，在異性戀霸權下的同性戀者，正是由於無法得到他者合理的承認，因此長期活在一種自卑、自貶，以至完全無法言說自己的痛苦以及肯定自己生命價值的狀態。泰勒因此總結：「給予他人應有的承認，不只是禮貌，而是人至為根本的一種需要。」[7] 這是泰勒整個論述的第一步。

泰勒接著指出，在傳統等級制社會，人的身分往往和「榮譽」（honor）連繫在一起，而榮譽總是以不平等的方式分配，例如由一個人的家庭出身和社會地位等決定。由於當時的人視這種安排為理所當然，身分與承認的問題也就不會浮上水面。可是啟蒙運動以降，人生而自由、獨立、平等的意識日漸普及，「尊嚴」的概念開始取代榮譽作為社會承認的基礎。而人的尊嚴，不再依賴於階級和地位，而是基於每個人擁有的理性能力和道德能力，這些能力是人類共享的普遍潛能，我們因此享有平等的尊嚴。一旦人們接受這點，現代政治就開始出現一種範式轉移，從不平等的等級政治轉向平等承認的政治：在國家面前，所有人都是平等的公民，並因此享有平等的基本自由和基本權利，包括法律面前人人平等、平等的信仰自由和結社自由、平等的投票權和參與權，以至社會關係上的平等地位，例如種族平等、性別平等，以及教育和職業上的機會平等。

平等承認的道德力量是如此巨大，以至在短短數百年間，整個世界的舊制度都因此而發生根本改變，以至來到今天，很少人再敢在公共領域公開聲稱，女性先天便低於男性，又或白人必然優於黑人。這無疑是現代政治的一大成就。不過，泰勒隨即告訴我們，除了平等尊嚴，現代性還有同樣重要的另一面，就是對差異的承認：每個個體以至每種文化，都有自己獨一無二的性格和特質，因此值得他人的承認。

這個變化從何而來？大家試想像，隨著世界發生巨變，等級制的社會制度逐漸崩塌，人們不再被外在的社會角色綁死在某個特定身分上，擁有自我意識的個體自然就會開始問：我與他人有什麼不同？什麼是我之為我的本性？我要成為怎樣的人？這是個體面對自己的內省之問。泰勒稱此為現代人對「本真性」（authenticity）和「原創性」（originality）的探索。這種探索的目的，不是尋求與他人相同之處，而是發現自己與眾不同的獨特性。這也就意味著，我們作為人，固然有共性的一面，可是同時也是獨一無二的存有。只要我們找到屬於自己最真實的本性，我們也就擁有別人無可替代的「個性化身分」（individualized identity）。[8]

泰勒接著指出，這個尋找和建立自我的過程，不是通過內心獨白來完成，而是通過與你生命中「重要的他者」（significant others）持續的對話來建立。[9]這些他者，通常是和我們很親近，我們十分在乎，並且對我們有重要影響的人。而要有好的對話，需要語言：「我們成為完整的主體，能夠理解自己，並因此能夠界定自己的身分，完全是通過獲得豐富的人類語言的表達。」[10]豐富的語言從哪裡來呢？從文化而來。換言之，文化是使得我們成為完整的人的必要條件。沒有文化的滋養，我們就很難建立自己獨特的身分。這是泰勒論述的第二步。

三

做出上述的精采分析後，泰勒接著指出，平等承認的政治，會推導出兩項不同的訴求。一方面，它會要求我們給予所有人平等的對待，包括平等的公民權利。這是一種普世主義的主張，並成為各國平權運動背後最大的推動力。另一方面，它也會要求一種「差異的政治」（politics of difference），即每個人（以及個人活在其中的文化）獨一無二的身分，都應得到承認。[11]也就是說，要給予一個人應有的承認，必須同時滿足這兩項條件：既要承認每個人是平等的，又要承認每個人是不同的。

這兩種承認，都出於對人的平等尊重，而要求制度做出回應。問題是，兩者之間會發生衝突。對前者來說，我們必須忽略人與人之間的差異，並以一視同仁的態度對待所有人。我們反對種族歧視和性別歧視，因為從平等尊重的觀點看，種族和性別的差異都不應構成差別對待的理由。不過，對後者來說，既然每種文化是不同的，各有自己傳統和習俗，那麼要尊重每種文化的獨特性，就不能將同一套平等權利原則應用到所有文化，並要求所有文化都必須服從這套原則，因為這一來會抹平各種文化的獨特性，二來這套平權原則本身並不文化中立，而是西方自由主義傳統的特定產物。[12]

去到這裡，我們終於明白，泰勒為什麼對以權利為本的自由主義如此不滿。他認為，像加拿大這樣的民主國家，存在不少像魁北克這樣的少數族群，這些族群有自身獨特的語言和文化。由於主流文化的威脅，這些族群正面臨生存危機。這些文化一旦消失，屬於這個族群的人，就會永遠失去建立自己獨特身分的機會。可是主張平等權利的自由主義者，卻認為國家不應該給予這些族群任何群體權利和特殊保護，因為這樣做的話，就會以集體目標之名限制個人權利，而這明顯違反了平等尊嚴的原則。

泰勒批評這種版本的自由主義矯枉過正，完全漠視差異政治的重要，只曉得將一套平等權利的規則不加區別地應用到所有族群。他認為，可以有另一種版本的自由主義，就是在確保基本人權不受侵犯的前提下，國家按具體情況給予弱勢社群某些特權或豁免權，協助他們的文化永久生存下去。所以，加拿大給予魁北克某些群體權利，通過立法來保障這個被理解為「獨特社群」（distinct community）的文化能夠永續，就是道德上合理的。

四

泰勒的分析無疑十分精采，他的哲學最大的特點，是將許多政治概念放在西方思想史的脈絡來考察，幫助我們更好地理解這些概念的來龍去脈。不過，要評價泰勒的觀點是否合理，關鍵問題始終是：到底在什麼情況下，他所主張的差異的政治可以凌駕平等尊嚴的政治，從而對自由主義構成根本挑戰？以下我提出三點回應。

首先，在理念層面，我們完全可以同意，文化對個人身分認同的重要。可是，當我們判斷一個社群提出的文化訴求是否合理時，我們不能只停留在抽象的層次，而必須具體問：這些訴求是否合理，尤其是這些訴求能否給予族群成員和非族群成員公正的對待。我們都知道，一個族群的文化可以充滿歧視和壓迫，而那些歧視和壓迫的行為往往被視為該文化傳統不可或缺的部分，因此當族群的生存面臨危機時，衛道之士就會說，為了文化的生存，這些習俗必須保留。這種辯護顯然不能成立，否則就很容易墮入「禮教吃人」的陷阱，我們的社會也就很難有道德進步。換言之，文化生存不是差異的政治的充分條件：任何文化實踐都必須通過我們的道德檢視，那些明顯違反個人權利和踐踏人的尊嚴的做法，不僅不值得保留，而且必須盡力摒棄。

泰勒其實意識到這種危險，所以他並不是要否定自由主義，而是主張另一種自由主義：「根據這種觀點，一個具有很強集體目標（collective goals）的社會，仍然可以是自由主義，只要它仍能尊重多元性——尤其是面對那些不認同它的共同目標的人的時候，以及當它能為我們的根本權利提供足夠保護時。」[13]由此可清楚見到，泰勒不僅沒有否定平等尊嚴的政治，而且承認自由主義所主張的根本權利在制度上有優先性。泰勒承認自己是個自由主義者，他要質疑的，是那種對任何「集體目標」都抱懷疑態度，並且堅持將權利原則無例外地應用到所有社會的自由主義。

泰勒這種態度是可取的，因為可以避免文化保守主義和政治集體主義帶來的危險。不過，一旦承認基本權利的優先性，他主張的「文化生存論」就不再是凌駕一切的政治目標，同時適用範圍也會大大收窄。例如在他引用的加拿大魁北克的例子，政府為了保護法語文化而對公民自由做出的限制，就有很大爭議性。如果這些限制的廣度和深度不夠，它就不可能確保這個文化永久地生存下去，因而不能實現泰勒定下的目標；可是這些限制如果太強，就很容易犧牲個人權利，而這又非泰勒所願意見到。可以說，這是泰勒版本的自由主義的兩難。

其次，差異的政治對自由主義的一個批評，是認為後者主張的平等尊重，實際上是強行抹平所有文化差異，令所有人成為一模一樣的人，因而不尊重他們的多元和特殊。[14]這是相當不公平的指控。事實上，自由主義的平等權利的制度安排，其用意不是要壓制文化差異，而是確保來自不同文化背景的公民享有平等的權利和機會，根據自己的意願去參與不同的文化和宗教生活，從而建立得到自己認同的身分。尊重人的自由選擇，必然會導致文化多元，而這正是現代社會的特點。論者或會反駁說，既然這樣，自由主義為什麼不在基本權利的層面，容許不同族群可以享有不同種類和不同程度的權利？原因很簡單，這樣的差異政治，很可能最後會導致歧視和壓迫。自由主義不是為了多元而多元，而是有原則的多元，這個原則就是肯定每個公民都具有平等的自主能力，因此應該享有自主生活的平等權利。

最後，泰勒在他的文章中多次強調，他和其他自由主義最大的不同，是他重視少數族裔文化的永久生存，而這應該被視為一種集體目標，而不應化約為特定的個人利益。泰勒似乎沒有充分意識到，這種主張有可能導致一種文化本質主義，就是認為每個文化都有一些不變的本質，這些本質是界定不同世代社群成員身分的共同元素，而一旦失去這些元素，人就會出現身分危機。

實情是否如此？現代社會交通及通訊發達，都市化和人口流動迅速，很少人長期活在某種固定不變的文化之中，也很少人只有一種文化身分。一種社群文化的衰落，並不必然就會導致成員出現身分認同危機，因為理性主體有能力自我調整，應對外在環境的轉變，並建立新的認同。事實上，任何文化傳統都在不斷面對內外挑戰，從而產生量變和質變。要求政府必須將保護族群文化的永久生存作為最高目標，並因此做出相應的制度安排和資源分配，恐怕不切實際，也未必公平。

綜上所述，我們可以同意族群文化的價值，也可以同意在不違反公民的平等權利的前提下，政府可考慮通過不同政策，給予文化族群必要的協助，同時應給予族群文化身分應有的承認。泰勒的著作幫助我們清楚地看到承認的政治的重要，同時瞭解平等和差異是構成妥當的承認不可或缺的兩面。可是我們也須留意，正如泰勒本人多番強調，承認的政治不是要否定自由主義的現代性規畫，而是希望它在處理族群文化問題時，對承認和身分問題更加敏感，從而能更公平地顧及少數族群在真實生活中面對的困難和需要。我完全同意，這是自由主義應該好好學習的一課。

20 自由主義與群體權利

在當代文化多元主義的爭論中，除了上一章討論的泰勒，另一位重要代表人物是金里卡（Will Kymlicka）。和泰勒一樣，金里卡也是加拿大人，從上世紀九〇年代開始便積極參與文化多元主義的討論。[1] 儘管金里卡支持保護少數族群文化，論證卻與泰勒有很大不同。他不僅不批判以羅爾斯和德沃金為代表的當代自由主義，反而認為從「自由」與「平等」這兩個根本價值出發，可以證成某些旨在保護少數族裔文化的群體權利（minority rights）。換言之，自由主義和群體權利不僅沒有衝突，前者更有足夠的道德資源來支持後者的保護文化的主張。

在當代關於多元文化和身分政治的大論爭中，金里卡站在自由主義的立場，對社群主義做出有力回應，是相當有影響力的觀點。本章將介紹他的代表作《多元文化的公民權：一種自由主義的少數權利理論》，讀者也可將它和上一章泰勒的觀點做比較，看看哪種立場更為合理。[2] 我相信，這些討論也可為我們提供重要的理論資源去思考臺灣的原住民問題。

金里卡在他的著作中首先指出，「文化多元主義」一詞可以表達不同意思，尤其是不少人很容易將「多元民族國家」（multination states）和「多元族群國家」（polyethnic state）混為一談。金里卡卻特別澄清，前者指的是一個國家同時存在多個民族，各有獨特的歷史、語言和文化，而且通常聚居在某個特定的區域。[3]多元民族國家的形成，可以出於自願，例如兩個民族為了共同利益，主動組成聯邦政體；也有不少是非自願的，例如一方透過征服、侵略或殖民，強行將另一方納為自己的領土。至於多元族群國家，主要由來自不同文化的移民組成。這些移民有自己的語言、信仰和生活習慣，當人口達到相當數量並聚居在一起時，往往渴望自己的文化身分得到承認和尊重。這兩種情況，往往同時出現。例如美國和加拿大便既有印第安人等少數民族，也有不同族群的新移民持續加入，使得人口構成日趨多元。

金里卡的這種區分確實很有必要，因為兩者性質不同，所能享有的群體權利也應有異。例如少數民族有要求政治自治的權利，少數族群的同類訴求則較難成立，因為他們大多是自願放棄原來的國籍而移民他國，因此有相當強的理由主動學習新的語言和融入當地社會。金里卡沒有簡化問題，提出一套適用於所有少數民族和少數族群的原則，而是提供一張權利的清單，因應不同族群的情況而給予不同權利。在這張清單中，至少有三種形式的群體權利。

第一類是自治權（self-government rights），適用於多元民族國家中的少數民族，最普遍的形式是聯邦制。以加拿大魁北克省為例，為了保障當地法裔文化（超過八成是法裔人口）能夠傳承下去，該省便獲許在教育、語言、文化以至移民政策等方面享有高度自治權。[4]

第二類是多元族群的權利（polyethnic rights），特別為移民群體和宗教團體而設，包括由政府資助少數族群的文化藝術活動，容許學校教授他們的語言，以及在法例上豁免一些不利於他們的宗教實踐的規定，例如加拿大的錫克教徒便特許駕駛機車時不戴頭盔。一般而言，這些權利的目的是幫助少數族群能更好地融入主流社會，而不是鼓吹他們尋求政治自治。[5]

第三類是特別代表制的權利（special representation rights），既適用於少數民族，也適用於少數族群，例如透過選區重劃、比例代表制，或專門預留議會席位的方法，確保在政治決策過程中，少數族群的利益能夠得到公平代表。和前兩類權利相比，特別代表制往往是暫時的，一旦少數族群承受的結構性不公平獲得改善，該等權利便再無存在的必要。[6]

有些自由主義者擔心，給予少數民族和少數族群特殊的群體性權利，將等於接受集體價值優先於個人權利，而當兩者發生衝突時，這些社群很可能會以保護傳統文化為由犧牲個人權利。金里卡承認有這種危險，因此他進一步提出，在考慮文化政策時，有必要區分「內部限制」（internal restrictions）和「外部保護」（external protections）。內部限制指的是為了保護社群的生存，有意識地限制社群成員的選擇自由，例如語言使用和學校課程安排等。至於外部保護，則是通過立法和政策，幫助少數民族的文化免受主流社會衝擊，使得這些文化有機會繼續生存。[7]

金里卡承認有些群體會既會尋求外部保護，例如自治權、特別代表權等，又會要求對族群成員做出內部限制。不過他指出，自由主義不會接受任何違反個人權利的內部限制，卻可以容許外部保護，這些保護政策不僅不會和個人權利有衝突，而且可從自由主義特別重視的「自由」和「正義」這兩個基本價值推導出來。

二

先談第一個論證。金里卡認為，自由主義最基本的信念，是將人的自主性放在最重要的位置。自主的意思，就是人能夠為自己的生命作主。自主的體現，是個體能充分反思自己的生命，然後有足夠的空間和機會，去選擇自己想過的生活。[8] 自主如此重要，因為它是追求和實現美好生活的先決條件。金里卡認為，實現美好生活需要兩個前提：首先，我們的人生目標和計畫，必須得到我們真心認可；其次，儘管我們都想活出好的人生，卻不表示我們當下的選擇，就最正確和最適合自己，因為我們都有可能犯錯。我們因此必須具備基本的反思能力，能檢討當下的信念，並在必要時修正。自由主義反對家長制，特別重視信仰自由、思想自由和結社自由，以及主張平等的教育機會，因為它們都是活得好的重要條件。[9]

金里卡接著指出，要保證個人能做出明智及有意義的選擇，除了上述兩項條件，我們還需要一個穩定和健全的「社會型文化」(societal culture)。這裡所指的社會型文化，「橫跨人類活動的不同面向，包括社交、教育、宗教、娛樂及經濟生活，涵蓋公共及私人領域，目的是為社群成員提供種種有意義的生活方式。這些文化傾向集中在某個特定的地域，並且基於共享的語言。」[10] 社會型文化不僅涵蓋面廣，也體現和實踐於制度，深遠影響人們的生活，其中最明顯的例子，是語言。任何國家都會有指定的官方語言，直接應用到法律條文、公共政策、商業契約、教育和考試等層面，構成社會型文化的基礎。

社會型文化和自由的關係是什麼？「自由意味著在不同的選擇中間做出抉擇，而我們的社會型文化不僅提供這些選擇，而且令它們對我們有意義。」[11]這是金里卡的關鍵論證：文化賦予選擇意義。簡單來說，人作為有自由意志的意義存有，可以自主地做出各種選擇，同時相信這些選擇有其價值和意義。可是，這些活動的價值和意義，不是來自我們的主觀認定和任意創造，而是由社會型文化承載的意義系統提供。舉例說，你很有拉小提琴的天賦，可是要發展你的天賦，你的社會必須要有西洋古典音樂的傳統，這樣你才有機會接觸和學習小提琴；與此同時，也要有重視古典音樂的文化，使得小提琴演奏成為獲得肯定和認可的事業，你才會選擇投身其中。又例如，相撲在日本很受歡迎，可是在別的國家卻甚少人有興趣，因為這些國家缺乏理解和欣賞這種運動的文化。

正如泰勒在上一章所強調，活得美好的一項重要條件，是我們所做的許多決定，得到他人恰當的承認，尤其是我們十分在乎的「重要的他者」的肯定。可是這些承認和肯定的背景是什麼？很大程度上，這個背景來自我們的社會型文化，它為我們追求的各種活動提供了規範和意義。既然如此，如果文化本身陷入危機，活在其中的我們也一定無法置身事外。金里卡特別指出，一個人的文化身分很難輕易轉換，因為我們自小浸淫在某種特定文化，這種文化的語言、歷史和價值觀，會以潤物細無聲的方式，深刻地影響我們的自我理解和身分認同，模塑我們的目標和方向，甚至限定我們以什麼樣的方式與他人建立關係。文化之於人，一如空氣之於人，看似無足輕重，其實不可或缺。也許只有當一個人被迫離鄉別井，不能再使用母語與他人交流時，他才會充分意識到，文化是他的生命至為根本的底色。

金里卡因此總結，個人自由的有效實踐，其實預設了社會型文化的存在，只是大家平時認為社會型文化的存在過於理所當然，不曾意識到它的重要。可是對某些少數民族來說，當自己的語言和文化被主流社會擠壓到生死存亡的邊緣，這就成了大事，因為賦予他們存在意義的社會基礎正面對嚴重威脅。試想，當情況惡劣到某個地步，你的族群歷史被抹去，你的族群語言被壓制，你的族群身分得不到合理承認時，你將發覺愈來愈難在生活中理解和表達自己，也難以和下一代分享某些你至為重視的記憶。你原來的人生拼圖，從此分崩離析。

換言之，當我們深切認同的文化陷入危機，我們必然也跟著承受一種存在意義的身分危機。這不是危言聳聽。觀乎現代歷史，當一個民族被滅亡，一個種族被清洗，以及一個文化被殖民時，身在其中的人，往往會經歷這種無以名之的失家之痛。[12]要個體承受這樣的痛楚和失落，是正義的嗎？金里卡說，不，這是不正義的。這於是去到他的第二個論證。

三

當代自由主義從羅爾斯開始，便視正義為社會制度的首要價值。[13]金里卡認為，一個正義的制度，必須給予所有公民公平的對待。既然社會型文化對個人自由至為重要，那麼一個負責任的政府，就應該確保每個公民都有平等的機會，生活在屬於他們的社會型文化之中。這是相當典型的自由主義論證：自由是人的根本利益，文化是有效實踐自由的必要條件，而我們作為公民，享有平等的實現自由的權利，因此能否公平分配文化資源，就是一個值得認真對待的正義問題。

在民主國家，慣常做法是沿用政教分離的模式，採取一種「善意的忽略」(benign neglect）的策略，國家一方面確保來自不同種族和文化的公民都享有同樣的政治權利，另一方面在不同文化之間保持中立，既不偏幫也不歧視任何特定的族群。金里卡指出，這個類比並不合理，因為國家可以沒有自己的官方宗教，卻不可能沒有自己的官方語言，並將之應用到學校、法院和立法、福利機構，以及醫療服務等。在文化問題上，國家其實不可能真正做到中立。所謂善意的忽略，最終被忽略的，往往只是弱勢文化，主流文化卻擁有極大的優勢。[14] 既然無法中立，那麼在民主社會的集體決策過程中，占多數人口的民族很可能通過一人一票的方式，通過一些對少數民族極為不利的政治、經濟和社會政策，從而對少數民族帶來很大的破壞，例如語言、教育、習俗、土地和移民政策等。

面對這種不公平的情況，金里卡認為，基於自由和正義，國家有理由採取必要的外部保護政策，使得少數民族的社會型文化得到合理保護，包括給予他們高度的自治權、領土自主權、在立法機關享有特殊的否決權和代表權，以至在自己的管轄區享有語言權和土地權等。金里卡強調，這些群體權利適用於原住民和少數民族，卻不適用於移民群體。

金里卡的主張雖然看似接近泰勒，兩者卻有明顯差異。金里卡始終是從個體的角度來思考和論證群體權利，是故文化之所以重要，主要是能夠為個人自由提供選擇的意義，而不是文化本身有獨立和超越於個體的自足價值。他也不認為，我們有集體責任令某種文化永遠生存下去。這很好地解釋了金里卡為何堅決反對任何引致「內部限制」的訴求，因為這會與個人自由的優先性不相容。對他來說，任何違反個人自主原則、良心自由以至公民權利的團體，都在道德上不能接受——儘管在具體實踐上，他贊成通過對話化解矛盾，以及用和平方式逐步自由化（liberalize）那些反自由主義的群體。

四

金里卡的著作觀點清晰，論證嚴謹，加上提供大量古今不同國家的例子來支持他的立場，是文化多元主義論爭中不可多得的代表作。金里卡的獨特之處，是從自由主義的立場出發，肯定文化和自由的關係，並論證在某些情況下，給予少數民族特殊的群體權利，不僅沒有違反自由主義的基本原則，而且是應有之義。這個論證如果成立，無疑在理論和實踐上，均有重要價值。我十分認同金里卡的進路，可是在一個以個人自由為基礎、資訊和交通發達、人口流動頻繁的現代資本主義社會，要談保育文化和傳統，無疑張力重重，需要小心處理。以下是我的一些觀察和評論。

第一，即使我們同意社會型文化是個人自由的先決條件，卻並不表示自由的意義只能依託於某個特定文化。金里卡對文化的理解，採取了一種頗為靜態的觀點，假定個體長期活在一個相對穩定不變的文化系統之中，只能從這個系統獲取所需的價值和文化養分。可是在資訊發達和交流頻繁的時代，這個假定不見得仍然成立。以金里卡經常引用的美國和加拿大為例，少數民族之間往往並非互相隔離和獨自生活，而是有許多跨文化互動的機會。一個有獨立思考和自主能力的人，也不需要自限於某個文化所提供的生活選項。相反，他大可從不同文化吸取養分，從而見到和肯定不同生活方式的意義。[15] 成長於網路世界的新一代，每天的閱讀和娛樂，都不再受地理和政治疆界限制，這也令得他們的世界觀和人生觀，受到不同的社會型文化影響。

金里卡沒有否認這點，但他認為文化交流只會導致一個族群的文化性格（character）改變，例如價值觀、習俗、宗教信仰等，但它的文化結構（structure）卻不會變，或至少很難改變。為個人自主提供選擇背景（context of choice）的，是文化結構，而非文化性格。這種區分有一定道理，一種稱為「結構」的東西，改變總是緩慢的。可是，我們不能忽略，文化特徵的改變，很可能最後會導致文化結構的轉變。以近代中國為例。從晚清以降，面對西方的衝擊，經歷三千年未有之大變局，科舉遭廢除，帝制被推翻，白語文取代文言文，以至家庭和社會倫理關係也發生根本改變。用金里卡的標準，這顯然是文化結構的改變。可是，這個改變是怎麼發生的呢？它是個漸變的過程，在內外交煎的處境中，部分成員對文化某些元素產生不滿，繼而壓力逐步累積，矛盾難以解決，最終導致文化結構的革命。不僅中國如此，所有傳統社會在現代化過程中，都經歷這種轉變。值得留意的是，改變的動力，不僅來自外力，也來自內部成員，因為他們覺得只有根本轉型，自己的文化才有保持活力和進步的希望。

職是之故，即使我們同意文化結構很重要，也有必要對文化做出反思，無論是從內部還是外部的視角。如果某些習俗是不合理的，儘管它在文化結構中占有重要位置，我們也有理由做出批判。我們也須接受，隨著社會轉變，文化必然會跟著改變。這些改變無疑會衝擊文化性格以至文化結構，可是變化並不一定就是不好。是故，當我們談論文化保育時，不宜將文化簡單地看成一個整體，然後要求保持全盤不變。這既不可能，也不可取。而且我們也須見到，人其實具有適應能力，即使面對文化轉變帶來的衝擊，也可以通過學習來慢慢調整。這個過程或許很吃力，可是個體並不因此就必然會面對身分的危機。

第二，金里卡宣稱自由主義反對任何內部限制，只會主張外部保護，這樣就可以避免限制個人自由。不過，兩者的界線其實不是如此清楚，因為當國家通過立法給予少數族群外部保護時，往往亦為其內部限制製造了理由。舉例說，為保護某少數民族的文化，國家給予這個族群特殊的語言權利，規定學校必須使用母語教學。倘若該國家的主流語言是英語，而愈早學習英語，對孩子未來事業發展愈有利，那麼該族群應否容許家長將他們的子女送往英語學校？如果不可以，則限制了家長和孩子的選擇自由，構成內部限制；如果可以，那麼所謂的外部保護政策很可能就形同虛設，無法達到它想要的效果。

由此可見，金里卡如果要堅持個人自由的優先性，拒絕做出內部限制，那麼可以包容的社群未必很多，因為任何違反基本自由的社會制度和文化實踐，都已被排除出去。也就是說，只有那些已經高度「自由化」的族群，才能滿足這些條件。弔詭的是，很多族群之所以努力爭取特殊權利，目的正是要對族群成員設下各種限制，包括語言、教育、土地的使用和轉讓權，以至宗教的實踐等。他們希望通過這些限制來凝聚族群，抗衡主流文化對族群成員的牽引力。金里卡的自由主義式文化保育建議，對他們來說，不僅難以有效保護他們的傳統，甚至會有相反效果，因為他們必須先接受以自由和平等作為政治社群的基本價值。

金里卡其實意識到這種張力，不過他始終堅持自由主義的立場，認為平等的自由權是多元社會的基本底線，沒有族群可以利用文化保護之名限制個人權利。我認為這是對的方向。歷史告訴我們，個人自由的實踐，儘管可能衝擊某些傳統文化，可是這卻不等於文化本身的消失，而是舊的文化被新的文化取代。而在一個自由、公平的社會制度下，個體既有能力判斷和珍惜好的傳統，也有能力學習和吸收新的養分，並在持續的文化對話中，發現和創造新的可能性。這種自由開放的文化多元性，是值得我們努力的方向。

21 自由愛國主義

一

一九一九年的五四運動，是一場以自由主義為底色的運動：追求德先生（民主）和賽先生（科學），爭取自由人權和個性解放，並希望通過新文化運動啟蒙國人，推動傳統社會轉型成為現代國家。[1]不過，也有另一種論述，認為五四最重要的精神，是愛國主義，目的是民族自強和民族自救，反對帝國主義和殖民主義繼續欺凌中國。自由主義和愛國主義，同時出現在五四運動，不僅影響了那一代的知識人，也對中國後來的政治和思想發展有深遠影響。

不少人因此認為，自由主義和愛國主義不僅相容，而且彼此支持。這種想法，無論在理念還是現實層面，都遭到很大質疑。在理念層面，不少人認為，自由主義視每個人是獨立、自由、平等的個體，國家的首要責任是確保公民的基本權利。而愛國主義作為一種政治主張，卻要求個體必須將國家放在首位，並在有必要時犧牲個人利益和權利。我們於是見到這樣一種對立：自由主義以個體為本，而愛國主義以群體為本；自由主義重視權利的普遍性，而愛國主義強調情感的特殊性；自由主義鼓勵文化多元，而愛國主義主張國家認同的單一性。既然如此，自由主義者似乎不可能，也不應該接受愛國主義。

在現實層面，兩者的張力就更加明顯，因為中國官方壟斷了愛國主義的論述，裡面容不下自由主義的內涵。一個自我界定為自由主義者的人，不會被社會公開接納為愛國主義者。更糟糕的是，如果有人嘗試用自由主義的理念去質疑官方論述，就會隨時被扣上「恨國」的帽子，輕則受到輿論的口誅筆伐，重則面對國家權力的直接懲罰。而在香港這個實行「一國兩制」的特區，近年也高揚「愛國者治港」：任何人如想參與政治事務，例如參選立法會議員，公民資格是不足夠的，還須得到官方認證為「愛國者」。

面對這樣的政治環境，自由主義者有意識地和愛國主義保持距離，甚至在理念上與它劃清界線，是完全可以理解的事。不過，這樣做並非沒有代價。最明顯的，是自由主義一旦放棄論證一種屬於自己的愛國主義觀，就難以爭取那些有愛國熱情的人的理解和支持，也無法為合理的愛國行為設下標準，從而約束那些極端的排外仇外和獵巫言論。基於這些考慮，本文將嘗試論證一種自由主義式的愛國主義，並回應以麥金泰爾（Alasdair MacIntyre）為代表的社群主義的批評。我將之稱為「有原則的自由愛國主義」，以區別於那些無條件的國家至上主義者，以及有強烈集體主義色彩的反自由主義的愛國主義。

二

怎樣才是一個愛國主義者？一般而言，愛國主義者通常抱持以下四種態度：一，對祖國有一份特殊的情感；二，對祖國有一種特別的認同；三，對祖國的福祉和人民有特殊的關懷；四，願意為了國家利益而犧牲個人利益。[2]從這些態度出發，我們可以對什麼是愛國主義做進一步的定義。

第一，「我」與「我的國家」之間，存在一種特殊的和親近的關係。一個愛國主義者既不會一視同仁地愛所有國家，也不會視天下為一家，而是對自己的國家有特別的關懷和忠誠。[3]這種特殊性（particularity）如何建立，以及當它和具普遍性的道德義務產生矛盾時，前者為何具有優先性，這種優先性的道德界線在哪裡，是思考愛國主義時特別值得關注的問題。

第二，愛國的基礎，往往不是源於自己的國家客觀上較其他國家優越，例如歷史更悠久、文化更豐富、經濟更發達等。儘管這些因素會影響一個人的國家認同，卻不是愛國的必要條件或充分條件，因為如果是這樣，只要有另一個更優越的國家，人們就可以隨時移情別愛。對不少人來說，愛國最直接、最自然的理由，就是「它是我的國」。[4]我們一生下來就活在國家之中，國家一如父母那樣照顧及撫養我們，我們和國家之間因此建立起一種休戚與共、非工具性的倫理關係。

第三，愛國最具體的表現，是對國家福祉的真誠關心，並希望它愈變愈好。可是什麼是「更好」呢？更富強、更自由，還是更正義？評價一個國家的福祉，可以有不同標準，它們之間不一定總是協調和統一，例如追求富國強兵和爭取民主正義，就是很不同的國家想像，甚至會發生衝突。職是之故，我們對這個問題的回答，就相當大程度上決定了愛國主義的內涵。愛國主義本身不是一套自足的政治學說，而必須內嵌於其他政治理論，並由這些理論提供愛國的實質內容和實踐方向。就此而言，自由主義、社會主義，或儒家都可以發展出自己的愛國主義觀。

最後，一個愛國主義者，並不需要通過與其他國家的比較來肯定自己。事實上，每個國家都有自己獨特的歷史和文化，這些獨特性不可取代，甚至難以比較，我們大可既為自己的國家感到自豪，同時也能理解和欣賞其他國家的優點和好處。愛國主義和民族主義、沙文主義或軍國主義等，雖然現實上常常會有各種糾結，但在概念上卻沒有必然的連繫。愛自己的國家，並不需要排他和仇外，更不需要將自己想像成或吹捧為優等民族。

讀者或會問，根據上述理解，成為一個愛國主義者，不是理所當然嗎？這要視乎你活在什麼樣的社會和哪個時代。設若是民主社會，又是太平盛世，你對自己的國家有由衷的認同，同時國家又沒有以愛國之名要你承擔起沉重的責任（例如服兵役或交重稅），那麼愛國不僅沒有難度，而且教人愉快。可是，愛國主義被政府召喚並引發極大迴響的時刻，往往是國家面對危機，急需人民支持，甚至要求人民做出巨大犧牲的時候，包括人的自由、權利、財產，以至生命。如果你不服從，就會承受道德譴責和法律懲罰。

這種政治動員如果出現在民主國家，由於有穩固的權利保障和公平的法律程序，個體尚有相當的獨立思考和自由選擇的空間。可是，如果是發生在威權以至極權國家，通過鋪天蓋地的政治宣傳和群眾運動，愛國主義很容易就會被利用來對內壓迫異見和對外發動侵略。在那樣的環境下，個人一旦被政權扣上「不愛國」的帽子，人身安全和基本自由就會受到極大威脅，甚至沒有為自己做出公開辯護的機會。這樣的例子，無論是在當代中國還是其他國家，都是屢見不鮮。我們因此見到，愛國主義作為一種集體主義，確實是一把雙面刃：在國家有難時，它可以團結國民，大家齊心抵抗外敵；可是這種力量一旦不受約束，供統治者任意操縱，就有被濫用的危險，甚至可能將整個民族拖入萬劫不復之地。

既然愛國主義具有那麼大的政治能量，又存在集體主義的危險，那麼我們就有必要堅持這樣的原則：未經充分反思且得到合理證成的愛國主義，不值得我們無條件服從。要滿足這條原則，我們的社會就必須要有充分的言論自由和思想自由，容許公民對愛國主義的各種主張展開廣泛而深入的討論，也要容許人們有是否愛國及如何愛國的選擇空間。唯有如此，我們才能對這些主張的真實性和合理性做出明智判斷。一如其他關乎個人和社會的重要事務，我們希望自己所相信和所服從的，是真確和合理的觀點，而不是令人炫惑的虛假論述。所有真誠的愛國主義理論，都應接受這樣的前提，容許人們對其主張做出理性檢視，而不是一開始便預設某些不能質疑的前提。這是自由主義的基本態度。

當代著名哲學家麥金泰爾卻對這種立場甚為保留。他在一篇影響力很大的文章〈愛國主義是一種美德嗎？〉中聲稱，這種反思性的愛國主義觀其實預設了一種自由主義的立場，而自由主義和愛國主義絕對不能相容。他甚至認為，真正的愛國主義，必然有某些至為根本的前提是免於理性質疑的。[5] 我以下將先介紹麥金泰爾的觀點，然後指出他的論證為何難以成立。

三

麥金泰爾認為，愛國主義真正體現的，是一種社群主義式（communitarian）的道德觀。這種道德觀強調個體總是在特定的社群成長，而人一旦離開社群提供的文化滋養，就難以發展成為完整的道德主體。自由主義的道德觀，卻主張我們應該克服這種特殊性，將人視為可以超越特定歷史和文化的抽象的理性主體，並在此基礎上建構一套普遍性的道德原則，然後將這套原則應用到不同社群。可是，從愛國主義的觀點看，個人必須效忠社群，甚至為了社群的生存而參與對外戰爭，即使這樣做有違自由主義的普世原則。在此情況下，愛國主義視為美德的行為，自由主義卻認為是邪惡。[6]麥金泰爾因此聲稱，這兩套道德觀其實無法相容。[7]

麥金泰爾的立場，主要基於一系列前提：一，每個社群都有自己一組規範人們行為的特定規則，這組規則源於社群特定的歷史脈絡，並形成獨特的制度設計和行為規範；二，社群是特殊和多元的，沒有一套適用於所有社群的普世道德觀，而只會有一套又一套特定的社群倫理。我們每個人的道德信念，只能從自己所屬的社群習得；三，我們的理性能力，無法令我們超越自身的「社會特殊性」（social particularity），並從一個完全公平、客觀（impartial and impersonal）的視角去證成一套普遍性原則，因為那些用於證成社群原則的基本「價值」（goods），也是來自特定社群中的特定社會關係和文化模式；四，個體要有效地實踐道德的要求，成為成熟的道德主體，活出豐盛的人生，有賴一個穩定和健康的道德社群。

麥金泰爾進一步聲稱，國家就是這樣的社群。愛國之所以是美德，是因為沒有國家，個體就沒有道德和幸福可言。他因此如此總結：「忠誠於那個社群，忠誠於那個特定血緣關係的等級，忠誠於那個特定的本地群體，以至忠誠於那個特定的民族，在這種觀點來說，是道德的先決條件。因此之故，愛國主義以及與之相應的各種忠誠，就不僅僅是眾多美德之一，而是至為重要的美德（central virtues）。」[8]正因為國家有著如此根本的位置，麥金泰爾甚至做出這樣的聲稱：對一個愛國者來說，什麼都可以質疑，但是自己的國家作為一個歷史連續體，以及作為獨特的道德社群，它的生存本身卻必須「免受質疑」（exempted from criticism），因為我們作為民族的其中一員，個人身分與國家命運密不可分，因此有最大的責任使其永續。[9]麥金泰爾擔心，自由主義所推崇的那種沒有任何界線的理性批判，最終會危及社群的獨立自主和永久生存。[10]

我認為麥金泰爾的觀點難以成立，因為他對於個人和社群關係的理解並不合理。我們大可以同意，一個人的理性能力和道德能力的發展，需要一個健康、穩定的社群。事實上，我們每個人都是自小通過家庭、學校和不同群體，學習道德語言和倫理規範，並在不斷的實踐中逐步成長為道德主體。我們也可以同意，我們生活的社群，總是具體和在地的，有著特殊的歷史和文化，並為我們提供不可或缺的道德養分。自由主義不會否定這些事實，可是從這些前提，我們卻不能推論出，我們應該無條件地忠誠於所屬社群，甚至放棄對社群做出理性批評的權利。

我們清楚知道，歷史上大部分政治社群，都曾存在各種各樣不正義的文化實踐。這些不義既包括對社群內成員的歧視和壓迫，也包括對社群外他者的侵略和殺戮。更值得留意的是，這些行為往往以維持社群傳統價值之名來加以合理化。例如，在中國古代社會，男尊女卑和三從四德，就被認為是儒家的核心價值，可是這卻使得女性從出生起便活在被支配的狀態；蓄奴制也曾被視為美國文化不可或缺的部分，最後只能靠一場死傷無數的內戰令其終結。

自由主義的立場毋寧是：對於政治社群的規則、制度、傳統，以及背後的觀念和價值，社群成員總是可以退後一步問：「這些規則合理嗎？這種制度公平嗎？答案若否，我們仍然有義務服從和效忠國家嗎？」自由主義堅信，這種批判性的詰問，事實上可能，道理上可取，因為這是人作為理性道德主體（rational moral agent）的基本體現。麥金泰爾既然以道德主體的發展作為證成社群之所以必要的主要理由，他就不僅沒有理由反對，甚至應該鼓勵人們做出這樣的批判性反思。而我們一旦接受這點，就不應該預先為實踐理性的運用設下邊界，規定人們的反思一定不能觸碰某些議題和批評某些立場。這樣的設限，是對人的主體性的否定。

麥金泰爾卻不這樣認為。對他來說，既然人一出生便活在社群之中，無可避免地深受社群特殊的道德觀影響，因此不可能突破這個道德觀設下的整體規範，然後站在一個超越的觀點對社群做出批判性評價。[11] 這樣的回應，庶幾接近文化決定論，不過卻沒有什麼說服力，因為它完全不符合我們現代人的道德經驗。要知道，我們早已不再活在一個封閉、由單一道德或宗教支配社會所有領域的時代。現代社會文化極為多元，我們既可以在自己的傳統找到各種針鋒相對的觀點，也可以從其他傳統吸收不同的文化資源，藉此對所屬的社群道德做出反思和批判。

我們甚至可以說，只要容許人們有獨立思考和文化交流的自由，人的理性能力就有超越各種有形和無形邊界的可能。而在反思和對話的過程中，我們既不需要全盤否定自己的傳統，也不需要將人想像成沒有任何文化承載的抽象自我，而只需要承認獨立主體在自由運用他的價值理性時，總是有可能對各種既有的道德規範做出分析、比較、質問、修正，甚至否定。這是人的道德自主（moral autonomy）能力的基本展現。自由主義肯定這種自主性，並致力創造一個自由、公平的環境，容許每個人的自主能力得到充分發展。

麥金泰爾回應說，愛國主義並不是完全拒斥理性反思，只是在關乎政治社群「根本結構」（fundamental structures）存殁的問題上，愛國者才必須無條件地忠誠於國家，拒絕對結構本身做出任何批評。麥金泰爾承認，這是一種非理性的態度，因為它意味著即使從自由主義或其他普遍性道德的觀點看，這個政體很不正義，愛國者仍然應該站在國家這一邊。「既然拒絕檢視一個人部分的根本信仰和態度，也就等於是接受它們，不管它們在理性上可否得到證成。就此而言，這是非理性的。」[12] 換言之，這種版本的愛國主義實際上抱持這樣一種立場：因為它是我的國，而且僅僅因為它是我的國，我便應該無條件地對它忠誠，甚至不惜犧牲自己的生命也要令它生存下去。麥金泰爾這裡用了一個極富爭議性的例子，就是在納粹時期，一個德國的愛國主義者，可以選擇暗殺希特勒，卻不應該採取任何手段去摧毀當時的德國政體本身。[13]

麥金泰爾很清楚，這個立場有相當大的道德危險，因為這等於打開一道缺口，容許某些愛國主義者以效忠國家之名從事各種極端行為，包括對內鎮壓異見分子和對外發動戰爭。現實中，我們見到太多這樣的例子。更大的問題，是這種詮釋雖然能有效地將愛國主義和自由主義區隔開來，卻要付出極大的理論代價，因為這等於承認，愛國主義無法提出普遍性的道德理由來為「免於理性質疑」這種立場辯護。

即使這種立場無法被理性證成，麥金泰爾至少有責任告訴我們，為什麼那是理性批評的極限。畢竟我們都知道，國家作為一個政治實體，最重要的，是它的制度，而制度是強制性的，同時深遠地影響我們每個人的權利和福祉。無論我們如何愛國，也不可能對極為不義的制度保持沉默，更不要說繼續效忠。一個真正關心和愛護自己國家的人，難道不是應該勇於提出批評，從而促使自己的國家變得更加正義嗎？我們應該有「第二種忠誠」。[14]

麥金泰爾對此的回應是：「自由主義的道德觀，是道德危險的永恆源頭，因為它的理性質疑的方式，使得社會和道德連結很容易解體。」[15]原來這個才是麥金泰爾的真正擔憂：理性批評是危險的，因為沒有節制的批判，有可能導致國家解體。可是這樣的結論，實在是危言聳聽。回望歷史，似乎沒有哪個民主政體，是由於國民的過多批評而解體的。最恐懼人民批評，並因此做出各種言論控制的，往往是神權或極權國家。

麥金泰爾曾諷刺那些主張用自由主義來約束愛國主義的人，是「被閹割的」愛國主義者。[16]我反而認為，麥金泰爾這種反理性批評的立場，最後導致的，是「被閹割的」道德主體：必須將國家利益放在最高位置，同時自我約束理性批評的限度。可以想像，如果有人的約束能力不夠，下一步自然就是國家權力的出場。諷刺的是，道德主體的充分發展，卻是麥金泰爾用來證成愛國主義之所以如此必要的主要理由。

最後，還有一點必須指出的是，麥金泰爾通篇將「社群」（community）等同於「國家」（state），可是這兩者卻是很不一樣的概念。社群通常意味著成員之間有著共享的歷史、語言、文化、宗教、價值，以至生活方式，因此形成一個緊密團結和休戚與共的命運共同體。然而，現代國家卻是多文化、多族群、多宗教的分殊社會，國家團結和統一的基礎，不可能依靠某種特定的宗教信仰或文化傳統，而須仰賴一組大家都能合理接受的普遍性原則。自由主義之所以成為現代國家的奠基性哲學，絕非偶然，而是因為它的基本理念和制度安排，能夠合理回應現代多元社會的挑戰。

麥金泰爾批評自由主義不重視社群的特殊性和在地性，卻沒有意識到，正是建立在政教分離、平等權利、民主程序等普遍性制度之上的國家，才能有效保證多種族、多宗教的公民在互相尊重的前提下自由發展。自由主義不是不重視社群，而是認識到現代社會不再是單一社群，因此必須建立新的政治框架來尋求和平共存。就此而言，從社群到國家，是現代政治的「範式轉移」（paradigm shift）。[17] 麥金泰爾拒斥自由主義，希望國家變回社群，並提出一種社群主義式的愛國主義，不僅無法回應時代，也會導致令人難以接受的結論。

四

我在前面主要論證，我們不應接受一種不加反思的、無條件的愛國主義。換言之，我們要做清醒、有原則的愛國者，而不是盲從、沒有價值底線的國家主義者。我們現在將討論往前推進一步，看看自由主義會主張以哪些價值作為愛國的基礎。

一個自由主義的政治制度，會特別重視四項價值：秩序、自由、平等和正義。也就是說，一個值得我們效忠的國家，必須以這四者作為它的憲法基礎。這不是說，我們必須等到這些價值完全實現，才去認同這個國家，而是作為共同體的成員，我們希望自己的國家能追求和實現這些價值，我們也以這些價值去判斷和約束國家的作為。如果既有的政體嚴重違反這些價值，我們就沒有認同和效忠的義務，甚至有不服從以至反抗的理由。以下我將就這四方面略作申論。

第一，自由主義有著獨特的看待國家的視角：個體先於國家而存在，而我們之所以需要國家，是因為它較無國家的自然狀態，能夠更好地保障每個人的利益，包括我們的生命、自由和財產，以及身分認同所需要的各種物質、精神和價值資源。國家最重要的功能，是制定和執行法律，建立一個大家願意服從的政治秩序。有了秩序，我們的人身和自由才能得到保障，穩定的社會合作才有可能。自由主義和無政府主義最大的分別，是它相信國家是穩定的政治秩序的必要條件。這是洛克、盧梭、康德等發展出來的社會契約論的基本觀點。

不過，讀者須留意，這裡所說的「先於」，不是指時間上或身分認同上的個人先於國家，因為在這兩種意義下，國家顯然先於個人而存在。這裡的「先於」另有所指。首先，它是指在道德意義上，國家沒有任何不證自明的權威，可以要求個體無條件地服從它的統治。相反，只在有充分的理由支持下，個人才有服從的義務。其次，它是指在反思和批判的意義上，個人永遠可以從國家成員的身分抽離出來，詰問和評價國家的所作所為，即使他仍然深愛這個國家，甚至拒絕離開這個國家。[18]

第二，秩序固然重要，自由主義認為自由同樣重要，所以它致力追求的是自由人的聯合體。自由和秩序之間會有張力，可是這種張力並非無法克服——只要國家建立起一個以法律為基礎的自由制度，確保所有人能在尊重他人相同的自由的前提下行使各自的自由，自由的秩序就有可能。是故，國家最重要的責任，是通過憲法，賦予所有公民平等的基本自由的權利，同時確保這些權利能在公平的社會環境中得到充分實現。

第三，在建立自由秩序的時候，自由主義強調，所有成員必須得到國家平等的關懷和尊重。也就是說，不同性別、膚色、宗教、經濟階級、性傾向、成長背景的人，不管他們之間有多大分別，他們都是國家平等的公民，理應享有平等的權利和尊嚴，包括平等的信仰自由和思想自由、平等的教育機會，以及平等的婚姻權和工作權等。自由主義主張用民主的方式進行集體決策，同樣是相信政治平等，認為每個公民都應享有平等的參與公共事務的權利。

第四，國家必須將正義放在首要位置。正義關注的主題，是國家能否給予平等的公民公平的對待，包括在司法中獲得公平審訊，在政治中享有平等權利，在經濟層面獲得合理報酬，在社會中得到恰當的承認等。「正義」作為一種道德要求，應用範圍相當廣泛，不過歸根究柢，它關心的始終是個體在國家規範的集體生活中，能否得到公平的對待。國家無疑有許多要履行的職責和要追求的目標，可是國家必須重視正義，因為我們都是國家的主人，都有內在的價值和尊嚴，理應得到國家公正的對待。那些明顯不義的國家，例如鼓吹宗教和種族歧視，嚴重侵犯個人權利的政權，都不值得我們效忠。[19]

讀者或會問，即使這四種價值十分重要，為什麼一個愛國者需要認同這些價值，而不是直接認同自己國家的歷史和文化？如果這兩者有衝突，為什麼要給予前者優先？自由主義不會否定歷史和文化的重要，更不會阻止國民熱愛自己的傳統，不過它會強調，國家首先是個政治的概念。國家的本質，是擁有制定和執行法律的權力，背後有武力支持。換言之，國家不是一般意義上的社群，而是有無上權力的組織，直接影響我們每個人的自由和幸福。所以，國家能否給予每個成員公平對待，便至關重要。舉例說，如果我們明明知道某種受高度讚美的傳統習俗，其實隱含對女性或少數族群的歧視，我們就沒有理由繼續以之為國家認同的基礎。對自由主義來說，秩序、自由、平等和正義，是國家具有正當性的重要基礎。我們對國家的忠誠，絕非無條件，而是看國家有多重視這些價值。一個混亂失序、壓制異見、種族歧視、踐踏正義的國家，不值得我們無條件的擁護。

一個自由主義式的愛國者，當然會珍惜自己國家的歷史文化，也會給予自己同胞特殊的關懷，並且在國家有難時挺身而出。對自由主義來說，認同普世價值，致力以這些價值來建設國家，不僅和愛國主義沒有衝突，而是應有之義。錢永祥便認為：「愛國者對自己國家的處境與前途感受到了強烈的責任心，轉成熱切的驅動力量，追求平等與包容的政治共同體，目的正是為了實現美好國家的夢想。愛國主義為自由主義提供了情感的動力，自由主義展示了愛國之情所必須遵循的倫理邊界。這兩者並不矛盾，而是相互支援的。」[20] 當這些價值體現於憲法，實踐於制度，成為個人日常生活的指引和規範時，它們就是社會團結和統一的基礎，也是我們的國家認同的重要源泉。[21]

五

討論至此，讀者應見到，本文所論述的自由愛國主義，是重視反思批判、尊重自由權利，以及在乎平等正義的。有論者或會質疑說，加了這些條件後的愛國主義，早已不是那種充滿激情、富感染力、動員力強的集體主義式的理論，既然如此，倡議這樣的愛國主義有何意義？

這是很好的問題。可是我們首先得先問：什麼是真正的愛國主義？長期以來，愛國在中國被認為是天經地義、不能質疑、毋須反思的高尚情操，而怎樣才叫真正愛國和足夠愛國，則由政府視乎政治需要來決定。例如，所謂的愛國行為，常常和「反分裂」、「促統一」、「爭取偉大文明復興」、「發展異於西方的中國式現代化」，以及「愛國必須愛黨」等口號連在一起。久而久之，大家都已習慣，愛國主義其實就是一種集體主義式的政治動員，最重要的，是要懂得跟著官方調子起舞。

無論認同或反感這種操作的人，可能都不太意識到，我們其實可以有別的愛國主義的想像。例如，在自由民主社會，儘管沒有中國那樣的愛國主義教育，公民同樣會真誠熱愛自己的國家，在國家有難時同樣願意為國犧牲。他們的愛國情懷，不是由於官方操控，更不是出於對政黨和領袖的崇拜，而是對政治共同體的建國歷史以及憲法中承載的價值，有發自內心的認同。當自由、平等、權利、民主、法治這些價值成為制度的基礎，並且得到公民的廣泛接受，它們就會成為維繫多元社會的紐帶，並且為公民的愛國情懷提供堅實支持。

同樣值得留意的，是在民主社會，愛國不是強制性的政治義務，人們對於應否愛國以及如何愛國，可以自由辯論，甚至可以對國家的重大政策提出尖銳批評和質疑，例如發起各種反戰運動。這樣的社會環境，會否由於過度強調理性反思，而令人們缺乏愛國熱情？不見得。經過自由思考和嚴肅探究後形成的政治信念，會令個體更加知道自己為何而愛、如何去愛，以及愛的界線和限度。事實上，一個健康的社會，並不需要公民有過度的愛國狂熱，而只需要他們清楚自己的權利和義務，過好自己的生活，並在力所能及的前提下參與公共事務。

最後，有人或會說，既然目前我們無法享有這樣的自由環境，愛國主義的論述又被黨國牢牢控制，自由主義何不乾脆放棄愛國主義，不要和它有任何理論和實踐上的連結，改為倡議一種世界大同主義？在全球化時代，確實有不少這樣的聲音，而「全球公民」(global citizen）的理念也日益普及。可是在缺乏世界政治共同體的情況下，這種想法暫時只能是一種立場宣示，卻難以有實質的政治意含。

我認為，只要條件許可，中國的自由主義者都應該積極介入愛國主義的討論，因為它是今天中國最有政治動員力的論述，如果自由主義不去回應人們精神上強烈的愛國需要，同時提出論證去嚴正反駁那些極端和危險的愛國主張，只會令自由主義變得更加邊緣，甚至在未來可能的政治轉型中失去關鍵的發言權。更重要的是，自由主義自始至終肯定國家的必要，主張一個有道德正當性的政體是政治忠誠的前提。心繫自己的國家和關心自己的同胞，致力推動國家變得更加民主和公正，是自由愛國主義者的應有之義。

22 公共生活的意義

一

我們今晚討論的主題，是「公共生活的意義」。[1]在疫情肆虐的當下，難得有好幾百人參與今晚的討論，可見大家很關心這個課題。我先做個簡單引言，然後請大家提出問題和參與討論。我會集中探討三個問題：一，什麼是公共生活？二，公共生活為什麼重要？三，實踐公共生活需要什麼條件？

為什麼要將「公共生活」當作問題來討論？我想大家都留意到，過去十年，中國大陸公共領域的生態環境持續惡化，政府對公民社會的控制愈收愈緊，以前正常不過的聚會，例如思想講座、書店沙龍、青年夏令營，以至讀書小組等，現在卻處處受限。網絡監控更是如此，微博和微信的刪文和炸號愈來愈頻密，人們已經很難找到放心表達意見的平臺。在這種環境下，人們被迫退回私人領域。大家不是不想關心公共事務，而是不能夠這樣做。去公共化，是這個時代的標誌。

我特別關心這個問題，因為這些年來我一直在做各種公共生活的嘗試，包括策劃和主持咖啡館沙龍、青年夏令營、犁典讀書組、思托邦講座系列，以及經年累月在微博和臉書與網友交流等。通過這些嘗試，我體會到公共生活對個人和社會的重要。我剛才和大家分享過往活動的一些相片，一來是想說，美好的公共生活不僅可以想像，而且可以實現；二來也想為大家打氣，希望大家知道，即使處境艱難，也不是無事可為。現在讓我們進入討論主題。

二

首先，什麼是公共生活？我認為，公共生活至少有三個重要面向。

第一，公共生活指的是人們在公共領域，就大家關心的公共議題，以公共的方式參與和實踐的生活。公共領域相對於私人領域，原則上向所有人開放，容許大家自由進出；公共議題是與公眾利益相關，值得公民共同關注的議題；公共方式是指公開、說理、彼此尊重的交往方式。我們現正舉行的線上沙龍，就是這樣一種生活：講座向所有人開放，Zoom是個人人可使用的平臺，討論的是大家共同關心的議題，並以自由說理的方式進行。

第二，公共生活不是私人生活，也不是商業生活，而是帶有公共關懷的生活，例如我們組織一個團體，一起去關心環境汙染、動物保護、食物安全、醫療福利，又或教育公平等議題。這些議題和大家的福祉息息相關，而且我們的參與，不僅是為了個人好處，更是希望問題得到合理解決。公共生活的背後，預設了某種價值關懷：我們希望這些價值，能夠得到社會重視。這也就意味著，我們不視自己為純粹的經濟人，只關心自己的利益；我們也不視社會為市場，個體之間只有工具關係。

第三，公共生活往往也意味著，我們與他人處於同一個場域，共同參與某個計畫或實現某個目標。當我們進入這樣的場域，我們的身分和心態，往往會有所改變。讓我用個真實例子來說明。我曾經主持過一個讀書會，叫「犁典讀書組」，每三星期聚會一次，每次集中閱讀一篇政治哲學文章，然後大家有三小時的深入討論。這個讀書組持續了十五年，參加者有本科生和研究生、大學和中學老師，也有從事不同工作的朋友。

讀書會也許是最為普及的一種公共生活。大家進入讀書會這個場域時，是怎樣的狀態呢？首先，它是自願的。大家出於自己的意願參加，不喜歡可以隨時離開。其次，彼此是平等的。所有參加者都是讀書組的平等成員，大家可以隨時提出問題和參與討論，沒有人會因為讀書組以外的身分而受到任何差等對待。再其次，讀書組的性質，界定了參加者要遵守的一些規則，例如參加之前必須讀完指定文章；討論時要言之有據，要尊重別人提出的不同觀點，同時也要習慣據理力爭。也就是說，你要學習參與這個活動所需的某些素質和德性，因為它們是你得以享受這個活動的前提。公共活動作為一種實踐，對人是有要求的。最後，在參與活動的過程中，你會有知性的成長，獲得他人的友誼，甚至經歷某種你未曾想過的生命的蛻變。

以上三點，不是要為「公共生活」提供一個精準定義，而是嘗試勾勒公共生活的一些特點。這些特點也不一定體現在所有公共活動之中，因為現實總有各種限制。在正常社會，「公共生活」

不是一樣抽象和理想化的東西，而是我們日常生活的一部分。遺憾的是，在我們生活的世界，由於權力的粗暴干預，這部分被嚴重扭曲，甚至被完全奪走了。

三

接著下來我想談談，公共生活為什麼對我們如此重要。我這裡分享三點原因。

一，公共生活可以為我們帶來難以言喻的快樂。這個原因看似平常，我卻覺得十分重要。大家試想想，如果一種生活不能給我們快樂和意義，反而是持久的痛苦和負擔，人們就會問：為什麼要追求這種生活呢？公共生活的好，來自於人是社會性存有。我們不是孤零零的存在，而是自幼便活在文化社群，與他人有各種各樣的連結。通過不同的公共活動，我們可以真實地獲得活動本身帶給我們的愉悅。

即如今夜，我們來自五湖四海，彼此本來互不相識，卻有機會在一起討論。在這種思想對話中，我們感到快樂充實，甚至覺得這樣的生活很美好。為什麼呢？因為我們在認真思考，在建立友誼，在尋找共鳴，在體驗being together in a community for something meaningful（為有意義的事而聚在一起）。這些快樂，很難形容，可是一旦嘗過，自會明白。又如過去幾年，我在香港城市中心一家咖啡館辦思想沙龍，每月一場，討論的都是嚴肅話題，主講的有學者、作家、藝術家、記者、律師，還有活躍於公民社會的年輕人。在我眼中，他們是香港最棒、最優秀的人。[2] 咖啡館很小，來的人卻很多，每次大家都要擠在一起站上幾小時，甚至乾脆坐在地上，而討論是難以想像地踴躍和熱烈。

我有時候會問參加者，為什麼上完一整天班，還要這麼辛苦趕過來呢？為什麼不和朋友去看電影、泡酒吧，又或乾脆回家好好休息？他們告訴我，一點也不辛苦，而且很享受。享受什麼呢？享受一群人在一起認真思考的愉悅，那是平時上班不曾體會過的事。沙龍以外的那個世界，很難會有人和你討論這個城市正面對什麼危機，有些日子為何值得紀念，以及有些事情為什麼必須堅持。經常有人勸我，何必花那麼多時間和精力做這些吃力不討好的事，甚至承受不可知的風險？他們不知道，我其實很快樂。在沙龍中看到那一張張認真思考的臉，聽到那些因為思想有所共鳴而迸發的笑聲，我真的覺得，所有的付出都是值得的。

二，公共生活另一種價值，是為我們建立人與人之間一種特別的連繫，我們可稱之為「公共連繫」(public connection)。舉例說吧，設想我們生活在同一個城市，有天政府宣布推行一項會嚴重破壞生態環境的政策。這時，有人發起抗議，號召大家站出來守護家園，組織各種行動向政府表達不滿。如果你積極投入其中，你會發覺，你與其他有著相同理念的人，開始建立一種連繫，產生一種認同，甚至對這個城市有全新的感受。這種連繫，和私人交往不同，我們或許可稱為「公民友誼」。許多投身社會運動的人，都會發覺自己的生命與之前有根本不同，其中一個原因，就是在運動中遇到志同道合的人。近年很多香港人喜歡將香港稱為「我城」，因為大家認同這個城市的某些價值，因此願意將自己和這個城市連繫起來。如果你很討厭它，你斷不會說那是「我的城市」。

公共連繫為什麼重要？我會說，那是人的完整發展的基本條件。這牽涉到我對人們的理解。簡單來說，人具有不同的能力（capacities），而人要活得好，就需要充分發展這些能力，因為只有通過這些能力，人才能實現一些生命中重要的、有價值的活動。例如：你要能夠閱讀，才能進入文學的世界；要懂得遊戲技巧，才能享受遊戲的樂趣。同樣的，你要擁有公共參與的能力，才能享受公共生活的好處。這些能力發展得愈好，你就愈能見到廣闊的世界，體會到更多美好，成為更完整的人。

公共參與需要什麼能力？你需要對公共事務有基本的理解和關懷，也需要學會公開表達自己的想法和容忍異見，更需要懂得與他人合作。這些能力不是一蹴而就，而需要通過公共生活慢慢習得。一旦擁有這些能力，同時社會有足夠空間讓我們以不同方式建立各種連繫，我們就會成為公共人，我們的自我認同和生活質量也會跟著改變。

三，公共生活的發展，和社會轉型有莫大關係。社會轉型需要兩項重要條件：新的觀念和新的公民。沒有新的觀念去挑戰舊的制度，我們就不知道社會出了什麼問題，也不知道改革應往哪個方向走；掌權者不會突然良心發現而放棄手上特權，因此，沒有人的努力，這個世界不會無緣無故變好。

這些道理大家都懂，問題是新觀念和新公民從哪裡來。我認為，公共生活在這裡有重要作用。大家試想想，如果存在一個自由開放的公共領域，年輕人可以在那裡盡情吸收新知，無拘束地交流觀點，也可以參與不同公益活動，甚至團結在一起爭取權益，我們整個世界一定會很快變得不一樣。體制為什麼會那麼害怕公民連結，以至用盡各種方式打壓公共生活？正是因為他們太清楚，公共生活是孕育新觀念和新公民的溫床。

四

既然公共生活如此重要，那麼好的公共生活需要什麼條件？以下我從制度、文化和個人三個層面略作討論。

第一個層面，是制度條件。我們的政治和法律制度，必須充分保障每個人都有參與公共生活的權利。沒有基本的言論和思想自由、信仰和結社自由，新聞和網路自由，以及免於恐懼參與公共事務的自由，我們的公共生活就會受到嚴重限制。這種不自由所帶來的傷害，大陸的朋友應該有很深感受。二〇二〇年七月一日香港實施《國家安全法》後，我們的公民社會也發生劇變，過往習以為常的各種公共活動，現在已日漸式微。

許多人以為，自由只是用來保障個體在私領域免受公權力干預，卻沒意識到，自由也保障我們在公領域參與公共生活的權利。當一個社會沒有了遊行集會和示威抗議的自由，沒有了組織工會和學生會的自由，沒有了閱讀和思想的自由，我們就很大程度上被剝奪了公共生活。這也就意味著，我們被強行驅趕回私人領域，我們的許多能力也就無從發展。我們須明白，活在這樣的制度下，沒有人可以獨善其身。

第二個層面，是文化條件。法律保障我們的自由，文化則充實我們的生活。大家都有旅行的經驗。大家最喜歡去什麼樣的城市呢？我想除了風景美麗，大家一定還希望這個城市有豐富多元的文化生活，例如隨處都能見到書店和圖書館、咖啡館和劇場、講座和沙龍、音樂和電影、報紙和雜誌，還有形形色色的公共空間。正是這些元素，為我們的公共生活提供養分，「潤物細無聲」地培養我們成為公共人。

說到這點，我就很難不想起香港。現在回望，我才意識到，香港過去數十年公共文化的發展，原來有過那樣的黃金時代，使得整個社會民主意識高揚，公民參與活躍，激發出一波又一波社會運動。當時只道是尋常，唯有在整個城市公共空間收窄，公民社會凋零，公共活動幾近於無的時候，我們才知道曾經的壯闊美麗。

此外，我們也須明白，良好的公共生活需要一套有效的公共語言和道德觀念來承載。人是通過觀念來思考和交往，而公共事務關乎眾人之事，包括權力如何行使才有正當性，公民享有什麼權利，資源應該如何分配等，都須在公共領域充分討論，才能為社會行動提供道德支持。人們參與討論時，可以運用什麼概念和召喚什麼理想作為批判現狀和要求社會改革的憑藉，往往是影響社會發展的重要前提。

第三個層面，是個人條件。參與公共生活須具備的基本素養，包括重視正義、平等待人、理性說理、尊重異見等，都需要在實踐中學習。容我再舉一例。大家都知道，微博是中國最多人使用的網路平臺之一，以前曾聚集大批自由派知識人，帶來許多高質量的討論。很可惜，隨著網路生態日益敗壞，不同觀點的人已無法在上面有正常的理性討論。扣帽子、人身攻擊，以至集體舉報，成為常態。我曾在微博耕耘多年，一直努力推廣公共討論的倫理。很可惜，我的微博帳號一次又一次被炸，根本連說話的機會都沒有。儘管如此，我仍然覺得，我們不要因此而氣餒，因為即使在微博目前的環境下，我還是見到有許多年輕人，對於公共生活有許多期待。辜負大家的，是不好的制度。

近年我每次做講座，總會有朋友跟我說，老師你說的都很有道理，可是體制實在太強大，我們怎樣努力都是徒勞。生活在這個時代，要麼就躺平，要麼就「潤」出去（出國），不要奢望可以改變什麼。這種無力感，近年愈來愈普遍。環境確實艱難，但該做的事，無論多麼細小，如果你認為有價值，還是值得踏實地做，並且盡力做好。即以今晚為例，我們數百人在這裡一起討論，雖然不能即時改變什麼，我卻覺得很有價值。為什麼呢？我們此刻當下，就是在經歷一種公共生活啊。大家今晚不去別的地方，選擇聚在一起認真討論，其實就是彰顯一種活著的姿態：我們對自己、對這個世界，仍然有要求。我認為，在晦暗時代，堅持獨立思想，堅持結伴同行，活出自己喜歡的公共生活，就是一種反抗。

第五部分

左翼與右翼

23 還有理由做個自由主義者嗎？

——左翼與右翼之間

一、自由主義的雙重困境

自由主義傳入中國已有百年，是無數知識人的價值寄託所在。[1] 人們堅信，自由民主制是中國政治現代化的出路。事實上，自由主義的理念在兩岸三地的社會運動中一直起著重要作用。舉例來說，一九一九年北京的五四運動、一九六〇年前後臺灣的《自由中國》雜誌知識群、一九八九年席捲全中國的民主運動、一九九〇年臺灣的「野百合學運」、二〇〇八年以劉曉波為代表的《零八憲章》運動，以至二〇一四年香港的「雨傘運動」，都是以自由、民主、人權為基本訴求，並且在社會產生巨大迴響。可以說，在過去百年政治現代化進程中，自由主義的基本價值，經過一代又一代人的努力，早已在華人社會獲得廣泛認同，成為推動社會轉型的重要動力。[2]

儘管如此，我們必須同時承認，自由民主作為政治理想，不僅仍然未能在中國實現，反而較以往面對更大的挑戰，以至連不少知識人都不再願意公開承認自己為自由主義者。現實中的挫折顯而易見，因為中國政府並沒有如許多人所期望的那樣，隨著經濟改革開放和加入全球貿易體系而推行民主轉型。相反，在各種高科技工具支持下，中國政府對社會實行更全面、更高效的操控，導致政治自由闕如，公民社會式微，維權和結社行動稍有苗頭便遭強力壓制，甚至連正常的學術討論，現在也變得困難重重。與此同時，不少學者更主動迎合國家意志，因應政府所需，生產出林林總總的反自由主義論述，主張中國崛起必須要有自己的「模式」和「道路」，更要發展出「中國式現代化」，目的自然是要合理化黨國體制的威權統治。由於缺乏言論和出版自由，思想界根本難有機會對這類論述做出公開反駁，久而久之，它們也就在社會取得支配地位。

在中國，人們習慣將同情自由主義的人，稱為右派。而右派的思想資源，則主要來自西方的經濟自由主義，有時也被人稱為「新自由主義」或「自由放任主義」。他們特別強調，他們師承海耶克、傅利曼、奧地利學派和芝加哥學派等為代表的古典自由主義傳統，認為國家最重要的責任，是建立一個完全競爭的市場經濟制度，充分保障公民的私有財產和個人自由，並將政府的功能減到最小。換言之，小政府和大市場，是自由主義的基本立場。上世紀九〇年代以降，這樣一種對自由主義的理解，在中國知識界、媒體、工商界，以及在公共討論中得到廣泛認可。至於那些聲稱同樣重視平等和正義的左翼自由主義觀點，則被經常質疑是在邀請政府以平等之名干預個人自由，不是真正的自由主義，而是向社會主義傾斜的左派，實際上是對自由主義的背叛。

經濟自由主義能夠在中國取得主導地位，除了學理上的吸引力，也和中國特殊的政治環境有密切關係，例如人們可以利用它來推動中國的市場自由化，甚至寄望經濟改革可以進一步引發政治改革。可是，來到今天，這個論述已經愈來愈失去說服力。無疑，從一九八九年以降，經過三十多年的急速發展，中國已成為世界經濟強國，可是民主改革不僅毫無寸進，基本自由和個人權利方面更是每況愈下。與此同時，權力和資本的緊密結合，催生出劣質的權貴資本主義，貪汙腐敗、貧富懸殊、階級分化、城鄉對立、環境汙染，以至社會普遍存在的各種不正義，更已去到觸目驚心的地步。這些問題的始作俑者，當然不是自由主義。真正需要負責的，是中國政府。可是，和以前不同，愈來愈多人不再相信，更為徹底的經濟自由化是解決問題的出路。

我們於是見到，自由主義在中國正面臨雙重困境：政治上受到嚴厲限制，道德上日漸失去認同。具有社會關懷和批判意識的新一代，在尋找政治理想和思考未來出路時，往往不會再選擇自由主義，而是轉向其他理論，例如女權主義、民族主義、愛國主義、文化保守主義、正統馬克思主義，又或接受官方的「中國模式」論述。這意味著中國的自由主義如果不能提出新的政治道德論述，它在接下來關於中國社會轉型的思想論爭和公共行動中，很可能就會失去年輕一代的認同和支持。

面對如此境況，人們難免會問：自由主義在中國還有未來嗎？這個問題有兩層意思。第一層關注的，是自由主義如何在目前艱難的政治環境中生存和發展下去；第二層探問的，是自由主義作為一套政治道德觀，是否仍然值得追求。兩個問題同樣重要，不過第二個顯然更為根本，因為自由主義如果不再值得追求，第一個問題便變得無關宏旨。相反，如果我們在理念上認同自由主義，那麼無論現實多麼艱難，我們仍有繼續堅持下去的理由。

我相信是有理由的。我在本文將指出，新自由主義或經濟自由主義並沒有窮盡自由主義的道德想像，我們仍有充足的理論資源，論證另一個版本的自由主義：它一方面能提供充分理由去爭自由和反威權，另一方面也能重視公平的社會分配，同時能更好地理解和回應人們在現實生活中承受的壓迫和苦難，從而為社會改變提供方向。我在本文稱這種版本的自由主義為「左翼自由主義」。這裡所說的「左翼」，是指自由主義傳統中的左翼，而不是那種要徹底否定自由主義基本價值的左翼，更和威權主義和極權主義沾不上邊。

本文的結構如下。在第二節，我會先直接論述我所理解的左翼自由主義，指出它的基本特點和道德基礎。在第三節，我會介紹新自由主義的思想發展史及其基本主張，並以芝加哥學派的傅利曼為討論對象。[3]在第四到第六節，我將分別從政治自由、分配正義和個人自主三個角度，分析和反駁傅利曼的觀點。最後一節，我會作一總結，說明為什麼我們仍有理由做個自由主義者。

二、左翼自由主義的四個命題

左翼自由主義的最大目標，是建立一套正義的社會合作制度，確保所有公民能夠享有平等的政治權利去實現集體自治，同時擁有充分的基本自由以及足夠的社會、經濟和文化資源，去發展自己的能力和追求自己想過的生活。[4]這項定義的背後，有著自由主義對政治和對人的獨特理解。我認為，它有四個基本命題。

第一，自由主義是一套關於社會應該如何安排方為正義的政治理論。它希望通過制度安排，使得活在其中的每位公民，能夠得到國家的公正對待，並活出人的價值和尊嚴。自由主義不否認人性有各種弱點，集體合作有各種困難，可是仍然相信憑著人的理性能力和道德能力，加上歷史經驗和制度嘗試，人們可以學習如何好好地生活在一起。自由主義不以服務社會某個統治階層為目標，更沒意圖以政治宣傳欺騙民眾。它不接受所謂「高貴的謊言」或「仁慈的家長制」這樣的治術，而是希望建立一個公開、透明、說理的社會，使得自由、平等的公民認同這是值得他們支持的「自由人的聯合體」。[5]這個理想能在多大程度上實現，須視乎各種條件的配合，可是有一點卻確定無疑：自由主義認為政治有正義可言，並致力建立一個公平的社會合作體系。羅爾斯認為，正義是社會制度的首要美德，也是這個意思。[6]我們可稱此為「社會正義的優先性」命題。

第二，自由主義特別強調制度的必要和重要，因為沒有制度就沒有秩序和合作，而為了令制度能得到所有人的普遍服從，國家就必須擁有制定、詮釋和執行法律的權力。可是這樣一來，國家權力和個體自由之間就會產生張力。為了化解這重張力，國家權力的行使就要有正當性。只有滿足正當性的要求，權力（power）才能轉化成權威（authority），從而在公民中間產生必須守法的動機和義務。[7]就此而言，不是愈接近無為而治的國家就愈好，因為我們需要國家保障我們的生命、財產和自由，也需要國家維持穩定的社會合作，並在人與人之間發生衝突時出來主持公道。所以，問題的關鍵，不是要不要國家，而是什麼樣的國家制度，才能最好地滿足政治正當性的要求。這裡的「正當性」，不僅是指人民簡單的「相信」，而是指國家制度的設計及其權力的行使，必須符合某些公正程序，體現某些基本價值，從而得到公民的反思性認可。[8]我們可稱此為「基本制度的正當性」命題。

第三，自由主義在建構社會制度時，總是力求從「公平地保障和促進每個公民的根本利益」出發。根本利益界定了我們的福祉，公平界定了這些利益應該以什麼方式分配。對於什麼構成人的根本利益，自由主義有它的獨特想法。首先，自由主義認定，我們每個人自誕生以來就是道德意義上的獨立個體，而不是任何人的附庸和工具。我們是自己生命的主人，有自己的思想和意志，渴望活出和活好自己的人生。[9]就此而言，我們每個人都有追求幸福的權利。[10]其次，自由主義也假定，我們都有追求幸福的能力。舉例說，只要在一個正常和自由的環境下成長，我們都能逐步發展出基本的理性能力、道德能力和情感能力，從而幫助我們建立自我，找到自己想要追求的目標和理想，並懂得運用各種有效的方法去實現這些計畫，賦予自己的生活價值和意義。

基於上述兩點，自由主義主張，活得幸福的一個必要前提，是每個人所過的生活必須得到主體本人的真實認可，包括信仰、事業、政治認同、婚姻，以至生活方式等方面，都應尊重主體本人的意願。一個人活得好不好，不應只從第三者的視角說了算，因為每個主體對於自己的生活狀態，在大部分情況下，理應有最後的話語權。自由主義認為，國家應該尊重人的自主性，並盡可能提供必要的條件，協助每個人活出屬於自己的人生。讓我們稱此為「個人自主的幸福觀」命題。

誠然，由於內在和外在的各種局限，個體有可能會做出不明智、非理性，甚至傷害自己的決定。自由主義並不否認有這種可能，不過卻依然認為，我們應該對人有基本信任，同時相信唯有通過持續的「生活實驗」，人才能發展「個性」，找到自己想走的路。[11]犯錯是人生的必然，人只能在犯錯中成長。一個好的社會，不是不容許人犯錯，而是盡可能提供有利的條件幫助人做對的決定，同時減輕人犯錯後需要承受的代價。[12] 基於這種想法，自由主義主張為所有公民提供良好的義務教育，而且特別重視培養學生的理性自主和道德自主能力，使得他們能夠更好地瞭解自我和認識世界，從而能夠在個人和公共事務中做出明智決定。就此而言，教育的最高目的，是幫助人成為自由人。

不少人以為，自由主義是一種在幸福問題上保持「價值中立」的理論，因為它並不在意人們活得好不好，又或認為這個問題本身是完全主觀的，是故才將選擇的權利交到個體手上。這是很大的誤會。自由主義極度重視每個人能否活得幸福，而且認為幸福生活的前提是得到主體的自主認可，所以才主張給予個人充分的自由選擇的空間，因為自由是實現人的自主性的必要條件；同樣的，國家有責任提供必要的物質和文化條件，確保所有公民的自主能力能夠充分發展。換言之，人身自由、信仰自由、思想自由、結社自由，以至義務教育、公共醫療，以及基本的社會保障等，都是活得幸福的重要條件。自由主義的制度安排，建基在一種特定的幸福觀之上：每個都應有權利去活出一種能夠自我主宰的人生。[13]

一旦將人的自主性及相應的基本自由放在如此重要的位置，國家就不可能再像前現代政教合一的社會那樣，要求所有人必須接受同一種宗教觀。為什麼呢？因為人是多樣化的存在，每個人的性格、能力、志趣、目標都不一樣，只要國家容許個人根據一已意願做出自由選擇，社會就必然是信仰和文化多元之局。[14] 如果有國家意圖運用權力去強行消除這種多元性，就意味著這是暴政，是對人的多元性和自主性最大的傷害。既然如此，自由國家用什麼來維繫多元社會的統一和團結？那自然是靠平等的基本權利、公平的民主程序，以及公正的法律制度。

第四，自由主義堅信人人平等，認為人作為人，在最低程度上擁有理性和良知，配享同樣的尊嚴和權利。[15]也就是說，國家應視政治共同體的所有成員為平等的參與者，給予他們平等的關懷和尊重。嚴格來說，「人生而平等」是個道德命題，反映的是自由主義很深的道德信念。事實上，人一出生就已存在各種不平等，包括先天能力和社會條件的差異。如果制度默許甚至鼓勵這些差異帶來的政治及經濟不平等，就會被視為理所當然，並對所有人的人生前景有深遠影響。像羅爾斯這樣的自由主義者認為，我們不能無視這些不平等的差異帶來的後果，否則制度就不能公平對待所有成員。[16]所以，在考慮規範社會的基本原則時，我們就有必要站在一個道德的觀點，視所有成員具有平等的道德價值，並以平等的道德身分參與社會合作。

一旦接受這個觀點，傳統社會中由於性別、信仰、種族、膚色、階級等而帶來的種種壓迫和支配，就是任意和錯誤的，因為它們傷害和否定了人的平等尊嚴。平等尊嚴的基礎來自哪裡？來自我們都擁有理性自主和道德自主的能力。如何通過制度體現平等的尊嚴？法律面前人人平等；平等的基本權利，包括思想、信仰、職業、婚姻、財產、遷徙等；平等的教育和就業機會；當然還有平等的政治權利，包括集會、結社、抗議、選舉和被選舉等。這些平等的權利就像一張網，界定我們的基本制度，規範我們的社會關係，以及保障我們的自由。可以說，自由民主社會的獨特之處，是以平等的個人權利為基礎，而證成這個制度的主要理由，是對人的自主性的肯定和重視。當個體有了這些權利，就再不用擔心由於性別、信仰、膚色等差異而遭到制度性的歧視和壓迫，同時可以放心地發展自己的能力和追求自己的目標。讓我們稱此為「平等的公民權利」命題。

我們經常聽到這樣一種論調：自由和平等是兩種不相容的價值，而自由主義選擇了自由，社會主義則選擇了平等。從以上討論可見，這是非常錯誤的想法。自由民主社會不僅重視自由，也重視平等，所以才會致力建設一個所有人享有平等的自由和權利的社會。自由界定了人的根本利益，平等界定了這些利益合理分配的方式。自由主義追求的，是一種「自由人的平等政治」。

有人或許馬上質疑，既然自由主義如此重視平等，為什麼不利用制度，將人與人之間所有的差異磨平，從而實現一個絕對平等的社會？這不僅是因為現實上很難做到，道德上也不可取。首先，人與人之間存在差異是個客觀的事實，而差異本身並不必然就等於不正義，或直接導致不正義。其次，這些差異往往是表現人的個性和構成人的身分的重要元素。當每個人都能充分實現自己的才能，發揮自己的長處，社會才會變得多元豐富，彼此的能力才可以互相補足，從而令所有人受惠。[17] 如果追求平等的結果會令社會變得單向度和單顏色，那絕對不是自由主義想要的結果。最後，既然自由主義肯定人的自主性，那麼就必須留給人們足夠的選擇空間，同時令做出選擇的個體承擔起相應的責任。如果為了平等的結果而忽略個人的責任，對選擇者或對其他人，都不公平。[18]

基於上述考慮，自由主義的平等立場，也許可以如此表述：在承認和肯定自主個體享有平等價值的前提下，一個重視正義的國家，應該力求通過制度安排，將所有導致壓迫、宰制、支配、異化、不公平的競爭機會和財富收入的因素減到最低，從而使得所有個體能在一個公平的制度環境下，活出自己想過的人生，同時承擔起應有的責任。舉例說，在教育領域，國家應該確保所有小孩都有接受教育的公平機會，盡可能減低階級差異導致的起點不平等，使得他們都有條件發展自己的能力和興趣。在經濟領域，我們一方面要鼓勵創新和承認人們的努力要有相應回報，另一方面要致力創建公平的工作環境，使得所有參與者不會受到不合理的對待，包括合理的工作報酬和充分的勞工保障，以及消除任何形式的歧視，尤其是性別和種族歧視。在社會領域，國家必須承擔起照顧由於各種不幸原因而陷入生活困境的公民的責任，包括公共醫療、失業救濟、傷殘和老人津貼等。在文化領域，國家有責任提供足夠的基礎設施和必要支持，使得不同信仰和族群的公民，能夠在公共生活中肯定自己的文化身分，並在平等尊重的前提下追求自己所意願的生活。

以上所論只是原則性的大方向，具體的制度和政策如何安排，自然須考慮不同國家的現實情況和經濟發展水平。這裡要強調的是，自由民主國家的發展歷史告訴我們，自由主義事實上極為重視人的平等，並且努力將平等的理念實踐到社會不同領域。這無疑是現代社會極大的一項成就。可是，重視人的平等並不表示要將人們整齊劃一，抹殺人們的多元和差異。我們更應見到，將個人自主和道德平等放在理論核心的自由主義，不僅沒有過時，而且仍然是推動社會進步的重要動力，例如在政治民主、言論自由、信仰權利、分配正義、教育公平、社會福利、性別平等、族群共融、工作意義，以至墮胎和安樂死等議題上，都可為我們提供重要的理論資源。

我在上面指出，自由主義有四個基本命題：政治正義的優先性、基本制度的正當性、個人自主的幸福觀，以及平等的公民權利。將這四個命題放在一起，我們可得出以下結論：一個具有正當性的正義社會，必須通過合理的制度安排，確保所有公民享有平等的自由和權利，同時能夠獲取公平的社會資源，去追求和實現自己認可的生活。換言之，國家視所有人為自由平等的公民，並將公平發展公民的自主性作為最高的政治目標。我稱這樣一種立場為「左翼自由主義」，而要更好地明白它的「左翼」含義，我們有必要明白什麼是右翼，並將兩者做出對照和比較。在過去數十年的右翼自由主義論述中，當以所謂「新自由主義」為最重要代表。在下一節，我們先來瞭解什麼是新自由主義。

三、新自由主義的發展及其理念

如前所述，新自由主義有時也稱為經濟自由主義，顧名思義，它是從經濟自由的角度來談一種理想的制度安排。這種觀點認為，自由是我們追求的最高價值，而要在最大程度上實現自由，就必須全面實行競爭性資本主義，由市場這隻看不見的手，根據需求和供給來決定生產和分配，國家不應對雙方自願的市場交易及其導致的後果做出任何干預，例如設定最低工資和最高工時，通過累進稅進行財富再分配，又或由政府提供社會福利，包括義務教育、公共醫療、失業和傷殘津貼、以及社會安全保障等。至於那些尚未市場化的國家，則應採取激進手段來「去管制」（deregulation），包括私有化國營企業、取消價格管制和國際貿易壁壘、放寬資本和金融市場監管、削減公共開支，以及限制工會的罷工權和集體談判權等。新自由主義的理想，是建立一個「小政府、大市場」和「低稅收、低福利」的社會。

支持這種觀點的人認為，只有通過急劇和根本的市場化政策，才能夠釋放出資本主義的巨大潛力，在短時間內提升生產效率，推動經濟增長。與此同時，也可通過市場力量來分散政府權力，避免公權力遭到濫用，從而在最大程度上保障個人自由。換言之，新自由主義有它要實現的政治目標（個人自由），也有一系列實現這個目標的手段（激進的市場化政策）。我以下的討論，特別聚焦於兩個問題：一、放任式的市場資本主義，是否真的能夠有效保障和促進個人自由？二、這個制度又能否公平對待所有的市場參與者？我將以當代最具代表性的經濟學家傅利曼為討論對象。傅利曼是芝加哥學派代表人物、諾貝爾經濟學獎得獎人，他的新自由主義思想對學術界和現實政治都有巨大影響力。[19]

在展開討論之前，先讓我們簡略回顧一下歷史，看看新自由主義的「新」到底是何所指。[20]這個名稱最早源起於二十世紀三〇年代德國的弗萊堡學派（Freiburg School），其基本主張是要修正第一次世界大戰前那種守夜人式的自由放任主義帶來的競爭不公平（例如大企業壟斷）和社會不正義（例如貧窮和剝削），改行一種「社會市場經濟」（social market economy）的模式，強調「自由經濟，有力國家」（free economy, strong state），即為了維持公平而有效的市場制度，國家有必要採取積極措施去調節和約束資本主義，確保社會中的弱勢階層也能得到合理照顧。[21]由此可見，在當時的歷史語境下，提出這種新自由主義，主要是要回應和取代主張放任市場的古典自由主義，並在戰後德國社會重建中發揮重要作用，為所謂「德國經濟奇蹟」提供有力的理論基礎。

不過，從上世紀七〇、八〇年代開始，新自由主義的內涵卻發生劇變，甚至走到原來的對立面，變成「市場原教旨主義」的同義詞。為什麼會這樣呢？這主要和智利的市場改革有關。一九七三年，智利軍事強人皮諾契（Augusto Pinochet）在美國支持下發動流血政變，推翻民選的社會主義左翼總統阿言德（Salvador Allende），建立右翼軍政府，並用殘酷手段鎮壓異見人士。與此同時，皮諾契起用一批由傅利曼在芝加哥大學培養、外號「芝加哥男孩」（Chicago Boys）的經濟學者推行激進的自由市場改革，包括開放外國投資、私有化國營企業和國家銀行、廢除最低工資、限制工會權利、降低稅收和削減福利等。[22] 從那個時候開始，「新自由主義」一詞開始被智利的反對派學者用來形容深受芝加哥學派——尤其是傅利曼和海耶克——影響的這種市場至上的觀點。特別值得一提的，是傅利曼在一九七五和一九八一年，而海耶克在一九七七和一九八一年，均先後訪問過智利並與皮諾契見面，對智利的自由化政策多加肯定，因此而引起思想界的巨大爭論。[23]

既然如此，這個歷史語境下的「新」，又有何所指？據其中一位最早使用這一名稱的智利經濟學者穆諾茲（Oscar Muñoz）指出，他們其實不是參考德國的用法，而是有意識地指出智利當時實行的激進市場改革和古典自由主義有一根本差異，就是裡面沒有任何政治自由。[24] 對這些批評者來說，「新」並不意味著「好」，反而是一種退步，因為古典自由主義認為經濟自由和政治自由密不可分，而智利推行的卻是一種威權主義式的市場經濟，或一種反政治自由的市場原教旨主義。從那個時候開始，「新自由主義」一詞就不再是一種正面描述，反而有著明顯的負面含義。隨著八〇年代英國首相柴契爾夫人（Margaret Thatcher）和美國總統雷根（Ronald Reagan）上任後雷厲風行推動經濟自由化，新自由主義對全球政治的影響更是一時無兩，可是也因此飽受批評。人們認為它需要為過度放任的資本主義發展帶來的種種問題負責，包括生態危機、金融危機、市場競爭邏輯對其他社會領域自主性的侵蝕和傷害，以及日益嚴重的貧富懸殊和社會分配不公等。[25]

同樣值得留意的，是中國自一九七八年起推行經濟改革，逐步放寬價格管制和推行國營企業私有化，同時大規模引進外資發展工業和製造業，繼而積極加入世界貿易體系，短短數十年間急速發展成為世界第二大經濟體。不少人認為，中國經濟改革背後的理論基礎，深受新自由主義影響。事實上，傅利曼曾在一九八〇、一九八八和一九九三年先後三次訪問中國，並在第二和第三次分別見過當時的中共總書記趙紫陽和江澤民，就中國的經濟改革問題坦率地提出他的見解。[26]中國的開明官員和經濟學者深受新自由主義吸引，除了要推動市場經濟，也是因為他們普遍相信，只要中國經濟逐步自由化，私人財產得到法律保障，資本家和中產階層冒起，就有機會進一步推動政治改革。現實卻是改革開放四十多年後，這個願望至今仍然落空——中國式現代化並不以民主政治為目標。

從以上簡短的歷史回顧可見，新自由主義作為一種經濟發展策略，不僅為威權主義的智利和社會主義的中國擁抱，也曾在英美這些老牌民主國家大行其道，更在上世紀九〇年代蘇聯解體後，在俄羅斯的經濟轉型中起過重要作用。這於是給人一種印象，新自由主義最多只是一套應世的經濟學說，不構成規範性的政治理論，因為它本身並沒有堅持任何政治價值，是故才可以隨時為不同政權所用。這也是新自由主義經常為人詬病的原因：一套聲稱以爭取自由為目標的理論，現實中卻經常被反自由的威權政體利用，結果是經濟上鼓吹自由放任，政治上卻反民主反人權。這樣的「自由主義」，自然很難得到人們認同。

對於上述批評，傅利曼承認，資本主義最多只是政治自由的必要條件，而不是充分條件。一個以私營企業為主導的競爭性市場體系，確實有可能和政治上的威權政體相容。[27]不過，他強調新自由主義絕對不只是一套經濟理論，而是有它的政治堅持，那就是自由：「作為自由主義者，我們視個人自由，又或者家庭的自由，作為判斷社會安排的終極目標。」[28]換言之，競爭性資本主義之所以必要，是因為這是實現經濟自由以及間接保障政治自由的必要條件。既然如此，傅利曼理應有充分理由譴責威權國家，因為對自由的追求，不能只局限在經濟領域，而必須包括政治和社會領域中的自由，例如言論和思想自由、信仰自由，以及示威抗議和組織反對黨的自由等。那麼，傅利曼如何為當年支持皮諾契的軍政府辯護？他在晚年一個訪問中辯稱，最重要的是智利的自由市場經濟，最終導向一個自由民主的社會。[29]這個解釋無疑有極大的歷史偶然性，而且忽略了過程中無數被鎮壓和犧牲的無辜生命。不過，根據這個思路，傅利曼也就要承認，如果智利或其他國家長期維持高壓統治，那麼無論它的市場經濟多麼發達，也必須加以譴責，因為那本身不是它的終極目標。

由此可見，傅利曼所代表的新自由主義確實有清楚的政治信念，那就是將維護個人自由放在整個政治及經濟秩序的中心。他的所有主張，包括保障私人財產權、國營企業私有化、放寬貿易管制，以及在最大程度上創造一個自由競爭的經濟環境，到最後都是為了更好地保障和促進自由。

新自由主義之所以能在全世界廣泛流行，並不僅僅是因為它的政策能夠有效推動經濟發展，更重要的是它有這樣的一套自由論述。[30]

傅利曼為什麼如此重視自由？他對此有以下說明：「自由哲學的核心，是相信個體的尊嚴，相信他能根據自己的信念和意向，自由地善用自己的能力和機會——唯一的約束條件，是他不能干預其他個體做同樣的事的自由。在某種意義上，這意味著人人平等的信念。」傅利曼緊接著指出，這裡的「平等」，是指「每個人都擁有一種行使自由的平等權利」[31]，追求的是權利的平等和機會的平等，而不是物質的平等和結果的平等。傅利曼在此清楚地表達了他的信念：自由之所以如此重要，以至於成為人的基本權利，是因為自由是實現我們的能力和發展我們的個性，並因此而活得幸福的必要條件。和穆勒一樣，傅利曼相信人的多元性，認為每個人都有自己的興趣、目標和理想。只有在充分自由的環境，個體才能通過生活實驗找到自己想過的生活，全面發展自己的潛能。當每個人都活得幸福，社會整體文化自然也會因此受益。[32]更重要的是，國家必須確保所有人都有平等的機會去實踐自由，因為我們是擁有平等尊嚴的個體。

讀者不難發現，傅利曼的自由觀背後的理念，和本文第二節中闡述的左翼自由主義的觀點，相差其實不遠。既然如此，傅利曼能從這種自由觀推導出他所主張的競爭性資本主義嗎？恐怕不能。而且，我將指出，一個確保所有人都有平等機會去實現自由的社會，不應該是個自由放任、並完全由市場競爭主導和決定個人命運的社會。在以下三節，我將分別從政治自由、分配正義和個人自主三方面做出分析。

四、經濟自由與政治自由

首先，如果我們的目標是為平等的自由人建立一個自由社會，傅利曼就不能只從經濟的視角來理解世界，而應該從一個整體的政治角度來思考：什麼樣的社會制度安排，才能最公平、穩妥地保障和促進平等公民的基本自由？這樣的問題意識，其實更能回應傅利曼對自由的關注，因為正如他自己強調，市場不是獨立於國家、和國家對著幹的一個實體。相反，它本身就是政治制度的一部分，因為它的遊戲規則是由國家來界定和執行。[33]財產權的確立，商業契約的遵守，市場規則的制定、詮釋和執行等，都是政府的責任，因為「財產權是由社會約定和法律來決定的事務。我們由此可見，它們的定義和執行是國家其中一個基本功能」。[34]

既然如此，經濟自由便是整個自由體系的一部分，我們有必要將經濟自由、財產自由、思想和言論自由、結社和組黨自由、遊行和示威自由，以及參與民主選舉的自由等放在一起討論，看看怎樣的制度才能最好地實現這些自由。道理不難理解。第一，經濟自由只是自由體系的一部分，如果只有經濟自由而沒有其他自由，那麼人就不可能全面地活出自主的人生。與此同時，經濟自由有可能和其他自由產生矛盾和張力，例如市場競爭導致的貧富不均，可能會導致金權政治，影響到政治自由的平等實踐，因此各種自由之間必須彼此協調，以形成一個合理的自由體系。第二，既然經濟從屬於政治，政治自由就應較經濟自由具有優先性，因為前者往往能夠為後者提供充分的制度保障。例如在一個民主和人權缺乏保障的社會，個人財產可以隨時被充公，私營企業隨時被迫關閉，甚至市場規則本身也朝令夕改，市場體制將變得很不穩定。中國當下實行的所謂「威權式資本主義」，國家權力每每任意干預市場，使得企業經營恆常處在不確定的狀態，便會大大影響人們對制度的信任。

將上述兩點放在一起，我們便見到傅利曼的「經濟自由先行」過於一廂情願。他似乎相信：只要建立起競爭性資本主義制度，經濟自由就可以安穩無憂，而經濟自由作為整體自由的一部分，本身就有自足價值；與此同時，經濟自由有分散和制衡政治權力的作用，因此也是有效保障政治自由的必要條件。[35]可是傅利曼沒問下去的是：經濟自由的政治基礎是什麼？今天中國的發展，正好讓我們見到，缺乏民主和法治，所謂市場經濟其實極為脆弱。只要國家權力認為有必要，就隨時可以更改市場遊戲規則，限制以至剝奪人們的經濟自由，包括消費、經營、交易、契約，以至財產轉讓的自由。簡言之，在不受約束的政治權力面前，市場本身根本不足以形成制衡的力量。

傅利曼樂觀地相信，一旦建立起自由市場，政治民主化就會很大機會跟著出現，因為市場自由必然會削弱政治集權。可是歷史卻告訴我們，兩者之間沒有任何必然連繫，市場經濟和威權政體不僅可以長期共存，後者甚至會充分利用前者來加強它的統治正當性，例如用經濟發展來合理化它的威權統治。[36]當權者甚至會告訴人們：經濟自由和政治自由性質並沒不同，雖然國家不會給予言論、結社和選舉的自由，卻可以給予大量吃喝玩樂和累積財富的自由，最後計算下來，人們在市場中獲得的享樂和賺錢的自由，很可能較西方民主社會給予的政治自由數量上要多得多，甚至也重要得多，因為政治自由隨時會導致民粹主義和社會分裂，遠不如威權統治所許諾的繁榮和穩定。

這種用經濟自由交換政治自由的論調，不僅為威權社會的當權者所喜用，甚至不少學者也會大加附和。傅利曼當然不會接受這種說法。既然如此，他就必須承認，政治自由和經濟自由同樣重要，而且兩者性質並不一樣，絕對不能將兩者做簡單的量化交換。更重要的是，他應該知道，要支持經濟自由，就必須同時大力支持政治自由，因為一個全面實現人的自由的社會，不能只滿足於市場資本主義，而必須建立一個憲政民主的制度。就此而言，政治優先於經濟。

五、產出原則與分配正義

現在讓我們轉到對新自由主義的第二項批評。傅利曼聲稱，自由主義和平等主義最大的分歧，是後者特別重視「正義」，並以正義之名要求國家進行財富再分配以縮減貧富差距。而他認為，「在這個問題上，平等和自由會產生尖銳的衝突。我們必須做出選擇。就此而言，我們不能既是平等主義者，又是自由主義者。」[37]簡言之，就是自由和正義之間，有難以調和的內在矛盾。自由主義既然將自由放在第一位，就必須放棄平等和正義。傅利曼這種想法，在新自由主義中很有代表性。我認為，傅利曼的立場站不住腳，因為自由主義不可能不談正義，也不可能不重視平等。

什麼是「社會正義」？借用羅爾斯的定義，社會正義的目標，是要建構一組規範社會合作的基本原則，藉此界定公民的權利和義務，以及決定經濟資源的合理分配。[38]不同理論會賦予這組原則不同內容，可是它們都同意，要有公平穩定的社會合作，就必須建立這樣一組原則。這組原則既然聲稱是正義的，就有責任告訴所有公民，為什麼它主張的社會制度能夠給予每個人應得的公平對待。

傅利曼心目中的理想社會，是否也有這樣一組正義原則？其實是有的。首先，在個人權利方面，他主張每個人都應享有平等的自由權利，包括經濟自由、思想自由、信仰自由，以及政治自由等。這些平等的基本權利，構成正義社會的基礎。其次，在收入分配方面，傅利曼認為，在自由市場中最公平的分配原則，是根據每個人的產出（product）多寡來決定。[39]例如他說：「除非有一組基本的核心價值判斷是由社會成員不假思索地接受，否則一個社會就很難穩定。一些關鍵制度必須被『絕對』地接受，而不應僅被視為有工具價值。我認為，根據一個人的產出而獲得相應的報酬，曾經是，以及在很大程度上仍然是，其中一個最為人接受的價值判斷和制度。」[40]傅利曼聲稱，這是一組「倫理上公平」（ethically fair）的分配原則。讓我們簡稱此為「產出原則」。[41]

由此可見，傅利曼所代表的新自由主義，其實不是不談正義和平等，而只是他的正義觀和左翼自由主義或社會主義有不同的內容罷了。傅利曼雖然不怎麼喜歡用「正義」來形容他的理論，但他實際上同意羅爾斯的觀點，即穩定的社會合作需要一組大部分人視為公平的分配原則作為基礎。因此，真正值得重視的問題，不是要不要正義，而是他主張的根據產出原則而導致的收入和財富分配，是否真能合乎正義。

所謂「產出原則」，是說一個人的收入，純粹定奪於在競爭性市場中，他及他所擁有的生產工具生產出來的產品和服務的價值多寡。[42]產品的價值由誰來定？自然是由市場的供求來決定。

換言之，產出原則既不是根據人的需要來分配，也不是根據個體付出的勞動力或做出的貢獻來分配，而是視乎個體的市場競爭力。個體生產出來的產品需求愈大，單位價格愈高，自然能賺取更高收入，累積更多財富。這一點也不難理解，因為這就是市場經濟的基本邏輯：我們都是市場的競爭者。我們可以擁有多少，視乎自身的產出能力。

傅利曼需要告訴我們的是：為什麼市場競爭邏輯導致的收入不平等，就是公平和正義的？他認為要回答這個問題，就要將影響產出能力的因素做出分類，再逐項分析這些因素的性質和含義。我將它們稍微整理，可以分為以下五類：一、自然能力；二、家庭背景；三、個人努力；四、個人對不同職業和生活方式的選擇；五、社會博彩（博奕）。

讓我們先看第四和第五類。傅利曼認為，如果每個人從自己的興趣和目標出發，選擇不同職業和生活方式，那麼由此而來的收入差異是公平的。例如兩個擁有相近能力和家庭背景的人，一個選擇收入不高卻安穩的工作，從而有更多閒暇享受人生，另一個選擇要求很高，因而可以賺取更多收入回報的工作，最後導致的不平等其實是公平的，因為這是人們自願選擇的結果。如果無視他們的不同選擇和付出，強行要求平等的分配，反而違反了「平等待遇」（equality of treatment）的精神。同樣的，市場給予那些從事厭惡性或風險較高工作的人較高的收入，也是公平和合理的，因為這是對他們的額外補償。[43]至於社會博弈，主要是指市場競爭就像博弈一樣，充滿不確定性。如果參與者具有相近的能力和背景，同時都接受博弈的遊戲規則，那麼每個人基於風險偏好的差異而選擇不同的職業和做出不同的投資，那麼最後導致的收入差異也是合理的。例如一個人選擇做電影演員，一旦走紅固然名成利就，萬一失敗也無話可說，不能因此而投訴受到不平等的對待。[44]

我們見到，傅利曼在這裡將「平等待遇」和「結果平等」做了重要的概念區分，並主張前者不等同於後者，而且為了前者必須否定後者，從而得出在市場競爭中，平等待遇要求分配的不平等這個結論。傅利曼的意思是，如果正義原則要求國家必須給予每個人平等的待遇，那麼市場資本主義並沒有違反這個要求，因為在起點平等的前提下，每個人作為自由人，都應為自己的選擇負責。就此而言，收入的不平等，是對自由人的選擇的平等尊重。如果國家干涉這個結果，並以平等之名要求二次分配，就是不正義的。這個理由頗有說服力，以至不少人認為，如果市場保證了機會平等，那麼最後的結果不平等無論多麼嚴重，道德上都沒有問題。我在下面將指出，這個論證的前提並不成立。

現在讓我們來看第三類因素，即應否接受個人努力所帶來的收入不平等。在許多人眼中，這個因素體現了「多勞多得」的精神，因此憑著節儉和努力所累積的財富，都應視為個人所「應得」（deserving）。教人驚訝的是，傅利曼對此只是輕輕帶過，甚至認為個人會否努力工作，頗受遺傳基因影響，有相當大的運氣成分，很難談得上應得。[45]我估計，傅利曼之所以不願意接受「努力」作為支持收入不平等的理由，是他難以否認，無數人活在貧窮之中，並非因為他們不夠努力，而是因為他們的努力在市場並不值錢，所以即使十分努力卻仍然難以脫貧。事實上，市場從來不保證多勞多得。如果真的要有此保證，很可能就需要國家介入，而這卻非傅利曼所願見。

既然如此，傅利曼真正需要處理的棘手問題，是第一和第二項因素，即如何應對人的自然能力和家庭背景的差異帶來的經濟不平等，因為它們會影響人與人之間的機會平等。我們都知道，人一生下來，自然能力就已不一樣：有的人體力和智力健全，有的人卻資質平庸，語言和計算能力遠遠落後於人，這些差異將直接影響每個人的市場競爭優勢。同樣地，每個人的家庭背景也不一樣，有的人生於富裕之家，承繼巨額財富，社會地位優越，擁有最好的人際網絡和教育機會；有的人卻生於貧困之家，物質生活、居住環境、教育條件等遠不如人，不僅難以充分發展自己的天賦能力，甚至很容易變得自卑和內向，無從在群體生活中肯定自己。這些事實告訴我們，在資本主義社會，每個人在進入市場的一刻，便已處於機會很不平等的位置，這些不平等直接影響人們的產出能力，導致巨大的收入和財富差異，這些差異反過來又會進一步加劇下一代的起點不平等，形成惡性循環，導致嚴重的跨代貧窮。

一旦承認這個事實，第四和第五類因素產生的經濟不平等，也就不能稱之為公平和正義，因為它們都預設了起點平等這個前提。既然沒有起點平等，那麼每個人都須為自己的自由選擇負責這個結論，也就變得可疑。換言之，傅利曼要為自由放任市場導致的經濟不平等做出道德辯護，他至少須同意，國家有責任採取必要的措施，令所有人享有最基本的機會平等。一旦接受這點，他就必須修正，甚至放棄新自由主義的基本命題：國家不應為了平等和正義而干預市場。

傅利曼如何走出這個兩難？首先，傅利曼認為個人能力的差異所導致的財富不平等，不僅沒有問題，而且有高度的道德正當性。[46] 真正困擾他的，是人們的家庭背景和社會地位的差異所導致的不平等。他明確承認這些差異純屬運氣，與個人選擇和努力無關，因此談不上「應得」。不過，既然是運氣，就沒有所謂對錯，也沒有人需要為此負責，最合理的做法就是坦然接受，而不是要求國家運用權力強行重新分配這些運氣。例如他說：「儘管我們都會說應該根據『功績』（merit）而不是『運氣』（chance）來分配這些應酬話，我們通常都會更容易接受從運氣而來的不平等，而不是那些明顯地可歸因於功績而來的不平等。」[47]

這個回應並不成立。是的，我們無法改變人的自然運氣，也無法選擇出生在哪個家庭，可是我們的社會如何應對這些運氣所導致的不平等，卻是制度的結果，而制度是人為的，是我們有意識的選擇，同時制度對社會中所有成員都有根本影響，因此絕對有對錯可言。[48]舉例說，一個只有富裕家庭才能接受教育的制度，和一個向所有孩子開放的義務教育制度，就是兩種截然不同的應對運氣的方式。而且我們須知道，一個家庭能夠累積多少財富，是否需要繳納資產增值稅和遺產稅，本身就是制度的結果，而不是自然事實。更何況，我們並非活在孤島的魯賓遜，而是同一個社會的平等公民。當制度容許某些人獲得更多資源和機會時，也就意味著其他人能夠得到的份額會變少，又或處於相對不利的競爭位置。因此，我們不能輕易下結論說：你的不幸與我無關，我不需要承擔任何與「正義」相關的責任。[49]

在這個至為關鍵的問題上，經過反覆來回的辯解，傅利曼最後承認：「我發覺，很難找到接受或者拒絕這個資本主義倫理觀的證成理由，又或證成任何別的替代原則。我因此認為，這個倫理觀就其本身來說，不能被視為一個道德原則。它一定只能被視為具有工具性價值，又或是從其他原則推論出來的一個結果，例如自由原則。」[50]這個辯護教人費解，既然傅利曼稱它為倫理觀，又堅持產出原則是資本主義社會最多人接受的價值判斷，為什麼它不能獲得合理的證成？我認為，傅利曼確實很希望說服自己和說服別人，產出原則是正義的，可是到最後，他不得不承認，資本主義社會中的經濟不平等，相當大程度是來自運氣，尤其是出生在什麼樣的家庭。既然是運氣，就不能說是應得，更談不上是正義。

傅利曼知性上的誠實無疑令人欣賞，可是這也就等於承認，他無法為產出原則找到正義的基礎。至於他所說的工具性價值，主要是指產出原則是一種有效的資源配置的方法（allocative），令每個人都能通過市場機制有效滿足自己的欲望，同時能夠提供足夠的經濟誘因去鼓勵技術創新。此外，市場自由也能夠有效抗衡政治權力的過度集中，從而間接保障公民自由。[51]換言之，由於市場交易能帶來許多好處，而我們又沒有其他更合理的替代原則，因此它就是我們最好的選擇。

這樣的辯解不僅沒有道理，而且相當危險。我們毋須否認自由市場有許多好處，可是如果這個制度本身從一開始便接受，甚至鼓勵機會不平等，那麼它就存在嚴重的不正義：那些能力和家境不好的人，從一開始便「輸在起跑線」，他們的市場產出自然遠遠落後於人。市場表面上是主張自由選擇和公平競爭，可是每個人的選擇條件和競爭能力卻極為懸殊。這種機會的不平等，將直接導致收入和財富的不平等，然後通過金錢邏輯，轉化成政治權力、社會地位、教育機會、性別關係等其他方面的不平等。市場競爭的優勝者，不僅擁有更多的財富，也擁有更多的社會權力。這不是危言聳聽，而是資本主義社會的真實情形。一個不公平的經濟制度，會對個體的福祉和自尊，以至民主社會的基本價值，帶來難以估量的傷害。職是之故，無論市場制度有多大的工具性好處，如果這些好處是以犧牲人們的合理權益和公平機會為代價，我們就沒有理由接受。更何況，許多民主福利國家的實踐經驗告訴我們，我們不是沒有別的更好的選擇。

六、市場自由與個人自主

傅利曼或會回應，他最重視的價值，是個人自由，而不是社會正義，所以自由才是決定社會應該如何安排的終極目標。[52]資本主義的產出原則值得支持，因為它能在最大程度上保障和促進個人自由。由於自由和正義並不相容，新自由主義必須選擇前者。[53]我以下將指出，即使我們同意自由十分重要，也推論不出市場資本主義這個結論。

讓我們先重溫一下傅利曼的自由觀。他認為，自由是判斷社會制度的終極價值，一個合理的社會，應該確保每個人都有追求自由的平等權利。[54]自由如此重要，因為「個人是社會的終極實體」。[55]與此同時，基於人的多元性，每個人都有自己獨特的興趣和人生目標，是故只有在一個自由的環境，個體才能找到自己想走的路，充分發展自己的能力，並實現自己的理想和目標。我們因此可以說，「個人自主」（personal autonomy）是自由的基礎，也是自由的目的。[56]所謂「個人自主」，指的是個體能為自己作主，成為自己生命的主人，活出自己認可的人生。自主的反面，是活在別人的支配和宰制之下，無法選擇和追求自己要過的生活。

要過一種自主的生活，個體不僅要能免於外在的人為限制，同時自身要有能力對生活做出理性反思和價值評估（否則無法確定那種生活是否得到自己真正的認可），也要在不同領域能夠有實質的選擇和實踐的機會和條件（否則便徒具形式）。自由主義重視個體的獨立性，將保障個人權利視為國家的基本責任，就是要令每個人都有條件過上自主的生活。[57] 傅利曼聲稱，只有在一個小政府、大市場的資本主義社會，個體才能在最大程度上活出自主的人生。[58]

實際情況是否如此？我們觀察到的是：在資本主義的發展過程中，資源和財富愈來愈集中在小部分資本家手上，大部分人成為無產者，唯有靠出賣勞動力來謀生存。至於老弱傷殘者，則很大機會跌落到社會底層，連最基本的溫飽也成疑問。如果政府不為公民提供基本的社會福利，例如沒有義務教育，貧窮家庭的小孩便將失去良好教育的機會；缺乏公共醫療，付不起昂貴醫藥費用的家庭即使傾家蕩產，最後恐怕仍是走投無路；沒有失業救濟，那些被公司裁員的人將陷入無助之境。簡單來說，由於自然能力和家庭背景而處於競爭劣勢的人，將不得不為了生存而放棄自己的計畫和夢想。如果自主性意味著人有條件去做選擇，那麼貧窮將令人失去這些條件。

傅利曼和其他新自由主義者大抵不會否認這些普遍存在的事實，可是依然堅持反對國家介入市場，因為這意味著限制個人自由。可是問題來了：既然自由的目的是為了實現個人自主，而市場資本主義令許多人失去這些條件，那麼它的合理性何在？要知道，自主生活不僅要有法律保障的形式自由，還要有實質的經濟和社會條件支持，人們才有機會發展自己的能力，以及在各種可能性中做出選擇。可是，對於那些生活在貧窮邊緣的人來說，他們可選擇的空間卻非常有限，因為市場中重要但供應稀缺的物品都是有價的，例如教育、醫療、房屋、工作、機會，以及電腦、手機和上網服務等。要擁有這些本來屬於別人的事物，就必須拿錢來和別人交換。金錢是市場的通行證，讓人免於財產權的限制，從而擁有某種物品和某種生活。也就是說，沒有錢，人們可以為自己做選擇的機會就大大減少。所有生活在貧困中的人，都會明白這個道理。最貼切的例子，也許是人們稱那些要打一輩子工來償還房貸的年輕人為「房奴」，而奴隸絕對沒有自主性可言。

我們的結論因此是：自由放任的市場制度，根本無法令平等公民具有合理的經濟和社會條件過上自主生活。它所描繪出來的美好圖像，很可能只適用於那些擁有市場競爭優勢的人。如果換一種制度，例如國家通過賦稅政策和福利制度，為公民提供義務教育、公共醫療、房屋津貼，以及失業和退休保障，反而會大大增加許多人自主生活的條件。傅利曼似乎沒意識到，合理的財富再分配和完善的社會福利網，不僅是在改善弱勢階層的物質生活，同時也是在增加他們的自由：相當程度上擺脫市場遊戲規則的限制，並以公民身分獲取和擴大個人自主的空間。換言之，社會資源的再分配，同時也是自由的再分配，而不是自由本身的淨損失（net loss）。[59] 一旦接受這樣的理解，我們就不會簡單地認為，社會資源的再分配是為了平等而犧牲自由。要決定哪種社會制度更為合理，我們就要有一套言之成理的分配正義理論。在此意義上，正義優先於自由。這不是左翼自由主義獨有的主張，而應是任何政治理論都必須接受的前提。

傅利曼或會馬上抗議，認為這樣的制度，是以犧牲市場優勝者的自由為代價，包括要求他們繳納更高的入息稅和利得稅，因此是不義的。可是這又回到上一節我們提出的批評：如果市場規則一開始就不公平，尤其是容許自然能力和家庭背景的差異直接影響人們的議價能力，那麼優勝者所獲得的資源和地位，就不能說是公平和應得的。既然如此，對市場制度做出某種約束，對高收入群體和高利潤企業徵稅，並由政府通過公共服務和社會福利措施去改善弱勢社群的處境，令他們有較公平的條件去發展自己的能力，就不僅沒有問題，而且更能實現傅利曼所要追求的道德目標。

為免誤解，這裡必須強調，我們不是要否定市場，更不是否定市場所體現的經濟自由的價值，而是指出市場作為社會制度的一部分，必然對每個人的權利和利益有根本影響，我們因此有必要從道德的觀點，檢視它能否滿足正義的要求，並公平對待所有公民。傅利曼認為一個社會是否公平，其中一項重要標準，是國家提供合理的機會和條件，確保每個自由人都能夠過上自主的生活。從這個標準出發，我們將發覺，左翼自由主義式的民主福利社會將較競爭性資本主義，更能實現這個理想。

七、結語

最後，讓我為此長文作一總結。本文的題目，是「還有理由做個自由主義者嗎？」，而我的答案是肯定的，理由在第二節的「左翼自由主義的四個命題」中已說得明白。本文也花了頗多篇幅，去分析和批評傅利曼的新自由主義觀點。我指出，既然個人自主、平等權利，以及機會平等為傅利曼本人所主張，那麼競爭性市場資本主義就不應該是他的結論。

我的觀點實在說不上標新立異，因為自羅爾斯的《正義論》一九七一年出版以來，左翼自由主義的論述在政治哲學領域早已成為主流，而絕大部分民主國家的公共政策都已接受福利社會的基本理念，並成為不同政黨的底線共識。不過，在我們的歷史語境下，這些討論仍然有重要的意義。我尤其希望通過此文，回應以下三類對自由主義的想像和批評。

第一類對自由主義理論未必有深入研究，卻習慣性地將他們認為的世界諸多不義歸咎於自由主義。在他們的想像中，自由主義等同於新自由主義或經濟自由主義，而後者是資本主義的代言人。由於他們十分不滿資本主義，自由主義自然成了罪魁禍首。影響所及，「自由主義」就成了甚少人願意認同，更不要說公開為之辯護的理念。可是，這些批評者卻很少認真想過，如果他們要徹底否定自由主義，又如何可以同時繼續認同自由、權利、平等、民主等源於自由主義傳統的基本價值。他們對於資本主義的批判，很多時候訴諸的，正是自由主義的理念。

第二類剛好相反，他們會界定自己為自由主義者，又或自稱右派。在他們的理解中，自由主義只能是海耶克、傅利曼、諾齊克等主張的經濟自由主義，並且必須為了自由而放棄平等，為了市場而放棄正義，以及為了私有財產權而放棄資源再分配。他們覺得，如果放棄這種想像，他們就會成為社會主義左派，而這是他們最為恐懼和厭惡的。這種觀點和心態，在中國自由主義群體相當普遍，並在過去頗長一段時間主導了自由派的公共論述。可是，一種放棄平等和正義的自由主義，恐怕既不能在理論上自圓其說，也不能有力回應威權資本主義在今天中國帶來的苦難和不義，更不能在關於未來社會轉型的論爭中，爭取到人們的理解和支持。

第三類既不反對也不支持自由主義，而是覺得自由主義已變得不相干，因為有更時髦、更進步，又或者更適合中國國情的理論。對這些人來說，自由主義的話語和訴求早已過時，學術上既沒法引領潮流，現實上也已失去影響力。五四、啟蒙、胡適、殷海光、反右、儲安平、林昭、八九、劉曉波、余英時等運動和人物，已變得遙遠而陌生，拼湊不出一個教人嚮往和值得言說的知識譜系。取而代之的，或許是女權主義、民族主義、愛國主義、文化保守主義、富有中國特色的社會主義，又或名正言順地聲稱要做個精緻的利己主義者。一句話，自由主義不再值得認真對待。

我對這三類觀點都有保留。我認為，只要將左翼自由主義和新自由主義做出區分，弄清楚它的基本理念和道德基礎，我們將見到這樣的一種自由主義：既批判極權也批判資本，既爭取民主也捍衛人權，既珍惜自由也在乎平等，既需要市場經濟也重視分配正義，以及既鼓勵文化多元也主張性別平等。它背後的理念很簡單：理解彼此是平等的自由人，相信大家有能力去共同建設一個正義的社會。在這樣的社會，人們享有充分的自由和公平的條件去追求和實現自主的人生，同時彼此尊重，互相關懷，將社會正義放在最高的位置。

我深信，在今天及可見的將來，這樣的自由主義，不僅尚未過時，而且十分必要。我懇切希望，有更多人願意在學理上重視這樣的自由主義，在實踐中善用這樣的自由主義。我們的時代，儘管正在逆自由民主的潮流，我們還是很有理由做這樣的自由主義者。

24 馬克思與羅爾斯

一、初見

一九九六年完成碩士論文後，已是初秋，我抱著忐忑的心情，從約克大學南下，到倫敦政治經濟學院（LSE）找我後來的指導老師碩維教授。[1]英國的博士制度是師徒制，一開始就要選定指導老師，並由老師帶著做研究。所以，在正式申請學校前，最好先和老師見見面，報告自己的研究計畫，看看雙方意願。我在約克的老師告訴我，碩維在政經學院的名氣或許不是最大，卻是很好的指導老師，極力推薦我去找他。

政治系在King's Chamber，一幢古老的三層紅磚建築，樓梯窄得只夠一個人走。我爬上三樓，初叩老師的門。碩維教授穿著西服，溫文隨和，說話慢條斯理，是典型的英國紳士。我說，我想研究伯林和羅爾斯，主題是多元主義和自由主義。這個題目談不上冷門，因為行內誰都知道這兩位當代重要的自由主義哲學家對多元主義的重視。我當時已很困惑於這樣的問題：如果價值有不同來源，公民有多元信仰，如何證成一組合理的政治原則作為社會合作的基礎？這組原則為什麼一定要是自由主義，而不是其他理論？碩維同意我的研究方向，並告訴我伯林是他六〇年代在牛津讀書時的指導老師，可是，當時整個英國幾乎沒人重視政治哲學，牛津甚至沒有什麼人教政治哲學，這個情況直到《正義論》面世後才發生重大改變。

那天下午，我們談得很愉快。臨走時，碩維說，他很樂意指導我。[2]步出老師的辦公室，我鬆了口氣，終於有心情逛逛這所著名學府。我先去哲學系參觀，見到波普（Karl Popper）的銅像靜靜安放在走廊一角，一臉肅穆。[3]然後再去拜訪經濟系，卻找不到當年在這裡寫下《到奴役之路》的海耶克的影子。[4]我見天色尚早，突然有去探訪馬克思的念頭。馬克思葬在倫敦北部的海格特墓地（Highgate Cemetery），離市中心不太遠，可是我卻坐錯了車，到達墓園已是黃昏，四周靜寂，只見形態各異的墓碑，在柔弱的夕照中默然而立。馬克思在墓園深處，墓碑上立著他的頭像，樣子威嚴，眼神深邃。墓身上方用英文寫著「全世界工人團結起來」，下方寫著「哲學家們只是用不同的方式解釋世界，而問題在於改變世界」——這是〈關於費爾巴哈的提綱〉的最後一條，寫於一八四五年。[5]

馬克思的斜對面，低調地躺著另一位曾經叱吒一時的哲學家史賓塞（Hebert Spencer）。史賓塞的墓很小，如果不留心，很難發現。史賓塞是社會進化論者，當年讀完達爾文的《物種起源》後，提出「適者生存」（survival of the fittest）的想法，對留學英國的嚴復影響甚深。[6]嚴復後來把赫胥黎（Thomas Huxley）的《天演論》和史賓塞的《群學肄言》譯成中文，並主張「物競天擇，適者生存」，影響無數中國知識分子。[7]百年後，浪花淘盡英雄，我這樣一個香港青年，孑然一身立於兩位哲人中間，回首來時那條叢林掩映的曲徑，真有「逝者如斯夫，不捨晝夜」之嘆。

馬克思是我第一位認識的哲學家。早在上世紀八〇年代中，還未移民香港時，我已在國內初中政治課聽過他的名字。我甚至記得，當年曾認真地問過老師，共產主義真的會實現嗎？老師說，一定的，這是歷史發展的必然規律。我不知所以然，但老師既然說得那麼肯定，我遂深信不疑，開始數算到了公元二〇〇〇年實現四個現代化後，離共產社會還有多遠。[8]當天站在馬克思墓前，少年夢想早已遠去，真正震撼我的，是墓碑上那句對哲學家的嘲諷。難道不是嗎？如果哲學家只懂得在書齋裡空談理論，對改變世界毫無作用，那麼我決心以政治哲學為志業，所為何事？這對躊躇滿志的我，有如棒喝。

二、政治哲學的角色

馬克思的觀點，表面看似乎是這樣：哲學家只懂得提出抽象的理論解釋世界，卻對改變世界毫無幫助；真正重要的是推翻資本主義，消滅階級對立，解放全人類，而改變的力量，來自全世界的工人無產階級。如果這是個全稱命題，連馬克思也包括在內，那似乎沒什麼道理，因為馬克思本人一生大部分時間都在從事理論工作。如果理論沒用，那我們不用讀他的《共產黨宣言》和《資本論》了。馬克思也沒理由說自己不是哲學家，他的博士論文寫的是希臘哲學，而他的歷史唯物主義更是野心勃勃，聲稱已找到人類歷史發展的內在規律。

回到這句話的語境，馬克思的觀點應是：費爾巴哈（Ludwig Andreas Feuerbach）和其他哲學家對哲學的理解出了問題。問題出在哪裡？這要回到費爾巴哈的哲學觀。費爾巴哈在《基督教的本質》中提出一個革命性的觀點：不是人按神的形象而被創造，而是反過來，上帝按人的形象而被創造，然後獲安放在外在、超越的位置加以膜拜。上帝不是客觀真實的存有，而是有限的個體把人性中最理想和最純粹的特質（知識、能力和善心等），投射為完美上帝的理念，但自己卻沒有意識到這一事實。宗教異化由此而生，因為個體把人作為類存在（species-being）的本質誤當為上帝的本質，並受其支配。哲學的任務是透過概念分析，揭示這種虛假狀態，恢復人類本真的自我意識，成為自由自主的人。費爾巴哈明白表示：「我們的任務，便正在於證明，屬神的東西跟屬人的東西的對立，是一種虛幻的對立，它不過是人的本質跟人的個體之間的對立。」[9] 由於宗教是所有虛假的源頭，因此哲學對宗教的顛覆，是人類解放的必要條件。

馬克思認同費爾巴哈的目標，卻認為單憑哲學解釋，根本不能建立一個自由平等的社群，因為導致異化的真正源頭，並非人類缺乏哲學的明晰和清楚的自我意識，而是資本主義的經濟和社會結構。要克服異化，就必須改變產生虛假意識的社會制度。再者，費爾巴哈或許以為單憑純粹的哲學思辨，就能為社會批判找到獨立基礎，但下層建築決定上層建築，如果不先改變經濟結構，人們的宗教觀和哲學觀根本難以超越時代的限制。[10]

單憑哲學不足以改變世界，這點我沒有異議。但改變世界不需要哲學嗎？我想，馬克思本人也不會接受這點。改變世界之前，我們需要先回答兩個問題。一，必須清楚當下的世界為何不義，否則不知道為何要革命。二，必須明白革命後的世界為何理想，否則不知道革命是否值得。這兩個都是規範性問題，需要政治哲學來回答。

對於第一個問題，我相信馬克思會說，資本主義之所以不義，是因為階級對立導致嚴重剝削，私有財產制和過度分工導致工人異化，意識形態導致人們活在虛假狀態，以及自利主義導致社群生活無從建立等。[11]對於第二個問題，馬克思會說，共產主義社會是個沒有階級、沒有剝削、沒有異化，人人能夠實現類存在的理想世界。由此可見，改變世界之前，馬克思同樣需要一套政治道德理論，藉此解釋和批判世界。馬克思（以及馬克思主義者）如果不同意這個說法，可以有兩種回應。

第一種回應認為，科學社會主義不需要談道德，因為根據辯證法和歷史唯物論，隨著人類生產力提高，既有的資本主義生產關係必然阻礙生產力進一步發展，並使得資產階級和無產階級矛盾加劇，最後導致革命，把人類帶進社會主義的歷史新階段。[12]既然歷史有客觀的發展規律，不為個人意志所轉移，那麼根本沒必要糾纏於沒完沒了的道德爭論。哲學家要做的，是幫助無產階級客觀認識這個規律，激起他們的階級意識，加速完成革命。

一世紀過去，社會主義的實驗翻天覆地，到了今天恐怕再沒有人如此樂觀地相信歷史決定論，並認為人類必然朝著某個方向發展。資本主義經歷了不少危機，但離末路尚遠，而且也沒有人肯定末路之後的目的地，就是共產主義；更何況即使是共產主義，也不見得便是我們真正想要的歷史的終結。[13]

再者，二次大戰後，民主國家發展福利社會模式，通過積極的稅收政策和廣泛的社會福利計畫，調節和約束資本主義過度發展導致的嚴重的貧窮問題，從而相當程度上緩和了階級矛盾。與此同時，隨著大量中產階級的出現，工人階級也沒有如馬克思當初所預期的那樣，有著明確的共同利益促使他們聯合起來革命，徹底推翻資本主義。

最後，一九八九年後，蘇聯解體、東西德統一、東歐各國民主轉型，以及中國持續的市場經濟改革，都使得社會主義作為一種理想社會圖像，變得愈來愈可疑，以至大大失去道德上的吸引力。在這種革命目標受到質疑，革命動力難以凝聚的處境中，馬克思主義或者廣義的左翼傳統，如果要繼續批判資本主義，並希望爭取更多人支持，就必須有深刻的自我反思，而且這些反思必須在政治道德的層面展開，例如什麼是社會主義的社會正義觀，以及這種正義觀為何較左翼自由主義更加可取。

第二種回應認為，即使我們想談道德，也不可能擺脫資本主義意識形態的控制來談。馬克思認為，不是主觀意識決定人的存在，而是社會存在決定人的意識。社會存在的基礎，有賴總體生產關係決定的經濟結構，這個基礎決定了法律、政治、宗教和道德這些上層建築，並因此而限定了人們看世界的方式。[14] 因此，資本主義社會中控制了生產工具的資本家，為了自己的階級利益，總會千方百計把他們的價值觀灌輸給被統治者，並讓他們相信資產階級的利益就是他們的利益。在這種情況下，如果不先改變經濟制度，任何真正的道德批判都不可能。

我不接受這種經濟決定論。[15] 無可否認，人的思考必然受限於社會和歷史條件，但人的反省意識和價值意識，卻使人有能力對這些條件本身做出後設的檢討和評價。面對當下的制度和觀念，我們總可以問：「這樣的制度真的合理嗎？我們非得用這些觀念來理解自身和世界嗎？我們有理由接受這樣的社會安排嗎？」原則上，理性反思沒有預先設定不可踰越的疆界。這是人之所以為自由存有的基本意涵。如果否定這一點，我們就無法解釋，為什麼青年馬克思能夠寫出〈論猶太人問題〉和《一八四四年經濟學哲學手稿》這些批判資本主義的經典之作。我們也不能說，只有像馬克思這樣的先知，恰巧站在歷史那一點，才能夠超越虛假意識，洞悉歷史發展的真相。如果真是那樣，在全球資本主義興旺發展的今天，左翼豈非更難找到社會批判的立足點？

所以，回到馬克思那句說話，我會建議改為：哲學家們以不同的方式解釋世界，問題是哪種解釋才是合理的。這裡的「解釋」，依我理解，其實涵蓋了理解（understanding）、證成（justification）和批判（critique）三種活動。[16] 這是政治哲學責無旁貸的工作。政治哲學既要正確地認識現實世界和人類生存處境，同時也要證成合理的社會政治原則，並以此作為社會改革的目標。就此而言，理論和實踐並非二分，更非對立，而是彼此互動。理論思考的過程，往往能幫助我們突破主流意識形態的限制，擴充我們對道德和政治生活的想像，並為社會批判提供基礎。

三、分配正義之必要

一旦把馬克思視為政治哲學家，那麼他對資本主義的批判，就必須建基於道德理由。接下來，讓我們以收入分配為例，看看代表社會主義的馬克思和代表左翼自由主義的羅爾斯，觀點有何不同。

在〈哥達綱領批判〉這篇經典文章中，馬克思罕有地談及日後共產社會的分配問題。[17]在共產主義初級階段，由於尚未完全擺脫資本主義的烙印，分配原則是按勞分配，即根據生產過程中付出的勞動力多寡決定個人所得，勞動成果應該全部歸於勞動者。這體現了某種平等權利，因為它用相同的標準去衡量和分配所得。馬克思卻認為，一視同仁地按勞分配雖然看似公平，其實卻有重大缺陷，因為它忽略了其他方面的道德考量。例如人在體力和智力上的差異，必然導致勞動力上的不平等。生產力占優的人，收入一定遠較老弱傷殘者高。此外，這項原則也沒有考慮到每個人社會背景的差異，例如對結了婚或家有孩子的工人來說，即使付出和別人相同的勞力，拿到一樣的工資，可是他的家庭負擔卻較別人要重得多，因此也會導致另一種不公平。所以，按勞分配並不是最合理的社會分配原則。

馬克思聲稱，「為避免所有這些缺點，本來平等的權利必須改為不平等。」[18]那麼該如何改呢？我們期待他提出更為公平的方案。誰知去到這裡，馬克思筆鋒一轉，聲稱這些缺點在共產主義社會初級階段是不可避免的，因為分配原則永遠不能超越社會的經濟結構和文化發展。只有去到共產主義社會的更高階段，生產力的高度發展徹底解決資源匱乏問題，勞動不再只是維生的手段，而是生命的主要欲望後，我們才能夠完全克服「誰應得多少」這類資本主義社會殘存的問題，最終實現「各盡所能，各取所需」的理想境地。[19]

對於馬克思的觀點，我們可以提出兩點質疑。

第一，馬克思並沒有告訴我們，在共產主義未實現之前，怎樣的財富分配是合理公正的。他只以歷史發展為承諾安慰活在當下的人，但這個承諾實在太遙遠了。我們都知道，社會資源如何分配，直接影響每個人的生活。我們一生下來，就活在某種社會分配模式之中。這個模式決定我們每個人可以得到多少收入和財富，享有什麼權利和機會，也會影響我們的社會身分和人生追求。因此，作為公民，我們每個人都有正當的權利，要求國家重視分配正義，使得每個人都能得到合理公平的對待。

馬克思或會說，非不欲也，實不能也，因為歷史條件限制了所有可能性。為什麼不能呢？今天很多福利國家，尤其是歐洲奉行社會民主主義的國家，早已為公民提供廣泛的社會保障，包括醫療、教育、房屋、失業和退休保障等方面，也會為老弱病殘者提供各種特殊津貼和社會照顧。當然，這些措施或許仍有不足，但卻絕對較純粹按勞分配，或由市場競爭來決定個人所得來得合理。

第二，馬克思所承諾的共產主義社會，其實並沒有處理到分配問題，而是消解了分配問題出現的社會環境。分配問題之所以存在，主要是由於社會資源相對匱乏，以及參與合作的人對自己應得多少份額有不同訴求。[20]而去到共產社會，生產力的發展令物質豐盛到能夠滿足每個人的全面發展，同時生產者不再視勞動本身為不得已的負擔，因此分配問題不再存在。錢永祥先生因此認為：「在這個意義上，『各取所需』不再是分配原則，因為無限的資源加上『應得』概念的失去意義，已經沒有『分配』這件事可言了。」[21]問題是，歷史發展到今天，即使是最樂觀的社會主義者，恐怕也得承認地球資源有限，如果人類再以目前的模式消費下去，很快便要面對嚴重的環境和能源危機。既然資源無限的假設不切實際，我們便須立足當下，認真思考合理分配有限資源的問題，而不能靠一個遠離現實的未來許諾來迴避問題。

馬克思沒有處理的問題，正好是羅爾斯正義理論的起點。羅爾斯首先承認，人類社會長期處於資源適度貧乏的狀態，而社會合作能令所有人都從中受惠，因此我們有必要找到一組正義原則，來規範我們的合作，以及公平分配從合作中生產出來的資源。羅爾斯也同意，家庭出身、階級背景以及個人能力的差異，不應作為正義原則的基礎，因為從道德的觀點看，這些差異都是偶然和任意的，沒有人應得從這些差異中獲得的優勢。在上述前提下，羅爾斯繼而論證，最合理的社會和經濟的資源分配，是一方面確保所有人都能享有公平的平等競爭機會，另一方面要令所有人，包括社會中的最弱勢群體，也能在合作中受惠。[22]

羅爾斯背後的想法是：我們應將社會理解為自由、平等的公民之間尋求互惠的公平合作體系，而不是資產階級和無產階級的鬥爭場所，又或一群理性經濟人追求個人利益極大化的競爭場域。自由、平等、公平合作三者構成他的正義社會的基礎。這不是歷史的必然，也不是遙不可及的烏托邦，而是源於人的正義感的道德建構，相信憑著我們的共同努力，有可能在當下的世界實現一個正義的政治秩序。我認為，羅爾斯一生的哲學努力，都在向我們呈現這樣一種可能性。或許有人會嘲笑羅爾斯過於天真，而他會借用康德的說法來回答：如果我們自己也不相信有這樣的可能，那麼人類活在這個世界還有什麼意義？[23]

四、哲學的力量

二十多年前，當我站在馬克思墓前，我並沒有以上這番領悟。經過這些年的哲學實踐，我終於能夠較好地整理出自己的想法，並嘗試回應馬克思的挑戰。確實，我們應該改變不合理的世界。只有制度改變，人類才有可能獲得自由和實現解放，並活出人之為人的價值。問題是：我們應該朝什麼方向改變？我們怎麼知道那個方向是對的？即使方向是對的，我們又該使用什麼手段去實現？這是政治哲學要做的工作。

人是觀念的存有。我們從出生起，就活在觀念編織而成的意義之網。我們對世界的認識以及我們的行動，都離不開觀念。可是，這個世界有正確的觀念，也有錯誤的觀念。當某些政治觀念本身是錯的，又或用了錯的方法去實踐，便很可能帶來難以承受的後果。二十世紀以馬克思主義之名進行的政治實驗，為世界帶來那麼大的災難，便是最好的例子。

可是，這並不因此便意味著，我們應該放棄哲學。相反，我們應該創造一個容許自由思想和互相辯駁的社會，讓哲學家以不同方式去解釋和想像世界，從而幫助我們在各種可能性之中，找到合理和可行的社會正義方案。唯有如此，我們才有可能改變世界，並且令它變得更好。

25 左翼自由主義的理念

一、導論：中國的左右之爭

二〇一四年八月，我在香港中文大學中國研究服務中心籌辦了一場學術會議，主題是「左翼自由主義與中國：理論與實踐」。[1] 參加會議的，有石元康、慈繼偉、錢永祥、陳宜中和劉擎等知名學者，也有不少青年學人。這是中國思想界第一次以「左翼自由主義」為主題的學術研討會，討論熱烈，並在大陸知識界引起廣泛關注。[2] 在此之前，陳冠中先生在《共識網》發表了〈新左翼思潮的圖景〉長篇訪談，一方面批評中國新左派的國家主義轉向，另一方面也正面提出新左翼的四點主張，包括以平等的自由人為基礎、建立公平正義的社會、重視環境保育和尊重多元差異。他在訪談中明確指出，他的「新左翼」和我提出的「左翼自由」有許多理念相通相近之處。[3] 與此同時，錢永祥、陳宜中和我也先後出版了以自由主義為主題的專著，從不同角度闡釋和論證了自由主義的基本理念[4]。可以說，二〇一四年是左翼自由主義較為顯著地受到中國思想界關注的一年。[5] 更教我意外的，是我在臉書（Facebook）上一段關於左翼自由主義和馬克思主義的評論，竟在香港也引發一場甚為少見的思想大辯論。[6]

為什麼左翼自由主義這個理念，會在中國引起那麼大的爭議？驟眼看來，這有點教人費解。因為過去數十年，以羅爾斯、德沃金、哈伯馬斯、沈恩（Amartya Sen）等為代表的左翼自由主義在西方學術界算是主流，社會主義和自由放任主義反而是少數。而在現實世界，所有自由民主國家都在不同程度上實行福利國家模式，即在憲政民主和競爭性市場制度的基礎上，由政府通過提供廣泛的社會福利進行二次分配，藉此應對公民的基本需要和減低過度的貧富差距。所謂的左、右翼之爭，其實甚少是社會主義和市場原教旨主義之爭，而是在民主憲政和福利社會這個大框架下，對於稅收高低和福利多寡有不同主張而已。就此而言，自由主義是相當中道且得到普遍認可的一種政治道德觀。

中國的情況卻很不一樣。首先，中國的左派，主要指同情和支持社會主義的理念和制度的人。社會主義制度有兩大特點：政治上一黨專政，經濟上推行計畫經濟和公有制。對自由主義者來說，這兩者皆難以接受，因為它們是導致政治壓迫和經濟貧困的主因，而歷史經驗也印證了這點。於是，左派在中國完全沒有西方左派那種進步、批判及反建制的意味。相反，他們往往是現行制度的支持者和辯護人。中國的自由派，則是社會主義左派的對立面，於是被稱為右派。右派有兩項基本主張：政治上爭取自由民主憲政，經濟上擁護市場經濟和私有財產。自由派的理論資源，主要從亞當．斯密的古典政治經濟學，以及芝加哥學派的海耶克和傅利曼等而來，認為政府應該對市場做出最小干預，容許理性個體在其中各展所長和自由競爭，同時應該接受競爭帶來的結果。「小政府大市場、低稅收低福利」，是右派的理想。他們聲稱，只有這樣才能最大程度地提升經濟效率和保障個人自由，從而實現一個對所有人都有利的自由繁榮的社會。

自上世紀七〇年代末中國推動經濟開放改革，並逐步加入世界自由貿易體系以來，這樣的一套自由主義論述，便在中國產生極大影響力，並得到不同階層和領域的人的廣泛認可。道理不難理解，因為這套論述不僅可為經濟改革取得的成就提供有效解釋，同時也為爭取進一步社會政治改革提供有力支持，包括：國有企業改革、尊重私有財產權、放寬新聞自由和資訊自由，以至逐步推行黨內民主化等。這樣的改革訴求，在相當長時間內，得到知識界（尤其是經濟學者）、媒體人、新興的企業家和中產階層的普遍認同。在這種時代背景下，左翼自由主義既爭取自由民主又重視社會正義，既批判一黨專政又質疑市場放任的立場，為何在中國既不為當權者所容忍，又不獲自由右派視為同路人，就不難理解。[7]

然而，中國經過三十多年的經濟自由化，逐漸融入全球資本主義體系後，愈來愈多人在生活中感受到，市場不僅不是解決所有社會問題的靈丹妙藥，反而導致各種的社會不公平。例如在沒有政府的合理介入下，工人的工作環境惡劣，勞工權益受到各種壓榨；在教育資源不足下，農民子女沒有機會接受教育，或只能接受很差的教育；在沒有完善的公立醫療體系下，窮人有病難醫，更可能將整個家庭拖進深淵；在欠缺失業及退休保障下，下崗工人和退休老人徬徨無依，境況淒涼；而日益嚴重的貧富差距，更使得階級分化加劇，教育和就業機會不均，社會流動緩慢，低下階層在各種社會關係中備受歧視和傷害，因而產生各種怨恨情緒。事實上，今天的中國民眾承受著雙重的社會壓迫：政治和資本。政治上的不民主不自由和資本中的剝削和宰制，構成社會不義的雙重根源。不過，我們也須留意，和民主國家的市場經濟不同，中國目前的政經體制更接近所謂「國家資本主義」，經濟領域許多運作仍然受國家牢牢操控。

面對今天中國的現實，我想不需要讀什麼政治理論，生活在其中的人都會說，這是一個很不公平的社會。中國的自由右派可以如何回應這種情況？他們很可能會說，這些問題都是政府管得太多所致，只要政府什麼也不理，交給市場這隻看不見的手，問題自可迎刃而解。毋須否認，不合理的國家管制和資源壟斷，確實是不少問題的根源，例如貪汙腐敗、浪費資源和效率低下等。不過，其他國家無數經驗告訴我們，完全放任市場絕對不會是解決問題的出路。我們先且不論真實世界資本累積過程中各種不公平的掠奪和侵占，即使在一個相對理想的市場環境，最後也必然有許多參與者由於本身不能操控的因素（例如個人能力和家庭出身）而在競爭中落敗，從而陷於各種困境，而財富和資源則愈來愈集中在小部分的資本家手上。[8]

既然這樣，無數在這個制度之下承受不公平對待的弱勢者就會問：自由主義曾經許諾，人人生而自由平等，國家有責任令所有人活得安全、自由和幸福，可是一個國家撒手不管，任由叢林式市場競爭來決定每個人命運的世界，如何能夠兌現這個承諾？這是合理之問。這裡絕不是說，今天中國的種種社會不公都是由過度市場化所導致，而是說完全市場化並非解決這些問題的出路。我們應該見到，極權會壓迫人，資本同樣會壓迫人——我們不必二選其一，而應該尋求更合理的制度安排，盡量將壓迫減到最少，從而實現公平社會合作的理想。

我正是在上述背景下思考，有沒有可能建立這樣一套制度：既能充分保障我們的自由和權利，實行憲政民主，又能令每個公民在社會生活得到平等尊重，並且在經濟合作得到公平回報？我們有沒有可能突破傳統那種「左派爭平等，右派爭自由」、「左派要國家，右派要市場」的二元思維，並建立一個不以階級鬥爭為綱和叢林競爭為本的政治共同體？這樣的共同體所體現的原則，可否一方面植根於自由主義傳統，另一方面有能力回應中國當下政治現實，從而給予人們努力爭取社會轉型的希望？自由主義在今天要有批判性和吸引力，就必須認真對待這些問題，並提出一套有說服力的政治論述。[9]

本文將做出這樣的嘗試。進入討論之前，有幾點須留意。首先，本文會在相當原則性和哲學性的層面展開，而不是直接介入當下中國的思想論爭。這樣做的好處，是能幫助我們更清楚地看到自由主義的思考進路和道德關懷。其次，我的討論主要以羅爾斯的正義理論為參照系，因為他是當代左翼自由主義的代表人物。我認為，他的正義觀對中國的政治轉型有重要參考價值。不過，大家必須留意，這裡的「左翼」，是指自由主義傳統中，相對應於自由放任主義的一種立場。在自由主義前面加上「左翼」，主要是由於在中國大陸語境下，自由主義幾已等同於右派，是故不得不加上這樣的標籤以做區別。不過，將某種觀點套上左派或右派的標籤，很容易簡化問題，並引發不必要的爭論。所以，最重要的，還是看這套正義觀裡面的實質觀點能否站得住腳。

本文相當長，結構上主要分兩大部分。第二和第三節，集中探討自由主義的正當性原則

(liberal principle of legitimacy)和社會契約觀，餘下部分則在羅爾斯的理論的基礎上，勾勒出一個正義社會應該要滿足的五項制度要求。

二、自由主義的正當性原則

政治的基本關懷，是人們應該怎樣好好生活在一起。要實現這個目標，我們需要建立一個政治秩序。這樣的秩序，需要一組具強制性的規則，確保人人服從。這組規則將確立社會基本制度，界定公民的合作方式，包括應享的權利、義務以及社會稀缺資源的合理分配等。在現代社會，這樣的政治秩序往往以國家的形式出現。現在的問題是：怎樣的國家制度才具有正當性，因此值得我們接受和服從？這是所有政治理論必須回答的問題。

羅爾斯的答案是：只有基本制度能夠得到自由平等的公民合理接受的時候，這個秩序才具有充分的正當性。他認為，自由主義主張主權在民，國家權力理應由政治共同體中自由平等的公民共同擁有，因此政治權力的行使必須「符合憲法的要求，而憲法的核心部分則預期能夠得到自由平等公民的合理接受——從他們共同的人類理性的觀點出發而能夠接受的原則和理想」。[10] 羅爾斯稱此為「自由主義的正當性原則」。

這種對正當性的看法，不僅僅是羅爾斯一個人的觀點，更是洛克、盧梭和康德以降自由主義傳統的基本理念：我們活在國家之中，國家統治的基礎並非來自某些外在權威或源於某種自然秩序，而是自由平等的個體共同接受的結果。如果能夠做到這樣，我們就活在一個自由人的聯合體：我們雖然受到制度的種種約束，但因為這些約束得到我們自願的認可，我們因此仍然是自主的，我們承擔的政治義務，在此意義上也是自加己身。[11] 當代著名政治哲學家沃爾德倫便認為，自由主義與其他政治理論最根本的分別，在於它相信：「一個社會的政治秩序是沒有正當性的，除非它能夠得到活在其中的人的同意。人民的同意或協議，是道德上容許國家（morally permissible）強制維持這個秩序的必要條件。」[12]

自由主義為何如此重視正當性原則？這關乎自由主義怎樣看待國家和個人，以及怎樣看待兩者之間的關係。簡單點說，就是自由主義意識到，國家的強制性和人的自主性之間存在極大張力，只有通過平等個體的集體同意，才有可能化解這重張力。

什麼是國家？洛克認為，國家是有權制定法律及使用武力去執行這些法律的政治實體。[13] 韋伯則認為，國家最重要的特徵，是它是在特定領土範圍內唯一具正當性使用武力的機構。[14] 換言之，國家可以強制我們服從它的命令。如果我們不服從，就會受到懲罰，失去自由。用盧梭那句有名的說話：「我們生而自由，卻無往不在枷鎖之中。」[15] 既然如此，作為平等的自由人，為什麼我們仍然願意接受國家的統治？這裡所說的自由與平等，主要是指在先於國家的自然狀態中，每個人都享有同樣的行動自由，沒有任何人有正當的權利要求他人服從。[16] 盧梭因此說：「既然任何人對於自己的同類都沒有任何天然的權威，既然強力並不能產生任何權利，於是便只剩下約定才可以成為人間一切合法權威的基礎。」[17]

那麼，什麼樣的約定才有可能把「強力轉化為權利，把服從轉化為義務」？[18] 盧梭的答案是：

通過社會契約，使得國家成為平等自由人一致同意的結果：「要尋找出一種結合的形式，使它能以全部共同的力量來衛護和保障每個結合者的人身和財富，並且由於這一結合而使每一個與全體相聯合的個人又只不過是在服從自己本人，並且仍然像以往一樣地自由。」[19] 這就是社會契約所要解決的根本問題。由此可見，盧梭的「社會契約論」最大的目的，就是要處理權力的正當性問題。而正當性問題之所以出現，則是因為國家的強制和個體的自由之間存在很大張力，而這種張力卻是傳統的貴族制或君主制等所無法解決。

有人或會馬上質疑，如果國家根本沒有存在的必要，又或個體自由根本沒有那麼重要，盧梭的問題也就消解了。第一項質疑來自無政府主義，第二項則來自反對將個人自由放在最高位置的各種理論。[20]

自由主義有許多理由反對無政府主義，例如：在沒有任何政治權威和法律的狀態下，個人權利和自由無法得到有效保障；由於缺乏信任及欠缺有效機制確保個體遵守約定，因而難以避免合作上的「囚徒困境」和「順風車」問題；當個體之間發生衝突時，沒有公正的仲裁及懲罰機制，因此難免弱肉強食等。簡言之，沒有政治秩序，我們的生命、自由、財產和福祉將難以得到有效保障，我們也無從進行公平而穩定的社會合作。同樣重要的是，人作為社會存有，有許多和社會相關的價值只能在政治社群實現，例如政治參與以及與其相關的種種公民德性。所以，對自由主義來說，問題不是要不要國家，而是怎樣的國家才有正當性。

至於自由主義為什麼如此重視自由，問題看似簡單，其實卻極為複雜。從洛克以降，歷經盧梭、康德、貢斯當（Benjamin Constant）、穆勒再到當代的伯林、羅爾斯和拉茲，整個自由主義傳統從未停止過對自由的思考。[21]由於篇幅所限，不能在這裡逐一探討，但我認為，要理解和證成自由的價值，就必須扣緊人作為「自主的主體」（autonomous agent）這一觀念來談。簡言之，就是視人為能夠理性反思及做出道德判斷、能夠建構和規劃自己的人生，以及能夠做選擇且為自己選擇負責的主體。這樣的主體，是能夠為自己生命作主的人。

這種對人的理解，不僅是在經驗上描述人的潛質和可能性，同時也是從規範性的角度去肯定個人自主的重要，因為人的自主性能否發展及實現，直接影響人的福祉和尊嚴。一個自主的人，會充分意識到自己是自己生命的主人，渴望在生活的不同領域能夠自我支配，從而活出屬於自己的完整人生。正因為有這種對自我的理解，我們才會如此重視選擇的自由，包括宗教自由和政治自由，也包括職業自由和生活方式上的自由；也正因如此，當我們被迫屈從於他人意志，我們的個人意願完全不受尊重的時候，我們的自尊會受到傷害。[22]我認為，自由的價值，離不開一種基於個人自主的自我觀和幸福觀。[23]

我們必須留意，這種自我觀並非自有永有，而是人在歷史經驗和道德實踐中逐步發展而形成的一種反思性自我意識（reflective self-consciousness）。就此而言，盧梭所說的「人生而自由」並非自然事實，而是規範事實（normative fact）：它是經過我們反思並做出道德評價後的事實，即人作為自由人，沒有服從他人的先天義務。一旦這種自我意識在社會普及和生根，自然會對政治秩序產生一種「正當性壓力」：當愈來愈多人意識到自己是自由人，舊有的不自由的政治秩序便愈來愈難得到人民的「反思性認可」（reflective endorsement），因此無法維持下去。[24]

由此我們可觀察到「正當性」有個重要特點：政治秩序是否具正當性，很視乎生活在裡面的人怎麼看待這個秩序。它如果不能得到人民普遍的反思性認可，它的統治權威便會大大減弱。認可需要理由，而這些理由不可能是隨意的，必須在公共領域得到廣泛認受。因此，當「人生而自由、獨立及平等」成為現代社會廣泛接受的信念時，自由主義的正當性原則就不僅是哲學家想像出來的理想，而是公民真實的身分認同，因而對現實政治產生實在的正當性壓力。我們只要看看美國的《獨立宣言》和法國大革命的《人權和公民權宣言》（Declaration of the Rights of Man and of the Citizen, 1789）對整個現代世界的影響，便可清楚見到「觀念的力量」。[25]

從以上討論可見，自由主義的正當性原則，其實體現了自由主義一個極為根本的道德信念：國家必須給予每個自由個體平等的尊重。尊重的方式，就是承認每個人都是獨立自主的個體，並在此基礎上建立一個所有人都能合理接受的政治共同體。自由與平等在這裡絕非兩種對立的價值，恰恰相反，自由界定了我們的道德身分，平等界定了我們的道德關係，然後兩者共同構成現代民主國家正當性的基礎。[26]

三、社會契約與公平合作

對於以上說法，有人或會立刻質疑，既然個體的同意是國家正當性的必要條件，那麼如果歷史上從來沒有出現過這樣或明示（express）或默示（tacit）的「同意」（consent），整套契約論豈非即時失效？因為只有真實明確的同意，才能產生真正的政治義務。這項批評最早由休謨（David Hume）提出。他認為，現實中絕大部分國家，都是通過篡奪和征服而取得政權，不是通過什麼自願的同意。而我們之所以願意服從國家，是因為我們清楚知道，如果沒有法律和權威，社會合作將難以存在，因而令所有人的利益（general interests）受損。[27]休謨的批評看似簡單，卻極為尖銳，因為他動搖了契約論中最重要也最鼓舞人心的部分。

康德清楚意識到這個批評，因此在建構他的契約論時，他雖然認為規範國家的憲章（「基本法」）是自由、平等和獨立的公民之間訂立的「原始契約」（original contract），體現了公民普遍的集體意志，但他卻明白地告訴我們，千萬不要視這個契約為一項歷史事實，並以此作為政治權利和義務的根據。既然如此，所謂的原始契約的性質是什麼？康德說：

> 它的確只是純理性的一項**純理念**（an idea of reason），但它卻有著無容置疑的（實踐的）實在性，亦即，它**能夠**束縛每一位立法者，以致他的立法就正有如是從全體人民的聯合意志裡面產生出來的，並把每一個願意成為公民的臣民都看作就彷彿（as if）他已然同意了這樣一種意志那樣。因為這是每一種公開法律之合權利性（rightfulness）的試金石。[28]

康德這個觀點，可以說促成了社會契約傳統的一個範式轉移。第一，他清楚說明，這個契約只是一種理念，並非真實存在的歷史事實。換言之，「同意」在這裡不能產生任何道德約束力和政治義務。第二，契約的目的，不是要論證為什麼人要離開自然狀態而進入國家，而是測試法律是否合乎正義，而這才是康德的根本關懷所在。第三，測試的方法，是立法者將自己代入公民的位置並想像他們是否願意接受這些法律的束縛，這體現了一種一視同仁（impartial）的公平精神。

問題是，即使這個契約真的能夠達到康德的期望，從而為憲法找到正義的基礎，但這畢竟不是真實的同意，那麼通過這個測試的，為什麼就具有正當性？法律得到充分證成和法律具有正當性，是同一回事嗎？康德的答案是肯定的。他說：「只要**有可能**整個人民予以同意的話，那麼認為法律是正義的便是義務了，哪怕在目前人民處於這樣一種狀況或思想情況，即假如徵詢他們對它的意見的話，他們或許是會拒絕同意它的。」[29]可是這種想法有個危險：誰有權威來決定什麼時候達到這種想像的同意？如果這種想像的同意和人們真實的意願有衝突，為什麼前者可以凌駕後者？這樣做豈不是違反了人是自主的道德主體的原則？

我認為這是契約式論證的一個兩難：如果我們尊重個體真實的意願，那麼我們幾乎不可能達成一致同意；就算真的可以，我們也無法保證得出的結果就是正義的，因為每個人在契約中的議價能力並不一樣，而且每個人也可以基於個人利益做出不同判斷。換言之，「同意」並不涵蘊「正當」。為了避免這個困難，哲學家只好先建構出某種理想的契約狀態，然後論證在那樣的狀態下，理性的立約者會有最合理的理由接受最後得出的結果，因此可視之為一種「合理的同意」（reasonable agreement）。這基本上就是康德發展出來，並在當代為羅爾斯接受的一種契約論進路。不過，通過這個進路產生出來的政治原則，道德上的可證成性就不再是來自人們真實的同意，而是來自我們經過理性反思後能夠合理接受的道德結論。契約的作用，是將一些我們視為合理且必要的前提，整合成一個公平的立約環境，再由此推導出一組大家能夠合理接受的原則。

我們因此須留意，羅爾斯為契約在道德證成中的角色賦予了全新的意義：契約不是用來產生同意（並由此產生國家和政治義務），而是作為一種「代表工具」（device of representation）。[30] 代表什麼呢？代表公平的社會合作必須要有的一組信念。羅爾斯的問題意識是：如果我們理解社會為自由平等的公民之間為了互惠而進行的公平合作，那麼我們應該接受怎樣的一組正義原則作為社會制度的基礎，並藉此決定公民的權利和義務以及社會資源的合理分配？契約的作用，是令這個關於公平合作的理念充分反映和體現於一個公平的立約環境，從而確保最後得出來的原則，也能反映和體現這個理念。羅爾斯因此稱他的理論為「公平式的正義」（justice as fairness）。[31]

羅爾斯稱這個立約環境為「原初狀態」。為了確保立約各方都是自由和平等的，所有立約者會被一層厚厚的「無知之幕」遮去所有關於他們的個人資料，包括家庭背景、自然能力以及各自的人生觀和宗教觀等。為什麼要有無知之幕？這反映了羅爾斯一個很深的信念：既然我們是以平等的自由人的身分參與公平的合作，自然能力和家庭出身這些會影響每個人議價能力的因素，從一開始就應該被排除出去，因為從道德的觀點看，這些因素都是任意的運氣所致，沒有人在合作中應得由這些運氣所導致的優勢和劣勢。

我們因此可以見到，原初狀態本身是一個建構出來的道德理念。參與立約的合作者，一開始就被視為自由平等的主體，並以這個道德身分來共同制定正義原則。之所以如此設計原初狀態，就是要以自由和平等這兩個根本的價值，作為公平合作的前提，從而直接影響最後得出來的正義原則的實質內容。換言之，自由和平等不是對立的價值，而是構成正義的共同基礎。同樣值得留意的是，在這樣的狀態下形成的共識，雖然不是真實的同意，卻更能體現對人的自主性的尊重，因為最後得出來的原則，既不是由外力強加在人們身上，也不是在不平等的議價能力下博弈所產生的暫時協議，而是所有自由和平等的立約者在公平的條件下可以一致接受的結果，因此庶幾接近一個「自願的體系」（voluntary scheme）。[32]

羅爾斯聲稱，經過審慎的理性考量，原初狀態中的立約者最後會一致同意以下兩條正義原則：第一，每個公民享有一系列平等的基本自由（basic liberties），包括人身自由、良知和信仰自由、言論和思想自由、集會結社及參與政治的自由等（即：平等的基本自由原則）。第二，政府有責任通過教育、稅收、社會福利及其他必要的公共政策，確保公民在工作職位和社會地位的競爭中享有公平的平等機會（即：公平的平等機會原則），以及確保社會及經濟資源的不平等分配必須對社會中最弱勢的人最為有利（即：差異原則）。[33]

羅爾斯認為，一個充分實現這兩條原則的社會，也就最能體現「自由與平等的公民基於互惠的公平合作」這一理念。本文餘下部分，我將嘗試從這兩條原則推導出左翼自由主義的五項基本訴求，分別是：基本權利、憲政民主、文化多元、機會平等和共享發展。這五方面的實踐，分別指向政治、社會、文化、經濟等不同領域，而它們背後有著同樣的目標，就是實踐一種我稱之為自由人的平等政治的理想。左翼自由主義與當代其他政治理論最為不同之處，就是同時肯定自由和平等作為正義社會的基本價值，並將它們系統地整合為一個合理的社會合作體系。以下我將述說這五方面的基本意涵，並凸顯它和自由放任主義、社會主義、儒家和威權主義等的不同之處。

四、基本權利

第一項是基本權利。羅爾斯認為，正義社會的首要條件，是國家必須保障每個公民平等地享有一系列基本自由。這些自由是人的基本權利，寫入憲法，享有最高的優先性，即使是國家也不能隨便以多數人利益之名侵犯和凌駕這些自由。羅爾斯在這裡承繼了自由主義傳統最核心的理念：個體擁有一些權利，而國家正當性的基礎，在於好好保障和實現這些權利。如果權利受到嚴重侵犯，人民便有公民不服從甚至革命的權利。[34] 自由主義是一種以個人權利為本的理論，於此清晰可見。而證成權利的理由，主要是它能夠有效保障人作為自主個體的根本利益。

有些批評者認為這些權利和自由徒具形式，因為窮人完全沒有實踐這些自由的條件。這是誤解。首先，自由左翼同意所有基本自由的實踐都需要一定的經濟和社會條件，並因此而贊成通過不同的資源分配政策，確保所有公民都有能力和條件去實踐這些自由，例如提供義務教育和基本社會保障。批評者或會繼續說：這不行，因為平等自由的前提是平等的財富分配。不見得是這樣。例如有效實踐人的言論自由和政治自由，的確需要一定的經濟條件，但這並不表示我們因此便非要平均分配不可，更何況均貧富並不一定就是公平，例如有人會問：貢獻較多或付出勞力較多者，為何不應得到多些？[35]

其次，又有論者或會像馬克思那樣指出，自由主義在「市民社會」（civil society）中所保障的「人權」（例如自由權和財產權）其實是將人當作孤立分離的原子式個體，鼓吹的是務求合法地滿足種種個人欲望的利己主義，最終只會導致人類無法過上真正的社群生活和達到真正的解放。[36]這種批評並不合理。無疑，以個人權利為基礎的制度最大的功能，確是保障個體的根本利益，包括信仰自由和支配個人財產的權利，但個體在乎這些利益並不等於自私自利，因為這些利益完全可以是合理正當的追求。[37]而人享有這些自由並不表示人就不可能有融洽的社群生活，因為人可以通過自由結社來和他人建立不同性質的社團。自由主義絕不反對人的社會屬性，但反對將人強制性地歸屬於某個團體或族群，無論是以文化或宗教之名。

馬克思大概沒有想過，後來出現在中國那種將市民社會和基本人權完全摧毀的集體主義式生活，不僅沒有帶來人的解放，反而帶來更深的壓迫和異化，並犧牲了無數無辜的生命。[38]的確，某些人權會通過法律在人與人之間設下某些屏障，從而保障個體在屬於自己的領域心安理得和沒有恐懼地做自己想做的事。[39]對自由主義來說，這不是缺陷，而是更好地尊重和保障個體的獨立性，使得每個人能夠自主地過上自己想過的生活。

事實上，自由主義對人權的重視，早已不停留在理念層面，而是得到國際普遍認可並落實於制度。一九四八年的《世界人權宣言》是國際人權發展史的里程碑，第一條便開宗明義指出「人人生而自由，在尊嚴和權利上一律平等」。如果我們細看裡面的三十項條文，其中不僅包括生命、自由和人身安全的權利，也包括思想、良心和宗教自由的權利，和平集會、結社和民主選舉的權利，更包括「每個人，作為社會的一員，有權享受社會保障，並有權享受他的個人尊嚴和人格的自由發展所必需的經濟、社會和文化方面各種權利的實現」。[40] 為了貫徹這些理念，聯合國更在一九六六年通過《公民及政治權利國際公約》和《經濟、社會、文化權利國際公約》，這兩份公約於一九七六年生效，進一步將權利的理念從第一代的公民和政治權利擴展到經濟、社會和文化領域，包括工作權、教育權和社會保障權等。[41] 可以說，「人人生而自由平等，並享有一系列基本權利」的想法已在世界取得很大共識，並成為推動各國社會政治改革重要的道德資源。[42] 相較於自由右翼和社會主義，我認為自由左翼更能為這些權利提供合理的解釋和證成。[43]

五、憲政民主

自由主義的第二項制度主張是憲政民主。這項主張其實是直接從第一項強調的每個公民享有平等的政治自由而來，裡面包含幾個重要部分。第一，主權在民，人民是國家的主人，國家權力來自全體公民。第二，憲法界定國家基本制度，約束政府權力的行使，同時保障公民享有一系列基本權利。第三，政府行政及立法機關必須通過定期、公開和公平的選舉產生。第四，民主選舉行多數決制，但選出來的政府必須尊重憲法保障的基本權利，避免「多數人的暴政」。

憲政民主制有許多好處，例如避免暴政，通過制度上的制約與平衡減少濫用權力和貪腐的機會，通過選舉使得政權能夠和平轉移及增加政府的統治威信，有效保障公民的自由和權利，令政府施政能夠更好地考慮人民意願，增強公民對國家的歸屬感，以及提升他們的公共參與意識等。

民主最重要的精神，是實踐自由而平等的集體自治：自由體現在公民的自主選擇，平等體現在一人一票。民主的基礎，在於平等尊重每個公民的政治自由。

平等政治自由的實踐，並不能保證選民就會做出理性明智的決定。為了確保民主制能夠良好運行，我們需要不同制度和社會條件配合，包括：公平廉潔的選舉法則和政黨制度、完善的集會結社自由和新聞資訊自由、活躍的公民社會、良好的公民素質，以及多元開放的政治文化等。民主還會改變我們的文化和生活，其中最重要的，是讓我們擁有一種作為主人翁的歸屬感：國家屬於我們每一個人，我們有平等的權利去參與和決定它的未來。長期活在專制之下，我們的政治權利無從實踐，我們於是成為政治的異鄉人。與此同時，因為生命中許多重要之門被強行關閉，我們也無從令自己發展成為完整的自由人。

對於民主政治，有兩種常見批評。第一種認為民主政治雖然在形式上給予公民平等的投票權，但在一個貧富懸殊的社會，富人的政治影響力較窮人遠遠大得多，例如富人可以通過政治捐款、控制媒體和成立各種政治遊說組織來影響選舉結果。而窮人則由於經濟條件、教育水平和社會網絡等限制，參與政治的程度和成效都相當有限。羅爾斯充分意識到此一問題的嚴重性，因此為了確保政治自由的公平價值，他主張政府有必要限制大財團的政治捐款和廣告、政黨運作及選舉經費應由公共資源承擔、成立獨立的公共廣播媒體等等。[44] 羅爾斯清楚指出，確保所有公民享有公平的參與政治的機會，是正義原則的內在要求，應以此作為制度選擇的重要考慮。所以，他在晚年特別強調，他會贊成「財產所有民主制」而非「福利國家資本主義」（welfare-state capitalism），因為後者仍然容許經濟和政治權力過度集中在小部分人手上。[45]

第二種批評則認為，自由主義過於重視國家層面的代議選舉，卻沒有將民主原則應用到社會其他領域，尤其是經濟領域，因此有嚴重缺陷。對此我有兩點回應。第一，自由左翼沒有任何原則性的理由反對直接民主，只要條件許可及得到公民認可，民主社會完全可以用更直接的方式來做出重要的集體決定，例如全民公投。第二，自由左翼也沒有任何原則性的理由反對民主實踐擴展到其他領域，包括學校、小型社區、各種志願團體以及工廠和企業。當然，如果擴展到工廠和企業，財產權的性質很可能就要做出相應改變，同時也須考慮各種可行性問題。事實上，羅爾斯認為「自由主義式的社會主義政體」(liberal socialist regime)是其中一種可能實現他的正義原則的制度，其特點是在社會符合「平等的基本自由」和「公平的平等機會」原則以及確保職業選擇自由後，企業可由工人共同擁有，並通過民主方式做出企業決定和選出管理層。[46]

六、文化多元

自由主義重視個人自主，因此主張給予個體在生命不同領域充分的選擇自由，其中包括思想自由、宗教自由、職業自由、婚姻自由和選擇不同生活方式的自由等。而一旦尊重人的選擇自由，加上人本身的多樣性，自由社會就必然呈文化多元之局。羅爾斯認為，合理的多元主義是個體實踐自由選擇的必然後果，是現代民主社會的正常現象，不必視之為災難。[47] 穆勒更主張在不傷害他人的前提下，社會應該給予個體充分的空間去做不同的「生活實驗」，即使這些實驗在大多數人眼中是何等的離經叛道，因為只有每個個體充分發展自己的個性，人才能活得幸福，社會才有活力，人類才會進步。[48]

讀者或會問，文化多元會否很容易導致社會衝突？有可能。事實上，自由主義的源起，尤其是宗教寬容（toleration），便和歐洲十六、十七世紀的宗教戰爭有密切關係。既然如此，自由主義靠什麼將不同信仰的人維繫在一起？主要靠共同承認的正義原則，以及共同的政治身分。共同承認的原則，就是平等的自由權；共同的身分，就是國家公民。在尊重每個公民平等的自由權的前提下，每個人可根據自己的意願做出不同的生活選擇，因此而有不同的文化身分。也就是說，文化多元的背後，有著公民權利的同一性和優先性。

對於自由主義這種尊重多元的制度安排，不少人稱之為自由主義的中立性原則（principle of liberal neutrality），但這個說法頗易引起誤會。第一，自由主義其實並非對所有文化和宗教保持中立，它有一項條件：必須服從正義原則定下的界限。那些違反平等自由權的宗教和文化實踐，不在自由社會容許之列。也就是說，自由主義的多元是有限度的，不同教派必須尊重自由主義定下的規範。這也就是羅爾斯所談的「正當」優先於「好」的基本之義。[49]第二，平等的自由權本身就是一條實質的政治原則，背後有自由主義對個人自主和道德平等的堅持，因此也不可能在不同的價值觀（conceptions of the good）之間保持完全中立。

有了這個背景，我們便可見到，自由主義不僅和威權主義及宗教原教旨主義不相容，也和政治儒學有很大張力。自由主義的內核，是承認和尊重人的自主性，並在此基礎上建立一個多元共融的社會。儒家倫理的內核，是希望個人、家庭和國家能夠按照它所定義的仁禮規範來修身、齊家和治國。儒家的理想政治，是培養君子和聖人；自由主義的理想政治，是培養能夠自主地做決定的自由人。對自由主義來說，儒家作為一種道德哲學和人生哲學，只要它願意尊重平等自由原則，當然可以作為多元社會中的一員與其他學說和平共處。如果政治儒學不滿足於此，要以德治原則取代自由原則來決定政治權力和社會資源的分配，便會與自由主義有難以調和的矛盾。就此而言，當代新儒家最大的挑戰，就是回應這種自由人的主體意識興起所帶來的整個社會的範式轉移。[50]

有了這個背景，我們就能明白，為什麼對不少文化保守主義和菁英主義者來說，自由社會不僅不是什麼成就，反而是現代性的墮落，因為自由選擇導致的是個無序的、無好壞對錯的、由個人主觀喜好說了算的虛無世界。這種批評很普遍，卻不合理。首先，自由主義尊重人的選擇，但這並不意味所有選擇都是同樣得好，或沒有優劣可言。選擇很重要是一回事，所做的決定本身好不好是另一回事，後者需要一個獨立的評價標準，而這個標準本身不可能由個人主觀喜好來決定。其次，社會多元和價值虛無之間沒有任何必然關係，如果人性多元且價值多元，因此不同的人選擇不同的適合自己的價值，那就相當符合事物的本性。換言之，支持多元就是在正面肯定一種對人的本性的理解。最後，自由主義本身是一套政治道德，所有的制度安排都需要道德證成，因此不可能接受價值主觀主義或虛無主義的立場。[51]

七、機會平等

自由左翼的第四項主張，是必須確保公民在社會及經濟資源的競爭上享有公平的平等機會。機會平等問題之所以出現，是因為我們處於這樣的環境：社會資源和職位有限，而人人渴望得到更多的資源和更好的位置，競爭遂難以避免，而我們希望所有參與者都能享有公平的競爭機會。

那麼什麼是機會平等？最基本的想法，是拿走所有從道德的觀點看來不相干的因素，並留下相關的因素，然後由這些因素決定誰能在競爭中獲勝。例如在一場跑步比賽中，我們不應由於某個人的膚色、種族、宗教和性傾向等而限制他的參賽資格，因為這些因素與比賽性質並不相干。唯一相干的，是看誰跑得快。同樣道理，在升學考試或職位招聘中，我們也只應考慮一個人的學業成績或工作才能，而不應考慮其他不相關的因素。這是第一層次的機會平等，我們稱之為「消除身分歧視的機會平等」。[52]要滿足這個條件，我們最為需要的，就是推動反歧視立法，確保每個公民在社會及經濟生活中不會受到歧視，包括種族、性別、宗教、階級、年齡、性傾向等。當然，單靠立法並不足夠，觀念的改變同樣重要，因為許多歧視皆來自無知和偏見，也來自對與己不同者缺乏足夠的瞭解和恰當的承認（recognition）。機會平等的目的，不僅是為了更好的競爭，更是為了在競爭中對他人有更多的尊重。

不過，我們的討論不能只停留在這裡。試想像在上述跑步比賽中，所有選手沒有受到任何社會歧視，先天體質也幾乎一樣，可是他們的家庭背景卻極為不同。有一半選手來自中產家庭，自小便享有最好的專業訓練，同時獲得最好的營養和照顧，至於另一半則來自貧窮家庭，不僅得不到任何專業指導，甚至連買一對像樣的跑鞋的條件也沒有。結果呢？他們雖然站在同一條起跑線，來自中產的選手卻幾乎勝出每一場比賽。原因很明顯，他們的家庭出身，從一開始就影響甚至決定了他們的勝出機會。

真實世界的社會競爭，當然較跑步複雜得多也殘酷得多，競爭的獎品對每個人的影響也深遠得多。家庭出身和階級背景，從一開始就影響人在所有方面的發展，包括身體和心智成長、理性思維和語言表達能力、人際網絡和個人自信，以及在社會競爭中需要的種種技能。在今天，「贏在起跑線」是許多家長的願望，「世代貧窮」卻是社會的真實寫照。這讓我們清楚看到，社會背景的差異直接導致嚴重的機會不均。這是第二層次的機會平等，我們可稱之為「消除社會背景不公的機會平等」。

要實現這種機會平等，政府有必要採取各種社會政策拉近階級差距，包括提供完善的社會福利（醫療、房屋、傷殘、失業及退休保障等），令年輕人有公平接受教育和培訓的機會，並為低下階層提供足夠的社區和文化生活支援，同時也有必要徵收資本增值稅、銷售稅和遺產稅等，避免社會財富以滾雪球的方式愈來愈集中在小部分人手上。這些政策，不是政府維持社會穩定的策略性工具，也不是富人對窮人的慈善和施捨，而是政府對於正義的承擔，因為這些機會不平等使得無數貧窮家庭的孩子從出生起就處於極不公平的境地。

自由右翼或會馬上質疑：有人生於富貴之家，有人活在貧窮之室，這是運氣使然，沒人需要為此負責，政府沒有任何正當理由去干預這個自然事實。更為重要的是，如果富人獲取的財富是正當的，那麼他們自然有自由去為自己的子女提供最好的教育和爭取最大的競爭優勢，政府以正義之名強行抽稅，反而是不正義，因為這既限制了富人的自由，也侵犯了他們的私有財產權。

羅爾斯會有如下回應。第一，生在哪個家庭的確是運氣，也沒人需要為此負責，但由於這些運氣而在一個特定制度中獲得優勢，包括物質財富和社會地位，卻會直接地影響他人，因此就有分配是否正義的問題。我們並非活在孤島，世上也沒有所謂中立的制度，政府選擇干預或不干預，都預設了一種立場，並構成一種分配方式。是故問題不在於有沒有立場，而在於這個立場能否得到合理證成。

第二，自由右翼預設了在市場中獲取的財富都是正當的，因此人們有支配這些財富的絕對自由，而這卻正是自由左翼要質疑的：如果不受任何約束的市場制度導致極大的機會不平等，而機會平等是社會正義的必要條件，那麼政府就有正當的理由通過稅收及其他政策來改變這種情況。市場是制度的一部分，而正義是社會制度的首要價值，所以市場必須受到正義原則的約束。羅爾斯亦因此不認為有先於制度的（pre-institutional）私有產權，也不視生產資料的私有財產權為公民的基本自由。

八、共享發展

問題到這裡尚未結束。再回到前面的故事：設想參加賽跑的人，既沒有受到任何身分歧視，家庭出身也幾乎一樣，但他們的先天能力卻極為不同，有人天生就是跑步的材料，有人卻自小體弱多病，那麼這兩人也很難說得上享有真正的機會平等。而從道德的觀點看，這些自然能力的分布純為運氣使然，沒有人說得上應份得到因為這些能力差異而獲得的競爭優勢。[53]這是第三層次的機會平等，讓我們稱之為「消除天賦差異的機會平等」。[54]

難題於是來了。身分歧視可以通過立法來解決，社會背景不公可以通過資源分配來處理，但天賦能力內在於每個個體，可以有什麼方法消除這些差異？羅爾斯認為，我們不能也不必強行平均化人們的自然能力，而可以用另一種方式處理，這就是他有名的「差異原則」(Difference Principle)：天賦能力高的人可以賺取更多財富，前提是要對社會最弱勢的人最為有利。不少論者認為，差異原則的目的，是以一種間接的方式去實現羅爾斯心目中最為徹底的機會平等的理想。當這個理想實現後，人們在社會競爭中的所得就是完全公正的，因為它反映的就純粹是人們憑努力和選擇而得到的成果，是故為他真正所應得。[55]這是相當主流的一種詮釋，影響了後來自由左翼中的「機運平等主義」(luck egalitarianism)的發展。[56]

不過，我不認為這是羅爾斯的原意。不錯，羅爾斯的確認為天賦能力的分布是任意、偶然的結果，利用這些偶然優勢獲得更多社會資源需要道德證成，但證成的理由不再只是為了更公平的競爭，而是認為社群成員應該有權共享社會發展的成果。例如羅爾斯說過，差異原則其實體現了一種博愛精神：只有在運氣較差的人也能獲益的時候，運氣較好的人才願意取得更多，就像彼此是一家人那樣。[57]家人的關係不是互相競爭，而是互相關懷。羅爾斯又說過，差異原則代表了社會合作成員之間的一種默契：自然能力的分布其實是社群的共同資產，每個人的能力雖然各有不同，但可以透過彼此能力的互補（complementarities）而共享社會經濟發展的成果。就此而言，社會成員不再處於工具性的競爭關係，而是一起合作的夥伴。因此：「如果我們希望建立這樣的一個社會體系，使得任何人都不會因為他在自然資質分配中的偶然位置又或在社會中最初的地位而得益或受損，同時又沒有讓出某些利益或獲得某些補償，我們就會得出差異原則。」[58]

如果我的理解合理，我們就可以說，差異原則背後的精神既不是利益博弈，也不是彼此相欠，而是一種互相扶持和共享社會發展成果的合作關係。支撐這種合作關係的不僅有正義感，還有社群成員彼此之間的關懷和互助。如果是這樣，差異原則其實超越了機會平等的要求，因為後者預設了人與人之間存在著一種競爭的關係，而競爭又預設了競爭者是彼此分離的。要實現差異原則所期許的那種共享發展，我們就不能視社會為市場，而必須視之為互信和團結都相當強的政治共同體。維繫這個共同體的，不僅需要人的正義感，還需要有一種願意「分擔彼此命運」（share one another's fate）的社群感。[59]

「共享發展」如何落實於制度，需要許多政治經濟學的具體討論，但羅爾斯說得很清楚：今天的福利國家並非他心目中的理想制度，福利國家只是在不改變資本主義產權制度的前提下，通過二次分配及有限度的社會補助為低下階層提供基本所需，但卻容許巨大的經濟不平等，因此離共同富裕的目標甚遠。正是在此背景下，羅爾斯才認為「財產所有民主制」是可能的出路，即讓所有人一開始便擁有資本和生產工具，並盡可能打破財富過度壟斷之局。[60]

九、結語

通過上述討論，我們可以見到左翼自由主義的基本理念：建構一個正義社會，給予自由平等的公民公平的對待，並且使得每個人都有條件過上自主而有價值的生活。這個理念背後有這樣的一種思路：一，我們是有理性能力和道德能力的價值主體，正因如此，我們是自由平等的存有。二，國家有責任公平對待所有公民，它的基本制度也必須得到自由平等的個體的合理認可。只有這樣，國家才有正當性。三，個人自主是人的根本利益，社會制度必須保障個體的自主性能夠充分發展。四，基於此，我們要有平等的自由和權利、民主選舉和憲政法治、多元文化和機會平等，以及完善的社會保障和公平的財富分配。五，當每個人能在這樣的社會全面發展自己的能力和志趣，並按照自己的真實意願活出自己認可的人生，我們就庶幾達到人的幸福和解放。這是左翼自由主義的理想。[61]

這樣的自由主義，不僅反對政治上的極權專制以及對人權自由的侵犯，也反對社會關係中種種源於種族、階級、性別、宗教和文化霸權的歧視和壓迫，更反對經濟生活中對人的異化和剝削，以及不合理的財富分配帶來的各種流弊。道理很簡單，如果自由主義的目標是使所有人都能過上自主的生活，那麼它就必須致力減低和消除所有領域中對人的壓迫。自主的實現，需要一個全面的自由的環境。而人既然是社會存有，那麼一套重視正義的理論，就必須致力使得社會在每個環節都能給予所有公民公正的對待。

就此而言，自由主義是個遠未完成的政治理想，並且能夠為今天的維權運動和民主運動、教育公平運動、女權主義運動、文化多元主義運動、社會財富公平分配，以及爭取工人和農民合理權益的運動等，提供豐富的道德資源。我同樣認為，這樣的一種自由主義觀點，能更有效回應今天中國大陸和香港面對的政治挑戰，並為我們展示一個值得追求的公平社會。

26 羅爾斯與中國自由主義

一、導論[1]

「正義是社會制度的首要價值，正如真理是思想體系的首要價值一樣。一種理論，無論多麼精緻簡潔，只要不是真的，就必須被拒絕或被修正；同樣的，法律和制度，無論如何有效率和安排有序，只要不正義，就必須被改造或被廢除。」[2]這是《正義論》的開篇名句，廣受傳頌，得到許多人認同。[3]羅爾斯認為，社會制度的正義問題，理應是政治哲學的首要關懷。要實現正義，我們就必須找到一組原則來規範公民之間公平的社會合作，從而界定彼此應享的權利和義務，以及確定合理的資源分配。羅爾斯稱這樣的一組原則為正義原則。

為了證成這組原則，羅爾斯回到洛克、盧梭和康德的契約論傳統，建構一個他稱為「原初狀態」的契約環境：一層「無知之幕」暫時遮去立約者所有個人資料，包括自然能力、家庭出身和人生計畫等，從而確保立約者能在一個公平環境下進行理性商議。通過複雜巧妙的論證，羅爾斯聲稱立約者最後會一致同意以下兩條正義原則：一、所有公民享有一系列平等的基本自由，這些自由受憲法保障，並具有最高的優先性；二、社會資源及經濟資源的不平等分配，必須確保每個人享有公平的平等機會，以及對社會最弱勢的群體最為有利。[4]這組原則之所以正義，是因為它能充分體現「社會作為自由、平等的公民之間的公平合作體系」這一理念。[5]

《正義論》於一九七一年出版，迅即成為經典，獲譽為復興西方政治哲學傳統的扛鼎之作。諾齊克在一九七四年預測，從今以後，政治哲學要麼在羅爾斯的理論內工作，要麼必須解釋為什麼不這樣做。[6]過去五十年政治哲學的蓬勃發展，在很大程度上印證了這個說法。羅爾斯的思想不僅主導和影響了其後各種關於正義的討論，更鼓勵和激發出各種政治理論的新發展，包括運氣平等主義、社群主義、多元文化主義、全球正義理論、女性主義等。持平地說，羅爾斯幾以一人之力將政治哲學帶進一個黃金時代。[7]

《正義論》中文譯本在一九八八年出版，羅爾斯自此為中國讀者所識，並逐步影響思想界對自由主義的想像和論述。[8]可以說，今天在中國談自由主義，羅爾斯已成為不能繞過的參照系。不過，我們也經常聽到這樣的批評：一，羅爾斯的自由主義無法有效回應中國現實，因此並不相關；二，羅爾斯的正義理論本身有嚴重缺陷，因此不值得追求。我在本文將回應和反駁這兩種批評。在接著下來的第二到第四節，我將指出儘管羅爾斯的正義理論不能簡單直接地應用於中國，卻絕對能為中國的民主轉型提供重要的道德資源，尤其在理論建構、社會抗爭，以及政治價值如何走進生命三方面，可以給我們許多參考和啟示。接著在第五到第七節，我將回應中國的自由放任主義和古典保守主義對羅爾斯的道德批評，指出羅爾斯的自由主義為什麼能夠為未來中國提供一個更值得追求的正義社會圖像。

二、建構轉型時期的自由主義理論

按羅爾斯的標準，當今中國毫無疑問離正義十分遙遠。例如，根據正義第一原則，每個公民皆應享有一系列平等的基本自由，包括人身自由、良知和信仰自由，言論、出版和思想自由，集會和結社自由，以及參與政治的自由等。可是我們都知道，這些自由在中國長期受到限制，嘗試爭取這些憲法明文賦予權利的人，往往受到嚴厲懲罰。[9]而在社會資源分配上，中國過去四十多年急速的經濟發展，雖然令社會整體財富大大增加，卻也導致嚴重的貧富差距和機會不平等，因而離正義第二原則所要求的公平分配有很大距離。[10]

面對這種境況，既然我們同意正義是制度的首要德性，那麼一個合理的推論，就是在條件許可時，每個人都有義務去推動制度轉型，令社會逐步走向正義。[11]有關正義的實質內容，羅爾斯的兩條正義原則已為我們提供方向，尤其是平等的基本自由原則，更是重中之重。既然如此，在今天及可見的將來，中國自由主義者最重要的工作，就是努力創造各種有利條件，累積道德資源，建設公共文化，培養積極公民，推動中國逐步轉型成為重視自由權利和公平正義的民主社會。

不過，值得留意的是，轉型問題雖然重要，羅爾斯在《正義論》中卻幾乎沒有討論。這是因為他覺得處理這個問題的前提，是我們須先知道在一種理想狀態下，怎樣的正義原則才能得到最合理的證成。只有完成這個理論建構之後，我們才會考慮如何應用這個正義標準去處理不義制度產生的各種問題。[12]換言之，轉型問題不是羅爾斯的首要關注。事實上，羅爾斯並不認為有所謂永恆的、普遍的哲學問題，反而覺得不同時代、不同社會各有自己需要處理的迫切議題。[13]羅爾斯最大的理論關懷，是美國這樣的多元民主社會如何變得更加公正和穩定。他思考的出發點、動用的道德資源，以及提出的制度安排，都和西方的民主傳統密不可分。既然如此，從促進中國政治轉型的角度出發，羅爾斯的理論可以給我們什麼啟示？我認為至少有三方面特別值得關注。

首先，我們要論證自由主義的方案為什麼是中國社會轉型應該走的路。這需要我們在政治道德的層面，指出相較其他理論，自由主義為什麼能夠建構出一個既正義又可行，因而值得我們追求的理想社會。我們需要這樣的論述，一方面讓我們評價現實政治，另一方面為社會改革提供方向。這其實正是羅爾斯所做的工作，只是在中國當前語境下，我們缺乏羅爾斯援用的歐美自由主義思想與制度的歷史傳統，理論上的對手也不再是上世紀中葉在西方學界居於主流的效益主義，而是政治保守主義、威權主義、菁英主義、民族主義，還有打著「中國特殊論」、「中國模式」、「中國道路」、「中國式現代化」等旗號的種種反自由主義論述。

自由主義要在中國產生影響並得到認同，就要用公眾能夠理解的語言，系統地建構和論證自由主義的理念和制度，並且應用到社會不同領域，令人們明白自由民主制到底在什麼意義上，可以更充分地保障個人自由和權利，更合理地回應政治權力的正當性和穩定性問題，更公平地分配社會和經濟資源，從而令每個公民有機會活出自己的幸福生活。換言之，自由主義要在中國有生命力，就需要我們從不同層面論證它的吸引力和進步性，並回應其他理論的挑戰。因此，我們不能只滿足於翻譯和引介西方理論，也不宜將所有精力花在西方社會才須面對的議題，亦應避免使用艱澀語言生產無人能懂的學術成果，而應有志於發展出有思想創見、能切實回應當下現實的自由主義觀點。我們不要忘記，《正義論》之所以能產生那麼大的影響力，正是因為它能在當時氣氛低沉的學術環境中，直面美國社會迫切的政治議題與激烈的社會矛盾，提出富原創性的應對之道。

我明白，在目前的政治氣候下，當最低限度的思想、言論、出版自由都難以得到保障，從事這樣的哲學工作已變得相當不易，甚至要有付出不菲的個人代價的準備。儘管如此，我依然認為，這是我們應行的路。回望歷史，許多國家的民主轉型，都必須經歷種種考驗。我們的處境並非特例，實在不宜悲觀喪志，以至放棄知識人應盡的責任。西方的自由主義傳統，如果從洛克算起，已有三百多年歷史，其中有許多思想家為這個傳統做出重要貢獻，包括從啟蒙運動時期開始的盧梭、休謨、亞當．斯密、康德、貢斯當、托克維爾、黑格爾、馬克思、穆勒，再到二十世紀的海耶克、伯林、德沃金、哈伯瑪斯、拉茲等。[14] 羅爾斯認為，沒有這個傳統所提供的思想資源，就不可能有民主社會成熟的公共政治文化。他甚至聲稱：「政治哲學只能是指政治哲學家形成的傳統。在民主政體，這個傳統總是由思想家和他們的讀者共同合力創造的成果。」[15]

自由主義傳入中國已有百年，我們形成自身的傳統了嗎？我們有足以傳世的經典著作供我們參考和應用了嗎？老實說，暫時仍然未有。可是沒有這樣的傳統，在民主轉型過程中，我們就沒有太多可用的理論資源為社會改革提供方向，同時有力回應那些反自由民主理論的挑戰。當然，我們總是可以向西方思想家求助，然而這樣實在不夠。社會轉型需要新的政治觀念，這些觀念要有影響力，就必須得到社會廣泛認可，從而提供支持公民行動的理由。要實現這個目標，我們須實踐一種公共哲學式的政治哲學，逐步令自由主義的理念植根於我們的公共文化。

有人或會回應說，這種吃力不討好的事，只有傻瓜才會做。如果著眼於當下政治現實和個人利益，這樣的選擇確實不是很明智。事實上，不少曾經是自由派或同情自由主義的知識人，近年已紛紛轉趨沉默，甚至做出根本的政治轉向。羅爾斯晚年曾感慨地提及，威瑪共和之所以會失敗，最後導致希特勒上臺，一個主要原因是當時的德國知識菁英在關鍵時刻，沒有人願意站出來支持威瑪憲法（Weimarer Verfassung），這些沉默的菁英，包括海德格（Martin Heidegger）和湯瑪斯・曼（Thomas Mann）。羅爾斯提醒我們，知識菁英的立場和態度，對一個社會的公共文化和政治行為有莫大影響。[16]我們能為下一代留下什麼樣的道德資源，歷史日後如何評價我們今天的作為，是我們無從迴避的問題。

三、探討社會抗爭的可能性

在轉型時期，另一項重要的理論工作，是探討在嚴重不義的社會，公民是否仍然有服從法律的政治義務，以及可以用什麼形式來進行抗爭。洛克以降的自由主義傳統，從來不認為個體有無條件服從國家的義務。[17]相反，國家如果不能善盡責任保障公民的基本權利和重要福祉，公民就有不服從，甚至反抗的理由。羅爾斯在《正義論》花了相當篇幅去論證，即使在一個大致接近正義的民主政體，在滿足一定條件後，公民仍然有行使「公民不服從」（又譯「公民抗命」）的權利，即基於正義，以公開、非暴力的方式，故意觸犯法律並自願承擔責任，藉此激發社會關注，並尋求爭取改變嚴重不義的法律和政策。[18]

既然如此，在一個不自由、不民主的國度，當公民的示威、抗議權利受到嚴重限制時，公民抗爭的合理手段和適用範圍應該為何？很可惜，羅爾斯對此沒有什麼討論。不過，沿著他的思路，我們有理由相信，在該種情況下，抗爭的合理性一定較他所定義的「公民不服從」要來得更強，可容許的抗爭手段也一定更加多樣。我相信羅爾斯會接受這樣一種觀點：社會抗爭的手段及程度，必須符合比例原則，換言之，人的基本權利受到的侵犯愈嚴重，就愈有必要改變，社會也就愈應該接受不同形式的抗爭。這是因為正義原則保障的基本權利，包括人身自由、公平審訊、良心和信仰自由、思想和結社自由，以及參與政治的自由等，是民主憲政得以良好運作的關鍵所在（constitutional essentials）。[19]

羅爾斯的公民不服從理論，對近年臺灣和香港的社會運動有過頗大影響，獲廣泛援引作為社會抗爭的理據。[20]可是由於政治現實的壓力，這些討論在中國思想界卻幾乎無從展開。[21]然而，在社會轉型過程中，相關議題的討論將不可避免且極為必要。原因不難理解：社會改變一定牽涉集體行動，而集體行動可採用怎樣的合理抗爭手段，必然會影響行動的代價和成功的機會。如果社會不能就此展開公開討論並形成一定共識，甚至促使當權者理解和遵從這些規範，從而創造良性政治博弈的可能，那麼到了社會矛盾日深、強力維穩失效的時候，人民就會不顧代價地運用各種反抗手段，而政府則很可能無所制約地強力鎮壓，最終將導致難以預計的動盪和犧牲。

這不是危言聳聽，而是中國必然會面對的嚴峻局面。一個真正穩定的政體，不可能僅靠暴力威嚇來維持，而必須得到人們發自內心的認可。在資訊開放和公民覺醒的時代，人們面對制度不義帶來的各種苦難，不會只有啞忍和離開兩個選項，也可以選擇集體發聲，爭取制度改變。在這樣的時代背景下，羅爾斯關於公民不服從的思考，看似十分遙遠，其實甚為迫切。[22]

四、政治價值與生命的厚度

羅爾斯在《正義論》第三部分，提出這樣一個問題：大部分人在正常情況下都有正義感，願意按正義的要求行事，可是人同時也會追求個人幸福，如果正義與幸福之間發生衝突，我們真的總是有理由給予正義優先性嗎？[23] 羅爾斯認為，如果一套正義理論無法就這個問題給出令人滿意的回答，這個理論規範之下的社會就是不穩定的，因此存在巨大的道德缺陷。而他相信，在一個實現他的正義原則的「良序社會」，正義和幸福可以互相契合，因為按正義行事本身就是在實現人的最高利益，是故從工具理性的觀點看，我們有充分理由做個正義的人。[24]

羅爾斯的論證成功與否，不是我這裡要處理的問題，可是如果我們將他提出的問題放在一個尋求轉型的社會，將有很不一樣的意義。簡單來說，活在一個嚴重不義的社會，選擇做個正義的人，即使從羅爾斯的角度看，也很可能是不理性的，因為要承受的個人代價實在太大，包括失去自由和生命。可是我們又都知道，要改變制度，就需要更多公民願意站出來一起爭取，而不是站在一旁等搭便車，自己卻什麼也不願付出。統治者深明這個道理，所以往往會用殘酷手段鎮壓那些敢於發聲的人，藉此威嚇其他人不要參與。

羅爾斯不是沒意識到這個問題，只是在他的「理想狀態理論」(ideal theory)中，由於絕大部分人都被假定為有充足的正義感，同時知道其他人也有類似的正義感，加上制度本身已經充分實現正義原則的要求，因此人們搭便車的動機便會弱許多。[25]可是在一個極度不義的社會，這些條件幾乎都不存在，那麼我們如何才能說服自己和別人，我們仍有理由做個在乎正義的自由主義者？這是社會轉型過程經常出現的困局。

我們必須承認，在目前的政治環境下，自由主義在中國的發展已進入寒冬：公民社會凋零，言論空間幾近於無，知識界普遍沉默或轉向，而政治改革遙遙無期。自由主義的挫折，不是在理論層面上不及其他理論，而是根本沒有公開辯論和公平競爭的空間。面對這種處境，青年學者陳純曾有如此一問：「當一種自由民主的制度遙遙無期的時候，自由主義者應該從何處汲取『心力』，如何保持自己的信心、希望、勇氣、幸福感，如何不使自己喪失底線或精神崩潰？」[26]陳純擔心，如果沒有這種心力，很多人就會放棄對自由民主的追求，又或讓政治哲學變成和現實無關的一種書齋中的概念遊戲。

陳純這裡其實是在回應江緒林生前一篇廣為流傳的文章〈生命的厚度——讀《紅太陽是怎樣升起的》和《這個世界會好嗎》札記〉。[27]江緒林通過閱讀高華和梁漱溟的著作，指出以高華為代表的成長於四九年後的自由主義者，既缺乏中國傳統儒佛文化的滋潤，又沒有西方基督教文明和啟蒙運動思想的薰陶，因此高華雖然以自由和平等作為他的基本信念，他的生命卻缺乏厚度：「自由和平等雖然從啟蒙以來就居於顯赫的位置，卻並非獨立的或無根的價值，而是常常有其豐厚的文化和思想根源。」[28]這種缺乏不僅令高華對於毛澤東的歷史詮釋顯得過於線性和狹隘，也使得作者本人長期處於一種憔悴緊張和不勝負荷的狀態。江緒林因此認為，要走出這個困境，中國自由主義者就必須將自由和平等和更寬廣的文化傳統和宗教精神結合，從而獲取一種有厚度的生命。

江緒林和陳純的文章，確實觸碰到一個極重要的問題，就是自由主義的基本價值，在極權社會下能否給予個體足夠的精神和道德力量。這不是一個純粹理論的問題，而是直接影響中國自由派知識人在目前的艱難環境下如何立身處世的存在性問題。儘管問題重要，不過我對於江緒林提出的解決方案，卻有相當保留。

首先，江緒林認為，「無論我們的脆弱處境如何艱難，我們都有必要像梁漱溟那樣擁有思想和生命的厚度。」[29]追求這樣的人生境界當然很好，可是我們卻須追問，是什麼原因使得今天的中國人，尤其是知識分子，難以擁有這種厚度，並活得不勝重荷？那自然是因為制度過於不義：國家權力不受制約，個人權利毫無保障，以至恐懼無處不在。一個正常人要活出正常人生，需要正常的制度環境。而在基本自由闕如的社會，個體要活得豁達健康和精神飽滿，實在難於登天。

既然如此，我們應該期望什麼？改變制度！高華在他的書中明言：「吾期盼舊時極左的『以我劃線』、權謀政治永不再來，國家從此能步入民主、法治的軌道。」[30]高華很清楚，只要制度不改，國人就只能繼續像螻蟻那樣生存，毫無安全和尊嚴可言。他明確選擇「民主、自由、獨立、社會正義和人道主義」作為他的治史價值觀，不僅不會令他的歷史敘事變得脆弱和單薄，反而讓我們見到一位歷史學家的正直和悲憫。[31]我認為，高華和羅爾斯在這點上是相通的：唯有建立起自由公平的制度，個體才有機會發展出生命的心力與厚度。如果在政治高壓面前，我們迴避制度之惡，並寄望從個人修養或宗教信仰中找到安頓，儘管可以理解，卻不是解決問題之道。

其次，江緒林認為，自由和平等只是應用於制度層面的政治價值，單薄得不足以支撐自由主義者的精神生命，因此必須從傳統和宗教中去另尋源頭。我對這種說法也有保留。誠然，一個自由主義者不可能單靠自由和平等來定義他的人生，他也需要家庭、愛情、宗教、藝術等來豐富他的生活。是故，一個自由主義者完全可以同時是個基督徒或佛教徒，通過不同方式，尋找各種文化和精神資源來肯定和充實生命。自由主義並沒有說，它所提供的價值可以為我們整個生命的安頓提供一個完整的、鉅細靡遺的方案。可是，一個自由主義基督徒和一個非自由主義基督徒最大的分別，是前者會接受自由和平等對他的信仰構成規範性約束，例如接受每個人都應享有平等的宗教自由，並學會容忍和尊重其他信仰。更準確一點說，自由和平等不僅是外在的制度約束，同時也應是個體可以由衷接受的價值，實踐和體現於宗教和倫理生活。

在此意義上，要成為自由主義者，自由和平等就須走進個體生命，甚至成為其身分認同不可分割的部分，從而指引他的公共實踐和精神生活。做個自由人和做個平等主義者，都是生命的實踐，因為自由和平等作為道德價值，同樣在最深的意義上，影響和規範我們整個人生。[32]因此，如果我們真的在乎自由，我們就會一方面要求自己在生活不同範疇，活出一種有自主性的生活，另一方面盡可能創造一個制度環境，容許所有人也可以實踐各自的自由。江緒林也許沒有充分意識到，自由主義其實不是像他想像的那樣單薄，以至必須尋找其他價值源頭作為支撐。[33]事實上，回看過去數百年自由主義為現代世界帶來的翻天覆地的轉變，我們就應知道，自由和平等這兩個奠基性價值背後的道德力量。

有人或會追問，即使以上所說有理，可是自由和平為什麼對我們如此重要，重要到我們願意成為自由人，也願意讓所有人成為平等的自由人，並視這個理念為中國政治現代化追求的目標？這確實是重要且迫切的大問題，也是最值得我們從羅爾斯及西方自由主義傳統學習和借鑒之處。我們千萬不要以為這是容易的事。事實上，在長期專制統治之下，不少人已失去感受自由和想像自由的能力，甚至就像籠裡的鳥以為飛翔是一種病那樣，不僅不嚮往自由生活，甚至用盡各種方法去為專制辯護。[34]如何改變這種狀態，以及如何在艱難黑暗的歷史時期仍然見到自由主義的力量，確實是我們的大挑戰。[35]

五、左翼自由主義vs.自由放任主義

通過上述討論，我已指出羅爾斯的理論在什麼意義上與中國的社會轉型相關，並提出幾個值得努力的方向。接著下來，我要回應中國知識界對羅爾斯最為普遍的兩種批評。第一種主要來自所謂「右派」的自由放任主義或經濟自由主義，他們認為羅爾斯的理論過於重視平等和正義，給予政府過大的分配資源的權力，沒有真正重視人的自由，因此必須加以拒斥。

實情是否如此？先讓我們看看羅爾斯如何定義「自由主義」。他認為，自由主義的正義觀，最少須具備三項要素。一、一系列平等的基本自由和權利；二、這些自由和權利在制度中具有優先性，國家不能隨便以集體利益之名凌駕其上；三、國家須通過收入和財富的公平分配，以及為所有人提供基本教育和醫療服務等社會福利政策，確保所有社會成員有足夠的（adequate）資源和條件去實踐這些自由和權利。[36]

羅爾斯稱這三項要素為當代自由主義的基本理念，內部不同派別的差異，往往在於如何界定這些元素的實質內容，以及提供不同的支持理據。換言之，羅爾斯認為平等自由原則理應是所有自由主義者的共同底線，至於社會資源如何分配才最合乎正義，他承認可存在不同方案，並要考慮不同國家的現實情況，不過卻絕對不會接受一種完全放任的市場資本主義，因為這樣將無法滿足第三個條件。自由放任主義卻認為，國家必須尊重市場競爭導致的所有結果，而不應以正義之名進行財富再分配。他們認為，唯有如此，才能最合理地保障個體的自由和權利。[37]

左翼自由主義和自由放任主義的分別，在西方是常識，有時也被稱為「自由左翼」和「自由右翼」。他們都接受自由民主憲政作為社會的基礎，所爭論者往往集中在社會和經濟政策上，例如財政、稅收、福利、就業等方面，而且常常受特定時期的政治和經濟發展影響。可是在中國，人們卻普遍地將自由放任主義的觀點直接等同於自由主義，又或直接稱之為「右派」。例如，著名哲學家李澤厚先生便將自由主義定義為「要求保護私有財產，維護個體自由，強調自發的市場經濟和自由競爭，要求政府不加干預」。[38]至於重視社會正義、反對資本主義的分配不公和貧富懸殊，則被他歸為與自由主義對立的「民粹主義」。根據這個定義，羅爾斯就很難被歸類為自由派，因為他並不接受這種「小政府、大市場」的立場，儘管他明確地將平等公民的基本自由放在首位。[39]不僅羅爾斯如此，當代西方絕大部分重視社會正義和批判資本主義的哲學家，在中國都會被排除出自由主義陣營。

李澤厚長期在美國任教，不可能對兩者的分野沒有認識，但他依然選擇如此定義，我估計是他清楚知道自由放任主義的論述，在中國已主導了對自由主義的想像和詮釋。事實上，自上世紀九〇年代知識界「新左派」與自由派大論爭以來，自由派「重自由重市場，反平等反正義」這樣的一種標籤，確已深入民心。[40]我於二〇一二年前後曾在《南風窗》發表過一系列文章介紹羅爾斯式的自由主義觀點，在媒體及微博引起不少爭論。[41]其中反應最大且批評最烈的，主要來自自由放任主義和所謂的市場原教旨主義。這些批評最典型的觀點是：自由很重要，放任市場才最能實現自由的最大化；平等與自由不相容，政府干預必然導致自由減少，因此可能成為由善意鋪成的奴役之路；一旦將羅爾斯的左翼自由主義引入中國，必會導致極權的擴張和自由的喪失。[42]

羅爾斯真的如此可怕？他的理論真的如此無法回應中國現實？讓我們先來看清幾個基本事實。首先，羅爾斯視平等的基本自由為正義社會的首要原則，這些自由不限於經濟自由，還包括政治自由和公民權利，在憲法中須具有絕對優先性。羅爾斯對自由的深度、廣度和優先性的重視，較自由放任主義有過之而無不及。[43]其次，在各種自由中，羅爾斯特別重視平等的政治自由，並由此推導出憲政民主的制度安排。再者，羅爾斯認為，要有效實踐這些自由，就不能只有形式上的法律保障，還須有實質的物質條件支持，政府因此有責任因應社會發展情況，為公民提供廣泛的社會保障，包括教育、住房、醫療、失業和退休保障等。這不僅是為了公平和正義，更是為了所有人的自由的真正實踐。

我認為，這樣的自由主義——爭取民主憲政，重視自由平等，反對權力在不同領域對人的壓迫和宰制，關心老弱貧困以及弱勢群體的需要，以及要求政府給予所有公民平等的關注和尊重——更能切實回應今天中國民眾所承受的種種不公義，也較自由放任主義更有批判性和進步性。中國改革開放以來，經濟突飛猛進，產生的社會財富龐大驚人，但是創造這些財富的主力——三億農民工——享受到他們應得的利益了嗎？在中國社會底層，以及在農村與偏遠地區，還有多少老人與幼童仍然在貧困中苟活？中國的醫療體系和教育體系，能夠滿足廣大人民基本的醫療與教育需求嗎？面對中國社會資源與機會如此不平等的狀態，以為只要將一切交給市場，問題就會自然解決，恐怕過於一廂情願，甚至近於冷酷。[44]

有人或會回應說，之所以造成今天這種情況，很大程度上是政府的責任，而不是根本不曾存在過的自由市場。如果真的是這樣，那麼合理的推論，是改變制度，給予市場應有的角色和位置，同時促使政府承擔起應有的責任。既然我們的目標是建立公平正義的制度，令每個人都能得到尊重和照顧，那麼就不需要將國家和市場對立起來，然後從中二擇其一。

或會有人追問，自由主義這套理論說得動聽，實行起來會否是另一回事？根據聯合國最新公布的二〇二二年人類發展指數，排在前十位的幾乎全是民主福利國家，包括瑞士、挪威、澳大利亞、德國等。[45]眾所周知，這些國家都不接受自由放任主義的經濟主張，而會為公民提供全面而廣泛的社會福利，可是它們的民主實踐和人權紀錄卻是世界典範。當代分析馬克思主義學派奠基人柯亨曾說過，羅爾斯了不起之處，是將當代自由民主主義和社會民主主義的政治實踐把握在他的思想之中。[46]我明白中國與這些已發展民主國家還有很遠距離，但我想沒有人會說，這些民主福利國家是在「通往奴役之路」。[47]

六、左翼自由主義 vs. 古典保守主義

第二種對羅爾斯的批評，則來自當代深受施特勞斯（Leo Strauss）影響的古典保守主義，其中最有代表性的兩位人物是甘陽和劉小楓。如果自由放任主義對羅爾斯最大的不滿，是認為他不夠重視經濟自由，那麼古典保守主義則認為羅爾斯對自由和多元的推崇，背後預設了一種價值主觀主義和虛無主義，而這不應是中國要走的路。一個理想的社會，應該重視文化和傳統，並以追求美善生活為政治的最高目標。由於甘陽對羅爾斯有最直接和嚴厲的批評，我在這裡將集中回應他的觀點。

進入討論之前，有場思想論爭的背景有必要先交代一下。我在本書將羅爾斯所代表的自由主義稱為「左翼自由主義」，背後主要考慮是中國知識界早已習慣將自由主義等同右派，而所謂的右派觀點卻無法反映羅爾斯式的自由主義對平等和正義的重視。讀者須留意，這裡所說的「左翼」，是自由主義內部意義的「左」，和中國大陸語境中國家主義式的「左」是兩回事。

許多讀者或許不知道，更早將羅爾斯和自由左派提上知識界討論議程的，是甘陽二〇〇〇年在香港《明報》發表的一篇文章〈中國自由左派的由來〉。甘陽在該文聲稱，當時很有影響力的新左派思潮的理論基礎，其實來自以羅爾斯為代表的自由左派：「中國『新左派』之所以是『自由左派』，即在於他們基本是以當代西方自由主義思想和理論為自己的主要理論參照，而對當代西方保守主義則持比較保留的態度。」[48]甘陽又認為，自由左派的代表人物包括王紹光、崔之元、汪暉及他自己，而當代中國的自由派則更接近於美國語境下的保守主義。[49]

二十年過去，這幾位學者仍然活躍於學界，擁有顯赫名聲和龐大學術資源，只是現在重讀這段話，卻教人感慨萬千，因為他們如果曾經同情過自由左派，那麼現在早已遠離當初的立場，甚至站在自由主義的對立面了。更有意思的，是在該文發表短短三年後，甘陽本人便出版《政治哲人施特勞斯：古典保守主義政治哲學的復興》一書，立場起了一百八十度的轉變，改從西方古典保守主義的立場強烈批判羅爾斯的自由左派。[50]此書被視為中國施特勞斯學派的代表作，不少讀者對羅爾斯的理解受其影響，並因此對自由主義持一種批判和否定的態度，是故值得我們認真對待。[51]我的回應主要集中在兩方面：羅爾斯的自由主義會否導致虛無主義，以及羅爾斯對正當和善的關係的理解是否合理。

先重溫一下羅爾斯的自由觀。首先，正義第一原則確保所有公民享有平等的基本自由去追求自己認為值得過的生活。基於人的本性和社會文化環境的多元，人的理性能力若得以自由實踐，大家就會做出不同選擇，因此會導致宗教觀和人生觀上的多元狀態。羅爾斯認為，這種狀態正常而且合理，是人的個性和能力自由發展的成果，對個體和社會都是好事。公權力因此應該尊重人們的選擇，不應強行介入並且要求所有人接受同一套整全性的宗教觀和人生觀。這是穆勒以降自由主義傳統的基本共識，也是自由社會的基本特點。[52]

甘陽對此卻不以為然。他借施特勞斯之口問道：自由主義為什麼要給予人平等的選擇自由？甘陽自己的回答是：「由於人不能獲得關於絕對好和絕對正確的知識，因此必須對所有關於『好或對』的意見給予寬容，承認所有的偏好和所有的文明都是同樣好和同樣值得尊重的。」[53]換言之，由於自由主義承認價值是主觀和相對的，沒有人有資格決定什麼是最好的德性和最高的善，因此唯有尊重人的選擇自由，並給予所有宗教和文化平等的尊重。甘陽認為，這樣的多元狀態絕對不理想，因為「其結果實際則是使得所有宗教、種族、性別、歷史文化傳統都失去了意義，都不重要了，都是可有可無的東西，因為都只有私人領域的意義，並不具有公共意義。這在施特勞斯看來，當然正是虛無主義和相對主義」。[54]

甘陽在此其實有兩重批判。一、羅爾斯的自由原則建基於錯誤的虛無主義；二、這種虛無主義式的多元社會將給個體生命和人類文明帶來極大傷害。如果這兩點成立，我們便應該拒斥自由主義，接受施特勞斯式的保守主義，因為前者只會導致人的虛無和文化的墮落。既然如此，中國自然也不應該走自由主義的道路。這個批評十分嚴厲，可惜卻建基在重重誤解之上。

讓我們回到最基本的問題：自由為何如此重要？羅爾斯認為，作為有理性能力和道德能力的自主個體，每個人都希望實現自己的人生計畫，活出屬於自己的美好人生。要實現這個目標，個體就須在成長過程中，逐步發展出人的自主能力，找到適合自己且得到自己理性認可的生活。這個探索和選擇的過程之所以如此重要，最少有以下幾個理由。第一，這個世界沒有一套所謂唯一的、絕對的、適用於所有人的最美好生活，人類社會存在著多元且各有價值的生活型態（modes of life）。[55]

第二，哪種生活型態最適合某個特定個體，需要個體通過各種生活實驗來深入瞭解和認真比較，也需要得到個體本人的反思性認可。[56]這樣做，是對人的自主性的尊重。如果在關乎個人幸福的重大問題上，個體無法為自己做決定，那他就不是自己生命的主人，無法活出自己的人生，更談不上活好自己的人生。在此意義上，家長主義式的保守主義（「我比你更知道什麼樣的生活對你最好，因此你必須接受」）是對人的尊嚴的莫大踐踏。

第三，即使每個人都渴望活好自己的人生，也不表示凡是個體當下所選的就是對的和好的，因為每個人都有機會犯錯。我們不僅可能在實現既定目標的手段上犯錯，也可能在追求的目標上犯錯——無論我們當下對這些目標有多強的渴求。最明顯的例子，是許多人會修正甚至放棄曾經一度深信不疑且身心投入的宗教信仰和政治信念。[57]

基於以上理由，羅爾斯認為，理性個體不僅有理由去追求和實現自己的人生計畫，更應追求一種更高序的價值，那就是致力發展和實踐自己建構人生觀的能力和正義感的能力。[58]只有當這兩種能力得到充分發展，人才能有效地規劃和追求自己的人生計畫，在有需要時調整和修正，同時也才能理解和服從正義原則的要求，積極參與公平社會合作。我們因此可以如此總結：基本自由之所以是正義社會的必要條件，因為那是實現人的自主能力的必要條件，而自主能力的實現是人活得幸福的必要條件。[59]

以上論證一旦成立，我們便可見到，羅爾斯絕不可能接受虛無主義。他不是因為所有價值都是主觀和相對的，所以才重視自由；恰恰相反，正由於不同的生活型態有好壞對錯可言，所以才應該給予個體自由探索和自主選擇的機會，從而找到既有價值、同時適合自己的生活。更何況，如果所有價值真的都是主觀和相對的，我們也就沒有理由聲稱「平等自由」是正義社會的最高價值，更沒有理由說要「平等尊重」不同形式的文化實踐，因為這些聲稱本身就是具有普遍性的道德命題。當然，即使人們有了選擇的自由，也不保證人因此就可以活得幸福，因為幸福生活還需要其他條件的配合，包括選擇的生活方式本身必須是有價值的。[60]一個自由多元的社會，不應是虛無主義盛行、不分是非好壞的社會，而是不同個體活出不同有價值的精采人生的社會。

七、正當優先於好

現在讓我們回應第二個批評。甘陽認為，羅爾斯將正義放在首位，而正義原則保證公民享有平等自由的權利，這是一種「權利優先於善」的理論。這種理論有兩個重要特點：一、權利不依賴任何善的觀念為基礎；二、所有關於善的追求都轉移到私人領域，因此失去公共意義。政治的目的，不再是培養德性和追求至善，而是無區別地尊重所有人的選擇自由和欲望滿足。從施特勞斯的古典保守主義的觀點看，這是一種敗壞和墮落的政治，因為它無法幫助人活出最有德性的良善生活。[61]這是相當典型的對羅爾斯的批評，可惜同樣誤解重重。

讓我們從基本概念談起。甘陽將「the priority of the right over the good」譯為「權利優先於善」其實並不準確，且引起很大誤解。[62]「Right」這裡所指的是道德上的正當，實質內容由正義原則來界定，但卻不一定就是指權利，因為「正當」涵蓋的內容遠較「權利」為廣。「Good」在這裡則是指理性欲望的滿足，例如當一個人實現他想要追求的目標而感到快樂時，這種快樂對他就是一種「好」。[63]不過須留意，這裡所指的欲望上的滿足，並沒有道德評價意義上「善」的意思，例如一個人可以做一件令自己很滿足、道德上卻是錯的事。[64]

以上這個區分十分重要，否則人們會很容易誤以為，羅爾斯在這裡是在用自由主義的「權利」凌駕其他同樣重要的道德上的「善」。所謂「正當優先於好」，實際上是指在受正義原則規範的社會，追求各種目標所帶來的欲望滿足，無論對個體而言多麼強烈，都不能違反正義的要求。[65]例如一個人通過奴役他人而感到極大快樂（對他而言因此是一種「好」），可是這種行為一開始便違反正義的要求，是故道德上並不正當，因此絕不能容許。

和效益主義不同，羅爾斯並不接受以下這種觀點：人的所有快樂和偏好的滿足（不管其性質）都有價值，因此應在效益極大化的過程全數考慮。他明確指出：「在公平式的正義中，正當的概念優先於好的概念。一個正義的社會制度會先劃定一個範圍，然後個體在其中發展他們的目標。這個制度會提供一個權利、機會和滿足各種欲望手段的框架，從而確保每個人可在其中公平地追求自己的目標。」[66]

清楚羅爾斯的意思後，我們便可以回應甘陽的批評。第一，任何政治社群都需要一組正義原則來協調和限制人們的利益追求。這組原則可以是自由主義，也可以是政治保守主義。真正區分兩者的，不是這個優先性結構本身，而是正義原則的實質內容。羅爾斯對此其實說得很明白：「任何正義理論都要設定這種性質的限制，即在特定的環境中，想要實現它的最重要的正義原則就必須要有的限制。」[67]

甘陽對此的回應是，古典保守主義就是不想接受這樣的結構，而是要回到傳統政治哲學的「善先於權利」，因為「主張『權利先於善』就是否認有真正的善，即否認『自然正確』或『自然正義』」。[68]這裡的「善」，指具普遍性和客觀性的自然正確和自然正義。甘陽沒想清楚的是，這樣一來，他和施特勞斯其實仍然接受「正當優先於好」的結構，只是構成「正當」的內容，由羅爾斯的正義原則轉換為某種德性原則而已，這種德性原則一樣會就人的欲望追求設下限制。既然如此，用這個優先性結構來批評自由主義，並且說這就是施特勞斯所說的「古今之爭」的關鍵，恐怕言過其實。

第二，欲望的追求必須接受正當原則的限制，並不表示前者就只能局限於私人領域，例如一個以政治為志業的人，大可以在公共領域通過各種政治參與實現他的理想，這個理想對他就是極重要的「好」。當然，我這裡對「公共」的理解，不是指界定社會基本制度的政治原則本身，而是泛指在公共領域存在的各種結社活動。同樣的，正義原則不再依賴於某種特定的宗教觀和人生觀，並不表示後者就變得沒有價值或失去意義。例如在政教分離下，基督教不再為民主國家的統治提供正當性基礎，但沒有人會因此就說基督教「失去了意義，都不重要了，都是可有可無的東西」。[69]相反，在尊重信仰自由的社會，基督教仍能蓬勃發展，吸引大量信徒，並在公民社會發揮重要作用。

第三，接受「正當優先於好」，並不表示界定何謂正當的正義原則時便不能訴諸任何與「好」有關的觀念。自由作為一種價值，本身就是一種特定的、重要的「好」，因為它能促進我們的人生計畫的實現。事實上，羅爾斯將自由、收入、財富、機會、自尊等視為「社會基本益品」(social primary goods)，因為它們是實現我們的人生計畫和前述兩種道德能力的重要條件。不過我們須留意，決定何謂道德上正當的，並非這些基本益品本身，而是判斷合作者之間應該如何公平分配這些益品的準則。換言之，自由界定了我們的根本利益，平等界定了人與人之間公平合作的基礎。自由和平等，是羅爾斯正義觀的兩根支柱，因此才有正義第一原則所要求的平等的基本自由。

從中國某些古典保守主義者的角度來看，他們既不接受自由有最高的優先性，也不接受每個人應該享有平等的權利，他們最嚮往的，很可能是一種柏拉圖式的哲王政治。這樣的菁英政治，既反民主，也反自由，相信只有極少數哲人才擁有「怎樣才能活得好」的客觀知識，並由此主張將政治權力交託在這些哲人手上。不難想像，在今天的中國，這樣的「賢人政治」立場實在太容易滑向威權主義，甚至被當權者收編，合理化其統治。

八、總結

我在本文解釋了羅爾斯的自由主義理論對中國社會轉型的重要意義，同時回應了自由放任主義和古典保守主義對他的批評。自由主義是現代民主社會的奠基哲學，在哲學理念和制度實踐上，已有數百年的經驗累積，深刻地影響了現代社會的發展進程。中國在短短數十年間崛起，成為世界強國，而到目前為止，它的發展模式卻和自由主義的基本價值背道而馳，因此迫使我們面對這樣一個大難題：自由主義在中國有未來嗎？

許多人對此感到悲觀。理由林林總總。有人認為，中國傳統文化的劣根性令中國人不配享有自由民主；又有人認為，源起於西方的自由民主根本不合中國國情，一黨專政和威權統治才是最適合中國的現代化模式；更有人認為，自由主義早已過時，不僅不進步，而且是導致全球資本主義危機和生態危機的罪魁禍首。要在今天中國這樣的政治和文化環境下，為自由主義辯護，確實是極大挑戰。我在本文所做的工作，正是直面這些挑戰，提出一種我認為值得追求的左翼自由主義論述。讀者應該清楚見到，羅爾斯的正義理論是這種論述主要的思想來源。

如果我的論述具有說服力，那麼我們面前最大的挑戰，就不是要不要自由主義的問題，而是如何在中國實現自由主義的問題，也就是如何轉型的問題。儘管自由民主的訴求目前受到各種打壓，可是我們也應見到，中國經過四十多年的開放改革後，自由主義的許多理念，早已得到民眾廣泛接受，並構成日常生活和社會文化相當重要的部分。對自由民主的嚮往、對法治正義的渴望、對個人自主和平等尊嚴的重視，是社會普遍的政治訴求。而臺灣民主轉型的成功，以及香港近年大規模的民主運動，同樣會給中國大陸的社會轉型提供有用的參考。

確實，在這個不確定的時代，我們不知道春天什麼時候會到，可是我們知道應該珍惜什麼價值，也知道我們想要怎樣的社會，更知道我們是歷史的能動者，是自己命運的主人。自由主義能否在中國實現，相當大程度上，視乎我們的選擇和我們的努力。正是在這樣的歷史視野和價值意識中，羅爾斯的正義理論值得我們重視。

後記

我最早接觸到羅爾斯的思想，是一九九〇年代初在香港中文大學石元康先生的課上，其後我在英國的碩士和博士論文，研究的也是羅爾斯的正義理論。羅爾斯的為學與為人，對我影響甚深。本文特別為紀念羅爾斯誕生百年及《正義論》出版五十年而寫，我想最後和讀者分享幾段個人往事，藉此向羅爾斯致敬。

二〇一三年六月三日，我應邀在中國政法大學以「羅爾斯《正義論》的問題意識」為題，做了一場原典讀書會。那天陽光猛烈，天氣炎熱，百多個座位的課室擠滿了人。我從下午二時一口氣講到五時半，中間沒有半刻停頓，邊引原文邊解說，盡情和年輕人分享當代最重要的自由主義理論。我談得忘乎所以，同學聽得如癡如醉，沒有人知道我內心的激動和哀傷。那是我第一次也是最後一次，在大陸高校這樣討論羅爾斯。

二〇一四年九月二十四日，香港高等院校大罷課。我當時正在教一門關於羅爾斯的研討課，決定響應「罷課不罷學」，和同學走出校園，去金鐘政府總部前面的添馬公園讀《正義論》。我們下午三時開始時，最初只有我和十多位同學席地而坐，可是到了日落維港，在我周圍不知不覺間卻已聚集了三百多位市民。他們或坐或站，時而點頭認同，時而舉手發問，時而會心微笑。他們當中有學生、有穿著西裝的城市白領，還有家庭主婦和退休人士，大部分人此前從未聽聞過羅爾斯，卻在這樣偶然的機會，於時代的轉捩點，一起上了一堂公共哲學課。當天的照片很快傳到英美政治哲學圈子，許多人很驚訝，羅爾斯竟在香港得到如此公開的討論。

二〇二〇年十月十一日，新型冠狀病毒肺炎（COVID-19）肆虐全球，網課流行，我也應邀在線上會議系統Zoom為年輕人辦了一場《正義論》的原典導讀。當晚的主持張潔平其後在臉書如此總結：「真沒想到這一晚的自由課，從晚上七點一直談到十二點半，保松帶著座標在中國大陸各個省市、美國、臺灣、香港、澳洲，完全不同背景、不同年齡的大家，在Zoom一段一段讀羅爾斯的《正義論》。平均七百人在線，就這樣整整五個半小時之後，還有近四百人在線。」

作為一名政治哲學教師，在這樣的年代，能夠和這麼多熱愛自由、嚮往正義的年輕人一起認真閱讀羅爾斯，我很愉快。羅爾斯曾經說過，政治哲學不應對著權力說，而應在公共領域面向所有自由平等的公民同胞說。[70]誠哉斯言。

羅爾斯先生，謝謝您。

第六部分

往事與時代

27 我們都配得上自由

——微博上的自由課

前言

二〇一四年五月十五日至十七日，我本來應廣州中山大學三個學生團體之邀，舉辦三場以「論自由與社會公義」為主題的講座和原典讀書會。[1]五月十四日下午，我獲告知三場講座由於「眾所周知」的原因而不得不取消。當晚，我在我的微博公開抗議，批評這是對學術自由的嚴重打壓。

五月十五日下午，我在微博公布，當晚將以「自由的價值」為題，在微博和網友自由交流，回答大家的問題。當晚參與的網友成千上萬，氣氛熱烈，討論理性，也沒有受到任何干擾。當日從下午五點開始，我和網友一直討論到凌晨一時，前後持續七小時。[2]更為特別的，是當晚中山大學有兩百多位同學和校友，自發回到原定講座的課室，舉辦了一場別開生面的聚會。課室兩邊，特別張貼了一副新寫的對聯，上書陳寅恪先生的名言「獨立之精神，自由之思想」。出席者在課室朗讀詩歌和分享感受，同時觀看我在網上的討論直播。中大同學的行動，瞬即傳遍互聯網，觸發各種聲援，在全國引起廣泛關注。

現在回看，這次事件有數重意義。第一，這很可能是中國過去十年，最多人參與並引起最多關注的一次爭取學術自由的公共行動。在中國高校，學術講座遭審查和取消，幾乎無日無之，人們早已習以為常。我和中大同學的發聲，是極罕有的一次公開抗議。第二，這次行動連結線上線下和校園內外，以自由討論回應思想控制，並在極短時間引起全國關注，是互聯網時代公民行動的新嘗試。最後，這可能是迄今為止，大陸最多人參與的一場關於「自由」的政治哲學討論。此後，隨著網路言論尺度日益收緊，這類公共討論已幾成絕響。

為紀念這次事件和為歷史留下紀錄，我決定將當晚部分討論整理出來。這些討論或許不夠系統和深入，可是如果將它放在今天中國的政治脈絡和言論環境中閱讀，讀者或許能明白這份紀錄的特殊意義。[3]

微博提問者的問題以黑體字呈現。

一

周：各位朋友，雖然今天去不了廣州中山大學，但思想自由和討論自由，還是可以在微博有限度地繼續的（希望如此）。今晚七時，我將在微博上和大家自由討論和自由有關的問題。大家隨便提出問題，我們自由交流。

——有言論自由的話，就有可能引發很多社會問題。比如我們可能會聽到「南京大屠殺沒有三十萬」，或者「釣魚島一直由日本管理」之類讓我們無法接受的觀點，而且邊疆可能也會有獨立的傾向，我甚至覺得到時候香港一定會獨立。這種問題應該怎麼處理？

周：這種想法似乎有點想當然，不見得有事實基礎。我反而認為，有了言論自由，大家才可以公開討論不同觀點，包括那些你無法接受的觀點。只有這樣，我們才能更好地瞭解真相，更好地判斷是非對錯。現在什麼也不許說，只剩下一種官方觀點，可是我們怎麼知道官方所說就一定是真的和對的？退一步，即使官方說的是對的，為什麼民間的不同意見就應該被壓制？

——我覺得大陸與香港不同，人民參與討論的能力不夠，參政議政的素養不夠，不適合全面放開管制。要開放言論自由應該一步一步來。如果全面開放，確實會迎來言論自由的好處，但是在大陸，付出的代價也會是巨大的。這裡的利弊權衡，周老師怎麼看？

周：正因為參政、議政的素養有待改善，我們才應該創造一個自由的環境，讓大家去學習和實踐啊。如果我們一直活在一個不自由的環境，我們就很難學會自由思考和獨立判斷。再者，從來沒有人會說言論自由是無界限的。可是今天的中國不是自由太多，而是太少。落實憲法賦予人民的基本自由，我不僅見不到有什麼代價，反而覺得可以帶來更積極的社會轉變。

——周教授，關於自由，你所讀過的書中，最推崇哪幾本？

周：推薦以下書目：Isaiah Berlin, *Liberty*（《自由》）；F. A. Hayek, *The Constitution of Liberty*（《自由憲章》）；J. S. Mill, *On Liberty*（《論自由》）；John Rawls, *A Theory of Justice*（《正義論》）；Joseph Raz,

The Morality of Freedom（《自由的道德》）；Quentin Skinner, *Liberty before Liberalism*（《自由主義之前的自由》）。[4] 這些書都有中譯本，不過要留意譯本的質量。

——因為我是非政治主修，請問能否推薦一些像《正義》、《金錢不是萬能的》這樣的不那麼艱深的著作？

周：可參考以下幾本：Jean Hampton, *Political Philosophy*；Will Kymlicka, *Contemporary Political Philosophy: an Introduction*；David Miller, *Political Philosophy: a Very Short Introduction*；Adam Swift, *Political Philosophy*; Jonathan Wolff, *An Introduction to Political Philosophy*。[5] 這幾本都是很不錯的政治哲學導論，清晰易讀，也有中譯本，值得推薦。

——周教授，口氣不必太大。只想問你現在最基本的議論自由有沒有？追求自由是人之天性，但任何自由都是有限度的，絕對的自由對社會未必是好事。

周：這不是口氣大不大的問題，而是我們是否願意直面當下的政治現實。今晚我本應在廣州中山大學，而不是待在這裡。原因是什麼，大家都清楚。至於微博有多少言論空間，只要留意一下每天數之不盡的刪帖和炸號，還有各式各樣的敏感詞，相信也毋須我多說。這裡沒有人主張什麼絕對自由，更沒有人否認自由需要界限，但這絕對不應構成為現狀辯護的理由。

——其實你現在在網上不是在討論嗎？網上的不同思想難道被打壓了嗎？即使你認為自由度還不夠，但也絕非你所想像的那麼糟糕。

周：「自由」是個程度的概念，既然我們在此說話，我不會說現在一點自由都沒有。可是你應清楚，我們的言論自由十分脆弱，因為微博小祕書一直都在，而且擁有極大權力。[6]只要當局不喜歡，我們的討論就會隨時消失。你覺得不糟糕，也許只是因為厄運暫時未降臨到你身上；又或者你不願意看到，目前這種令人窒息的言論環境，對個人和社會帶來多大傷害。

——想起胡適先生的「容忍比自由更重要」，包容他者的不同，是享受自由、營造自由環境的前提。我有時在想：思想一直被禁錮的人，能體會自由的珍貴與力量麼？就如同精神科中嚴重抑鬱的患者，還能體會歡樂愉悅為何物麼？

周：你的問題很重要。自由是否有價值，和一個人自由意識的強弱分不開。人的自由意識愈強，便愈難忍受外力強加在自己身上的限制。可是如果你是長期被關在籠裡的鳥，根本未試過飛翔的滋味，那你很可能就不覺得自由對你有多重要。所以，如果我們希望中國有一天能轉型成為自由社會，其中一個重要前提，是愈來愈多公民擁有自由意識。

——我的老師在「毛概」課上曾經展開過「你自由嗎？」的討論，我驚訝於同齡人的答案大部分都認為自己很自由。[7]作為一個電腦專業的學生，我想說即使我不討論政治，我也是不自由的。GFW（Great Firewall，防火長城）把不少海外技術網站都遮罩了，我們想學習也都要翻牆，這僅僅是不受限制的權力侵害自由後果的冰山一角。

周：你說得很對。由於我們從小就生活在一個不自由的環境，見不到其他可能，因此以為這種不自由的狀態是正常的，甚至誤以為自己很自由。可是只要試過翻牆出去見過外面的世界，我們就會知道，我們身上的許多枷鎖，其實都是制度造成的。一個正常社會，不應該有那麼多限制。

——前段時間，有網友好心提醒周老師可以在「有限的尺度」內進行政治討論，小心翼翼地爭得一定空間。可我個人反倒覺得，我們需要做的不是正視這張鐵幕，而應該無視這張鐵幕，在我的程序裡面根本沒有它。如果當局要禁止自由，那是當局的無恥，如果我委曲求全就是我的不對。爭自由就是要爭自由！

周：你的想法很了不起。確實是這樣啊，如果自由本來就是我們的權利，為什麼我們要乞求當局施捨，而不是無畏無懼地實踐？我有時覺得，我們太容易將國家看得太大，將自己看得太小，並且無條件地接受和合理化政府所做的一切。可是我們有否想過，政府擁有那麼大的權力，難道不應該是它向我們負責，並好好尊重我們的自由和權利嗎？

周：謝謝大家的問題，真的很精采。可是我現在要去接女兒放學，七點回來再聊。抱歉。[8]

二

周：各位朋友，這個時候，我本應在中山大學和同學們愉快地討論「自由」。既然講座不得已被取消，我們就在這個平臺，就「自由」這一議題自由討論。大家隨便發言，我盡量回答，也歡迎大家互相回應。[9]

——周老師，請問在您成長過程中，有哪位思想家對您的價值觀形成產生過重要的影響？

周：啟發我的哲學家有許多，不過影響我最多的，應該是羅爾斯，因為我讀碩士和博士都是研究他。羅爾斯讓我有機會系統和深入地瞭解自由主義，以及它為什麼值得追求。我記得我在倫敦讀書的時候，有次出席德沃金教授的研討會，他特別叮囑我，要研究當代政治哲學，就必須由羅爾斯開始（You must start with Rawls）。這句話給我留下很深印象，畢竟德沃金本人也是當世自成一家的哲學家。

——在一個沒有自由和低智的國度，討論這些太奢侈了。

周：那我們就一起努力，令它變得不再奢侈。

——自由是一個人的自然權利，但是出現政府之後，自由的範圍就由政府來設定並且由政府來保護，這樣不是自相矛盾了嗎？為什麼我們還需要一個政府？

周：這是好問題。沒有政府的狀態，就是最自由的狀態嗎？初看好像是，因為那樣我們就可以沒有任何法律約束，想做什麼就做什麼。可是往深一層想，這樣的狀態，會不會只是強者的自由，弱者卻隨時會被犧牲？退一步，即使你是強者，會不會也會感到不安全，因為其他人有可能聯合起來攻擊你？在沒有法律的無政府狀態，人人自危，自由反而得不到保障。這正是霍布斯、洛克等主張社會契約的原因。當然，國家出現後，如果沒有合理的權限和問責，也可能導致暴政。所以，問題不是要不要政府，而是如何建立一個尊重個人權利和重視法治，權力受到人民監督的政府。

——我想問當一個人看清社會百態和看清人情冷暖，內心不知何去何從時，應該怎麼做？我是一名高中生。

周：不要過早輕言放棄或陷入虛無啊。現在的外在環境確實不好，但生活本身還是有許多美好的東西值得我們嚮往和追求。讀一本好書，看一部精采的電影，甚至像我們現在這樣，做一場認真而真誠的思想交流，都值得珍惜。你還年輕，前面還有很長的路，路上還有許多美好的風景在等著你。不知何去何從時，試試從生活中最細微的地方做起。

——在我讀過的《政治哲學導論》譯本中，作者對羅爾斯的正義原則的評價也是認為，其開創性的舉措是構思了「無知之幕」背後的理性決策者這個思想實驗。但是如果決策者對於種種關乎自身利益的訊息都不曾考慮，這樣的「無知」下所做出的決斷，對他們而言訊息是否不完整呢？這樣的決策可靠嗎？

周：這是很專門的問題。「無知之幕」的目的，是確保一個公平的立約環境，令參與社會合作的人，能夠在平等的條件下，共同決定規範社會的正義原則。正因為有這種考慮，立約者的自然能力和家庭出身等資訊才會暫時被遮蔽起來。你所說的訊息不完整，其實是有意而為之。無知之幕是人為設計，目的是反映和體現「自由和平等的公民進行公平社會合作」的理念。[10]

——您如何詮釋漢化了的「自由」或者說「政治自由」呢？迄今為止，看到的都是西方觀念啊。

周：請問什麼叫「漢化」的自由？自由有西化和漢化之分嗎？舉例說吧，如果你的言論受到權力限制，那麼無論你生活在哪裡，都會感受到同樣的不自由；如果我們享有信仰自由，那麼無論我們相信基督教還是佛教，也都擁有相同的選擇權。自由的觀念源起於西方，並不表示我們不能運用這個觀念來理解和評價我們的社會。

——自由要看尺度，要看具體歷史環境，要看具體國情。如果是臺灣式的自由，那完全是鬧劇。有些場合，香港式的自由也很不合時宜。我們需要自由，但不能以混亂為代價。

周：這種想法很普遍，經常被用來為專制辯護。可是中國是怎麼樣的國情，特殊到一個地步，一旦人民享有自由，天下就會大亂？事實上，今天世界上最能保障人權和自由的民主國家，恰恰是政治上最穩定的。至於臺灣這個民主社會是否真的如此不堪，你有機會去走走再下判斷也不遲。[11]

我們也須知道，自由和混亂是兩回事。自由不等於個體可以自私自利和為所欲為，更不等於社會失序。生活在自由社會的公民，必須尊重他人的平等權利，更須遵守法律。今天的中國看似很穩定，卻以犧牲公民的自由為代價，國家更要投入天價經費和大量人力去「維穩」。這樣的「穩定」真的值得我們嚮往嗎？為什麼我們不可以追求一個既自由又穩定的社會？

——在內地，肆意突破自由邊界的人很多，如言論自由的邊界。同時，自由是什麼、邊界在哪裡等也需要學習和實踐。這個過程並不輕鬆。很多人不在乎自由，也不想付出精力和時間。請問在很多人並不把「自由」當作價值的前提下，自由還是一個共同體值得追求的價值麼？如何證成「自由」是人所必需的？

周：很好的問題。我這幾年寫過不少文章去回應這些問題。在現代社會，我想很少人會認為自由不重要和不值得追求。相反，不同社會和不同文化的人都會視自由為普世價值。為什麼呢？因為缺乏一些基本自由，例如人身自由、思想自由、信仰自由、婚姻自由和職業自由等，人就很難活得像個人。人是什麼呢？人是會思考、選擇，以及有自己人生計畫和價值觀的存有。也就是說，人有自主意識和價值意識。要成為這樣的人，我們需要一個自由得到充分保障的社會環境。如果這樣說仍然太抽象，那你可以想像一下，如果政府不容許你選擇自己喜歡的職業，不准許你有戀愛和旅行的自由，嚴格限制你讀什麼書和看什麼電影，你會不會感到很痛苦？當然，自由不是我們唯一追求的價值，但它確實是非常根本的價值。

——周老師，自由與不自由的界限在哪？

周：問題問得太大。我們要追問下去：我們在談哪一種自由？這種自由的價值在哪裡？在什麼情況下，國家才可以合理限制這些自由？這些都要具體談，並一步一步論證。泛泛而論地說任何自由都一定要有界限，其實意義不大。如果我們視自由為人的基本權利，那首先要問的，是國家怎樣才能充分保障公民的自由，而不是汲汲於國家如何才能有效控制人民。大家有沒有想過，在一個專制社會不斷追問自由的界限，擔心自由過多，是不是有點奇怪？

——請問自由是一種消除人的內在障礙的天賦能力，還是一種經過他者確認的擁有一定權利的政治身分？

周：很好的問題。「自由」是個相當複雜的概念，它既有你所說內在的一面，也有通過法律來界定的公共的一面。或者我們可以如此理解：自由的基本意涵，是主體能夠免於限制（外在和內在）去做自己真正想做的事。這個概念可以應用到不同範疇，因此既可有意志和心靈上的自由，也可有政治和社會面向的自由。

——有一個淺顯的問題想聽聽您的看法：Mill values personal autonomy and believes that people are best at making decisions for their own than anyone else，但是請問您對 the fact that people have imperfect rationality and sometimes they make awful decisions 怎麼看？

周：這問題其實很有意思。問題的大意是：「穆勒重視個人自主，並相信每個人都能為自己做出最好的決定。但真實情況卻是，人的理性能力並不完美，有時會做出很惡劣的決定。」這裡觸及一個頗為根本的問題，就是既然人不是在所有時候都會做出理性決定，我們為什麼仍然要給予人那麼多選擇的自由？我們對此可以有幾個層次的回應：第一，人在大部分時候都較他人更瞭解和在乎自己的意向和利益；將諸多關乎人生福祉的重要決定交給旁人，風險其實更大。其次，即使人有時會犯錯，可是這是改善人的判斷能力不可或缺的過程。一如教育，我們不會說，因為你有機會犯錯，所以就不讓你學習。最後，人是自己生命的主人，在不傷害他人的前提下，我們應該尊重個體的自主權。只有通過選擇，人才能成為自己生命的主人。

——周老師，請問胡適先生講的「容忍比自由更重要」，是否基於當時國情的考慮？比如，胡適經常提起「兩害相權取其輕」，才使得他周旋在政府和知識分子群體之間。

周：你提及的胡適先生這篇文章，一九五九年發表於臺灣的《自由中國》雜誌，呼籲當權者容忍異見，尊重言論自由，因為任何人都有機會犯錯。[12] 這個想法主要來自穆勒《論自由》的第二章。胡先生所指的當權者，是指當時的中華民國總統蔣中正。他希望蔣能夠容忍自由主義知識分子（例如雷震、殷海光）的批評，容許成立反對黨，以及不要尋求三連任總統等。大家可能知道，蔣最後在一九六〇年封禁《自由中國》，社長雷震遭重判入獄十年。這是該文的基本時代背景，不過胡先生的文章確實帶出一個相當重要的理論問題，就是容忍和自由的關係，以及容忍能否成為自由主義的基礎。我曾經寫過一篇文章〈自由與容忍〉，提出一些和胡先生不同的見解，有興趣的可以找來讀讀。[13]

三

——請教您如何看待學校洗腦式的教育？

周：洗腦教育當然很不好。它的邪惡之處，在於完全不尊重人的自主性，迫使人成為不會思考只懂盲從的人。我常覺得，中國今天教育最要不得的，就是從中學開始，強制所有學生修讀思想政治課，接受同一套意識形態，並且不容許有任何反思和質疑。嚴格來說，這不是教育，而是對學生的荼毒。如果我們同意每個人都擁有理性思考能力，就應該鼓勵他們自由探索，形成自己的想法，活出自己的個性。很可惜，我們的制度辜負了太多太多自由的靈魂。

——周先生怎麼看待愛國主義？

周：愛國可以是一種很自然的情感，就像一個人愛自己的家庭那樣，畢竟我們活在一個叫國家的政治社群之中。可是，我們也知道，「愛國」在我們的社會，其實不是那麼自然，而是政府通過學校、媒體和各種宣傳，使得愛國等同為對現在政權的絕對服從。所謂愛國主義教育，裡面的內容早已寫好。一個人一旦被標籤為不愛國，就會遇到許多麻煩。正因為這樣，每逢什麼重大日子，許多明星就必須站出來表態如何「愛國」。換言之，愛國不再是個人情感的自然流露，而是自上而下施加的政治任務。

可是，作為有判斷力的個體，在決定愛與不愛之前，我們總應該問，怎樣的國家才值得我們愛吧。我們不是生下來就是國家的工具，國家也不是我們的父母。相反，國家由人民組成，它的權力來自人民，因此國家是否值得我們效忠，要看它能否好好保障我們的權利和改善我們的福祉。這是現代民主社會的基本信念。[14]

——古語云，愛之深，責之切。愛國家是無條件的，因為愛國家不是愛她的美麗，而是愛她的一切。

周：真的是這樣嗎？如果一個國家嚴重踐踏人權，貪汙腐敗盛行，資源分配不公，政治參與無門，我們仍然要無條件地愛這個國家嗎？自由主義從洛克開始，最重要的主張，就是認為國家如果不能好好保障我們的基本權利，我們就有理由不服從。更何況，就算是愛國，也不代表我們不可以批評國家，我們不是有「愛之深，責之切」的說法嗎？所謂無條件的愛，很容易變成盲從。[15]

——有人認為，觀念的市場未必能保證理性觀念的勝出，比如有人發現在微博上，造謠帖的傳播率遠遠高於闢謠帖，這種情況下，你如何捍衛言論自由的價值？

周：好問題。確實有這樣的可能：一旦容許人們有選擇和行動的自由，就無法保證必然帶來想要的好結果。正因為有這種可能，很多人才主張不應該給人過多的自由，因為自由會導致放任、混亂、敗壞等等。實際的情形是否真的如此呢？用回你的例子，中國為什麼會有那麼多你所說的造謠帖？會不會正是因為我們的社會嚴重缺乏新聞自由和資訊自由，才會令各種小道消息傳播得那麼廣？而人們那麼容易相信這些訊息，會不會是因為政府不夠透明和公信力太低？換言之，我們見到的情況，不見得是觀念市場過於自由的問題。看看民主國家，那裡的言論和新聞自由遠遠比我們多，為什麼反而較少出現你所說的情況？除了公民素質，我想更重要的，是制度本身防止了自由不會被濫用。

——自由主義的施行，是否需要整個社會的某些倫理共識作為前提？如何達成這種共識？

周：自由主義要在中國生根，確實需要整個社會形成廣泛的道德和政治共識，包括重視自由和人權，相信主權在民和政治平等，容忍異見和尊重人的獨立自主等。自由主義的理念傳入中國已有百年，一代又一代知識人為此付出過許多努力，可是民主轉型依然步履艱難。這難免令人沮喪。儘管如此，我對於中國的政治現代化仍有信心。一來我對自由主義的理念本身有信心，二來今天大部分先進國家都實行自由民主制，東亞不少國家也早已完成民主轉型，我不太相信中國永遠是個例外。至於過程要多久，沒有人說得準。可是有一點是肯定的，就是自由民主不會無緣無故地出現，而必須靠一代又一代人爭取，包括當下的我們。

——老師，我還想問中國人配得上享有自由嗎？幾千年來，中國人更多的是屈從和奉承，特別是一九四九年後。

周：絕對配得上。我們每個人都配得上享有自由，配得上在一個民主公平的社會活出有尊嚴的生活。我們一定要有這樣的信念。我從來不相信什麼「中國人的國民性就是劣質」這類說法。大家想想，我們今晚有成千上萬的人在一起討論自由，表達我們對自由的渴求，這件事本身就證明我們完全配得上享有自由。

——周老師，我想問，倘若有人已經索性不要臉，或者擁有了某種自信，要將他們的獨裁統治貫徹始終，且不斷優化、細緻化統治技術，始終不給人民自由，甚至不給討論自由的權利，啟蒙的正常人趕不上洗腦洗成的「腦殘」生產速度，這個國家還有希望嗎？

周：不要這樣悲觀。我相信，嘗過了自由的滋味，很少人會願意回到被奴役的狀態。我們的社會持續開放，新一代的觀念在轉變，思想控制會愈來愈難。這個國家有沒有自由，不只看掌權者做了什麼，同時也得看我們自己在做什麼。只要愈來愈多人意識到自由的重要，在生活中努力開拓自由的空間，這個國家就有希望。我不是不明白我們的處境艱難，可是我們沒有悲觀絕望的權利。

——有個問題還請賜教：今天在談自由的時候，我們會發現許多人本身其實是缺少獨立判斷能力的。我們慣於接受「大多數」或者「權威」的判斷，然後無條件服從，令我們陷入「不去自主地做判斷也能活得挺好」的感覺中。那麼，您認為這樣的一種惰性是否可以克服，又該怎樣克服呢？

周：問得很好。要改變這種狀態，首先需要爭取在制度上真正保障和落實自由。舉例說，有了言論思想自由和新聞出版自由，我們的情況肯定會很不一樣。有了這些自由，我們就有機會接觸到新思想新觀念，就可以知道許多被扭曲被掩蓋的歷史，我們就可以沒有恐懼地去思考。你要明白，你見到許多人盲從的狀態，很大程度上是制度造成的結果，而不是個人惰性所致。在一個不自由的制度下生活，我們每個人都是受害者。所以，爭取制度的改變才是重中之重。

——我是一名在京大學生，周老師可否推薦幾本適合我們看的書，不一定關乎自由，只要讀了能讓我們在體制中洗過的腦清醒一些的書就好。

周：推薦你去讀 J. S. Mill, *On Liberty*（《論自由》）。網上很容易找到免費英文版原文，第三章中所談的〈論人的個性是幸福生活的重要元素〉特別值得再三細讀。[16]

——老師，如何面對施特勞斯對自由主義的批評？即自由主義植根於相對主義與歷史主義的土壤，因而造成現代性的嚴重危機。

周：我不認為他的批評成立。拙著《自由人的平等政治》有一章〈自由主義、寬容與虛無主義〉專門回應他的觀點，你有興趣可找來讀讀。[17]

周：謝謝大家那麼多的問題。我要先陪女兒玩一會，稍後繼續。抱歉。

四

——不見面，反而聊得更熱烈、更深入。

周：是的。今晚真是歷史性的一夜。我就好像人在中山大學的課室，和同學們在一起一樣。

——我也一直相信自由同樣也應當是中國人的普遍價值追求。但困惑我的是，起碼現在是本科生的我，覺得關於政治學的一整套話語體系都來自於西方，總是在某程度上暗含著西方國家的自由、民主等才應是我們的價值取向。

周：你可以先不要想什麼西方東方，而是從自己的生活經驗出發，直接問自己：什麼樣的制度才是我想要的？怎樣的社會才能令我們活得有安全感，活得有尊嚴，可以自由地追求自己想過的生活？如果自由真的重要，那是因為它能幫助我們解答這些問題，而不是因為它來自西方。

——周老師，我覺得你是真正意義上的左派。在當今的中國，自由和平等這一對價值，您如何排序？

周：自由和平等不是互相排斥的概念。以民主為例，民主既體現了平等（一人一票），也實踐了自由（投票本身即是一種自由選擇）。又以權利為例，中國憲法也說，每個公民可以平等地享有言論和思想自由的權利。我們從這裡見到，自由和平等都是我們想要的價值。當然，在別的領域，平等作為一種分配原則，可能會與個人自由有衝突，例如為了確保教育上的機會平等，政府可能會限制家長用金錢購買優質教育的自由。這些限制是否合理，要具體談。

——萬事萬物的存在都需要一定的基礎，以你研究自由這麼多年來看，自由的基礎是什麼？

周：自由的基礎，就是我們是自由人。如果我們不是能反思、判斷、選擇，以及為自己生命負責的個體，自由對我們也許便沒有什麼價值或只有很小的價值。

——我個人認為中國的不自由跟中國人的劣根性有關係。不知為何，我一直認為中國人本質上就有不足、愚昧、缺乏普世價值。

周：真的不要這樣看自己。今天社會上出現很多不理想的情況，例如貪汙腐敗、爾虞我詐、恃強凌弱，很大程度上和制度有關，而不是中國人天生就有劣根性。人當然有自私的一面，但只要公正的制度建立起來，人性中良善的一面就會慢慢發展起來。我自己很不喜歡民族劣根性這種說法，因為這不僅過度簡化問題，同時也在貶低我們自己。

——按照中國目前的國情，您覺得具備實現一人一票制的條件嗎？因為有一種說法是如果現在馬上給所有人投票權，那麼這個國家必定會亂。這是投票權和保證可以吃肉之間的矛盾嗎？

周：我不認為有了民主，中國就一定會亂。例如臺灣和南韓便相當順利地完成民主轉型，過程中並沒有產生大的混亂。當然，如何轉型，牽涉到權力轉移和制度設計，也需要各種條件配合，例如司法獨立、軍隊不從屬於政黨、新聞及結社自由、多黨政治的出現、公民社會的良性發展等。只要當權者願意進行政治改革，過程大可循序漸進，大家慢慢累積經驗。這個過程一定不容易，可是我們不能只寄望於當權者，我們自己也需要好好做準備。

——老師，自由概念本身是根植在關於人的內在價值（諸如自決、自律等）之上的概念，如果有人問：那人何以以此為貴？作為回覆，我會回答：唯自律與自決驅使人去追問這些問題，問此問題本身就是自決者探尋人的價值。所以問題本身就體現了自由之基礎。不知您對這番回答持何意見？

周：這個思路不錯。先確立人是主體，是能動者，自由的價值才能彰顯。自由之所以重要，去到最後，是對那個有反思意識和價值意識的選擇主體重要。這是思考「自由」之所以重要的關鍵。

——如果自由僅僅詮釋為個人選擇的自由，那就不是一個可成為信仰的，甚至不能算深刻的思想，或者血液裡的情感。在中國不就是這樣嗎？中國式自由幾乎等同於放任自流、隨地吐痰了。

周：所以，我一直在強調，不是每一種自由都重要或值得追求。我們重視的，是一些我們視為人的權利的基本自由，例如人身自由和信仰自由、言論及思想自由、出版及新聞自由、集會結社和組黨的自由、擁有私產的自由等。這些才是自由社會的基礎。同時我必須多強調一次，自由並不等於自私自利和為所欲為。經過今晚的討論，我發覺許多朋友都有這種想法。

——學術問題要的是嚴謹，不是在這裡能扯清的。

周：請不要瞧不起這樣的討論。我覺得，今晚大部分網友提出的問題都很好，而且我們都在認真思考和理性對話。我自己一直認為，政治哲學作為公共哲學，不應只屬於知識菁英，而應屬於所有自由、平等的公民。如果我們的水平還不夠高，大家一起來努力就是，但千萬不要妄自菲薄。

我真心覺得，我們今晚做了一件了不起的事。在中文世界，這很可能是第一次有那麼多人一起在公共平臺討論「自由」，而且討論是如此平和理性。我們來自不同背景，對「自由」有不同的理解和體會，可是大家應該見到，我們不是不可以對話，不是不可以互相學習。在我看來，這是很重要的一步。

五

周：各位朋友，我們今天從黃昏五點多開始討論，至此已整整七小時。我很感謝大家的參與，特別是崔衛平、郭于華、劉瑜三位老師的現身支持。我要向今晚在中山大學校園同步參與的老師和同學致敬，你們用行動實踐了自由的價值，捍衛了中大的學術自由。這是很了不起的事。今晚的討論理性開放包容，證明我們每個人都配得上享有自由。謝謝大家。

我上微博以來，一直在抗議小祕書干涉我們的言論自由。不過今晚，新浪微博沒有做出任何干預，容許這場討論順利進行，我必須在此公開致謝。也正因如此，我們也許對未來應該多點信心。中國是我們的，我們身在其中，我們的一言一行，都在一點一滴拓寬自由的空間。今晚的討論到這裡結束吧，我有點累了。未回答的問題，我們之後慢慢談。自由是現代社會的核心價值，可是我們的文化傳統，沒有太多關於自由的道德資源；我們的生活，每天都在承受太多不合理的干預和宰制。可是看看我們今晚的討論，看看中山大學同學的勇氣，我們就沒有理由灰心。晚安。

28 我們不是沒有選擇

二〇一四年七月一日，我拖著三歲女兒可靜，參加民間人權陣線舉辦的「爭普選大遊行」。說起來，那是很平常的一天，因為我在這條路上已不知走過多少回。如有什麼不一樣，那是因為這次有可靜相伴。可靜並不知道什麼是遊行，我也無意給她什麼政治啟蒙。我只是想和她一起走一次這段路。

考慮到可靜年紀小，我決定不去銅鑼灣維多利亞公園的起步點，而是改從遊行路線中段的灣仔出發。從地鐵站一出來，我就見到大家稱為「佔中三子」的朱耀明、戴耀廷和陳健民三位。他們站在軒尼詩道臨時搭起的一個講臺上，一字排開，拿著麥克風，汗流浹背，大聲呼籲市民捐款支持「讓愛與和平佔領中環」。

我上前和陳健民握手問好。可靜在耳邊問我，這位叔叔是誰啊？我說，是爸爸的朋友。可靜又問，他們為什麼在唱歌？她聽到有人正在唱〈問誰未發聲〉，首數句是「試問誰還未發聲，都捨我其誰衛我城。天生有權還有心可作主，誰要認命噤聲」。[1]

我一時不知如何回答，遂問，妳喜歡嗎？她點頭。我說，喜歡便好。我們於是在歌聲中起行。

我們走得很慢。大街上滿是人，平靜而有秩序，向著同一方向，默默前進，連口號標語也不多見。我們都知道為什麼而來，清楚普選這事重要，也明白前路艱難，卻非站出來不可，因為事關我城未來。空氣中，陽光裡，有一份坦然的堅毅。

我拖著可靜，看著她細碎的腳步，感受她的小手傳來的溫度，不知何故，我驀然意識到，從一九八九年五月第一次上街遊行到現在，我的人生，已經走過好長好長一段路。

那時候，我一定沒想過，我的少年時代，會在短短兩星期後因為六四事件戛然而止；也一定沒想過，我的命運和香港的命運，會從那刻開始改寫；當然更沒想過，在接下來的二十五年，我會和無數香港人一起，一次又一次走過銅鑼灣到中環這條路，留下無數汗水和淚水。

四分之一世紀，我們一直堅持做同一件事。

說到底，一切簡單又純粹，我們就是希望世界變得好一點。沿途挫折不斷，有人退出，也有人加入。我們沒有退縮屈從，也沒有成為「識時務者」。我們做了自己的選擇，經歲月堆疊，構成我們的身分，定義我們的時代。沒有這條遊行之路，我們就不是我們，香港也非今日的香港。是故我們沒有理由懷憂喪志。

「爸爸，我要上廁所。」可靜打斷我的思緒。

這可不是小事。我趕忙抱起她，離開隊伍，急步四處尋找，最後去了莊士敦道的天地圖書。從書店出來，我才留意到整條大街被警察封了，空無一人，和一街之隔人山人海的軒尼詩道形成強烈對照。

可靜好興奮，站在沒有電車的路中央手舞足蹈，放聲歌唱。我站在她後面，用手機偷偷為她拍了一張黑白照，放上微博，配圖文字是「人都去了哪裡？」。這是我當天發的遊行相片中，唯一一張沒有被微博屏蔽的。

然後，雨，傾盆的大雨，突然而至。我和可靜躲在7-11，一邊吃雪條，一邊等待雨停止。我問，可靜，還想走下去嗎？可靜說，想。我問，為什麼？可靜答，我喜歡。於是，我們隨著人流，繼續前行，一直走到中環，香港的中心。

———

回到中文大學的家，已是晚上八時。我陪可靜吃好飯洗好澡，再哄她入睡，已是晚上十一時。何芝君老師在臉書問我，能否出來聲援學聯的「預演佔領中環」行動。我說可以。我當時並沒多想，只是想去看看我的學生。

當我再次回到中環，已近凌晨一時。那是和白天完全不同的世界。數以百計的學生和市民坐在遮打道上，警察在外面重重包圍，許多媒體在直播。

現場很平靜，感覺不到任何慌亂。許多熟悉的朋友和學生都在，也有好幾位立法會議員，但來的老師不多，只有何芝君、陳允中、司徒薇和我。我有一點詫異。接著，學聯同學邀請我們上主席臺。說實話，這是我不曾意料也不太習慣的。在那樣的場合，我覺得老師這個身分沒有什麼特別，更何況對著一群早已下定決心公民抗命的人，我這個站在外面尚未準備好的，似乎說什麼都顯得有點多餘。

我終究和其他老師一起上了臺，並在強烈燈光照射下，對著黑壓壓的人群，很快說了幾句。我依稀記得，我在最後說，香港已去到這樣一個關鍵時刻，實在沒辦法，我們只能承擔起我們的責任。

記得說到該處，我不自禁地抬頭看看四周的高樓以及旁邊嚴陣以待的警察，心裡掠過難以言說的傷痛。爭取民主，為什麼只是我們的責任，而不也是那些擁有權力的人的責任？為什麼一定是這些年輕人，而不是中環那些「治港菁英」坐在這裡？短暫占領中環而不改變中環，這個世界恐怕不會有太多轉變。

我從臺上下來後，特意從人群前面慢慢走到後面。我想好好看看坐在地上的每一位抗命者，記著他們的模樣，並在眼神對望中給他們一點同道人的支持。

路燈昏黃，我一張臉一張臉看過去，然後發覺，人群如此多元。例如我看到一位年逾八十的老伯，手裡拿著拐杖，安詳平和地坐在人群中間。坐在他旁邊的，是一位六十多歲的女士，戴眼鏡穿長衣，神情肅穆。我又看到我教過的一位學生，一如平時總是微微笑著，而她半個月前才在反對新界東北發展計畫的示威中被警方起訴。我還見到好些認識多年的老朋友。當然，更多的，是我不認識的年輕人。

警察的廣播一直在響，警告這是非法集會，參加者隨時會被拘捕，必須馬上離開。大家很鎮定，各自做著自己的事。有人在上網，有人在打電話，有人在看書，有人在交談。不過大家心裡都明白，這是暴風雨前的平靜。大拘捕的一刻，很快會到。

這些到底是什麼人？為什麼他們會選擇來這裡？

概念上，我對「公民抗命」一點也不陌生，因為這是政治哲學經常討論的題目。可是當我見到數以百計公民抗命者真實而具體地坐在我面前時，我不僅震撼，而且困惑。我清楚知道，這些人絕大部分不是社會運動的組織者。他們的人生，本來有許多日常的事情要做，例如上班、上學、拍拖（談戀愛）、睇戲（看電影）、旅行等。而現在，在數十萬人散去後，他們選擇了留下來。

為了什麼？為了被警察拘捕，並承受一切法律後果。他們應該清楚知道，他們做了這樣的選擇，整個人生很可能就不再一樣。到底是什麼信念和什麼情感，促使他們做出這樣的選擇？那一刻，我真的很想走上前去，問一問他們為什麼。也許，他們的答案，會為我們揭示這個城市最大的祕密。

可惜我沒有這樣的機會，因為清場已經開始。和平的示威者，被警察一批一批抬走。沒有叫罵，沒有悲鳴，沒有恐懼。他們手緊牽著手，卻被強行分開，整個人被抬起來，然後送上囚車。我由於沒有按警方指示離開現場，也被警方的人鏈和鐵馬團團圍著，被迫近距離目睹一位接著一位抗爭者失去自由。

我後來知道，當晚警察合共拘捕了五百一十一人。這是香港歷史上第一次如此大規模的公民抗命行動。

我大約早上七時離開。走的時候，清場仍未結束，維港朝霞滿天。我在寂靜的中環街頭行走，感覺異常陌生。到家已是八時，可靜熟睡正酣。我坐在床邊，捉著她的小手，久久不能言語。

中午起來，在我的同事馬嶽和蔡子強提議下，我們聯合起草了一份〈我們支持學生〉聲明，其中說到：「我們希望中央和特區政府明白，學生在要承擔法律後果這樣巨大的壓力下，仍然願意挺身而出，正因為香港已經到了一個關鍵時刻。港人對真普選能否落實，甚至一國兩制會否被信守，極為憂慮，所以才有最近的八十萬人參與民間公投，五十萬人參與七一大遊行。學生作為社會良心，實在是希望透過自己的行動，讓中央和特區政府正視港人的訴求。」[2]

短短兩天，香港有超過五百位大學老師參與連署。

我們不是沒有選擇。

二〇一四年九月十三日

29 當第一枚催淚彈擲下來

剛回到家，又餓又倦。可是我怕一覺醒來，記憶會模糊，所以想將昨天的親身經歷如實記下來，為歷史留個紀錄。我希望香港人及我們的後代，能夠知道昨晚這些和平勇敢的香港人，為我們這個城市的自由民主，為我們這片土地的尊嚴，付出過多大代價。

昨天下午三點多，我抵達灣仔地鐵站，然後經演藝學院走去政府總部。沿途很順利，去到干諾道中和添美道交界，警察已在那裡架起鐵馬，將我們和留守在政府總部的人隔離。

當時氣氛尚算平和，但從灣仔湧過來的人愈來愈多，在無路可走的情況下，市民很快走出馬路，自然便「占領」了干諾道中，然後進一步「占領」了行車天橋。我從我所站的添美道往兩邊看，發覺整條大馬路都是人山人海，根本看不到盡頭。當時正是黃昏，陽光灑下來，整個城市染了一層黃，然後數萬人站在沒有車的城市大道，齊聲高喊「釋放黃之鋒」和「我要真普選」，有著說不出的悲壯。

我和其他市民一道，在離警方鐵馬不遠的前幾排坐下來。我看著前面的防暴警察，忍不住大聲對他們說：你們也是香港人，我們現在爭取民主，將來你們也可以享有投票權，你們為什麼要這樣對待我們？好幾位警察面有難色，別過臉去。

人群占領大街後，衝突很快出現，因為添美道出口是外面數以萬計的人和困在政府總部裡面的人唯一能夠會合的要道，所以大家都想盡快衝破警察防線，去到不遠處的政府總部。

有了前兩天的經驗，大家知道只要一推那些鐵欄柵，馬上會被警察用胡椒噴霧招呼，所以，站在最前一排的市民，早已戴好眼罩口罩，穿好雨衣，打開雨傘才開始行動。儘管如此，市民手無寸鐵，熬不了幾分鐘，前面一排已紛紛受傷後退。

我站在後面，加入急救隊，幫助受傷的朋友用紙巾擦眼，再用水清洗，同時接收從外面傳遞過來的清水、雨傘及其他物資。傷者表情痛苦，坐在地上睜不開眼，但沒有什麼人大聲呻吟，也沒有人叫罵警察。

大約過了十分鐘，另一批市民開始第二輪推進，警察嚴陣以待，很快又有一批傷者退下來。如果你站在二三十米外，根本不會知道前面發生什麼事，因為你只會見到五顏六色的雨傘在陽光下晃動，卻不知道傘下面的人其實在拚命想打開一道缺口，也見不到他們被警察用胡椒噴霧近距離直射的情景。

去到第三輪衝擊，我覺得這不是辦法，因為實力懸殊，我們根本移動不了鐵馬，徒然令許多市民受傷受苦。我於是跑去和不遠處負責主持秩序的李永達說，最好請他用「大聲公」叫大家不要再有行動，就在原地坐下來。只要坐下來，人愈聚愈多，警方就不可能清場。可惜這些話在當時根本起不了作用。

——

我相信許多人和我一樣，一生中第一次如此近距離直接面對警察暴力。可是很奇怪，現場沒有慌張也沒有恐懼，大家都是彼此信任，互相幫忙。有人照顧傷者，有人維持秩序，有人補充物資，有人在為下一輪推鐵馬做準備。那種冷靜和團結，真是有點不可思議。

更加不可思議的，是大家對和平非暴力的堅持。印象最深的，是現場有一位五十歲出頭的男人，被胡椒噴霧攻擊後很憤怒，忍不住拿起水樽扔向警察。身邊的人馬上紛紛勸阻，並請他遠離前線。我並不認識身邊這些市民，只是命運將我們放在一起，然後做著一件明知只會受苦卻又不得不做的事。

這些市民的勇氣到底從何而來？我真的不知道。我此刻想起他們每個人的面容，內心仍然隱隱作痛。他們身體受的折磨，不會有人知道，甚至不會得到身邊最親近的人的理解，而我是親眼見到，這些平凡的香港人，是這樣不顧一切，默默為這個城市付出。

他們是抗爭者，不是暴民。

時間大約到了六點，李柱銘和黎智英來到人群中間。李柱銘正想開口說話，另一輪推撞已經開始。我拿好水，正準備迎接傷者。然而就在這個時候，我聽到右上方半空有物體大聲爆炸，然後看到它冒著煙掉下來。我還未反應過來，已聽到有人大叫「催淚彈」。過不了幾秒，第二枚第三枚相繼擲下，在人群中爆炸，散發出大量刺鼻濃煙。

我很快嗅到催淚彈那令人難以呼吸的氣味，眼睛開始劇痛，只好一邊向後退一邊往眼和口拚命倒清水。教人意外的，是即使在那樣狼狽的處境，身邊許多市民仍然臨危不亂。有人受傷倒地，馬上有人幫忙扶起；有人高呼「要水」，馬上有人將手上的水瓶遞過去；甚至有人在撤退前，不忘將地上的物資一併搬走。

我後來知道，這是當晚警察發射的八十七枚催淚彈的第一枚。

市民後退數百米後，見警方沒有進一步行動，很快再次集結，於是又迎來第二波的催淚彈。整個金鐘就像戰場一樣，市民被徹底激怒，完全沒想過會受到這種對待。第二輪過後，我一邊往後退，一邊心裡開始害怕，因為我無法估計警方還會使用多少暴力，甚至開始擔心他們會不會開槍，在香港上演另一場六四鎮壓。

我決定往中環方向走，因為金鐘已無法用手機上網。我一口氣跑到遮打花園，並在自己的臉書發了一條訊息：「各位同學朋友，我剛才在最前線，親眼看著一批批朋友捱（挨）催淚彈。來日方長，我們實在沒有必要在此刻承受那麼大的犧牲。我在這裡以個人名義，懇請大家，離開吧。帶著你的同伴離開。拜求大家。」

發完訊息，我再次往金鐘跑，沿途見到一些中學生，忍不住勸他們趕快離開。回到金鐘地鐵站附近，仍然是煙霧彌漫，人群散布每個角落。我知道我沒有能力叫大家撤退，甚至也找不到好的理由，只好來回在人群中大叫「有沒有中大同學」。有些同學應聲而出，我低聲和他們說，估計鎮壓很快會來，懇請他們考慮清楚是否值得冒險。就算留下來，也要千萬小心。

我見到阿牛（曾健成）手上有大聲公，於是請他讓我用大聲公向附近的示威者呼籲了一次，請他們審慎考慮去留。有位女士走過來和我表示，她是一位媽媽，「你講得很好，但後面有許多人聽不到，你可否去和他們講多一次？」我舉頭望向遠處那黑壓壓的人群，實在是無能為力。

我當時天真地想，如果讓外面的人去告訴現場的人情況有多危險，也許能起一點作用。於是，我又一次拔腿往中環跑。未到遮打花園，已聽到街上有人在邊跑邊大叫「警察放催淚彈了」。我然後見到，在長江中心對面，大批荷槍實彈的警察在布防。走到遮打花園，前往舊立法會大樓的路已被封鎖，遮打道上更是密密麻麻一大片防暴警察。這是我從未見過的情景。

我隱約覺得，全面鎮壓可能馬上開始，而且很大機會是從中環和灣仔兩邊向金鐘推進。這樣的話，金鐘街頭那成千上萬的人，可說無路可走。我於是在臉書發了一條訊息：「各位，中區已嚴密布防，密密麻麻都是警察，鎮壓在即。年輕的朋友，再次懇切呼籲大家，不要抱任何僥倖心理。來日方長。如果你未準備好的，請離開。這絕對不是懦弱。」

這個時候，經過一夜奔跑，我實在已沒力氣也沒勇氣再一次回去金鐘。我呆呆地一個人坐在遮打花園，看著不遠處的遮打道有十多個年輕人，手牽著手，一字排開，直接對著前方全副武裝的警察。

那一刻，我的眼淚終於忍不住掉下來。我是多麼不願意他們受這樣的苦，多麼想走上去拖他們離開。我好想告訴他們，實在不值得作這樣的犧牲。可是不知為什麼，我做不到。

這是他們的選擇。

他們當然害怕。他們當然知道，催淚彈打過來，身體會承受極大痛楚。他們當然也明白，他們根本無法阻擋警察前進。可是他們仍然選擇站在那裡。我在他們身上，彷彿看到另一個香港。

過了今夜，香港將永遠不再一樣。

寫於二〇一四年九月二十九日清晨六時

30 抗命者言

——雨傘運動被捕記[1]

上：被捕之前

我是二〇一四年十二月十一日下午五時零一分，在金鐘夏慤道被香港警察正式拘捕，罪名是「非法集結」和「阻礙警務人員執行職務」。在我看來，則是選擇公民抗命，並自願承受刑責。我的人生規畫，從來沒有「被捕」這個項目。被捕之後，前面的路途將會有何影響，此刻難以預計。趁記憶和感受仍在，我希望把這段經歷和反思記下來，向自己交代，也為歷史做見證。

我決定響應香港專上學生聯會的號召，在警方於金鐘占領區清場時，和平靜坐直至被捕，是十二月十日晚上的事。當天黃昏六時，我一個人去到金鐘，在整個占領區好好地轉了一圈。八時許，我在干諾道中高架橋的石壆（紐澤西護欄）上，靜靜躺了大半小時，覺得已想清楚，心裡踏實，竟然就地沉睡了一會。

醒來，見到有個女孩蹲在馬路上，一筆一筆畫著一個叫「天下太平」的大圖案，裡面有一把一把的黃雨傘。我有感於心，也在地上拾起兩枝粉筆，走到無人之處，寫下「我們沒理由悲觀，我們非如此不可」兩行字。

站在天橋，看著下方燈火依然通明的自修室，以及四處留影的人群，我知道，這是最後一夜。那一夜，占領區很多人，各有各的心情。大家都知道，過了這一夜，這個城市中心的「村莊」將從此不再。我沒有特別做什麼，就一個人一個帳篷一個帳篷去看，嘗試記下每張面容。

回到家，已是深夜，我告訴妻子我的決定。經過好幾回討論，我最後說，我沒法不這樣做。妻見我心意已決，不得已地說，但願你明早忘記了起床，而等到你醒來時，一切已經過去。

早上八時半，我準時醒來，三歲女兒正要出門上學。我抱著她，說，爸爸今晚不能回家吃飯，很對不起。我特別叮囑妻子，到時不要告訴女兒我的事，免得她留下心理陰影。最近這個月，她在電視上一見到警察，就會忍不住大叫「警察拉（逮捕）人」，聲音中帶著恐懼。

再次來到金鐘，已近十時。

步出地鐵站，陽光普照，世界卻已不再一樣。夏慤村一片狼藉，人影寥落，連儂牆上萬千的心願已不復見，只剩下 We are Dreamers 三個字，孤零零掛在牆上。至於本來寫著「就算失望，不能絕望」的外牆，現在則只餘「初衷是愛」四個大字。字是白色的，紙是黑色的，牆是灰色的。

九月二十八日，我就在這道牆數步之外，與無數市民一起，親嘗第一枚催淚彈的滋味。當時，我沒有意識到，那是香港歷史轉捩的一刻。我更不可能料到，七十五天後，我會再次和無數市民一起，擠著地鐵回到金鐘——他們去上班，我去等待被捕。

我在牆前默站良久。陽光中，見到Johnson（楊政賢）和Eason（鍾耀華）聯袂從遠處走來。他們兩人都是我的學生，也都是中大學生會前會長。Johnson是民間人權陣線前召集人，Eason是學聯常務祕書，也是與政府談判的五名學生代表之一。[2]接著下來的清場行動，Eason是第一批被捕，Johnson是最後一批。

我們沒有多說什麼，只在一張We will be Back的條幅前留下一張合照，然後一起向著夏慤道和添美道方向走去。在那裡，一眾抗命者早已坐在地上，等待最後時刻的來臨。

去到現場，我才發覺人數較我想像的少，坐下來的也就二百來人，遠較站在外面的記者少。我更料不到的，是民主派十多位立法會議員也來了，還有李柱銘、黎智英、余若薇、楊森、李永達等民主派元老。這和我的想像很不同，因為我以為會有許多年輕人留下來。我對此並不失望，甚至隱隱然慶幸。年輕人付出的已經夠多，實在不必再有更大的犧牲。

然而，若真要深究原因，這次和七月二日的「預演佔中」有那麼大的差異，很可能是因為經歷過雨傘運動，年輕一代對於公民抗爭的理解，已發生根本轉變。如果把盧梭在《社會契約論》中的話倒過來說，就是香港政府在很短時間內，經歷了一場從「權威」（authority）到「權力」（power）

的下墮。[3]當權力失去正當性，最多只會令人恐懼，卻難以產生政治義務。換言之，一旦公民不再覺得有服從法律的義務，「公民抗命」中的「忠於法律」的道德約束力就會大減。

香港回歸後的正當性危機，主要來自管治權力沒有得到人民的選舉授權。儘管如此，人們仍然願意有條件地服從，因為政府仍然在相當程度上謹守法律程序和保障公民的基本自由。現在的問題，是當局毫無約束地濫用公權力，同時完全沒有回應公民數月來的政治訴求，管治權威遂進一步減弱，並激發出廣泛的政治不服從的風潮。

我最初坐在人群後面，後來覺得和學生坐在一起會好些，於是移到前面第二排最右邊。坐在我旁邊的，是名叫Mena的年輕女孩。我以為她是學生，問起才知道已在工作，是學聯的志工。我問她，為什麼要做這樣的決定？她說因為這樣做是對的。我再問，妳父母知道嗎？她笑了笑，說早上用了一個小時說服媽媽。

和我同一排的，還有周博賢、何芝君、何韻詩、羅冠聰等人，再遠一點，有我以前的學生黃永志，以及大學同學蒙兆達和譚駿賢；而坐在我後面的，有韓連山、毛孟靜、李柱銘、李永達等朋友。我發覺，現場人士主要來自民主派政黨和公民社會的活躍團體，像我這種「獨立人士」並不多。

由於警方清理障礙物進度緩慢，所以中間有好幾小時，我們坐在原地等待，聽著警方反覆警

告留守者「必須盡快離開」，並逐步封鎖占領區出入口。現場氣氛不是特別緊張，大家間中或會喊幾句口號，情緒說不上激昂，大部分時間都在做自己的事。

我雖然內心平靜，可是在某些時刻，當我坐得累了，站起來看著密密麻麻的記者，不遠處嚴陣以待的警察，以及天橋上站著的市民，再低頭看看身邊一臉疲憊的學生時，總難免泛起幾分迷惘傷痛：為什麼我們在這裡？為什麼其他人不在這裡？為什麼我們的「非如此不可」，在別人眼中卻是毫無分量？香港這個城市，真的值得我們為它這樣付出嗎？

我必須承認，在警方開始正式拘捕行動前，我真的想過離開。我知道，只要我站起來、離開人群，我就不再是「他們」，我就可以坐地鐵回到校園，如常地過我的平靜生活。眼前這一切，並不屬於我的世界，我也沒有對任何人做過「非坐下來不可」的承諾，我因此不需感到歉疚。

既然如此，為什麼我要做這樣的選擇？我真的有非如此不可的理由嗎？

這個問題，我不僅問自己，也想問其他香港人。我想知道，到底是什麼原因，促使那麼多年輕人走上抗爭之路，甚至願意為此付出極大的個人代價。那當然不是受人唆擺，或為了得到什麼個人好處。根據鄭煒和袁瑋熙早前做的一個頗有代表性的占領者調查，參與運動且堅持留守中占最大比例的，是教育水平高而且收入不錯的年輕白領和專業人士（超過五五％）。按道理，他們已是既有遊戲規則之下的得益者，如果只為個人利益著想，他們實在沒有理由這麼做。他們站出來的主要原因，是「要求真普選」（八七％），即爭取所有公民能夠在香港實踐他們平等的政治權利。[4]

真普選為什麼對他們如此重要？有人或會猜測，那是因為這些人相信，普選能夠解決香港當下許多困難，例如房價過高、貧富懸殊等林林總總的社會問題。換言之，民主是解決這些社會問題的有效手段。這種解釋恐怕沒有太大說服力。首先，即使這些問題很迫切，不見得有多少香港人會相信，民主是萬靈丹，只要有了普選，所有困難就會迎刃而解。退一步，即使普選有助解決某些問題，仍然很難解釋人們願意站出來最強的理由，畢竟這些宏觀的、制度性的後果，對當下做決定的人來說，實在過於遙遠和不確定。

我更願意相信，如果在某些關鍵時刻，個體經過深思熟慮後仍然願意為了某些價值而承受巨大代價，那必然是因為這些價值十分重要，而且已以某種方式走進他們的生命，甚至成為他們的自我不可分割的部分。一旦這些價值被踐踏，人們就會覺得深深受創，認為必須站出來表達不滿，通過行動去爭取應得的正義。只有在這種背景下，我們才能夠恰如其分地理解，為什麼雨傘運動中有那麼多默默無聞的香港人，願意為了真普選而不惜承受催淚彈和警棍的傷害，甚至願意為此而被拘捕和坐牢。十月二十三日早上，九龍獅子山頭突然垂下來的那道「我要真普選」巨型條幅，之所以引起人們如此大和如此深的共鳴，正是由於真普選承載的不僅是一種制度，更是我們共同渴求的價值——每個公民都應受到尊重，並享有平等的政治權利。

這是統治者和特權階層所不能理解的世界。他們無法理解，人除了是經濟人，還是政治人：不僅要麵包，還要權利和尊嚴。我們清楚見到，香港的新一代，已不再願意用舊的價值範式去理解自己和香港。當人的觀念改變，世界觀就會改變，然後行動也會跟著改變。

雨傘運動清楚地告訴當權者，香港人不再願意無止境地等待，等待那永遠不會兌現的政治承諾。他們覺得，必須為自己的權利而戰，將命運把握在自己手裡。任何不能有效回應這種政治訴求的制度，都會受到極大挑戰。這個過程要經歷多少苦痛和承受多大代價，是我們所有人——尤其是當權者——必須認真對待的問題。

正因為受這些問題困惑，我在當天的背包裡，除了衣服和水，還帶了一本Christine Kors-gaard的《規範性的起源》，一本關於道德哲學和實踐理性的著作。[5]《倫敦書評》（*London Review of Books*）的記者感到好奇，特別走過來問我為什麼要在這個時候讀這本書，我們於是在人聲嘈雜中聊了一會道德和身分的問題。《獨立媒體》的記者問我為何要做此選擇，我想了一會，說這是為了成全自己的人格。這種成全，不是向別人交代，而是向自己的信念交代。我當時確實沒有想太多別的東西，只是覺得如果不這麼做，會過不了自己的良心。

那天從早上到下午，現場人來人往，數以百計的記者在旁邊守候，警察逐步清場，離我們愈來愈近，空氣中彌漫著緊張和傷感，我內心出奇地平靜。

———

我相信，真誠投入這場社會運動的參與者，都會經歷各種不為人知的掙扎，然後做了自己認為對的選擇。在廣角鏡下，我們很容易見到波瀾壯闊的大場面，卻不易看到一個個真實的個體，如何在其中勇敢地活出他們的信念。這場運動教我最感動的，正是這些平凡而又偉大的香港人。清場前夕，我不禁多次站起來，仔細凝視現場每一張臉。其中有三張，我印象特別深刻。

區龍宇，退休教師，一生關心工人權益，兩袖清風，為人爽朗正直，是香港有名的社會主義者。十九年前，我們在英國初遇，曾為自由主義和馬克思主義激辯兩天兩夜。這場運動一開始，龍宇先生全情投入，在臉書和年輕人認真辯論，在占領區踏實做事，完全不像一個「六十後」。當天他見到我，特別走過來握著我的手，語重心長勸我：「我老了，無所謂。你還年輕，還有許多事情要做，應認真考慮是否要留下來。」

周豁然，中大人類學系學生，人如其名，豁達安然，熱愛耕作，關心環境保育，是中大農業發展組核心成員，積極投身「土地正義聯盟」的抗爭行動。二〇一四年六月二十日的「反東北地區發展」集會後，她首次被捕。七月二日清晨，我在中區遮打道，親眼看著她在「預演佔中」行動中被警察再次抬走。九月二十八日，豁然在示威現場最前線。後來她告訴我，她當時故意不戴眼罩不撐雨傘，因為她想直面警方的胡椒噴霧和催淚彈。當天豁然和朱凱迪、葉寶琳等朋友坐在最後面，我過去勸她：「妳已被捕兩次，這次就放過自己吧。」她笑了笑，什麼也沒說。

朝雲（又名蕭雲），公民記者，人瘦削，臉蒼白，眼中常有憂鬱。占中運動開始後，他辭去工作，全程委身，無役不與。將來人們回望，或許會見到，如果沒有朝雲的攝影和文字，我們對這場運動的認識將會很不一樣。大部分人不知道的是，朝雲不僅僅是紀錄者，同時是抗命者：預演佔中，他被捕；旺角清場，他被捕；金鐘清場，他留到最後，按下最後快門，將相機交給朋友，被捕；十二月十五日銅鑼灣占領區清場，再次被捕。當天，我們沒有機會交談，只是隔著人群，彼此遙望，相視而笑，然後道別。

像我這樣一個香港人，能夠在雨傘運動最後時刻，和這些朋友一起被捕，是我的榮幸。

中：公民自辯

二〇一四年十二月十一日下午四時許，清場時刻終於來臨。先是擠在我們前面的記者起了一陣騷動，然後中間空出一道缺口，警察從缺口湧入。我們一排排坐下來，手緊牽著手，身體向後傾，一起高喊「公民抗命，無畏無懼」、「我要真普選」、「人大不代表我」等口號。很嘈吵，也很寂靜。無數攝影機對著我們。我們在世界中心，也在世界之外。

我看著天空，思緒不受控地遊走。我想起「蓮生」——鍾玲玲的小說《愛蓮說》中的主角，一九七一年參加維園保釣運動被捕，一生從此改變。[6]我深愛此書，年輕時不知多少次想過自己若是蓮生，將如何抉擇。我那一刻在想，從一九七一到二〇一四，從維園到金鐘，從保釣到雨傘，到底存在著什麼祕密，將我和蓮生的命運繫在一處。

思緒繼續遊走，我還想起上星期的最後一課，曾和同學一字一句細唸《正義論》那段論愛與正義的話：「傷得最少的愛，不是最好的愛。當我們愛，就須承受傷害和失去之險。」[7]我的記憶甚至回到九月二十二日，整場運動的開始，我應邀在中文大學新亞書院圓形廣場，和來自全港院校的二千位同學談「民主實踐與人的尊嚴」。那天陽光燦爛，所有學生清一色素白上衣，開始香港史上最大規模的罷課，爭取我城真普選。那天我說，民主政治的目的，說到底，是為了做自己家園的主人。

最後的時刻，終於來到。第一名被捕的，是中大學生會的石姵妍同學；第二名，是學聯的鍾耀華同學；第三及第四名，是學民思潮的周可愛和吳文謙同學，第五名是學聯的黎彩燕同學。

被捕程序是先由一名警司走到抗命者跟前，宣讀拘捕令，問抗命者是否願意自行站起來。如果答否或保持沉默，幾名警察就會趨前，分別捉緊抗命者的手腳，大力將整個人抬起來往外搬。記者密密麻麻站在兩邊，形成一條二十多米的通道，每位被捕者走過去，都會接受閃光燈和攝錄機的洗禮，彷如向世界道別。

我在第二排，看著第一排的人一個接著一個被帶走，開始實實在在感受到，我很快就會成為另一個人：一秒前，還是自由身；一秒後，便成階下囚。我轉過身，和後面的韓連山、李柱銘、黎智英等握手道別。在我身後不遠處，「希望在於人民，改變始於抗爭」的橫額在人群中高高豎起。

逮捕行動輪到何韻詩時，記者蜂擁而上。可是和其他人一樣，她很快也被帶走；接著是何芝君老師。再接著，就到我旁邊的學聯志工Mena。我鬆開她的手，輕輕和她說了句，別怕，待會見。然後到我。我向負責的警司表明，毋須使用武力，我會自己站起來走出去。兩名警察於是各站一邊，將我押出人群。臨走前，我用力喊了句「公民抗命，堂堂正正」。

那一刻，是下午五時零一分。在二百零九人中，我排第二十三。

我和其他二百零八名被捕的公民，和早前伴隨佔中三子向警方自首的六十多人，再連同七月二日凌晨在中環被捕的五百一十一人，都清楚表明是在實踐公民抗命，目的是要求中央政府兌現承諾，通過政治改革方案，使得二〇一七年的香港特首由全民普選產生。故此，我稱呼這些人為「抗命者」。

這場雨傘運動，從九月二十八日警察發射催淚彈並觸發逾十萬示威者占領金鐘開始，到十二月十五日銅鑼灣清場為止，歷時七十九天，無數市民以不同方式參與其中，一整代年輕人政治覺醒，是香港歷史上規模最大的公民抗命運動。「一切都回不去了」，是許多抗命者的共識。可是我知道，並非所有港人認同這場運動，部分甚至極度反感，認為占領者知法犯法，破壞社會秩序，影響市民生計，幹了一件嚴重傷害香港整體利益的事。

公民抗命作為一種公開違法的政治抗爭，確實會影響其他公民的生活，甚至要他們承擔抗爭導致的社會成本。我們這些行動者，有無可推卸的責任，要向所有公民交代行動背後的理念，爭取他們的理解和支持。

在提出我的辯護之前，我特別想說，香港是我們每個人的家。如果自由、民主、法治、正義是我們共同追求的價值，那麼我們應該知道，我們的敵人，不是「黃絲帶」或「藍絲帶」，而是剝奪我們政治權利的體制本身。[8] 制度改革，是正義社會的前提。要改變制度，我們就不可能無止境地逆來順受。我們的權利，要由我們去爭取。我們因此要學會團結，只有團結，我們才有力量。所以，在這場運動暫告一段落後，我們不宜再糾纏於「黃」「藍」之爭，造成社會持續的分裂和內耗，而應盡快放下歧見，尋求新的共識，共同面對前面更為艱難的挑戰。

公民抗命的理念，是指公民有意識地、公開地違反某些被視為嚴重不義的法律和政策，目的是希望通過這種不服從，向當權者施壓及喚起社會關注，爭取改變不義之法，令社會變得更加公平合理。公民抗命，是一種道德抗爭。

為什麼要選擇不服從？因為要做出最嚴正的政治抗議。為什麼要抗議？因為法律之中存在嚴重的不正義。為什麼非要使用這種方式？因為之前已試過其他合法抗議（例如遊行、靜坐和簽名運動），政府卻不為所動。如何確保這種方式能令政府改變？沒法確保。公民抗命是少數人公開挑戰政府的統治權威，而為了維持有效管治，政府通常會採取鎮壓行動，甚至嚴懲抗命者以收儆戒之效。為了表示對法律體制的忠誠，抗命者往往選擇接受刑責，而不是逃避或反抗。

既然如此，公民抗命的力量從哪裡來？從行動的道德正當性而來。公民抗命的本意，是抗爭者希望通過自我犧牲，激發大多數人（包括政府人員）的良知和義憤，形成更大規模的社會壓力，從而促成法律和政治改革。如果得不到大多數公民的支持，僅憑小部分抗命者的血肉之軀，很難對政府產生壓力。正因為此，公民抗命不僅要占領街頭，還要占領人心，通過道德感召來爭取更多人的同情和支持。

在此背景下，公民抗命特別強調「公開」（public）和「非暴力」（non-violent）這兩項原則。唯有公開，其他公民才有機會知道抗命者行動背後的目標和手段，從而增加他們對抗命運動的信任和認同；唯有非暴力，才能避免政府轉移焦點，以維持秩序為由鎮壓運動。換言之，公民抗命中的故意違法只是手段，而非目的。如果可以通過不違法來實現目標，我們便沒有理由犯法。公民抗命是處於合法抗議和全面革命之間的一種抗爭方式。它雖然違法，卻無意否定整個法律制度的權威，而只是希望用這種手段促使制度變得更加公正。這裡面有個假定：某些法律和政策雖然很不公正，可是整體而言，目前的制度仍然具有正當性，因而值得我們服從。

由此可見，在一個不民主的政體，由於它的整體政治正當性相當薄弱，公民的忠誠度不高，以至於一旦採取武力鎮壓和平的抗命行動，激起民憤，民眾很容易會認定再沒有守法的必要，原來的和平行動就有演變成暴動甚至革命的可能。以史為鑑，要避免這種局面，唯一之途，就是政府積極回應人民的訴求，推行民主改革，重新贏得人民的信任。

從上述框架出發，我們見到，雨傘運動是一場不折不扣的公民抗命運動。雖然運動最後無法迫使政府做出任何讓步，並以武力清場告終，卻不可以說一無所得。其中最重要的，是抗命的理念本身得到普遍的理解和廣泛的支持。

我們知道，政府及不少主流媒體，一直將整場運動描述為不得民心且受外國勢力操控，甚至動用各種手段去抹黑運動，可是根據中大傳播與民意調查中心從二〇一四年九月起所做的四次追蹤式調查顯示，「市民對占領運動的支持度分別為三一．一％、三七．八％、三三．九％」。這意味著，每三個香港人，就有一個支持「非常激進、十分危險」的抗命理念。調查進一步告訴我們，「共有兩成（約一百三十萬人）在不同時間曾到占領現場參與支持。雖然占領運動由學生主導，支持者卻遍及不同人口群組及社會階層」。[9]

數字說明一切！

一個長期崇尚守法且政治文化相當保守的社會，竟有數以十萬計公民冒著被催淚彈攻擊、被警棍拷打，以及被刑事拘捕的危險，同時承受來自家人、學校、公司的壓力，自發參與一場為時超過兩個月的公民抗命行動，實在極不尋常。

我們更應知道，這是一九八九年後，中國治下首次出現這樣大規模的民主運動，並且得到全世界的關注和支持。雨傘運動寫下香港人爭取命運自主可歌可泣的一頁，同時為當代公民抗命運動做了重要示範。

更難得的是，在整場運動中，參與者展現出極高的公民素養，自發自主自律自重，由始至終堅持以和平、忍讓、理性的方式去表達政治訴求。我們有任何理由說，這是一場徹底失敗的社會運動嗎？我們身為香港人，能不引以為傲嗎？中共罔顧民情，一意孤行；香港權貴指鹿為馬，見利忘義。事件雖然暫時平息，他們卻盡失民心，因而必然會在未來面對更大的管治危機。

我們當然在乎結果，可是我們更在乎是否做了對的事。強權擁有武力，武力卻永遠換不來人們的心悅誠服。做了該做的事，守了該守的價值，種子已經播下，我們的城市必然會跟著改變。

二〇一四年，是香港歷史的分水嶺。

最後，讓我回應幾種常見批評。

第一種批評認為，占領者長期占據道路，影響交通，並令附近商店蒙受損失，無論動機多麼高尚，都是犧牲了無辜者的利益。

這個問題不難處理，只要由政府去補償市民的經濟損失即可，例如寬減受影響商戶的稅項。道理很簡單。這次運動的目的，是為所有市民爭取最基本的政治權利，這些權利對我們每個人皆極為重要。占領行動不得已導致某些人利益受損，那理應由所有人共同承擔。政府代表人民，政府稅收來自全體納稅人，由政府代為補償這些損失，既簡單，也是應有之義。

第二種批評認為，占領就是違法，違法就是違反法治，而法治是香港的核心價值，因此占領行動絕對不能接受。

對於這個批評，我們或許可以停下來想想，我們真的在所有情況下，都應該無條件地守法嗎？馬丁・路德・金恩在著名的〈伯明翰監獄來鴻〉中告訴我們，法律有正義之法和不義之法之別，並引用聖・奧古斯丁的觀點：「不義之法根本不是法。」[10] 我們有守法的義務，因為法律能夠有效保障我們的生命、安全和權利，並且使得我們能夠合理地生活在一起。但如果有某些法律嚴重侵犯我們的基本權利，我們就沒有必然守法的道德義務。相反，盡己所能去矯正不義之法，才應是我們的責任。

第三種批評認為，公民抗命就像潘朵拉的盒子，一旦打開，就會後患無窮，因為任何人都可以用「公民抗命」為藉口來做違法之事。

這是過慮。任何基於道德良知和公共利益的抗命行動，抗命者都有責任提出道德理由來為自己辯護。更重要的是，抗命者並沒打算逃避自己的法律責任，法官亦應有能力分辨什麼是具道德正當性的抗命行為。不加區分地將公民抗命等同一般犯罪行為，是混淆視聽。我也認同羅爾斯在《正義論》所說，即使在一個接近正義的民主社會，公民抗命仍應被視為維護憲政體制的工具，法官在處理相關案件時亦須審慎考慮背後的理由。[11]

第四種批評認為，這次占領行動是間接式的公民抗命，而非直接違反所要抗議之法，因此很難得到市民支持。

這並非事實。從前述民調可見，由始至終都有逾三成市民支持占領行動，而他們當然知道，占領街道本身和爭取真普選，並沒有直接的因果關係。有人或會問，為什麼不選擇直接公民抗命？原因很簡單，做不到。我們無法直接違反一條中國政府在八月三十一日所頒布的關於香港政改決議案的法律。事實上，首次提出「公民抗命」的美國作家梭羅，便是在一八四六年基於反對美國對墨西哥戰爭及奴隸制而拒交人頭稅，並因此入獄一天。這是典型的間接公民抗命。[12]

公民抗命作為一種非常態的抗爭方式，在什麼條件下才有正當性，邊界和限制在哪裡，社會代價應由誰來承擔，怎樣才能爭取最多公民支持等，都沒有現成的標準答案，而需要我們在具體實踐中慢慢探索。最重要的，是我們開始接受，公民抗命是我們作為公民和作為人，最基本的道德權利。我們生而自由，就有權利去爭取和捍衛我們的自由。

在這個集體學習的過程中，我們需要最大的謙遜和耐心。社會改革是條艱難的路，我們除了要有勇氣和熱情，還要有理解和對話，並且要努力尋求更多人的支持。回顧許多國家的民主路，都需要好多代人的努力，一點一點累積轉變的力量。我們實在不宜過分悲觀。

我的自辯在此結束。

那天被捕後，由於前面一輛載著被捕者的車已先行離開，我必須在警察監視下，一個人，站在夏愨道，等候另一輛囚車。那一刻，我知道，我要永遠告別夏愨村這個無數香港人用心搭建起來的城市桃花源了。這樣的風景，此前不曾有過，此後恐怕也將不會再有。

傷感，無法言喻的傷感，鋪天蓋地而來。

其後的個多星期，我再也沒有回去過金鐘。直到十二月二十日晚上，我因事從中環碼頭坐計程車過海回家。上車不久，抬頭外望，在完全沒有心理準備下，我驀然發覺，我竟又重回金鐘，並在昔日睡過的告士打道天橋上行走。

鬧市這天，燈影串串，一切看似回復正常。

我永遠不會忘記，在這條路上，我們曾經擁有過怎樣的自由和夢想。清場前幾天，也是在這條路上，我見過一條很長很長的黃布條，上面寫著We'll Be Back。

囚車緩緩從金鐘夏慤道開出時，已近下午六時。我隔著車窗往外望，天色灰暗，華燈初上，香港依舊。

下：被捕之後

我們坐的，是普通旅遊巴士，而不是俗稱的「豬籠車」（囚車）。我是第一個上車，坐在最後一排，附近有韓連山、李柱銘、何俊仁、單仲楷、李永達、葉建源、楊森等，前面有梁家傑、余若薇、毛孟靜、何秀蘭、劉慧卿、黎智英等一眾民主派政治人物。我和他們幾乎全不相識，照道理也沒太多交集可能，沒料到會在如此境況下同囚一車。

我們沒有被扣上手銬，也可使用手機向家人和朋友報平安。開車前，警察告訴我們，目的地是葵涌警署。

我後來知道，當天二百零九名抗命者分別被送往葵涌、北角、長沙灣、觀塘及屯門警署。葵涌是第一批，分坐三車，共約六十人。在車上，何俊仁向我們簡單說明了一下在警察局要留意什麼。他有經驗，因為他已在七月二日及九月二十八日先後兩次被捕。李柱銘顯然是首次，因為這位香港首席資深大律師的「被捕常識」，似乎和我差不了多少。

車到警署後，我們被安置在一個有蓋停車場臨時改建的拘留中心。停車場相當大，也沒有密封起來，因此可遠遠見到出口處傳來的光。我特別感到寬慰的，是再次見到首批被捕的同學。雖然只是分開個多小時，竟有重逢的喜悅。

過不了多久，第三批被捕者也被送到，包括梁國雄（長毛）及其他民間團體的朋友。警察用鐵馬把我們三批人分開，然後開始一連串的拘留程序，包括登記個人資料、打手印、拍照和錄口供等。這一切，都是我不曾經歷的事。

在整個過程中，警察異常客氣殷勤，令我有時以為自己不是犯人，而是上賓。但在一些細節中，我還是很清楚地知道這只是錯覺。

以上廁所為例，我們要先舉手，得到批准後，再由兩位警察「陪同」前往。但我們去的並非警察廁所，而是拘留房裡面的囚犯用廁。拘留房在二樓，有厚厚的鐵門分隔裡外。進去，左右兩排，中間是狹小晦暗的通道；每間房有四張水泥床，上面什麼也沒有；蹲廁近門口，極簡陋，沒廁紙也沒水龍頭；我們如廁時，警察就在門外隔著鐵欄守著；出來後，再由他們監看著去另一處洗手。

到了凌晨三時許，我成功「踢保」。＊準備離開時，我對身邊警察說，我要再上一次廁所。他好心對我說，出去用外面那個吧，就是接待處供普通人用的那個。我一進去，立時便明白，什麼是自由人和犯人之別。

＊編注：踢保指拒絕保釋，意指疑犯按警方要求報到後，可拒絕再續保。如此警方須於四十八時內，決定是否正式起訴相關人士，否則疑犯毋須再到警署報到。儘管如此，警方之後仍然可以隨時起訴相關人士。

說起來，這是很平常也很不平常的一夜。

所謂平常，是因為這夜之前或這夜之後，一定會有無數犯人經歷同樣的事情，而且因為種種我們知道或不知道的原因，我們確實沒有受到什麼不合理對待。所謂不平常，是說有三位大律師公會前主席、兩位前特首參選人、十多位立法會議員和政黨領袖、領導這次雨傘運動的學聯和學民思潮的同學，還有一位在這場運動中走在最前線且影響力如日中天的歌者，在同一夜被捕並囚於一室，確是香港未曾有過。

這些人為什麼要走到這一步？他們所做的，外面的人能夠理解嗎？

那夜我坐在他們中間，平凡如我，看著身邊那些從我的少年時代起便已領導香港民主運動的前輩，以及許多在政治領域默默耕耘的年輕朋友，既有一種歷史就在當下的切身感，也有一份香港未來我也有責的沉重感。

不少香港人喜歡把所有從政的人一律稱為「政客」。這種稱呼，往往預設了這樣的一種態度：凡從政者，必為私利；而政治本身，必是權力鬥爭的汙穢之地，毫無道德可言。既然如此，我們必須遠離政治。不僅要遠離，而且必須對那些積極參與公共事務的人抱持戒心，因為世間並無公心（public spirit）這回事。

在這種理解中，政治一如市場，每個參與者的行為，都是為了極大化個人利益，不同只在於市場爭的是錢，政治爭的是權，但就本性而言，人骨子裡是自利者。「人不為己，天誅地滅」遂成醒世名言。滑落到這一步，那些不加辨識地否定政治道德的人，其實不是對我們生活的世界有更高的道德要求，而是把自身也理解為徹底的自利主義者，同時以極度犬儒的方式去評斷所有參與政治的人。

香港的成年人，包括不少「社會賢達」，常常就是用這種「價值觀」去「言傳身教」下一代。「政治」遂成汙名，「政客」更是人人得而藐之。可是這樣的「價值觀」有多大的解釋力和說服力？又會對我們的政治文化帶來多壞的影響？

讓我們用心聆聽一下，雨傘運動中的年輕一代到底在爭取什麼。年輕人說，他們要香港有真普選，使得每個公民有平等權利去決定誰可以做特首；他們不要官商勾結，不要世代貧窮，不要為一個小小蝸居耗盡他們的青春年華；他們還希望政府廉潔公平，好好保障我們的公民和政治自由。

他們不是價值虛無，更非自私自利，而是站在道德的觀點，要求我們的城市變得更加公正，讓人活得更加像人。他們如此相信，故如此行動，同時如此要求那些擁有權力的人必須以政治道德為念。

只有在這樣的背景下，我們才能理解他們的義憤，明白他們的感受，體會他們對這個城市的愛。雨傘一代，不僅在這次民主運動中充分瞭解到自己是有自主意識的道德人，同時也在用他們的信念和行動，努力再啟蒙那些世故的成年人，希望他們看到另一個香港和另一種更值得追求的公共生活。

我們甚至可以說，正因為香港的年青人堅信政治必須講道德，所以才有雨傘運動。它所代表的，是一種不認命的精神：不願意相信奴役就是必然，權力就是公理，剝削就是公平。他們不僅希望用撐起的雨傘去挑戰不公的制度，更要去挑戰長期支配港人的犬儒心態。

既然我們活在政治之中，同時對政治有所期許，那麼我們就不應該輕省地將所有積極參與政治的人標籤為「政客」或「政棍」，然後以一種事不關己卻又彷似洞悉世情的犬儒姿態去嘲笑他們。理由有三。

第一，這種說法極不公道。遠的不說，即以當晚坐在我身邊的李柱銘先生和長毛為例，他們實在是為香港民主運動付出了一生心血。長毛不知進出警署和監獄多少回，更在這次運動剛開始的時候，為了懇求示威者不要早早退場，深夜在金鐘政府總部門外，公開向群眾下跪；李柱銘先生已經七十六歲，被譽為「香港民主之父」，可是仍然願意為了香港的未來，和年輕人一起從容被捕。他們所做的一切，難道真的是為了個人私利？

第二，政治的好壞，直接影響我們每一個人及我們的下一代。如果我們一早認定所有從政者皆用心不善，然後站在外面冷嘲熱諷看熱鬧，那麼我們也就等於承認政治沒有是非對錯可言，並以自證預言（self-fulfilling prophecy）的方式導致政治的崩壞，而不是一起努力去謀求改變。

第三，我們以自利和虛無的心態看世界，最終敗壞的，是自己的靈魂，因為我們的眼再看不到善和正義，我們的心再感受不到公平和愛。我們生活的世界，本身並非沒有愛和正義，或至少不是沒有愛和正義的可能，只是我們自己放棄了這樣的信念，因而失去實現這些美好價值的機會。

說到這裡，讀者須留意，我無意否定政治裡面有著形形色色的權力。事實上，權力內在於政治，因為政治必然牽涉權力和資源的分配。我們追求民主，就要接受政黨政治，也就要接受不同政黨代表不同階層的利益，同時接受他們必須通過選舉贏得權力，因而難免有各種各樣的策略考慮，甚至要做出艱難的政治妥協。

儘管如此，我依然認為，權爭本身不應是政治的最高目的，也不應是政治人行動的最高原則。政治的最高目的，是追求正義。政治人不墮落為政客而上升為政治家的重要標準，在於能否在政治生活中以正義為念。

社會學家韋伯（Max Weber）或許會不同意我的觀點。他認為，以政治為志業的政治家，必須具備三種素質：熱情、責任感和判斷力，而追求正義不在其中，因為他認為何謂正義並沒有客觀標準，很易陷入「心志倫理」而忽略「責任倫理」——簡單點說，就是為了堅持道德理想而妄顧政治現實。不過，正如韋伯自己所言，政治實踐的最高境界，不是這兩種倫理觀互相對立，而是相輔相成。[13]

雨傘運動激動人心之處，也許正是讓我們看到新一代抗爭者，如何既有對心志的堅持，也有對責任的承擔，並在變動不居和強弱懸殊的政治環境中，努力嘗試協調這兩種政治倫理。這是真正意義上的政治成熟。

讀者或會好奇，漫漫長夜，除了應付警方各種指定要求，我們這群人在裡面到底還做了什麼。由於不准使用電話上網，我們當時只有兩件事可做：閉目養神或聊天。

我因為不是太累，所以大部分時間都在和何俊仁先生及楊森先生聊天。聊什麼呢？政治哲學。這是我意料不到的。兩位前輩很友善也很健談，我們從羅爾斯的正義理論，德沃金的法律哲學，談到海耶克的《通向奴役之路》和波普的《開放社會及其敵人》，甚至還聊到馬庫塞（Herbert Marcuse）的《單向度的人》、法蘭克福學派的文化批判及當代中國知識界種種。

在警察環伺，隨時被叫出去辦理手續的環境中，討論時斷時續，但這樣的哲學交流還是相當愉快，以至後來離開警署時，我和楊森先生不禁擁抱道別。

我後來知道，當天在警署討論政治哲學的，還有我的一位學生。他的名字叫Max，從十月起便在金鐘紮營占領。他本來計劃和我們一起靜坐被捕，不料中午出去吃飯後再也進不來，因為警察已將占領區所有出入口封鎖。幾經掙扎下，他決定自行前往灣仔警察總部自首，並在交代「罪行」的過程中，將他的公民抗命理念完完整整地向警察解釋了一次。據他事後回憶，警察聽得津津有味。Max從灣仔警署出來後，隨即過來葵涌警署門口等我，在寒風中站了一整夜。

做出同樣選擇的，還有我初識的劉志雄牧師。他在七月二日預演佔中時已被捕過一次，這次同樣是因為中午外出而回不來，但最後仍然決定自首以明志。據他自述，「十一點幾，沒有傳媒鎂光燈，孤身的我，走入葵涌警署自首。結果，我的號碼是五十九，而五十八就是長毛。」

我到現在仍然不太能理解，像劉牧師和Max這些人，做決定那一刻，到底需要多大的勇氣，而勇氣背後又承載了多少對這個城市的愛。可是我知道，我應該用心嘗試去理解，否則便有負他們。

大約十二時，警方告訴我們可以自行簽署保釋，不用交保釋金，但要一月分回來警署報到。學生和社運團體的朋友，開始陸續離開。何芝君、何韻詩、何俊仁和我等商量過後，建議餘下的人選擇集體「踢保」，迫使警方要麼無條件釋放我們（但仍然保留日後起訴權），要麼正式作出起訴。

我們認為，「踢保」雖然有風險，例如隨時要被拘留多十幾個小時，但也是一種政治抗議。我們也同意，既然一起進來，就要一起出去，表達一種團結精神。在接著下來的幾小時，我們一個一個被警員單獨召去，詢問是否願意「自簽」離開，然後我們一個一個回答「不願意」。

在這個過程中，我親眼目睹何韻詩非常勇敢和有擔當的一面。她後來在她的臉書有細緻描述，容我在此詳引：

順序上我是學生後的第一個，呼喝我過去的警員大概看我是個無知歌星仔，不必對我客氣多禮，沒想到他們叫我選續保的日子時，我竟提出不接受保釋，該名威武警員當下呆了一下，回過神來，再擺官威地說了一句：「好，那放她到最後處理。」結果，所有人一致不接受保釋。警方大概也知道再拘留這群人對他們也沒什麼好處，隔沒多久，我又被呼喝過去，同一位招待我的警員遞出一張無條件釋放的紙，警方屈服了。我提出等眾人一起離開，他們拒絕，要我立刻簽，我要求徵詢律師意見，警員再次面露不悅。見律師後，他們把我單獨調配到跟眾人隔離的另一區，大概是要「懲罰」我，但真對不起，找錯對象了，嚇唬誰？眾人陸續離開，結果我是葵涌警署六十一名被捕者內，最後一個被釋放。14

去到清晨三時半，警察告訴我，可以帶齊隨身物品離開。我站起來，離開待了一夜的拘留中心，並在接待處會合其他朋友，然後一起步出警署。

出來後，我第一眼見到的，是在寒風中候我整整一夜的十多位學生和朋友，包括杜婷、小珊、黎恩灝、張秀賢、Benny、Joel、John、Max和Steve等，還有早我幾小時出來的Napo和Eason。師生情誼，山高水長。謝謝你們。

31 守護記憶，就是守護我們自己

六四燭光集會將近，又引來應否繼續悼念的爭論。[1]理由五花八門，目的不外一個，就是希望我們放下歷史包袱，六四夜不要再去維園。沉默不是辦法，我說幾點看法，交代一下立場。

一，一九八九年的中國民主運動，改變了我們那一代人，或至少那一代的許多人。沒有八九，我們後來的人生路，大概不會那樣走。六四烙印，在許多同代人身上，即使到了今天仍然清晰可見。這是歷史加諸我們身上的命運：很難擺脫，也不必擺脫；很難否認，也不必否認。

我們是「八九一代」。到了今天，我仍然會這樣說。沒錯，不少人已一早放下，也有許多人勸我們不要執著於過去，要向前看。我會說，這是他們的事。那麼容易就放下或否定過去的人，不值得我們尊重。

二，一九八九年的民主運動，不只六四那一天，不只北京，不只最後血腥鎮壓那一幕。它是一場浩浩蕩蕩席捲中國的民主運動，包括中國大大小小的城市，當然也包括香港。宏觀一點看，它是當年反抗極權專制的全球民主運動的一部分。

所有經歷過八九年上街遊行，以及其後香港一波又一波民主運動的人都知道，八九年的民主運動也是香港的民主運動。香港人不只站在外面聲援，同時也在抗爭，也在經歷民主啟蒙和政治覺醒，也在為自己的命運吶喊。拿走八九那一段，我們根本難以理解香港後來的政治和社會發展史，包括二〇一四年的雨傘運動。這是我們必須承認的事實。否定自己的歷史，不會令香港民主運動走得更遠和更好。相反，不知道來時路，或刻意遺忘過去，是對逝者不義，對來者不公。

三，維園燭光集會不只是悼念，同時也是抗爭。當燭光亮起，數萬人甚至上十萬人一起喊出「建設民主中國」，當然不只是什麼「行禮如儀」，也不只是悼念逝者，同時是向全世界清楚表達我們的訴求：我們不認同這樣的政府，不接受這樣的制度。

中國政府害怕這樣的聲音嗎？當然害怕，否則「六月四日」這一天就不會在中國的公共日曆中消失，微博和微信就不會有最嚴厲和最大規模的刪貼封號行動。

我們在堅持價值，同時在要求改變：要求中國改變，也要求香港改變。這些價值是普世的，因此我們也在要求所有專制國家改變。我們追求的，是民主、自由、平等、人權和正義。一九八九年的民主運動贏得全世界的同情和尊重，二〇一四年的雨傘運動贏得全世界的關注和支持，道理其實一樣：我們堅持的，是世人認同的價值。

當然，沒有人會天真地以為，僅僅因為這樣一場公共悼念，中國就會因此改變；也不會有人天真地相信，只要每年六四去維園集會，然後什麼也不用做，我們就已善盡己責。關心六四、關心中國、關心香港以及關心世界，不是非此即彼的事。

四，不知從哪一年開始，參加六四維園燭光晚會的人，八九後出生的就已經超過八九前出生的。換言之，參加者裡面，許多人沒有親歷八九。也不知從什麼時候開始，愈來愈多內地同胞，會專程來維園參加集會，並把消息以不同方式傳播出去。我在過去幾年，也試過和內地同學一起去，並鼓勵他們出發前先看紀錄片《天安門》；集會結束後，大家再坐下來分享感受。

我想說的是，燭光集會不只是悼念，也不只是抗爭，更是重要的民主教育和公民教育——千萬不要輕視這種教育的力量：對許多年輕人來說，維園是他們的政治啟蒙之地；對許多成年人來說，維園承載的價值，是他們以香港人為傲的重要理由。

五，去年九月下旬，我在臺灣訪學，特別趕回來參加雨傘運動一週年紀念。在金鐘現場，人影寥寥，而且目及所見，相當部分是中年人和上了年紀的人。說實在話，我心裡有許多感慨。

我在二〇一四年九月二十八日當晚，親眼目睹第一枚催淚彈落在腳邊，然後和許多香港人一道，親歷占領運動種種。我一直認為，二〇一四於這一代年輕人，一如一九八九於我們那一代，是人生的分水嶺。如果真的如此，那麼如何理解雨傘運動，如何理解這場運動對我們自身和對香港的影響，就是繼續走下去的重要前提。

要談理解，我們就不能隨意擺脫和否定歷史。對於那些發生在我們身上且深刻界定我們身分的歷史，我們可以批判，可以反思，但不可以輕言放下，輕言忘記。因為放下和忘記，是對我們共同經歷的歷史的背叛，也是對我們自己的背叛。

六，我自小接受的教育告訴我，一個人一直堅持做對的事，是一種美德。二十八年來，有那麼一大群香港人，風雨不改地堅持做同一件有關信念而無關個人利益的事，其中不少甚至已從昔日的滿頭黑髮到今天的滿頭白髮。我想，無論將這群人放在哪個國家和哪段歷史，都很不容易，都值得我們敬重。

那些動輒嘲笑別人仍然在堅持的人，不妨捫心自問：你的人生在堅持什麼？你的堅持能持續多久？到有一天你堅持的信念和價值，被別人以同樣的態度嘲笑和否定時，但願你會有「己所不欲，勿施於人」的領悟。這不是什麼偉大的「主義」，而是做人的基本道理。我相信，一個人以至一個城市的基本品格，要靠這些道理來鋪墊。

七，我們絕大部分人的人生，很少會五年十年十五年二十年二十五年地堅持做同一件事。原因很簡單，這是很容易變得重覆、沉悶、徒勞的事。我年輕的時候，真的沒想過，會從中學到大學到研究院到出來工作到結婚到生了孩子然後到今天帶著孩子一起來維園，迄今整整二十八載。

真的要感謝，這麼多年來，那麼多不認識卻一直同行的人。我們雖不相識，卻好像認識了很久很久。我們每一年，憑著手上燭光，在香港這個人潮如海來去匆匆的城市相認。二十八年一起走過，那是我們人生可一不可再的共同記憶。沒有這樣的記憶，我們不會是今天的我們。

維園中的每點燭光，看起來都很渺小，可我們知道，沒有萬萬千千的人每一年的堅持，我們就不可能在六月四日這一天，讓全世界看到香港有這樣美麗而可敬的一面。我們走在一起，悼念逝者，抗議專制，爭取民主。這裡面的每點燭光，都美麗而可敬。

八，二十八年來，我幾乎沒寫過任何關於六四的文字。一來我覺得我說的都是常識，不見得說得比別人好；二來那段記憶於我實在過於沉重，我仍然不懂得如何通過書寫去面對。

去維園還是不去維園，點起燭光還是無燭在心，守護記憶還是遺忘歷史，都是個人決定。做，是自己的選擇；不做，也是自己的選擇。不過，選擇，有輕重對錯可言，而非無可無不可或只是個人喜好。

我們生而為人，總希望做到擇善固執。擇善已經不易，擇善而固執之，便更加難。我的體會是，能固執於善的人，必然是因為那些善對他極為重要，重要到已走進他的生命並成為支持他的生命最深層的價值。

就此而言，守護記憶，就是守護我們自己。

初稿：二〇一六年五月二十八日
定稿：二〇一七年六月四日

32 自由誠可貴

——我的微博炸號紀事[1]

一

微博是中國為數不多容許網民發表文章、圖片、視頻，以及進行評論和轉發的公共社交平臺，目前每月活躍用戶逾四億。如果你有一定的知名度和影響力，你的微博甚至是個自媒體，可以設定議題和影響輿論，甚至引發公共行動。微博誕生不久，「關注就是力量，圍觀改變中國」成為許多人的希望所在。[2]

十年過去，這個良好願望遭受巨大挫折，因為中國政府意識到，自由開放的網路空間會威脅它的威權統治。於是，政府運用權力和科技，在微博進行言論審查，各種監控方式應運而生，屏蔽、刪帖、禁言和炸號成為常態。[3]許多有影響力的公共知識分子被驅逐出微博，無數帳號在毫無預警下灰飛煙滅。[4]

微博，在繁榮熱鬧表象下，成了網絡殺戮場。殺掉的，不僅是一個帳號，更是一個又一個活生生的人公開表達想法的機會，以及一片又一片用心經營的精神園地。殺人者，從不表露真身，也從不向人交代；被殺者，一如枉死冤魂，不曾得到半分尊嚴和公正對待，然後無聲消失，遭人遺忘。微博，曾經許諾給大家一片自由新天地，結果卻成了肆意鉗制言論及思想的屠宰場。今天的微博，面目全非，娛樂消費聲色犬馬充斥，思想凋零，批判闕如，刪帖通知滿屏。

我二〇一一年五月十三日加入微博，二〇一八年六月十一日帳號「周保松」被炸。二〇一八年十月十二日重開帳號「保松周」，二〇一九年四月二十七日被炸。二〇一九年四月二十八日再開「松保周」，七月十六日再次被炸。

從「周保松」到「保松周」再到「松保周」，我在微博「死去活來」整整八年，經歷各種言論審查也歷經各種自由抗爭，見證中國最大的網路言論平臺的變遷。第三次被炸號後，我決定坐下來寫這篇文章，談談我的經歷。

我希望用我的文字，為歷史留個見證。思想言論自由，是文明社會的底線，也是社會改革的基礎。我的故事也許微不足道，但一葉知秋，每個個體遭受的言論監控和思想審查，往往能在細微處彰顯體制的大不義。不正視這些不義，社會就難言進步。

更重要的是，我希望為無數相識及不相識的微博亡友，發出那怕是極為微弱的一聲呼喊。他們都已灰飛煙滅。他們消失前，沒機會和好友道一聲別；消失後，更沒機會和他人訴說炸號之痛。而被炸號的人實在太多，大家早已習以為常，以至於麻木。可是我們要知道，每個用戶都是獨立的個體，都是真實鮮活的生命，都有屬於他或她的思想、情感和生活。他們都是自由勇敢的靈魂，並有無可取代的尊嚴。每個消失的帳號，都有被見到和被聽到的權利。

二

我的第一個帳號在去年六月十一日被炸。那天其實是網友先發現，再在我的微博告訴我，然後我才醒覺我已在微博世界消失。既然我已不存在，他們又怎麼可能通知我？這有點怪異，不過確實如此，且容我慢慢道來。

還記得當天中午醒來，我如常打開手機，見到微博有數不清的人在@我，在一片難過悲憤中說「周老師的號被炸了」。我頗詫異，心裡想，我明明還在，還見到你們留言，你們到底在說什麼？於是我想回覆大家，卻立刻發覺我再不能回覆，不能點讚，不能評論，也不能發布新帖。一言以蔽之，所有微博功能都已不能再用。

我嘗試搜索「周保松」，卻發覺已經找不到這個帳號。我登出帳號，並在其他網友的帖子上點擊「@周保松」，手機馬上跳出如下畫面：「周保松，關注：0；粉絲：0；頭像是個空白的人像輪廓，屏幕中間寫著：「用戶不存在」（20003）」。

原來這就是炸號。

炸號，就是令你在微博世界消失。別人從此見不到你也找不到你，而你之前辛苦建立的一切，包括文字、相片以及與網友的討論，也在網路世界徹底歸零。你雖然仍然能夠登入帳號，不過那已變成你一個人的世界，你無法再和任何人接觸，別人也不知道你的存在。[5]

炸號之後，我成為微博世界的幽靈。

這不是比喻，而是我當天的真實感受。[6]我甚至即時想到讀大學時看過的一部電影《人鬼情未了》（臺譯第六感生死戀，*Ghost*）。那部電影的男主角，被人殺死後鬼魂卻未消失，他可以見到所有人，別人卻見不到他，他拚命吶喊，別人卻無知無覺，最後，他惟有借助一位黑人靈媒的身體，才能和摯愛接觸。

我被炸號那幾天，和電影主角的鬼魂一樣，看著許多網友在為我的消失而痛惜、哀悼、憤怒，我在旁邊默默守著，心裡極度難過，卻無從讓他們知道我就在身邊。昨天，我還和大家一起；今天，那個世界已不再屬於我。權力以最粗暴的方式殺死你，事前沒給你一聲預警，事後沒給你一句交代，然後你便得像孤魂那樣看著別人在那個世界繼續如常，而你的「如常」卻從此不再。

我實實在在覺得，那個在微博生存了七年的我，死了。

為什麼我會被炸？微博自始至終不曾給過半句解釋。[7]我不知道自己違反了哪條法規，也不知道紅線在哪裡。我也沒有任何自辯和申訴的機會。被炸後，微博亦不容許我處理後事，例如將各種珍貴紀錄和重要資料下載保存。[8]更甚者，我身為年費訂戶，炸號後微博不曾和我交代過半句我的年費會如何處理。我們連最基本的消費者權益都沒有。

據不少網友告知，他們的帳號之所以被炸，往往是因為轉發了別人的微博，可是他們根本無法事先知道這些內容是違規的。他們無意去踩什麼紅線，卻在完全無辜的情況下被取消帳號。他們有的試過打電話去微博客服投訴，並要求給出炸號理由，卻完全不得要領。

知道被炸後，我託閭丘露薇、郭于華等朋友在微博轉發以下訊息：「我的微博今天在沒有任何知會下被銷號。七年用心耕耘的思想園地，一下子無聲消失。事出突然，無法和許多朋友道別，抱歉。有心的朋友，也可關注我的臉書。保重。再會。」[9]

這是我在微博的最後道別。我表現得相當冷靜，連不捨都只是淡淡的。那幾天，我也在電郵和臉書收到不少網友來信，都是慰問和鼓勵之語，我逐一回覆，甚至反過來安慰他們。我表面好像沒事，心情卻糟透了。我對於炸號一事不是完全沒有預期，但真的來到眼前，還是不易面對。

更糟糕的，是我無論心情多壞，卻是無處可訴，也無人可訴。在香港，大部分人用臉書而不是微博，他們對後者毫無興趣，也不知道炸號是什麼回事。至於微博網友，由於我已不能發言，所以就算想溝通也無法溝通。而且炸號實在太普遍。偶然死一個人，也許是新聞；但當天天有人在消失，大家也就見怪不怪。更何況即使有網友同情你，他們也無能為力。

在這種處境下，我經歷了一種此前不曾有過的痛苦：你受到不義對待，你切實感受到這種不義對你帶來極大傷害，但你只能獨自承受，因為即便是你身邊最信任的朋友，也難以進入你的處境並理解你的痛苦。更甚的是，你甚至開始懷疑自己真實感受到的痛苦是否配得他人理解和同情。[10]

我遂只能沉默。我在沉默中，一個人慢慢咀嚼，炸號對我的生命，到底意味著什麼。

三

一開始，我很不習慣。

最初兩星期，我總是難以自控地隔一會兒便上微博刷刷，沒什麼特別目的，就是想看看其他人在討論什麼，也搜索一下有沒有人在談論我的消失。帳號被毀，那份失落，原來遠大於我的想像。和之前被禁言一兩個星期不同，我這次成了徹底的局外人。

有朋友或會問，你幹嘛不去註冊一個新號？這不就可以馬上重新開始嗎？我確實有想過。事實上，我認識的一些朋友也是這樣做。例如清華大學的郭于華教授和中國政法大學的蕭瀚先生，就是不斷被炸又不斷重開，在微博上被稱為「轉世黨」。蕭瀚迄今已「轉世」三百多次，堪稱一項紀錄。

我雖然知道可以這麼做，卻沒此念頭。其中一個原因，是我覺得如果重開新號，便等於向權力妥協，甚至間接承認微博有任意炸號的權利。而開了新號，為了避免再次被炸，我難免較之前更小心翼翼，做足自我審查，但我不願意走到這一步。

另一個原因，是我覺得如果這麼做，便背叛了原來的微博身分。為什麼呢？因為這意味著我要放棄原來那個「我」，而那個「我」並不僅是一個帳號，而是真實承載了我七年的生命記憶。我寧願從此離開也不開新號，不是為了向別人交代，而是在守護一個雖已消失卻不能被取代的身分。那是一種對自我的忠誠。

這種情結，外人看來可能覺得可笑，卻是我當時的真實感受。即使到現在，我對自己被炸的帳號，仍然有著難以割捨的歸屬感。是故我曾一度心存僥倖，盼望一段時間過後，被炸的帳號能夠重生。我曾寫了好幾次信給微博客服，要求重新激活帳號，可惜從來得不到理會。我於是找認識微博管理層的北京朋友代為查問，得到的回覆是：永久銷號。

一年過去，經歷兩次炸號後，我終於較為清楚地認識到，微博這種任意炸號的粗暴，對個體確實帶來難以估量的傷害。這種傷害，是極大的不義，也是極大的惡。如果我們不嘗試理解這種傷害的性質，甚至由於長期活在這種不自由狀態而意識不到這些惡，並容忍、默許微博上的奧斯維辛，不僅對不起那無數被消失的人，也難以在這樣晦暗的時代培養出批判的意識和反抗的勇氣。[11]

我花氣力寫這篇文章，是希望通過我的經歷和反思，呈現制度暴力對言論自由的壓制，會給個體帶來何等傷害。我認為，這種書寫重要且必要。愈多這樣的書寫，愈能幫助我們認識網絡時代的極權統治是怎麼回事。[12]

四

炸號最直接的後果，就是被迫斷聯（disconnect）。斷聯，就是你和你熟悉的世界斷去連繫。斷去連繫的，可以是你至為在乎的人，至為在乎的過去，至為在乎的家園，甚至至為在乎的自我。炸號之傷，在於未有得到個體同意下，強行將人從最珍視的生命連繫中割裂出去。[13]

這些連繫，絕非可有可無，而是生命中的重要之物，構成人的自我，影響人的行動，並為人的生活提供意義和方向。這些連繫對人愈重要，一旦失去時人就愈失落，甚至覺得構成生命最根本的某些部分，從此不返。炸號這種暴力行為，實際上是對人的生命完整性的攻擊。[14] 我因此殘缺不全，不再是原來的我。

這裡有必要簡略說明「生命連繫」這個概念。

人活在世界之中，須通過活動來實現自己，並賦予生命意義。這個過程，我們可理解為：人作為理性自主的主體，通過有意識的選擇，與世界建立各種聯繫。例如，你相信某種宗教，投入到與該宗教相關的活動，你因而成為教徒；你相信某種政治信念，加入倡議這種信念的政治團體，你因而成為政治人；又例如你相信某種倫理價值（如動物保護、素食、性別平等），參與到實踐這種信念的抗爭，你因而成為動保人士、素食主義者或女權主義者。

人生於世，不是本能的存在，而是通過各種有意義的活動，連繫起自身與世界，從而給予自己一個或多個社會身分（social identities）。這些社會身分，在最根本的意義上，影響我們的存在方式，例如如何行事，怎樣做人，以及用什麼方式看世界。這裡有幾點特別值得留意：

一，這些連繫的建立，是自行選擇並得到個體反思認可的，而不是他人灌輸和強加的。真正的價值認同，必須得到主體的內在認可。

二，這些活動的意義和價值，並非主觀任意，而往往是在某個文化脈絡之下得到廣泛的認可和肯定，或至少是個體能夠提出合理的理由支持。

三，這些連繫不是單一的，而是多元的。我們的世界客觀存在各種有意義的活動，每個主體可以基於自己的理性價值判斷而投入這些活動，並形成不同的社會身分。這些身分可能由於各種原因而發生衝突（例如宗教認同、政治認同和倫理認同之間的不一致），令主體出現認同危機。如何面對這些危機，是個大問題。但在大部分情況下，主體總是努力尋求各種認同之間彼此協調和互相支持，從而活出相對完整的人生。[15]

讀者或會問，這些討論和微博有何關係？微博是個公共平臺。如果人們在這個平臺建立各種重要的生命連繫，例如結識志同道合的朋友，追求自己認同的價值，甚至通過微博來實現一種自己喜歡的生活方式，那麼微博就是人們安身立命的家園。

炸號，是以最羞辱人的尊嚴的方式，將一個人在微博的歷史、記憶以及用心建立的各種連繫，徹底摧毀。正是在這種脈絡下，我們才能恰如其份地理解，為什麼炸號會令用戶如此痛苦失落。如果微博只是可有可無的虛擬之物，我們便很難理解以下網友的分享：

「當時用微博完全是真實生活的延伸。被封號的瞬間，有一種被殺的感覺，血淋淋的。因為聯繫方式和過往記錄全部被抹掉了，『自己』不再存在了。」

「那一刻我有些恍惚，我從網絡上認識了的那麼多人一瞬間就失聯了。幾個小時前我還是一個有血有肉的人，頃刻間我就化作一串消失在互聯網中的透明代碼。」

「那個帳號有我近千條生活紀錄，它們從二〇一〇年延續至今，陪伴我從自我懷疑到自我認同，到第一次暗戀第一次戀愛第一次失戀，再一次暗戀再一次戀愛再一次失戀。它記錄著我生命走進的一個個可貴的朋友，以及無數我於某個晝夜的特別情緒。所有微博無關政治。可如今那一切都被清空。這八年，我彷似不曾存在過。」

「之前仔細經營的微博號，特別認真記錄著生活中的點滴，因為敏感話題炸號了，那些記錄再也看不到了，就好像我活過的痕跡被抹得一乾二淨。」

「關注的人一次次的炸號，讓人有一種感覺，就像是坐在一艘漏水的船上，裂縫愈來愈多，我們也試圖堵住那些裂縫，可還是悲觀地想，這艘船早晚會沉。一邊絕望的認為看不到光，一邊又倔強的不肯認輸。」

「我很喜歡閭丘老師，因為她的書影響了整個中學時代，她微博很多文字讓我更客觀看待生活不同的問題，包括不平等！可是她也被禁言，七百萬粉絲的微博，說沒就沒了，好憤怒又無助。」

「當然最喜歡又最可惜自己的帳號。多年青春一夜之間登陸不上，查無此人了。」

「我這種小透明都炸過幾次，都是某些敏感時期評論或轉發了某些微博，然後我變得愈來愈沉默。」[16]

從這些分享可見，炸號對許多微博人，哪怕是一般用戶，都帶來實質的傷害，而且情況相當普遍。愈投入微博，擁有愈多記憶和建立愈多連繫的人，傷害愈深。所謂傷害，不僅在心理和精神層面，也在文化和道德層面。例如炸號之後，他們便不能通過建立了的各種連繫去吸收文化和道德養分，也難以通過與網友的平等對話，實踐一種公共生活。

如果有人願意做個實證研究，找這些被炸號者做深入訪談，讓他們慢慢講述炸號的經歷，我們很可能會發覺，炸號帶給個體的傷害，會較大家想像的還要嚴重得多。

為什麼會這樣？就我觀察，一個重要原因，是整個社會對炸號和言論控制早已習以為常，甚至不當一回事，使得受害者必須在別人面前有意識地淡化和壓抑自己的感受，免得別人以為他們過度反應。更甚者，是當事人自己也可能缺乏適當的語言，向他人講述自己承受的是怎樣的傷害。這給我們一個啟示：個體如果希望公開清楚地表達不義的權力體制對他們的傷害，不僅本人需要相當的道德勇氣和道德知識，社會也須對這些不義有相當的道德自覺和道德共識，否則個體便很易承受雙重傷害：第一重是體制的暴力，第二重是集體的冷漠和無知。[17]正因為此，如何回到個體真實的存有狀態，並在某種規範性框架（normative framework）下，公開呈現和敘述極權體制如何以不同手段置個體於痛苦屈辱之中，便極為重要。[18]這個過程既是還個體以正義，也是改善我們的公共文化，並且累積社會抗爭資源。

五

讓我談談我的經歷和感受。

我的帳號去年被炸後，我極少重訪。因為不忍回看，我甚至沒有為歷史留個紀錄的念頭。為了寫這篇文章，我重新登入這個用了七年的帳號「周保松」。我發覺，從二〇一一年五月十三日到二〇一八年六月十一日，我合共發了六千八百八十一條微博，平均每天兩條多，還有近三千張的配圖。

好幾個不眠夜，我一個人靜靜從頭回看我的微博史，一條接著一條。那裡面，有我和我剛出生不久的女兒共同走過的日子，有她的照片、她的說話、她的畫作，還有我初為人父的興奮和喜悅；有我和學生在校園青草地上課的美好留影，有我寫給學生的畢業道別，還有我的教學筆記；有我參與各種公開講座和主持文化沙龍的海報和視頻；有我的旅行札記和生活隨筆；有我參與香港社會運動的實時報導；有我推介的書籍、音樂、電影和美食；最重要的，是有我許多的政治哲學文章，以及那早已消失但仍教我回味不已的與網友的思想交流——這些嚴肅認真的對話是我的微博基調，也因此吸引許多志同道合的人加入討論。

故園荒蕪。

事隔一年回望，我終於比較清楚地見到，我的微博，不僅是我的生活日記，更是我的生活本身。微博八年，改變了我的思想和寫作，也改變了我的人生軌跡。作為政治哲學研究者，如果沒有微博公共討論的經驗，也許我大部分時間，就是留在學院生產學術論文。每天在微博和來自不同地域、年齡、階層及知識背景網友的交流，卻大大改變了我對在這樣的時代，政治哲學應寫什麼、為誰寫、如何寫，以及知識人的社會責任的看法。[19]

今天的我認為，政治哲學的重要任務，是直面中國現狀，包括它的不自由、不民主、不公正，以及這一切背後的權力體制，並推動社會轉型，使得中國早日完成政治現代化。政治哲學不應只是學院的概念遊戲，也不應自限於西方學術界設定的理論框架和問題意識，更不應以服務和取悅當權者為己任。真正有生命力和批判性的學術工作，是善用清晰嚴謹的語言，回應所屬社會重要的政治道德議題，並在公共領域與所有人展開理性討論，藉此提升公共文化，累積道德資源，培育積極參與社會事務的公民，以期良性、和平及進步的社會轉型能夠出現。

換言之，在我們的時代，政治哲學可以且應該更深地介入社會。我這裡不是說，哲學人身為公民，應該有更多的公共參與，而是說政治哲學作為一門學問本身，可以有更強的公共角色，在推動社會改革時起更大作用。政治哲學理應具有一種公共哲學的品性，就社會議題，在公共領域以大家能夠理解和參與的語言，與公民一起對話、反思、批判和想像。

如果更多哲學人意識到這點並願意為之努力，我們或會見到，政治哲學將不再是一小群知識菁英從事的特殊工作，而是具理性能力和道德能力的公民都能參與其中的共同事業。我們更可預期，當愈多公民感受到政治哲學思考的樂趣和力量，公共討論的質量便愈高，他們也將愈嚴格要求公權力行使須具有正當性。當政治哲學成為公共哲學，它就不再只是大學某門學科，而是公民在公共討論中日用而不知的生活方式。就此而言，政治哲學在公共文化和公共生活上有重要角色，而公共文化和公共生活的發展之於社會進步，有舉足輕重的作用。

微博耕耘八年，教我有此體會。

我並不知道有多少學界同道認同這種觀點，也不曉得這些年的努力到底起了多大作用，但這確實成了我個人的學術志業。如果沒有這些年在微博的參與，沒有在和無數網友交流中見到政治哲學的力量，我肯定不會有這種想法。是故當我的微博被炸，我是如此真實地覺得，我的生命很重要的部分，也將從此不再存在。那是筆墨難以形容的失落。我失去的，不僅是一個帳號，更是一個身分和一種生活。

六

炸號的本質，是剝奪個人自由，而所有網路審查的目的，都是限制個體表達意見和傳播訊息的權利。生活在微博，就是活在一種每時每刻都受監控的狀態。這是怎樣的狀態？這種狀態對具反思意識和自由意識的獨立個體，會帶來什麼樣的傷害？討論炸號之傷，我們不能不談不自由之惡。

炸號是微博監控的極致，但在炸號之外，還有不同層次的言論審查。舉例說吧，如果你在微博發表某段話或某張圖片，你有機會遇到以下幾種情況。一，你的帖子只有你自己能看到，別人看不到，而你誤以為所有人能看到；二，別人能看到，又或只有互相關注的人能看到，但卻不能評論和轉發；三，你的帖子直接被刪掉，你和所有人都看不到；四，你的所有發帖必須先被審查，通過後才能出現在你的微博。五，你會被禁言，俗稱「關小黑屋」。禁言時間可以是一星期、一個月，甚至一年。禁言期間，你不能發帖，不能評論，也不能轉發。

以上這些對待，我全部經歷過。

我們也要知道，從二〇一八年三月起，微博已全面實施實名驗證。要使用微博，就必須留下身分證件號碼與行動電話號碼。換言之，如果官方因你的微博言論而想找你麻煩，完全沒有難度。

此外，你的發帖如被認為有「網絡誹謗」之嫌而又被瀏覽五千次或轉發五百次以上，便已觸犯《刑法》。

在這種大環境下，微博使用者如何才能避免「觸礁」？很簡單，自我約束和自我審查。最安全的，是只看不說。不轉發不評論，做個沉默的旁觀者。其次，只關心吃喝玩樂和明星八卦，絕對不碰敏感議題。再其次，碰上某些不義的重大公共事件，實在忍不住有話想說，必須小心翼翼，避免使用任何敏感詞，並學會用隱蔽迂迴的方式表達。我敢說，絕大部分使用微博的人，都活在這種自我審查的狀態，而這正是統治者想要的效果。微博有幾億用戶，無論科技多麼先進，官方也很難全面監控，可是如果大部分人因恐懼而自動自覺地噤聲，管治成本自然低得多。

由於我每天同時在使用臉書和微博，對此體會尤深。在臉書發帖，我從來不曾有過被審查的顧慮，也從未經歷過被禁言。在和網友交流時，我覺得輕鬆自在，想說什麼就說什麼，不用擔心有人在監視和審查我的言論。[20] 微博卻是另一個世界。每次發帖，我幾乎都會問自己：這個帖子會否因為太敏感而被刪去？我會否因此而被禁言甚至被炸號？回看我的微博，滿目都是「因違反相關法律法規和《微博舉報投訴操作細則》」而被刪除的帖子。每年六月四日前後，一句「今天是幾號」或一張蠟燭照片，都會在數分鐘內被刪。

久而久之，我已大概知道什麼樣的帖子，會被「微博小祕書」盯上，因此會盡量避開。必須老實承認，儘管因為人在香港而少了許多大陸朋友的恐懼，可是為了生存得久一點，我也慢慢習慣了自我審查。不過，無論如何小心，也總有意想不到的時候。今年四月，我分享余英時先生一篇反思五四運動的學術文章，心想「這類文章應該沒事吧」，結果是連號也被炸了。

我是研究政治哲學的，熟悉各種「自由」理論，對於自由之好和奴役之惡，可以和學生朗朗談上幾小時。可是當我的言論自由一次又一次被權力粗暴踐踏時，我發覺讀過的諸多理論都不足以表達和解釋我的感受。

最真實和最直接的，是強烈的羞辱感。想像一下這樣的情景：你每天在微博發言，你清楚知道，有個你永遠見不到的人在黑暗中時刻監視著你。他手裡拿著刀，只要你的言論過了界，刀便會砍下來，可是他永遠不會告訴你界線在哪，也不給機會你解釋。他的權力是絕對的，判決是最後的。他決定你什麼時候可以說話，什麼時候必須閉嘴，你和他之間沒有任何講道理的餘地。

這種處境會令你覺得，你在權力面前，什麼都不是。這就是我們國家對待人民的方式。據《憲法》第三十五條，共和國公民享有言論自由的權利；據第三十八條，共和國公民的人格尊嚴不受侵犯。現實卻是，我們的言論自由日復一日遭到國家踐踏，我們的人格尊嚴每天都在受到國家侮辱。

這是小事嗎？這怎麼可能是小事。既然言論自由是公民的基本權利，國家就有最大責任去履行承諾。可是現在國家不僅不作為，還帶頭用最粗暴的方式剝奪公民的言論自由。是的，身為個體，我們無權無勢。但這又如何？難道因為我們脆弱微小，國家就可以為所欲為？當然不可以。因為這等於國家背棄了它對人民的基本責任，也就等於放棄了正當統治的權利。施行暴力和擁有統治的權利，是兩回事。[21]

這是怎樣的人格羞辱？就是國家不將其公民當人來看待。人是什麼？人會思想，會講道理明是非，會懂得為自己做選擇，並會對自己的生命負責。基於這些特質，人是自由自主的道德主體。人的尊嚴，正建基於人是這樣的主體。當人不能自由地、沒有恐懼地思想，人的生命就會扭曲變形，喪失健全獨立的人格。就此而言，思想不自由，言論不自由，社會中的每一個人都會深受其害。

有人或會說，你太較真了。只要你不這樣看自己，你就不會那麼痛苦。換個說法，既然我們改變不了權力，我們可以改變自己。只要我們的觀點和角度改變，不自由的狀態就比較能接受。事實上，活在極權社會中的許多人，都在自覺或不自覺地做出這種調整，藉此減輕自己的痛苦。當這個改造工程完成的時候，統治者或許就會說，沒有自由的狀態才是最正常的狀態，甚至是人活得最幸福的狀態。

問題是：如果可以選擇，我們願意自己活在這樣的狀態嗎？

這是這個時代我們每個人必須問自己，並認真回答的問題。我們須知道，自由是一種制度安排，是一種法律建構，更是人作為主體的一種意識。我們被火燒，會感受到痛，因為我們有知覺意識。同樣的，我們被剝奪思想自由，會感受到痛，因為我們有自由意識。自由意識的體現，是人會反思、判斷、追求、承擔、奮鬥、選擇，是人可以根據自己的意願，活出自己想過的生活。

自由意識並不抽象，而是通過主體在日常生活的各種活動來實現。言論自由、信仰自由、戀愛自由，以至政治自由的實踐，其實是人的自由意識在不同領域的彰顯。我們因此須明白，國家通過各種操作在不同社會領域壓抑以至清洗人的自由意識，就不僅是拿走本來屬於你的一樣東西，然後換給你另一樣更好的東西，而是將「你」拿走，令你不再是你。

一開始的時候，我們或許覺得沒有什麼，以為少了這種自由或那種自由，最多也就是給生活帶來某種不方便。可是，當不同領域的自由一點一點減少，空間一點一點收窄，你愈來愈不需要思考，不需要判斷，不需要選擇，而只需要服從的時候，去到某個地步，我們的自由意識就會愈來愈弱，以至於不再是原來的那個你。用楊絳的小說的說法，通過「洗澡」，我們從「舊人」變成「新人」。[22]

於是問題再一次回來：我們願意活在這樣的狀態嗎？所有經歷過炸號之痛的人，都會知道答案是什麼。

七

有人或會問，既然微博有那麼多限制，而且這些限制並非微博自身所能控制，那麼幹嘛不離開，改到牆外的推特和臉書繼續發聲？繼續留在微博，還有意義嗎？以我所知，不少朋友被炸號後，都已轉戰推特。我也經常鼓勵網友翻牆關注我的臉書，接收更多牆內看不到的資訊。儘管如此，我始終覺得，只要還有丁點的言論空間，微博仍然值得留守。我有四點考慮。

第一，大部分大陸網友不懂或不習慣翻牆，而且翻牆的難度和風險愈來愈大；就算能翻出去，由於文化圈子和網絡環境不同，大陸網友也很難像在微博那樣積極參與討論。他們當中許多人會覺得，此地信美終非吾土，是故難以久留。

第二，儘管限制重重，微博仍然是大陸用戶最多及公共性最強的網絡平臺，容許網友互動討論和轉發訊息，因此即使刪帖炸號不斷，仍然值得我們屢敗屢戰，盡力突破言論審查和新聞封鎖，讓更多的光照進暗屋。[23]

三，微博仍有許多對社會有關懷，對思想有嚮往，以及對生活有追求的年輕人。對他們來說，微博是尋找同道和思想啟蒙之地。如果微博日漸荒蕪而又沒有其他更好選擇，這些年輕人將難以在凜冽大地找到一小塊思想綠洲，呼吸到一點自由空氣。時代晦暗，圍爐取暖，彼此守望，是我們一起走下去的重要力量。

四，我們每天在微博理性討論、針砭時弊、分享文章，以至集體抗議，其實是在實踐一種公共生活和開拓一片公共領域。微博最大的潛力，是它的公共性：我們並非藏在私密空間和一小群熟人交流，而是站出來與所有人公開討論；我們交流的話題，很少關乎個人私事，更多是關於公共事務；我們使用的概念和訴諸的理由，往往是彼此能夠理解的共同語言；我們說服他人的方式是講道理，而不是靠暴力。

公共言說，本身就是一種行動。留在微博繼續說話，本身就是一種抗爭。當然，以上所說是較為理想的狀態。微博公共性的程度和質素，並非自然而然就存在，而須靠大家一起努力。事實上，許多人離開微博，不是因為炸號，而是對微博的公共討論質量徹底絕望。我也經歷過無數人身攻擊和人格羞辱，目睹過許多可怕的網絡欺凌。我甚至為此輾轉反側、感觸落淚。惡的極致，有時並不令你憤怒，反而教你悲憫：世間為何會有人被這麼深的惡纏繞以致完全失卻同情心和同理心，這是多大的不幸！

微博確實不是烏托邦，有時更是人性醜陋的放大鏡。我因此理解許多人為何放棄微博，選擇退到像微信群那樣的熟人小圈子。不知不覺間，在我認識的朋友中，我已成為少數還留在微博，並且仍然想方設法繼續說話的人。真的值得嗎？我不只一次停下自問。經歷過兩次炸號後，這個問題對我尤其艱難。

一直到今天，我依然覺得值得，因為我們別無選擇。集體離開微博而又沒有更好替代，實際上意味著我們放棄在今天中國努力過一種公共生活。我們這樣放棄，結果只會走向一種私人的、分散的、消費為主的，卻失去公共性的生存狀態。如果是這樣，微博就是不得不守的「陣地」。原因很簡單：沒有足夠數量具公共參與意識的自由人，沒有足夠數量願意通過公共討論學習聆聽、容忍和尊重異見的社會人，我們就很難突破現狀。

我真的相信，我們在微博每一次就社會事務發聲，每一次與網友做思想交流，都在改變自己和改變世界。這些改變雖然看上去很微小，但世界由人組成，我們改變，世界就必然跟著改變。只要有更多的人加入，情況就會不同。

八

文章已寫得夠長。但在結束之前，我想特別交代兩場與我直接相關的微博抗議。一場是我脫鞋抗議《環球時報》主編胡錫進，另一場是我抗議廣州中山大學打壓學術自由。這兩場抗議，分別發生在二〇一四年四月和五月，並在微博產生巨大迴響，無論於我還是於微博史，都有特別意義，是故值得一記。

先談胡錫進事件。

胡錫進是《環球時報》主編，而《環時》是《人民日報》旗下一份每日發行量逾二百萬份的全國性報紙。胡錫進也是微博「大V」，二〇一一年二月加入微博，目前有一千八百九十一萬粉絲。胡錫進的社論和微博言論，事事為黨國辯護，被網友調侃為「飛盤胡」，意指「無論政府把盤子扔多遠，你們都能叼回來」。[24] 擁有這種官方背景卻願意在微博直面網民的政府官員，在中國絕無僅有，胡錫進雖然因此成為網民批評嘲諷的焦點，卻也贏得巨大社會影響力，儼然成為黨國辯護人，經常以「穩定第一」、「中國情況很複雜」、「國家利益至上」去化解各種批評。

二〇一四年四月一日下午四時三十分，胡錫進應香港中文大學中國研究服務中心之邀，以「大陸媒體近年的變化和思考」為題做演講，地點在鄭裕彤樓一號演講廳。我五時才到會場，門外有保安把守。我進去，坐第一排，講室沒坐滿，估計有二百多人，以內地生和內地學者為主，還有一些校外聽眾和媒體朋友。

胡錫進當天主要從《環時》的經驗，介紹大陸媒體在市場化和面對新媒體競爭下的幾波發展，並特別強調，「我必須既要聽黨的，同時又要聽市場的，這兩個老闆就像兩條鞭子在抽著我。我們必須在兩個老闆之間形成平衡。」胡認為這不僅沒有問題，而且符合國情。中國媒體不應仿效《紐約時報》那一套，而要走自己的道路。

這種說辭並不教人意外，胡的洋洋自得和道路自信也是意料中事。真正使我憤怒的，是他在演講中多次強調「中國政府和老百姓之間的差別沒有媒體想像那麼大，它們的利益基本上還是一致的」，然後又說在香港問題上，「大陸人的態度，跟官方的態度基本上是一致的。」換言之，《環時》的立場就是政府的立場，而政府的立場就是老百姓的立場。《環時》經常批評香港，反映了人民的心聲。我們在場所有人，都「被代表」了。

胡錫進結束演講後，我覺得我必須抗議。當天坐在我後面的媒體人杜婷小姐，在她的微博做了以下報導：

今天下午《環球時報》主編胡錫進在中大演講。提問環節，中大政政系教授周保松先是感謝了活動主辦方USC，之後講他很耐心地聽了胡先生的演講，胡先生一直在說黨的利益就是人民的利益，中國十三億人大多數和黨的想法是一樣的，《環球時報》代表的就是中國絕大多數人的聲音。今天現場很多人都來自中國，我想問問現場的朋友，非常不贊同胡先生今天講的內容請舉手。逾一半的人舉手。保松說，「我的問題問完了。謝謝。」之後脫下鞋子，用手拎著，從第一排離場。

這就是當時的全過程。我有這個念頭，完全是出於一時義憤，事前沒有任何計畫，而為了避免給主辦方帶來不便，我也盡量低調。當聽眾舉完手，我便立即脫鞋離開，沒有和胡錫進先生有任何對質，過程快得令在場的人來不及留下一張相片。

至於要求聽眾表態，我其實可以採取一種更有利於我的做法，就是請贊成胡錫進的人舉手。我估計，如果我這樣問，舉手的人一定很少。但是我不想這樣。我覺得，既然這是一場集體抗議，那麼參與者就必須有主動的判斷和行動，而不是坐著不作為。我們舉起手來，即證明胡錫進錯了：他並不代表我們，黨國也不代表我們。

許多人問我，為什麼選擇脫鞋作為抗議的方式。大家或許知道，古人有「倒履相迎」的典故，比喻熱情迎接賓客。我現在提鞋離席，也算是對三國時代蔡邕和王粲的故事的戲仿。[25]又有朋友問，為什麼不選擇理性辯論而要這麼激進？因為胡錫進並非獨立學者，也並非真的要來做學術交流，而是代表官方，帶著政治任務來訓示港人。我先請聽眾表態，再脫鞋抗議，就是要清楚告訴胡，我們並不認同他的觀點。

我離開講室半小時不到，消息已傳遍整個微博，成了當天網路上的一件大事。就我所見，輿論幾乎一面倒站在我這邊。這不難理解，因為網民本來就對胡錫進有很多不滿，而這種抗議不可能在大陸出現，許多人覺得我幫他們出了一口惡氣，於是紛紛轉發以表支持。

四月二日凌晨兩時，胡錫進在微博發表以下回應：「昨在香港中文大學講座，現場氣氛活躍，聽眾發出笑聲掌聲，與我友好互動。部分學生反對我觀點，但表達方式不失禮貌。最激烈的是周保松先生。他作為該校副教授，做學生都沒做的事，脫鞋，但現場並未對他的這份無理給予呼應。

我當時根本不知道他脫鞋，事後從微博得知。講座圓滿結束。」

胡先生很聰明，完全不提我為什麼要抗議，也不做任何實質回應，而是轉移視線，指責我不禮貌和不夠風度，然後將整件事歸咎於我一個人，卻沒有提及現場有那麼多人舉手反對他。更可笑的是，他的微博封鎖了我的「評論」功能，不容許我在他的微博做回應。《環球時報》官方微博做法如出一轍。與此同時，我的微博開始出現海量水軍，也就是俗稱的「五毛黨」。他們的身分不難辨識，因為帳號名稱雖然不同，發言卻千篇一律，都是冷嘲熱諷式的人身攻擊，志在模糊討論，將事情弄成一片混水。

這場交鋒，我有種被綁著手與人比武的感覺，而對手不是一個人，而是龐大的國家機器。我從一開始便清楚，胡錫進不僅是微博某位和我觀點不同的「大V」，而是代表黨國的符號。他在微博取得那麼多關注，多少象徵黨國在新媒體時代有能力和老百姓對話並得到他們認可，因此具有某種正當性。胡錫進深明此理，並引以自豪，因此才會大言不慚地聲稱「黨國利益就是人民利益」。我的行動揭穿了這個大話，並在微博形成一場集體抗議。我們都清楚，我們抗議的對象，不僅是胡錫進這個人，更是他代表的整個組織。

我自己完全沒料到，在二〇一四年的愚人節，我的脫鞋之舉，會為萬千網友帶來那麼多歡樂，更成為微博史上值得一記的網路抗爭。我更加料不到的，是短短個多月後，我在微博會引發另一場規模更大，影響更為深遠，而且是以自由之名出發的抗議行動。

九

事情緣於廣州中山大學幾個學生社團，邀請我在五月中去為他們做三場公開講座，主題是「論自由與社會公義」。第一場在十五日晚上，到朱健剛老師負責的核心通識課談「自由的價值」。朱老師在中大推動公民社會和公益慈善教育多年，深受學生歡迎，我在二〇一三年曾應邀主講過一次「自由主義與美好生活」，印象深刻；第二場在十六日晚上，為學生社團「中大青年」主講「思考社會正義：這個社會會好嗎？」；第三場則在十七日早上，為另一著名學生團體「馬丁堂」主持一場穆勒的《論自由》英文原典讀書會。

我和中大頗有淵源，每次去都有賓至如歸之感，故此對這三場講座充滿期待，並為此做足準備。中大方面也十分重視，專門設計了很好看的海報，並在校園和網絡廣泛宣傳。不少廣州高校同學在微博告訴我，他們到時會呼朋引伴來中大聽我的演講。

五月十四日下午兩時，「中大青年」負責人電郵告知，三場活動已全部被取消。我知道消息的剎那，真是憤怒難過得久久不能言語。朱健剛老師其後來電，提出為我在廣州找家書店另辦一場。我認為這樣取消講座已是對我的極大羞辱，再如此委曲求全，實在沒有必要。我要麼堂堂正正在中大講，要麼便不講。朱老師理解我的想法，並不勉強。我曾想過悄悄跑上廣州去旁聽朱老師的課，這樣最少可以和同學在一起。不過我擔心這會為朱老師帶來麻煩，遂作罷。

當天下午六時，我見中大仍然沒在微博公布講座已被取消，擔心明天有同學白跑一趟，遂在微博發出如下訊息：「獲告知，所有講座已被取消。各位朋友，莫灰心，讓我們期諸來日。」

網絡一片憤怒。晚上七時，我再發微博：「『惟此獨立之精神，自由之思想……』與各位共勉。」，配圖是《陳寅恪的最後二十年》的封面。八時半，我將我的文章〈自由的價值〉製成長微博貼出來，並特別強調：「人的生命像一棵樹，要長得健康茁壯，能力、情感、信念就必須在不同領域得到充分開展實現，並在過程中建立自我，獲得認同，並看到生命的各種可能。」

當晚去到十一時，中大那邊仍然沒有任何消息，我於是決定在微博表態：「既然別人不說，那我說吧。這是對學術自由思想自由的嚴重打壓，值得嚴正抗議！」我當時覺得，這樣正常不過的學術活動，在譽為中國最自由開放的大學都遭禁，如果我連基本態度都沒有，實在是對不起自己，也對不起中大。許多中大人轉發並同聲抗議，包括著名的袁偉時先生。

一小時後，中大「公民社會豬腸粉」帳號發出如下訊息：「我們很遺憾地通知大家，我們不得不取消《自由的價值》以及接下來的連場活動。不便之處，敬請原諒。」帖子配了我的講座海報，並在海報上加了個刺眼紅印，上書CANCELED。這張海報讓我感受到，中大同學也憤怒了。

五月十五日下午兩時，我在微博宣布：「各位朋友，雖然今天去不了中山大學，但思想自由和討論自由，還是可以在微博有限度地繼續的（希望）。今晚七時，我在微博和大家自由討論和自由有關的問題。大家隨便提出問題，我們自由交流。」

晚上七時，我在微博宣布：「各位朋友，這個時候，我本應在中山大學和同學們愉快地討論自由的。既然講座不得已取消了，我們就在這個平臺就『自由』這一議題進行自由討論。大家隨便發言，我盡量回答，也歡迎大家互相回應。」

我們從七時開始，一直討論到凌晨一時。再準確一點，網友其實早在當天下午四時已開始提問。換言之，那天我坐在電腦前，作了整整九小時的「論自由」。反應出乎意料地熱烈。單是上面這條微博，已有七百二十八條評論，一千六百八十六次轉發，四百七十四萬人次閱讀。至於網友之間的延伸討論，更是不計其數。

面對洶湧而來的各種問題，我是知之為知之，不知為不知，盡力回答。最難得的，是所有參與者都異常認真。從自由的概念，到自由的價值，到自由的實踐，到自由的界限，再到自由是否適用於中國，從康德、洛克、馬克思、穆勒，再到當代的伯林、施特勞斯、羅爾斯和胡適，我們都有談及。當晚前來聲援的，有崔衛平、郭于華和劉瑜等老師，還有無數我不認識的網友。我真的很意外，我們的討論可以達到那樣的水平。我在網友協助下，兩天後已整理出一篇長達萬字的〈微博論自由〉，供網友下載保存。[26]

更令人驚訝的，是當天沒有有組織性的水軍來搗亂，沒有流於發洩情緒的發言，微博也沒有刪帖。一場數以十萬計網民圍觀和參與的哲學討論，竟能在和平理性中徐徐展開，並順利完成。那夜到尾聲時，我公開感謝微博，也向所有參與討論的朋友致敬。真的是靠所有人的努力，才造就出微博史上如此難得一見的公共討論和公共抗議。這一夜，我們在微博討論自由，實踐自由，同時在爭取自由。

這還只是故事的一半。

當天下午，微博開始流傳這樣一則消息：「周保松老師在中大的講座『自由的價值』被取消，我們選擇自學。十五號晚七點，逸夫樓二零二，列印一段關於自由的詩或名言或歌曲，在現場朗誦。也可帶一本與自由有關的書，在座位上站起來，捧著書默默閱讀五分鐘。」

當晚七時，二百多位中大同學、校友和廣州公益團體的朋友，自發湧到我本來要做講座的逸夫樓二零二房，坐滿整個課室，不少人甚至不得不站在走廊外旁聽。講臺黑板左右兩邊，貼著用毛筆字寫的對聯「獨立之精神，自由之思想」。這是陳寅恪先生一九二九年紀念王國維的文字，而陳寅恪生前是中山大學歷史系教授。

我從微博見到，同學們在課室打開電腦，一邊看我在微博和大家論自由，一邊朗誦讚美自由的詩歌，唱著《孤星淚》中的 Do You Hear the People Sing 和香港樂隊 Beyond 的《不再猶豫》，還有同學站出來發表演說，分享感受。

中大同學的行動，很快由學生媒體和參與者傳到微博。整個微博迅即沸騰起來。各種轉發、評論、讚美、聲援，真箇是鋪天蓋地。那一夜，中大那個小小課室，成了整個微博的焦點，也成了爭取思想自由和學術自由的象徵。香港的我，廣州的同學，以及全中國網民，連成一線，為自由同聲吶喊。

到了深夜十二時，有位中大同學在微博給我留言：「今晚結束後，我們幾十人又到去年您來時去的大排擋吃燒烤喝啤酒，把酒言歡，第一杯就敬給您和自由精神！」辛苦勞累一整天，讀到這一條，我終於淚下。

我在微博做過不同抗爭，但以這場最為難忘。我至今仍然感激當年的中大師生校友，以及萬千微博網友，與我一起打了這場仗。我相信，這是值得寫入中國微博史和中大校史厚重的一筆。不為別的，就是為了自由。所有為了自由的抗爭，都值得記下來。

我們生活的國度，由於長期高壓，大家對於個人自由被剝奪早已習以為常，即使內心多麼痛苦，也不相信站出來對權力說不有任何意義。我不是勇敢的人，可是當我的尊嚴受辱時，選擇公開表達我的憤怒，我覺得是應為之事。我也發覺，當我站出來，我不是想像中那麼孤單；相反，身邊許多人，會以不同方式呼應、支持。胡錫進事件如是，中大事件如是，炸號事件亦如是。

是的，沒有選擇不需要代價。每一次這樣的行動，我幾乎都得承受一些失去，這些失去甚至大大改變了我的生活。我很少為此後悔。當不義之事降臨，我在自己力所能及的範圍，發出一點聲音，或許改變不了什麼，卻總比沉默忍受要好。更何況，我並不覺得一切都是徒勞。我最近在微博重提中大這場抗爭，許多網友記憶猶新，甚至說這件事對他們影響很大。由此可見，發生過的，不一定灰飛煙滅，一如此刻我將這段歷史記下來，讀到的人因此會知道，微博曾經有過這樣的故事。

十

讓我回到文章最初。二〇一八年六月，我的帳號被炸，我心灰意冷，決意從此離開微博。到了十月五日，我應某團體之邀去為一群大陸年輕人做講座，參加者來自國內不同學校，都是對社會有關懷的同學。

那天我談民主。我先介紹中國近代史，然後談了一下民主的理念，最後分享了一些個人經歷。對我來說，這是很平常的一次講課。沒料到聽課的同學反應很大，提出各種問題，眼神熱切，空氣中有種難以形容的激動。我開始明白，我以為平常的東西，他們卻很珍惜。

兩小時的課結束後，我打算離開，有位同學過來和我握手。她似乎有話想說，卻一直開不了口，接著眼睛便紅了。又過了好一會，她哽咽著說，周老師，請求你回來微博吧。你今天講的，只有我們二十多人聽到，可是中國還有許許多多年輕人想知道這些。我默然。我駕車離開。我終於忍不住在車上掉下淚來。

二〇一八年十月十二日，我以「保松周」重回微博，二〇一九年四月二十七日再次被炸；二〇一九年四月二十八日，開第三個帳號「松保周」和第四個帳號「周松保」，七月十六日公開發表此文之日，雙雙被炸；二〇二〇年七月二日，再次以「松保周是我」回歸，同年八月九日死亡。

自由誠可貴！

初稿，二〇一九年五月二十六日

二稿，二〇一九年六月四日

終稿，二〇二三年一月十五日

33 逆流而行

我不會更改自己臉書的名字，這是真實的我。[1]

我不會刪去以前的文字和相片，那是我真實的生命歷程。

我會一如以往分享報導和評論。

我不會放棄自己的觀點和立場，除非那是自己反思的結果。

我不想被人審查，也不想自我審查。

我並非不擔心，而是不想過度擔心，以至令自己無時無刻活在恐懼當中。

恐懼一旦入侵人心，我們就很難活出自己想要的樣子。

我不肯定自己能否堅持下去，我會盡量努力。

——寫於二〇二〇年七月一日，《港區國安法》實施第一天我們身在暗黑的大海，逆流而划。同行者愈來愈少，遠處的燈光乍隱乍現，遙不可及。我們的力氣，不知道還能支持多久；也許，一個巨浪打過來，我們就會消失。

可是我們不甘心，不願放棄，仍然堅持不斷向前划。我們的信念和信心，並非建於浮沙，而是來自歷史的經驗和深思熟慮的思考，以及對自由生活的嚮往。

不僅不要放棄，我們還要有志於寫出最好的詩，創作出最好的音樂，留下最好的歷史書寫，以及建構出最好的社會政治理論。

守住歷史，堅持思考，心有嚮往，香港就不會死。

——寫於二〇二四年三月十九日，香港《基本法》第二十三條《維護國家安全條例草案》通過之日

後記

校對完排版稿最後一篇文章並寄出後，我意識到，連續四年的寫作至此告一段落，書稿即將變成書本，開始自己的旅途，並和讀者相遇。此時此刻，我一個人遠在美國麻省大學寂靜空曠的校園，感受良多。

我很慶幸能夠完成本書。我曾不只一次想過放棄，尤其是去年父親走後，我感到前所未有的孤獨。至於活在今日香港每天面對和承受的，更非言語所能形容。能夠將書寫完，順利出版，並與讀者分享，我很感激路途上給我支持和鼓勵的人，尤其是妻子翠琪和女兒可靜，春山的小瑞和君佩，以及為書稿校對的采珩。

我對自己有期望，對本書也有期望。我確實花了大力氣，論述一種我認為值得追求的自由主義制度。我的理論思考的起點，是我們的時代，有無數個體由於制度嚴重不義而蒙受各種苦難，活在不自由不平等和失去做人尊嚴的狀態。無論讀者是否接受我的結論，只要願意承認這樣的事實，我們就有共同的問題意識，並可由此出發去思考如何應對這些社會不義。政治哲學是一門共同的事業，需要大家一起努力。

本書花了頗多篇幅，反覆論述基本自由的重要和必要，以及自由遭剝奪給人帶來的傷害。對於熟悉西方政治理論又或已經活在民主社會的人來說，這些討論也許新意不大，可是對於生活在威權制度下的人，如何理解自由，如何面對恐懼，以及如何在失去自由的過程中盡力保持人的完整，卻是每天要做的功課。我的思考和書寫，離不開這樣的生存環境，以及生活在這種環境下我關心的人。本書的初衷，不是為了應付學院要求，而是確實有話想說。我始終相信，這些話並非多餘，亦非無用。無論環境多麼困難，我們都不應放棄思考。

讀完本書，讀者也應見到，本書在為自由主義辯護時，有頗明顯的分析政治哲學風格：重視概念分析和實質論證，致力將不同價值整合成完整和融貫的原則，然後運用這些原則去建構政治制度和評價公共事務。這當然不是唯一的做政治哲學的方式，可是我確實相信，如果我們認同一套理論，就有必要將它的基本理念、制度要求，以及與個體生命的相關之處，用常人能懂的語言清晰論述出來。這樣做有個好處，就是比較能夠回應真實個體活在當下的生存處境，使得每個人都有機會通過這樣的思考發展他們的價值意識和反思意識，同時也可以豐富我們的公共文化。在不確定的時代，政治哲學可以對社會轉型起重要作用。

本書最大的思想來源，是哈佛大學羅爾斯教授的《正義論》。羅爾斯在二〇〇二年逝世後，下葬波士頓奧本山公墓（Mount Auburn Cemetery）。今年六月二十二日，我正在美國麻省訪學，專程去了公墓一趟。羅爾斯葬在墓園一個小山坡上，左鄰右里全是哈佛教授，包括他的同事諾齊克和卡維爾（Stanley Cavell）。羅爾斯的墓最特別之處，就是太不特別。它的墓碑，是整個墓園最小的，而刻在上面的，就只有「John Bordley Rawls, 1921-2002」，以及仍然在生的妻子的名字，其餘什麼也沒有。如果你不是念政治哲學，根本不會知道躺在這裡的，是二十世紀最重要的政治哲學家。羅爾斯生前謙卑淡泊，死後也是如此。

那天站在羅爾斯墓前，天空下著細雨，我和他前所未有地接近。我當時腦裡反覆想起的，是《正義論》最後一段，大意如下：如果我們的心足夠純淨（purity of heart），就可以清楚看到，基於自由和平等的正義原則，具有普遍性和永恆性，值得我們以感恩的心去接受。我們怎樣才能夠純淨自己的心？站在碑前良久，我隱隱覺得，我們必須要有對人的悲憫和信心。

是為後記。

——二〇二四年七月一日
美國麻省大學阿默斯特分校

Power and the Ethics of Knowing, Oxford University Press, pp. 147-175.

18 規範性框架，無論對當事人還是對其他人，都是必要的，因為沒有所謂中性（neutral）語言去完整地理解和把握人的壓迫經驗。例如如果我們沒有「自由」、「權利」、「尊嚴」、「屈辱」和「不義」這些道德概念，以及由這些概念建構起來的道德框架，我們便很難理解炸號對人的傷害。

19 我對這個問題更完整的看法，可參考本書第五章〈公共哲學的理念〉。

20 臉書當然也有它的內容審查機制，但尺度明顯寬鬆得多，大部分情況下不會審查用戶的政治觀點。

21 盧梭在《社會契約論》中嘗言，沒有任何人天生擁有統治他人的權威。統治的權力並不等同統治的權利。我們只有服從正當的權力（legitimate power）的義務。Jean-Jacques Rousseau, 1993, *The Social Contract and the Discourses*, trans. G. D. H. Cole, Everyman's Library, pp. 184-185.

22 這裡的「洗澡」，即洗腦之意。楊絳，2015，《洗澡》。時報出版。

23 微博對我來說最重要的作用，就是分享我自己所寫及我認為有價值的文章。在我的經驗中，一篇數千字的政治哲學文章，往往能在很短時間內，獲轉發數百次並吸引數十萬人次的閱讀量。我印象待別深的一次，是在二〇一八年十一月十九日發的文章〈走進生命的學問〉，在炸號之前有一萬一千三百零八次轉發，九百八十六條評論，以及七百五十八萬人次閱讀。對於像我這種已很難在大陸媒體發表文章的人來說，微博是僅有的思想傳播渠道。

24 相關報導，可參考〈《環球時報》使舵者　總編輯胡錫進〉，《鳳凰週刊》，2013/09/25。

25「倒履相迎」的典故出自《三國志．卷二一．魏書．王衛二劉傅傳．王粲》。

26 這份紀錄的修訂本可見第二十七章〈我們都配得上自由——微博上的自由課〉。

33. 逆流而行

1 這段文字寫於《港區國安法》正式實施第一天，發表在我的臉書。面對不確定的未來，其時香港人心惶惶，人們紛紛刪掉臉書的發帖紀錄，更改臉書名稱，甚至乾脆將帳號關閉，可說是一夜之間，天色全變。現在回看，我們才明白，原來那天是另一個時代的開始。

8 被炸之後，雖然主頁還在，但所有「評論」、「轉發」及自己發的長微博都已全部消失，無法閱讀。

9 這條訊息最後也遭到屏蔽。

10 我第三次開新號後，發了一則微博，詢問大家對自己及一些他們喜歡的帳號被炸的感受，結果收到大量回應。我發覺，許多網友和我都有類似的炸號創傷後遺症，只是由於大家沒有機會分享，所有痛楚遂只能放在心裡。毫無意外的，在收到五百五十五條評論和三百四十二條轉發後，該則微博很快也遭屏蔽。

11 「微博上的奧斯維辛」這種說法，來自作家李靜睿在她的微博的一段話：「每天睡前都看看這個微博，感覺遲早所有人都會在這座公墓裡擁有一塊墓碑（我已經有好幾塊了，蕭老師三百多塊）。開始他們也只是零零星星地殺人，但最終有了奧斯維辛。」她這裡提及的「微博」，是一個叫「炸號Bot」的帳號，專門蒐集被炸帳號的資料，是故自述為「互聯網公墓」。這個帳號在二〇一九年四月二十八日也被炸了。「蕭老師」指的是蕭瀚先生。

12 微博炸號只是網路思想控制的一例，同樣情況也發生在微信、知乎、豆瓣這些網路平臺。刪帖和炸號不僅針對個人，同樣針對各種媒體、社團、NGO和商業公司。在網路時代運用各種高科技對思想言論進行如此高密度和全方位的監控，也許全球只有中國如此。

13 「得到同意」在這裡十分重要，因為在某些情況下，個體也會主動斷絕一些聯繫。也許這樣做同樣痛苦，但性質卻不同，因為這是出於你的選擇，你的自主性不會因此受到損害。

14 英文可稱之為「an attack on a person's integrity」。我對這個問題的看法，頗受當代道德哲學家威廉斯的啟發。Bernard Williams, 1973, "A Critique of Utilitarianism" in J. J. C. Smart and Bernard Williams, *Utilitarianism: For & Against*, Cambridge University Press, pp. 108-118。

15 我明白這點是有爭議的。例如有人可能認為，生活在現代多元社會，不同認同之間的衝突是必然且無從化解的；也有人可能認為，身分認同之間的衝突並不必然就是壞事，反而可能令主體活得更有創造性或更加豐富。我對這些觀點都有保留，但不在此處多作討論。

16 以上留言引用自網站Matters和網友留言。

17 我這方面的體驗，頗為接近弗里克在她的著作討論的兩種「認知上的不正義」（epistemic injustice）中的第二類，即她所稱的「詮釋上的不正義」（hermeneutical injustice）。這種不正義的出現，是由於社會文化缺乏合適的規範性概念，去詮釋和理解遭受不公正對待的個體的第一身經驗。Miranda Fricker, 2007, *Epistemic Injustice:*

日正式解散，支聯會主席李卓人及副主席何俊仁、鄒幸彤於同月遭警方起訴「煽動顛覆國家政權罪」，三人目前（二〇二四年夏天）仍在獄中監禁，等候排期審判。

32. 自由誠可貴

1 謹將此文獻給所有被炸的微博靈魂——你們曾經如此自由燦爛，並照亮無數人的生命。本文最初刊於《端傳媒》，2019/07/16，其後收在周保松，2019，《我們的黃金時代》。牛津大學出版社（中國），頁120-153。如果想讀到有類似炸號經歷的人對這篇文章的回應，可參考：https://theinitium.com/article/20190716-opinion-chow-po-chung-weibo-censership-experience/。

2 這是笑蜀在二〇一〇年一月發表在《南方周末》一篇文章的標題。笑蜀在文中認為「一個公共輿論場早已經在中國著陸，匯聚著巨量的民間意見，整合著巨量的民間智力資源，實際上是一個可以讓億萬人同時圍觀，讓億萬人同時參與，讓億萬人默默做出判斷和選擇的空間，即一個可以讓良知默默地、和平地、漸進地起作用的空間。每次鼠標點擊都是一個響亮的鼓點，這鼓點正從四面八方傳來，匯成我們時代最壯觀的交響。」

3 中國負責監管微博及其他社交媒體的最高權力機關是國家互聯網信息辦公室（簡稱網信辦）。

4 以我所知及網友提供，近年較多人認識的被炸帳號包括：李志、郭于華、章詒和、蕭瀚、李靜睿、王志安、作家崔成浩、西閃、作業本、李承鵬、陳光誠、郭玉閃、浦志強、斯偉江、章立凡、張雪忠、蒂薌、李英強、夏霖、袁裕來、黃耀明、黃偉文、何韻詩、麥燒同學、張贊波、爪姐、眉毛、竹頂針、朱利安大王、李南心、老編輯、羅開、女權之聲、女權史上的今天、曾金燕、文三娃、炸號bot、懶方閒、老劉在德克薩斯、岳昕、梁惠王、麻姐、北京廚子、Ming-the-Great-大明、Glaucous、whitelip、Sakuraway、Dustette 、北歐、小能、只配抬杠、下崗女工、吳維在歧路、羅玉鳳等。這只是無數被炸帳號的極小部分，我謹立此存照。

5 有網友告知，他們試過被炸號後無法再登入帳號，所有紀錄全部消失。

6 有位被炸號的網友如此向我形容：「炸號後可以登陸，就像比干被挖心後軀體還活著。」

7 我被炸前最後一條微博，是關於寫作的，和政治敏感議題完全無關。而在被炸之前的五月三十一日，我發了以下帖子：「不知不覺，又到六月。六月的哀傷，還有多少人記得?! 」結果在二十分鐘後被屏蔽。去到六月二日，我被禁言一星期（微博用語：「關小黑屋」）。六月九日釋放出來後，我轉發「微思客」和我做的一個訪談《做一隻有尊嚴的蛋》，然後在六月十一日被炸。

30. 抗命者言

1 本文分為上、中、下三篇，最先刊於《明報》「星期日副刊」，日期分別是二〇一四年十二月二十一日、二十八日及二〇一五年一月四日，現在略有修訂。

2 另外四位是周永康、岑敖暉、梁麗幗和羅冠聰，他們被稱為「學聯五子」。

3 Jean-Jacques Rousseau, 1993, *The Social Contract and the Discourses*, trans. G. D. H. Cole, Everyman's Library, p. 184.

4 鄭煒、袁瑋熙，2014/11/29，〈後雨傘運動：告別政治冷感的年代〉，《明報》。

5 Christine Korsgaard, 1996, *The Sources of Normativity*, Cambridge University Press.

6 鍾玲玲，1991，《愛蓮說》。天地圖書。

7 原文是："The loves that may hurt the least are not the best loves. When we love, we accept the dangers of injury and loss." John Rawls, 1999, *A Theory of Justice* (revised edition), Belknap Press of Harvard University Press, p. 502.

8 「黃絲帶」是指支持雨傘運動的民主派，「藍絲帶」是指反對雨傘運動的親建制派。

9 〈「香港民意與政治發展」調查結果〉，由香港中文大學傳播與民意調查中心負責，公布於2014年12月18日。詳細結果見：http://www.com.cuhk.edu.hk/ccpos/images/news/TaskForce_PressRelease_141218_Chinese.pdf。

10 Martin Luther King Jr., 1991, "Letter from Birmingham City Jail" in *Civil Disobedience in Focus*, ed. Hugo Adam Bedau, Routledge, p. 73.

11 Rawls, *A Theory of Justice*, p. 339.

12 Henry David Thoreau, 1991, "Civil Disobedience" in *Civil Disobedience in Focus*, ed. Hugo Adam Bedau, Routledge, pp. 28-48.

13 韋伯，1991，《學術與政治：韋伯選集（I）》，錢永祥編譯。遠流出版，頁237。

14 轉載可見：何韻詩，2014/12/12，〈不屈服，不服從〉，《獨立媒體》。

31. 守護記憶，就是守護我們自己

1 補記：此文寫作緣起，是二〇一四年雨傘運動之後，香港本土運動興起，社會開始出現各種質疑應否繼續舉辦和參與紀念「八九．六四」死難者的維多利亞公園燭光集會的聲音。二〇一九年是六四事件三十週年，也是最後一次合法舉辦燭光集會的一年。二〇二〇年，香港警察以防止新冠疫情的「限聚令」為由，否決支聯會（香港市民支援愛國民主運動聯合會）的申請，並檢控及判刑主要組織者和部分參與者，包括李卓人、何俊仁、鄒幸彤、黃之鋒、黎智英等。二〇二〇年七月一日實施《港區國安法》後，香港眾多公民團體被迫解散，支聯會也於二〇二〇一年九月二十五

of Freedom, Clarendon Press; Quentin Skinner, 1998, *Liberty before Liberalism*, Cambridge University Press.

5 Jean Hampton, 1996, *Political Philosophy*, Routledge; Will Kymlicka, 2002, *Contemporary Political Philosophy: an Introduction* (second edition), Oxford University Press; David Miller, 2003, *Political Philosophy: a Very Short Introduction*, Oxford University Press; Adam Swift, 2019, *Political Philosophy: a Beginners' Guide for Students and Politicians* (fourth edition), Polity Press; Jonathan Wolff, 2006, *An Introduction to Political Philosophy* (revised edition), Oxford University Press.

6 小祕書名義上是微博的客服，實際上兼任言論審查員。

7 「毛概」全稱是「毛澤東思想和中國特色社會主義理論體系概論」，是中國所有大學生的必修課。

8 以上是二〇一四年五月十五日晚上七點前的討論。

9 這是當天晚上七點正我發的微博，標誌討論正式開始，有數以十萬計網友圍觀和轉發。這裡回答的問題，只是當晚數以百計問題的一小部分。

10 詳細討論可參考 Rawls, *A Theory of Justice*, pp. 16-17。

11 根據二〇二三年的「人類自由指數」(human freedom index)，臺灣在所有國家和地區中排第十二，香港排四十六，中國排一百四十九。參見：www.fraserinstitute.org/sites/default/files/human-freedom-index-2023-web-15684.pdf。

12 胡適的文章及其他人的回應，收錄在張忠棟等編，1999，《什麼是自由主義》。唐山出版社，頁377-403。

13 詳見本書第八章。

14 我曾於二〇二〇年五月，和錢永祥、劉擎和周濂做過一場關於「自由主義與愛國主義」的對談，可見〈錢永祥、劉擎、周濂、周保松：自由主義與愛國主義(作者版)〉，《端傳媒》，2020/07/04。

15 更詳細討論，可參考本書第二十一章〈自由愛國主義〉。

16 中譯本可參考：穆勒，2011，《論自由》，孟凡禮譯。廣西師範大學出版社。

17 周保松，2015，《自由人的平等政治》(新版)。香港中文大學出版社，頁105-150。

28. 我們不是沒有選擇

1 這是《悲慘世界》音樂劇中歌曲"Do You Hear the People Sing?"的非官方粵語改編，自二〇一四年五月起在香港網絡流傳，呼應當時爭取普選的社會氛圍。

2 聲明全文轉載請見：〈【我們支持學生】一群大學老師的聲明〉，《獨立媒體》，2024/07/02。

58 Rawls, *A Theory of Justice*, p. xii. 這兩種能力的原文分別是「capacity for a conception of the good」和「capacity for a sense of justice」。羅爾斯聲稱這是《正義論》修訂版最重要的修正，目的是為自由的優先性提供更合理的辯護。也可參見周保松，2000，〈自由的優先性〉，《二十一世紀》總第58期，頁144-147。

59 詳細討論可參見Rawls, *Political Liberalism*, lecture VIII。

60 一種人類活動（如宗教信仰）或人生觀（如做個環保主義者）的價值何在，要具體看它們在什麼意義上有助於人的能力和福祉的實現，以及它們對他人和社會的貢獻。

61 甘陽，《政治哲人施特勞斯》，頁60-68。

62 甘陽，《政治哲人施特勞斯》，頁60。

63 在下面的討論中，為免引起誤解，我將「good」譯為「好」。

64 羅爾斯稱這是目的論式（teleological）的效益主義的重要特點，即何謂之「好」，獨立於「正當」，而最能夠極大化這些「好」（maximizing the good）的制度，則是道德上正當的。參見Rawls, *A Theory of Justice*, pp. 26-27。

65 Rawls, *A Theory of Justice*, pp. 27-28.

66 Rawls, *A Theory of Justice*, p. 28.

67 Rawls, *A Theory of Justice*, p. 28.

68 甘陽，《政治哲人施特勞斯》，頁61。

69 甘陽，《政治哲人施特勞斯》，頁65。

70 Rawls, *Lectures on the History of Political Philosophy*, pp. 1-3.

27. 我們都配得上自由

1 第一場的題目是「論自由的價值」，第二場是「思考社會正義：這個社會會好嗎？」，第三場是原典讀書會，選讀的是J. S. Mill, *On Liberty*（穆勒，《論自由》）。

2 短短三天內，單是在這一主題下的單條微博，便有八百條評論，一千八百條轉發，逾四百萬人次閱讀。我當時的微博帳號是http://weibo.com/pcchow，現在已被永久封禁。

3 為保障網友，提問者的微博網名已被隱去，所有提問儘量不做改動。我的回答部分，則已作出必要增訂，並在需要時附以注腳補充，以便讀者能夠更完整地瞭解我的想法。我要在此多謝網友Hazel Shum、Scorpio及包蘊涵幫忙整理這次對話。

4 Isaiah Berlin, 2002, *Liberty*, ed. Henry Hardy, Oxford University Press; F. A. Hayek, 1978, *The Constitution of Liberty*, The University of Chicago Press; J. S. Mill, 1989, *On Liberty and Other Writings*, ed. Stefan Collini, Cambridge University Press; John Rawls, 1999, *A Theory of Justice* (revised edition), Belknap Press of Harvard University Press; Joseph Raz, 1986, *The Morality*

report-document/hdr2021-22overviewchpdf.pdf。

46 G. A. Cohen, 2008, *Rescuing Justice and Equality*, Harvard University Press, p. 11.

47 海耶克的《通往奴役之路》是影響中國自由主義發展甚深的著作。參見Friedrich A. Hayek, 2001, *The Road to Serfdom*, Routledge。此書有好幾個不同的中譯本，在臺灣最為流通的，是F. A. Hayek，2019，到奴役之路（平裝版），殷海光譯。國立臺大出版中心。

48 甘陽，2001，〈中國自由左派的由來〉，《政治理論在中國》，陳祖為、梁文韜編。牛津大學出版社（中國），頁223。

49 甘陽，〈中國自由左派的由來〉，《政治理論在中國》，頁232。

50 甘陽，2003，《政治哲人施特勞斯：古典保守主義政治哲學的復興》。牛津大學出版社（中國）；此書也作為導言收在施特勞斯（Leo Strauss），2003，《自然權利與歷史》，彭剛譯。北京三聯書店，頁1-82。讀者須留意，《自然權利與歷史》（*Natural Right and History*）英文原著出版於一九五三年，遠早於《正義論》，是故甘陽所有引用施特勞斯對羅爾斯的批評，都是甘陽本人的詮釋。至於甘陽對施特勞斯的理解是否妥當，不是本文要處理的問題。

51 更詳細的討論，參見拙文〈自由主義、寬容與虛無主義〉，《自由人的平等政治》，頁113-162。

52 在自由主義傳統中，以人的多元發展來論證自由的必要性，最有名的是穆勒的《論自由》。參見J. S. Mill, 1989, *On Liberty and Other Writings*, ed. Stefan Collini, Cambridge University Press。中譯本可參見穆勒，2011，《論自由》，孟凡禮譯。廣西師範大學出版社。

53 甘陽，《政治哲人施特勞斯》，頁62。

54 甘陽，《政治哲人施特勞斯》，頁65。

55 這裡並沒有因此而推論出，所有生活型態都同樣有價值（equally valuable），又或這些型態之間無法比較（incomparable）。我在此處並沒接受伯林所稱的價值多元主義，也不認為多元主義能直接推導出自由的價值。參見Isaiah Berlin, 2002, "Two Concepts of Liberty" in *Liberty*, ed. Henry Hardy, Oxford University Press, pp. 167-172。

56 「生活型態」和「生活實驗」兩個概念都借用自Mill, *On Liberty and Other Writings*, p. 57。在討論這個問題時，羅爾斯經常用的概念是「conceptions of the good」（一般譯為「善的觀念」，其實譯為「人生觀」更為妥當）和「rational plans of life」（理性人生計畫）。

57 關於這點可參見金里卡的精采討論，Will Kymlicka, 1989, *Liberalism, Community, and Culture*, Oxford University Press, pp. 10-13。

35 對於這個問題，可參考Joshua Cherniss, 2021, *Liberalism in Dark Times: the Liberal Ethos in the Twentieth Century*, Princeton University Press。

36 Rawls, *Lectures on the History of Political Philosophy*, pp. 12-13. 這種自由主義的理念，也反映在今天絕大部分自由民主國家的政治實踐上。基本權利的優先性通常寫在憲法裡，並且成為全民共識。至於經濟和福利政策，不同政黨雖然主張各異，卻甚少會堅持一種市場放任至上、國家不應做任何干預的立場。

37 這方面最有代表性的觀點，是羅爾斯的哈佛同事諾齊克。他認為，只有一個政府功能最小的國家（minimal state），才最能保障人的根本權利。參見Nozick, *Anarchy, State, and Utopia*, p. ix。我對諾齊克思想的介紹，參見周保松，2002，〈蘇格拉底式的一生——紀念諾齊克〉，《二十一世紀》4月號，總第70期，頁82-90。諾齊克晚年承認，他在這本書的觀點有嚴重不足（seriously inadequate）。Robert Nozick, 1989, *The Examined Life*, Simon and Schuster, p. 17.

38 李澤厚，1999，《己卯五說》。中國電影出版社，頁113-114。

39 這裡須留意，羅爾斯的「基本自由」清單中雖包括個體擁有和使用個人財產的權利，卻不包括擁有生產工具、自然資源及繼承遺產的權利。這並不表示羅爾斯因此反對這些權利，而是說它們並不屬於基本自由的範圍。參見Rawls, *Political Liberalism*, p. 298。

40 這裡必須強調，參與該場論爭的不少自由派知識分子，例如秦暉和徐友漁，雖然肯定市場改革和市場機制的重要性，卻沒有主張市場至上論或反對社會正義。對該場論爭的回顧，參見徐友漁，2007，〈進入21世紀的自由主義和新左派〉，《當代中國研究》第2期。

41 這些文章其後收入周保松，2014，《政治的道德：從自由主義的觀點看》。香港中文大學出版社；2020，《政治的道德：從自由主義的觀點看》（第三版）。

42 例如劉軍寧，2014/12/17，〈左翼自由主義「左」在哪裡？〉，《愛思想網》。文章雖沒有直接點名羅爾斯或任何人，卻是回應我在二〇一四年八月於香港中文大學籌辦的會議「左翼自由主義與中國：理論與實踐」。

43 參見Samuel Freeman, 2002, "Illiberal Libertarians: Why Libertarianism Is Not a Liberal View", *Philosophy and Public Affairs* 30, no. 2, pp. 105-151。

44 對於貧窮如何導致不自由，以及我對自由放任主義更詳細的回應，可參考本書第三部分的討論。

45 唯一例外的，也許是排在第四位的香港。可是即使香港這個號稱全球最自由放任的經濟體，政府每年在教育、醫療、房屋、傷殘及失業保障等領域，也投入大量公共資源。「人類發展指數」報告參見：https://hdr.undp.org/system/files/documents/global-

件，可見他對此事的重視，也反映他對知識分子在關鍵時刻的期望。

17 洛克論暴政及政府在什麼情況下應該解體，參見John Locke, 1988, *Two Treatises of Government*, ed. Peter Laslett, Cambridge University Press, pp. 398-428。

18 Rawls, *A Theory of Justice*, p. 320.

19 Rawls, *Political Liberalism*, pp. 227-228.

20 最明顯的例子，是二〇一四年臺灣的的太陽花運動和香港的雨傘運動。

21 較為重要的一本出版物，是何懷宏主編，2003，《西方公民不服從的傳統》。吉林人民出版社，其中收錄了一些重要的西方文獻。

22 這方面的討論，可參考Candice Delmas, 2018, *A Duty to Resist: When Civil Disobedience Should be Uncivil,* Oxford University Press。

23 Rawls, *A Theory of Justice*, p. 349.

24 Rawls, *A Theory of Justice*, pp. 496-505. 我對這個問題的詳細討論，參見拙著《自由人的平等政治》，第五、六章。

25 Rawls, *A Theory of Justice*, p. 8.

26 陳純，2020，〈自由主義者的「心力」〉，《自由主義的重生與政治德性》。世界華語出版社，頁320。

27 這篇文章最初發表於二〇一二年，江緒林在二〇一六年去世後，幾經艱難，他的部分文章和讀書札記終於結集出版，書名就是《生命的厚度》，上海文藝出版社（2022）。不過，很可能為了避過出版審查，本文在書中遭到大量刪減。完整版本可在此讀到：https://www.chinesepen.org/blog/archives/47027。

28 此句在上引書中被刪去。

29 江緒林，《生命的厚度》，頁142。

30 高華，2000，《紅太陽是怎樣升起的：延安整風運動的來龍去脈》。香港中文大學出版社，頁655。

31 高華，《紅太陽是怎樣升起的》，頁655。

32 基於這個理由，我並不接受羅爾斯後期的政治自由主義的觀點，認為自由和平等只是作為一種政治價值應用於政治領域。Rawls, *Political Liberalism*, pp. 12-14.

33 行文至此，憶及吾友江緒林生前種種，教人悲不自勝。我認識的緒林，善良正直，對制度不義加諸個體的傷害，總是特別敏感。他嚮往有厚度的人生，卻深知在今日中國幾不可求；他明白抗爭的必要，且曾身體力行，卻被高牆踐踏得傷痕纍纍。緒林也許軟弱，也許恐懼（誰人沒有？），可是終其一生，他沒有屈膝。

34「籠裡的鳥以為飛翔是一種病」這句話，出自智利劇作家霍多羅夫斯基（Alejandro Jodorowsky）。

4 Rawls, *A Theory of Justice*, p. 266.

5 這種對社會合作的理解，是羅爾斯整個理論建構的出發點。參見John Rawls, 2005, *Political Liberalism* (expanded edition), Columbia University Press, pp. 15-22。

6 Robert Nozick, 1974, *Anarchy, State, and Utopia,* Basic Books, p. 183.

7 關於羅爾斯思想發展的時代背景以及《正義論》為什麼會取得如此大的影響力，參見Katrina Forrester, 2019, *In the Shadow of Justice: Postwar Liberalism and the Remaking of Political Philosophy*, Princeton University Press。

8 羅爾斯，1988，《正義論》，何懷宏、何包鋼、廖申白譯。中國社會科學出版社；另有謝延光譯本，由上海譯文出版社於一九九一年出版。羅爾斯的思想在中國為人所識，石元康先生的著作起了不少作用。參見石元康，1989，《洛爾斯》。東大圖書股份有限公司；2004，《羅爾斯》。廣西師範大學出版社；1995，《當代自由主義理論》。聯經出版；2000，《當代西方自由主義理論》。上海三聯書店。我也出版過一本討論羅爾斯的專著，見周保松，2010，《自由人的平等政治》。北京三聯書店；2013，《自由人的平等政治》增訂版。北京三聯書店；2015，《自由人的平等政治》(新版)。香港中文大學出版社。

9 根據最新的「人類自由指數」(Human Freedom Index, 2022），中國在全球一百六十五個國家和地區中，排在第一百四十九位，而臺灣是第十二，香港則是四十六。參見www.fraserinstitute.org/sites/default/files/human-freedom-index-2023-web-15684.pdf。

10 據中國總理李克強在二〇二〇年五月二十八日的記者會所稱，中國目前仍有六億人口每月收入只有一千元人民幣左右。至於用來衡量貧富差距的堅尼系數（吉尼係數，Gini Coefficient)，在二〇一九年已達0.465。參見www.ceicdata.com/zh-hans/china/resident-income-distribution/ gini-coefficient。

11 羅爾斯稱此為公民的「自然義務」(natural duty)，參見Rawls, *A Theory of Justice*, pp. 293-294。

12 Rawls, *A Theory of Justice*, p. 8.

13 Samuel Freeman, 2007, "Editor's Foreword" in John Rawls, *Lectures on the History of Political Philosophy,* ed. Samuel Freeman, Belknap Press of Harvard University Press, p. xiii.

14 在羅爾斯眼中，馬克思雖然是自由主義的批評者，卻對自由主義的發展有重大貢獻，所以他在哈佛大學長年任教的「政治哲學史」課程，總是把馬克思的學說包括在內。參見 Rawls, *Lectures on the History of Political Philosophy*, pp. 319-372。

15 Rawls, *Lectures on the History of Political Philosophy*, p. 2.

16 分別見於Rawls, "Introduction to the Paperback Edition" in *Political Liberalism*, p. lix; *Lectures on the History of Political Philosophy*, p. 6。羅爾斯在他的著作中甚少評論歷史事

56 這方面的文獻很多，例如可參見Elizabeth Anderson, 1999, "What is the Point of Equality", *Ethics* 109, no. 2, pp. 287-337。作為機運平等主義其中一個代表人物，柯亨認為從社會主義的觀點看，如果能夠滿足這三個機會平等的條件，就是分配正義的極致，如果在此之外要求更平等的分配，就只能訴諸社群價值。G. A. Cohen, *Why Not Socialism?*, pp. 34-40.

57 Rawls, *A Theory of Justice*, p. 90.

58 Rawls, *A Theory of Justice*, p. 87.

59 這句說話出自《正義論》初版，但在修訂版被刪除了。參見John Rawls, 1971, *A Theory of Justice*, Belknap Press of Harvard University Press, p. 102。

60 Rawls, *A Theory of Justice*, p. xv.

61 馬克思認為人的解放是社會發展的最高目標。我認為，自由主義事實上也有這個理想，儘管對於什麼是人的解放以及如何實現這種解放，自由主義和馬克思有極為不同的見解。我在這裡要特別多謝錢永祥先生就此問題的交流。馬克思的觀點，參見Marx, "On the Jewish Question" in *Karl Marx: Selected Writings*, p. 57。

26. 羅爾斯與中國自由主義

1 本章原為紀念羅爾斯誕生一百週年及《正義論》出版五十週年而寫，初刊於《二十一世紀》2021年6月號，總第185期，頁4-20。刊出時有以下獻辭：「余英時先生一九九五年回香港中文大學參加錢穆先生百年誕辰紀念會議，我作為新亞書院學生幫忙接待。還記得當天清晨在校園路上，余先生對我說，你既然對自由主義有興趣，就應好好研究羅爾斯。余先生這番話對我有莫大影響。謹以本文獻給余英時先生，既感謝他當年的鼓勵，也感謝他為推動中國自由主義畢生所做的努力。」我曾將此文寄給余先生，並收到他的回信。余先生於二〇二一年八月一日逝世。初稿曾得錢永祥先生給予寶貴意見，現有進一步修訂，謹此致謝。

2 John Rawls, 1999, *A Theory of Justice* (revised edition), Belknap Press of Harvard University Press, p. 3. 中譯本參見羅爾斯，2009，《正義論》（修訂版），何懷宏、何包鋼、廖申白譯。中國社會科學出版社，頁3。

3 其中包括中國前總理溫家寶。他曾在國務院一個中外記者會聲稱：「我們要推進社會的公平正義。如果說真理是思想體系的首要價值，那麼公平正義就是社會主義國家制度的首要價值。公平正義就是要尊重每一個人，維護每一個人的合法權益，在自由平等的條件下，為每一個人創造全面發展的機會」，「如果說發展經濟、改善民生是政府的天職，那麼推動社會公平正義就是政府的良心」。參見〈溫家寶：推動社會公平正義是政府的良心〉，《中國新聞網》，2003/03/18。

41 中國政府於一九九七、一九九八年分別加入簽訂這兩份公約。

42 如欲對不同的人權公約有更多瞭解，可參考 Ian Brownlie ed., 1992, *Basic Documents on Human Rights* (third edition), Clarendon Press。

43 自由放任主義的代表諾齊克雖然也十分重視權利，但他的權利觀相當單薄和形式化，只局限於自我擁有權和私有財產權，而不會涵蓋社會權和文化權，對於政治權利的討論也甚少。參見 Robert Nozick, 1974, *Anarchy, State, and Utopia,* Basic Books。至於文化保守主義和政治威權主義，則往往對人權抱不信任甚至敵視的態度。

44 Rawls, *A Theory of Justice*, pp. 197-199; *Justice as Fairness: A Restatement*, pp. 148-150.

45 Rawls, *Justice as Fairness: A Restatement*, pp. 135-140；Martin O'Neill and Thad Williamson eds., 2012, *Property-Owning Democracy: Rawls and Beyond*, Wiley-Blackwell；周濂，2015，〈正義第一原則與財產所有權的民主制〉，《中國人民大學學報》第1期，頁66-78。

46 Rawls, *Justice as Fairness: A Restatement*, p. 138. 亦可參見 Martin O'Neill, 2008, "Three Rawlsian Routes towards Economic Democracy", *Revue de Philosophie Économique* 9, no. 1, pp. 29-55。

47 Rawls, *Political Liberalism*, p. xxvi.

48 Mill, *On Liberty and Other Writings*, pp. 56-74.

49 Rawls, *A Theory of Justice*, pp. 27-28.

50 這方面的討論，可參見石元康，1998，《從中國文化到現代性：典範轉移？》。東大圖書。當代新儒家對自由主義及現代性一個最有代表性的回應，參見牟宗三、徐復觀、張君勱、唐君毅，1958，〈為中國文化敬告世界人士宣言：我們對中國學術研究及中國文化與世界文化前途之共同認識〉，《民主評論》元旦號，頁2-21。如何調和儒家倫理和自由民主，一直是當代儒學極為關心的問題，參見 Joseph Chan, 2014, *Confucian Perfectionism: A Political Philosophy for Modern Times*, Princeton University Press。

51 對這個問題更詳細的討論，可參考周保松，2015，《自由人的平等政治》(新版)。香港中文大學出版社，第4章。

52 這是我的用法。羅爾斯稱這個層次為形式的機會平等（formal equality of opportunity），但我認為消除身分歧視的機會平等，絕對不僅僅是法律上的形式規定而已，而是在實質上促進社會平等。參見 Rawls, *A Theory of Justice*, pp. 62-63。

53 Rawls, *A Theory of Justice*, p. 64.

54 柯亨將我所說的這三種機會平等觀分別稱為「布爾喬亞」、「自由左翼」和「社會主義」。G. A. Cohen, 2009, *Why Not Socialism?,* Princeton University Press, pp. 12-45.

55 例如 Will Kymlicka, 2001, *Contemporary Political Philosophy: An Introduction* (second edition), Oxford University Press, pp. 58-59。

31 Rawls, *A Theory of Justice*, p. 11.

32 Rawls, *A Theory of Justice*, p. 12.

33 Rawls, *A Theory of Justice*, p. 266.

34 美國的《獨立宣言》和法國大革命的《人權和公民權利宣言》便很好地體現這種理想。《獨立宣言》主要由傑佛遜（Thomas Jefferson）起草，而傑佛遜的觀點深受洛克影響。

35 有效地（effectively）實踐一項自由，往往需要不同條件的配合，例如言論自由需要一個公共平臺、一些大家都能接受的討論規則，以及參與者具備相當的理性能力等。一個人的經濟能力在這裡雖然重要，但不是唯一條件。我們也不會說，只有在財富分配相當平等的情況下，言論自由才對窮人有價值。不少社會主義者常常用這類理由批評自由主義，甚至否定這類他們視之為布爾喬亞（bourgeoisie，資產階級）式的自由權，但他們往往沒有意識到，在法律上保障這些權利對窮人極為重要，否則富人就可以更為肆無忌憚地用金錢來購買更多特權。

36 馬克思對權利的批判，主要是針對市民社會（即市場）中的「人權」（rights of man），但他是相當肯定政治領域中的公民權（rights of citizen）的，包括民主參與權。所以，他並非徹底拒斥權利這一概念本身。參見 Karl Marx, 1977, "On the Jewish Question" in *Karl Marx: Selected Writings*, ed. David McLellan, Oxford University Press, pp. 52-54；亦可參見 Jeremy Waldron, 1987, *Nonsense Upon Stilts* (Revised ed.), Methuen, pp. 119-136。

37 羅爾斯對於馬克思的批評，有更為完整的回應，參見 John Rawls, 2001, *Justice as Fairness: A Restatement*, ed. Erin Kelly, Belknap Press of Harvard University Press, pp. 176-178。

38 這當然不是馬克思的原意，甚至有人可能認為中國這些慘痛經驗根本和真正的科學社會主義無關。這裡帶出一個「歷史責任」的問題：馬克思到底在多大程度上，需要對後來以他的思想為名所做的社會主義大實驗負責？這方面的反思已很多，此處不贅。但從自由民主國家過去二百多年的人權實踐可見，自由主義的人權觀往往給予弱勢群體很大的法律保障，並為各種社會抗爭提供有力支持。種族平等及性別平權運動，就是最好的例子。

39 我這裡特別強調「某些」，因為有些權利的目的其實是保障公民能夠和其他公民一起參與政治共同體的公共生活，例如組黨結社和參與工會的權利。

40 聯合國，《世界人權宣言》：http://www.un.org/zh/documents/udhr/index.shtml。讀者在這裡須留意，羅爾斯的第一條原則「基本自由權利」並沒有涵蓋這裡所說的社會權和文化權。這並不表示他反對這些權利，而是因為對他來說，由於基本自由有絕對的優先性，所以必須將範圍收得很窄。

16 這裡的「自由」，不是指人們可以為所欲為。因為即使在自然狀態中，人們仍然需要遵守自然律，不能侵犯他人的自然權利。這點洛克說得特別清楚。Locke, *Two Treatises of Government*, pp. 169-171.

17 盧梭，《社會契約論》，頁15。何兆武先生在此將legitimate譯為「合法」，我認為譯為「正當性」更為妥當，一來免得和legality一詞混淆，二來legitimate在這裡明確地有道德上正當之意。

18 盧梭，《社會契約論》，頁12。

19 盧梭，《社會契約論》，頁24。

20 為無政府主義辯護最好的著作，可參考Robert Paul Wolff, 1998, *In Defense of Anarchism,* University of California Press。

21 Immanuel Kant, 1991, *Political Writings*, ed. Hans Reiss, trans. H. B. Nisbet, Cambridge University Press; Benjamin Constant, 1998, "Liberty of the Ancients Compared with that of the Moderns" in *Political Writings*, trans. and ed. Biancamaria Fontana, Cambridge University Press; J. S. Mill, 1989, *On Liberty and Other Writings*, ed. Stefan Collini, Cambridge University Press; Isaiah Berlin, 2002, "Two Concepts of Liberty" in *Liberty*, ed. Henry Hardy, Oxford University Press, pp. 166–217; Joseph Raz, 1986, *The Morality of Freedom*, Clarendon Press.

22 更詳細的討論，可參考本書第二部分。

23 這點在羅爾斯和拉茲的自由理論中表現得最為徹底，伯林對此卻持不同的意見，因為他不願意將消極自由的基礎放在個人自主（或他所稱的「積極自由」）之上。他認為，價值多元論才是支持消極自由最強的理由。對伯林的批評，參見本書第七章〈「消極自由」的基礎〉。

24 關於「反思性認可」，參見本書第三章〈反思性認可與國家正當性〉。

25 這個詞來自Berlin, "Two Concepts of Liberty" in *Liberty*, p. 167。

26 契約論與正當性的關係，可參見Patrick Riley, 1982, *Will and Political Legitimacy*, Harvard University Press。

27 David Hume, 1985, "Of Social Contract" in *Essays: Moral, Political and Literary*, Liberty Fund, pp. 465-487.

28 康德，1990，〈論通常的說法：這在理論上可能是正確的，但在實踐上是行不通的〉，《歷史理性批判文集》，何兆武譯。北京商務印書館，頁190；英文參見Kant, *Political Writings*, p. 79，原文有重號。康德在這裡說的「rightfulness」，指的應是「道德上正當」之意。

29 康德，《歷史理性批判文集》，頁190-191。原文有重號。

30 Rawls, *Political Liberalism*, p. 24.

媒體的打壓和抹黑。這些打壓和抹黑，導致即使爭取極為基本的工人權益，例如最低工資、最高工時、全民退休保障等，也遇到極大阻力。自由左翼在很多人眼中，簡直是洪水猛獸。但與此同時，那些反感市場資本主義的人，則認定支撐這種制度的意識形態就是自由主義，因此不加分辨地拒斥所有號稱「自由主義」的主張，而不會進一步思考liberalism和libertarianism的分別。那麼這些批評者基於什麼理由來批判社會不義呢？我留意到，這些批評者大部分既希望捍衛人權法治和民主普選，也支持政府加稅及增加公共開支，卻不接受公有制和計畫經濟，也不主張從階級鬥爭的角度去理解社會矛盾。他們當中大部分其實接受一種左翼自由主義的立場，只是由於「自由主義」在香港同樣長期被視為「自由放任主義」的同義詞，自由左翼根本難以發聲，結果這些為數不少的個人和團體長期處於一種理論失語的境地。在這個背景下，左翼自由主義的討論在香港就有和中國大陸不同、但同樣迫切的意義。

8 這種情況早在十九世紀資本主義在歐洲興起時，當時的國家已經歷和面對過。二次大戰後民主國家福利制度的發展，回應的正是市場資本主義導致的各種弊端。即使如此，福利國家的貧富差距依然愈拉愈大。這方面的討論，可參考皮凱提（Thomas Piketty），2020，《二十一世紀資本論》，詹文碩、陳以禮譯。衛城出版。

9 在這種宏觀的問題意識之下，我認為自由主義不僅內部可以有不同的理論嘗試，同時也可以和社會主義傳統發展出來的民主社會主義（democratic socialism）展開對話。也就是說，在肯定自由權利和憲政民主的前提下，不同理論就經濟制度及社會資源分配問題可以有很大的討論空間。關於民主社會主義在中國的討論，可參見謝韜，2007，〈民主社會主義模式與中國前途〉，《炎黃春秋》第2期，頁1-8。

10 John Rawls, 2005, *Political Liberalism* (expanded edition), Columbia University Press, p. 137.

11 John Rawls, 1999, *A Theory of Justice* (revised edition), Belknap Press of Harvard University Press, p. 12.

12 Jeremy Waldron, 1993, "Theoretical Foundation of Liberalism" in *Liberal Rights: Collected Papers 1981-1991*, Cambridge University Press, p. 50.

13 John Locke, 1988, *Two Treatises of Government*, ed. Peter Laslett, Cambridge University Press, p. 168.

14 Max Weber, 1991, "Politics as a Vocation" in *From Max Weber: Essays in Sociology*, ed. H. H. Gerth and C. Wright Mills, Routledge, p. 78. 韋伯這個對國家的定義，基本上為學術界廣泛接受。

15 盧梭，1987，《社會契約論》，何兆武譯。唐山出版社，頁5。英文版參見Jean-Jacques Rousseau, 1993, *The Social Contract and the Discourses*, trans. G. D. H. Cole, Everyman's Library, p. 181，其後只直接引用中文版。

轉載可見，https://www.aisixiang.com/data/73797.html。

4 錢永祥，2014，《動情的理性：政治哲學作為道德實踐》。聯經出版；陳宜中，2013，《當代正義論辯》。聯經出版；周保松，2014，《政治的道德：從自由主義的觀點看》。香港中文大學出版社。拙著主要收錄了之前發表在《南風窗》的文章，這些文章最初發表時已引起相當多討論，尤其是來自右翼自由主義的批評，例如王建勛，2012/10/16，〈市場是自由與公正的天然盟友〉，《東方早報．上海經濟評論》。此外，近年有兩篇文章亦值得參考，分別是：劉擎，2013，〈中國語境下的自由主義：潛力與困境〉，《開放時代》第4期，頁106-123；周濂，2014，〈哈耶克與羅爾斯論社會正義〉，《哲學研究》第10期，頁89-99。

5 據我所知，在中國思想界更早提出「自由左派」這一名稱，以此與「自由放任的自由主義」或「自由右派」相區別，是甘陽於二〇〇〇年十月發表在香港《明報》的文章〈中國自由左派的由來〉。甘陽在該文指出，當時許多人視之為「新左派」的人物，包括王紹光、崔之元、汪暉和他本人，實際上是自由左派，並對羅爾斯的理論有很大認同。甘陽的文章，其後收在陳祖為、梁文韜編，2001，《政治理論在中國》。牛津大學出版社（中國）。教人意外的是，在短短三年後，甘陽放棄了這個立場，並對羅爾斯提出尖銳批評。參見甘陽，2003，《政治哲人施特勞斯》。牛津大學出版社（中國）。至於其他三位，則似乎由始至終沒有認同過「自由左派」這個立場，因為根據甘陽的理解，自由左派必然會重視所有公民享有平等的自由和爭取憲政民主，可是中國的新左派卻不曾以自由人權和憲政民主作為其核心主張。又，如果我們將時間往前推，早在一九四九年前，中國思想界已有關注經濟平等及社會公正的社會民主主義和新自由主義思潮。參見許紀霖，2000，〈尋求自由與公道的社會秩序：現代中國自由主義的一個考察〉，《開放時代》第1期，頁48-57；1997，〈現代中國的自由主義傳統〉，《二十一世紀》8月號，總第42期，頁27-35。

6 我在該評論提及：「將馬克思主義傳統的左翼和自由主義左翼混為一談，是目前論爭的一個概念大混亂。而將liberalism（自由左翼）和libertarianism（自由右翼或放任自由主義）混為一談，並使得許多人不願意承認自己是liberal，則又是更大的混亂。」見周保松，2015/04/10，〈對本土論的一點反思〉，《獨立媒體》。我說這是一場大辯論，一點也不為過，因為在短短數星期內，已出現逾二十篇回應本人或彼此回應的文章。更為難得的，是參與者大都能謹守公共討論規範，沒有絲毫今天網上討論常見的戾氣，共同成就了一場有規模、有水平的思想辯論。這些文章大部分仍可在《獨立媒體》上找到。

7 左翼自由主義在香港面對的是另一種困境。由於香港長期受自由放任主義的意識形態支配，所以任何要求加稅和增加公共福利開支的訴求，都會受到政府、資本家和

Jewish Questions"、"Economic and Philosophical Manuscripts"、"Critique of the Gotha Programme"等文章。這些文章均收在Marx, *Selected Writings*一書。

12 關於馬克思的唯物史觀，可參考Marx, "Preface to *A Critique of Political Economy*" in *Selected Writings*, pp. 388-391。

13 「歷史的終結」是福山在一九八九年提出的一個有名說法。當時他認為，自由民主制是人類政治發展的終結點。Francis Fukuyama, 1989, "The End of History?", *National Interest* 16, p. 4.

14 Marx, "Preface to *A Critique of Political Economy*" in *Selected Writings*, p. 389.

15 我相信馬克思也不可能接受這種決定論，否則他將難以解釋他本人如何能夠超越身處的時代去批判資本主義。

16 詳細討論可參考本書第五章〈公共哲學的理念〉。

17 Marx, "Critique of the Gotha Programme" in *Selected Writings*, pp. 564-570.

18 Marx, "Critique of the Gotha Programme" in *Selected Writings*, p. 569.

19 Marx, "Critique of the Gotha Programme" in *Selected Writings*, p. 569.

20 羅爾斯稱此為「正義的環境」(circumstances of justice)。John Rawls, 1999, *A Theory of Justice* (revised edition), Belknap Press of Harvard University Press, pp. 109-110.

21 錢永祥，2008，〈社會主義如何參考自由主義：讀曹天予〉，《思想》第10期，頁262。我在此多謝錢先生就此問題的交流。

22 Rawls, *A Theory of Justice*, p. 266.

23 Rawls, *Political Liberalism*, p. lx.

25. 左翼自由主義的理念

1 本文初刊於《二十一世紀》2015年6月號，總第149期，頁36-54。原來的題目是〈自由主義左翼的理念〉，為了和本書其他文章保持一致，改為〈左翼自由主義的理念〉，文章也有進一步修訂。初稿蒙錢永祥、陳宜中、謝世民、鄧偉生、陳日東、郭志、周漢杰等師友給予許多寶貴意見，謹此致謝。李敏剛先生和我曾深入討論文章每一部分，並給我許多鼓勵和建議，對此我銘感於心。

2 會議為期兩天，共有八場討論。會議期間，我們也在晚上辦了一場沙龍，由劉擎主講「左翼自由主義與當代中國思想論爭」。相關報導可參見李丹，2014/08/06，〈中國左翼自由主義的「香港共識」：一次不亮旗的亮旗〉，原載於《澎湃新聞》。

3 齊克，2013/12/26，〈新左翼思潮的圖景——陳冠中先生訪談錄〉，《共識網》。轉載可見：https://chinadigitaltimes.net/chinese/330046.html；陳冠中和周濂在二〇一四年四月的《東方早報．上海書評》又做了一次對談：〈周濂、陳冠中對談新左翼思潮〉，

55 Friedman, *Capitalism and Freedom*, p. 5.

56 傅利曼本人沒有用「個人自主」這個說法，不過我認為這是他的整個自由論述的合理推論。

57 Friedman, *Capitalism and Freedom*, p. 12.

58 Friedman, *Capitalism and Freedom*, p. 5.

59 我在周保松，2020，《政治的道德：從自由主義的觀點看》，香港中文大學出版社，及本書第三部分對此有詳細討論。也可參見G. A. Cohen, 2011, "Capitalism, Freedom, and the Proletariat" and "Freedom and Money" in *On the Currency of Egalitarian Justice, and Other Essays in Political Philosophy*, ed. Michael Otsuka, Princeton University Press, chaps. 7-8。

24. 馬克思與羅爾斯

1 本章是〈行於所當行：我的哲學之路〉其中一節的修訂版。原文見周保松，2015，《自由人的平等政治》。香港中文大學出版社，頁253-294。

2 碩維教授於二〇二四年三月四日在法國病逝，享年八十七歲。

3 波普的政治哲學代表作是 *The Open Society and Its Enemies*，中文版見卡爾・波普，2020，《開放社會及其敵人》，莊文瑞、李英明譯。商周出版。

4 Friedrich A. Hayek, 2001, *The Road to Serfdom*, Routledge.

5 Karl Marx, 2000, "On the Jewish Question" in *Karl Marx: Selected Writings*, ed. David McLellan, Oxford University Press, p. 158. 中文版見中共中央馬克思恩格斯列寧斯大林著作編譯局編，1972，《馬克思恩格斯選集》第一卷。人民出版社，頁19。

6 關於這一點，可參考Benjamin Schwartz, 1964, *In Search of Power and Wealth: Yen Fu and the West*, Harvard University Press。

7 「適者生存」最早出自史賓塞的著作*Principles of Biology*（生物學原理，1864）中。*The Study of Sociology*之中譯本《群學肄言》在一九〇三年出版，*Evolution and Ethics*的中譯本《天演論》則在一九〇五年出版。

8 四個現代化是指工業、農業、國防和科學技術現代化。中共官方當時的說法，是到了二十世紀末，中國就可以實現這四方面的現代化，踏入小康社會。

9 費爾巴哈，1984，《基督教的本質》，榮震華譯。北京商務印書館，頁44。Ludwig Feuerbach, 1957, *The Essence of Christianity*, trans. George Eliot, Harper & Brothers, pp. 13-14.

10 這部分的討論主要得益於G. A. Cohen, 2000, *If You're an Egalitarian, How Come You're So Rich?*, Harvard University Press, pp. 93-100。

11 馬克思對資本主義的批判，以及對自由主義及社會分配的看法，可參考"On the

for Debate: Reform Without Liberty: Chile's Ambiguous Legacy", www-tc.pbs.org/wgbh/commandingheights/shared/pdf/ufd_reformliberty_full.pdf, pp. 1-3。

30 當然，現實中有不少自稱相信新自由主義的人，只會大力鼓吹經濟上的私有財產權和市場自由，卻對威權體制不做任何批評，甚至用各種理由來為其辯護。可是要反駁新自由主義，我們理應呈現它最強的觀點，然後再做回應。

31 Friedman, *Capitalism and Freedom*, p. 195.

32 傅利曼雖然受穆勒影響，但他並不是一個效益主義者。效益主義者認為個人自由之所以重要，是因為有利於社會整體利益的極大化。

33 Friedman, *Capitalism and Freedom*, p. 15.

34 Friedman, *Capitalism and Freedom*, p. 162.

35 這是傅利曼的自由主義的核心觀點。參見 Friedman, *Capitalism and Freedom*, pp. 7-21。

36 傅利曼其實承認這一點，例如二次大戰時期的德國、日本、義大利等實行的都是資本主義經濟，可是政治上卻一點也不自由。參見 Friedman, *Capitalism and Freedom*, p. 10。

37 Friedman, *Capitalism and Freedom*, p. 195.

38 Rawls, *A Theory of Justice*, p. 9.

39 Friedman, *Capitalism and Freedom*, pp. 161-162.

40 Friedman, *Capitalism and Freedom*, p. 167.

41 Friedman, *Capitalism and Freedom*, p. 167.

42 Friedman, *Capitalism and Freedom*, pp. 161-162.

43 Friedman, *Capitalism and Freedom*, p. 162.

44 Friedman, *Capitalism and Freedom*, pp. 162-163.

45 Friedman, *Capitalism and Freedom*, p. 166.

46 Friedman, *Capitalism and Freedom*, p. 164.

47 Friedman, *Capitalism and Freedom*, p. 166.

48 羅爾斯對此有很精采的分析。參見 Rawls, *A Theory of Justice*, p. 87。

49 傅利曼在書中用了這個魯賓遜的孤島比喻，以示不同人生於不同家庭，純屬運氣。參見 Friedman, *Capitalism and Freedom*, p. 165。

50 Friedman, *Capitalism and Freedom*, pp. 164-165.

51 Friedman, *Capitalism and Freedom*, pp. 166-168.

52 Friedman, *Capitalism and Freedom*, p. 12.

53 Friedman, *Capitalism and Freedom*, p. 195.

54 Friedman, *Capitalism and Freedom*, p. 195.

反而強調他信奉的依然是古典自由主義。參見 Milton Friedman, 1982, "introduction" in *Capitalism and Freedom*, University of Chicago Press, p. 6。不過，傅利曼早期也曾寫過一篇以「新自由主義」為題的文章，特別強調它和十九世紀的自由放任主義（laissez-faire）的分別，包括國家有責任採取必要措施去避免企業壟斷，維持金融穩定，以及幫助那些陷於極度貧困的人（儘管他再三強調，此舉必須要對市場的干預減到最少）。參見 Milton Friedman, 1951/02/17, "Neo-Liberalism and Its Prospects", *Farmand*, pp. 89-93。無論如何，本文使用「新自由主義」一詞時，主要是描述一種政治哲學和政治經濟學的觀點，本身不帶貶義。

20 以下關於新自由主義歷史發展的分析，主要受益於下列文章：Taylor C. Boas and Jordan Gans-Morse, 2009, "Neoliberalism: From New Liberal Philosophy to Anti-Liberal Slogan", *Studies in Comparative International Development* 44, issue 2, pp. 137-161。對新自由主義更詳盡的討論，也可參見 Simon Springer, Kean Birch, and Julie MacLeavy, eds., 2016, *The Handbook of Neoliberalism,* Routledge。

21 這個說法來自當時德國一位有名的新自由主義者 Alexander Rüstow 在一九三二年發表的一篇文章。他們也稱自己的主張為「有序的自由主義」（ordo-liberalism）。轉引自 Carl J. Friedrich, 1955, "The Political Thought of Neo-Liberalism", *The American Political Science Review* 49, no. 2, pp. 509-512。

22 關於這段歷史，可參見 Sebastian Edwards, 2023, *The Chile Project: The Story of the Chicago Boys and the Downfall of Neoliberalism*, Princeton University Press。

23 關於海耶克訪問智利的經過，可參見 Bruce Caldwell and Leonidas Montes, 2015, "Friedrich Hayek and His Visits to Chile", *The Review of Austrian Economics* 28, no. 3, pp. 261-309。

24 Taylor C. Boas and Jordan Gans-Morse, "Neoliberalism", *Studies in Comparative International Development* 44, issue 2, pp. 151-152.

25 對於新自由主義的觀念如何影響現實政治，可參見 Daniel S. Jones, 2012, *Masters of the Universe: Hayek, Friedman, and the Birth of Neoliberal Politics,* Princeton University Press。

26 關於傅利曼訪問中國的經歷，可參見他們夫婦合著的回憶錄，Milton and Rose D. Friedman, 1998, *Two Lucky People: Memoirs,* University of Chicago Press；也可參見 Julian Gewirtz, 2017, *Unlikely Partners: Chinese Reformers, Western Economists, and the Making of Global China*, Harvard University Press。

27 Friedman, *Capitalism and Freedom*, p. 10.

28 Friedman, *Capitalism and Freedom*, p. 12.

29 智利在一九九〇年恢復民主選舉制度。參見 Milton Friedman, 2000/01/10, "Up

6 Rawls, *A Theory of Justice*, p. 3.

7 盧梭對此有很精闢的表述。參見Jean-Jacques Rousseau, 1993, *The Social Contract and the Discourses*, trans. G. D. H. Cole, Everyman's Library, p. 184。

8 關於此問題的討論，可參見John Rawls, 2005, *Political Liberalism* (expanded edition), Columbia University Press, p. 137；David Beetham, 1991, *The Legitimation of Power*, Palgrave Macmillan。

9 這種想法，在洛克的思想中已有很好的表述。參見John Locke, 1988, *Two Treatises of Government*, ed. Peter Laslett, Cambridge University Press, pp. 283, 330。

10《美國獨立宣言》對此有清楚的宣示。參見"Declaration of Independence: A Transcription", www.archives.gov/founding-docs/declaration-transcript。也可參考劉宗坤，2024，《為幸福而生：在法律秩序中追求平等權利的過程》，八旗文化。

11「生活實驗」和「個性」是穆勒用以證成自由的兩個重要概念。參見John S. Mill, 1989, *'On Liberty' and Other Writings*, ed. Stefan Collini, Cambridge University Press, p. 57。中譯本可參見穆勒，2001，《論自由》，孟凡禮譯。廣西師範大學出版社。

12 舉一例子：和中國傳統儒家社會不同，自由社會不僅容許人有戀愛和婚姻的自由，更有離婚的自由，同時也通過法律保障離婚後雙方的權益。這種安排本身，就反映了自由主義的幸福觀。

13 羅爾斯便認為，發展人的自主能力，是人的最高序利益，也是證成平等的基本自由作為正義社會第一原則的主要理據。Rawls, "Preface for the Revised Edition" in *A Theory of Justice,* p. xii; *Political Liberalism*, pp. 289-371.

14 關於承認和接受人的多元性，穆勒在《論自由》第三章「論個性作為幸福因素之一」中有非常精采的討論。參見John S. Mill, *'On Liberty' and Other Writings*, pp. 56-74。晚期羅爾斯主張的「政治的自由主義」亦認為，合理的多元社會是實踐自由民主制的必然結果。參見Rawls, "Introduction" in *Political Liberalism*, p. xvi。

15《世界人權宣言》開宗明義認為：「鑒於對人類家庭所有成員的固有尊嚴及其平等的和不移的權利的承認，乃是世界自由、正義與和平的基礎。」參見www.un.org/zh/about-us/universal-declaration-of-human-rights。

16 參看Rawls, *A Theory of Justice*, pp. 11, 87。

17 參看Rawls, *A Theory of Justice*, pp. 458-460。

18 除了這些道德考慮，在社會分配中不追求過度的平等，也可以有經濟誘因和生產效率的考慮，例如太高的稅率會令人們失去工作和創新的動力，也有可能導致資本外流到其他國家等。

19 這裡須留意，傅利曼不是太願意用「新自由主義者」或「保守主義者」來形容自己，

17 這個概念借用自 Thomas Kuhn, 2012, *The Structure of Scientific Revolutions*, University of Chicago Press。

18 感謝錢永祥先生特別為我指出這點。

19 羅爾斯便認為，正義是社會制度的首要德性。John Rawls, 1999, *A Theory of Justice* (revised edition), Belknap Press of Harvard University Press, p. 3.

20 錢永祥，2020/07/04，〈自由主義與愛國主義〉，《端傳媒》。

21 這種觀點有時也被稱為「憲政愛國主義」。例如 Jürgen Habermas, 1998, "Citizenship and National Identity" in *Between Facts and Norms: Contribution to a Discourse Theory of Law and Democracy*, trans. W. Rehg, MIT Press, p. 500。也可參考 Jan-Werner Müller, 2007, *Constitutional Patriotism*, Princeton University Press。

22. 公共生活的意義

1 二〇二〇年七月十二日，我應「706同學社」及「圍爐」兩個青年團體之邀，在 Zoom 做了一場以「公共生活的意義」為主題的線上講座，並邀得羅勉先生擔任主持和評論人。當晚參與者有好幾百人，由晚上七時半一直談到十一時半，氣氛熱烈。本文是在該講座的基礎上改寫而成。

2 過往沙龍的錄影，可在 YouTube 頻道「Brew Note文化沙龍」中找到。Brew Note咖啡館已在二〇二二年底結業。關於這個文化沙龍的理念和歷史，可參考〈一家咖啡館與一個燦爛時代：香港 Brew Note，他們曾在這裡實驗公共生活〉，《端傳媒》，2023/02/02。

23. 還有理由做個自由主義者嗎？

1 本文初刊於《二十一世紀》2023年12月號，總第200期，頁116-135。現版本有修訂。

2 余英時便認為，五四新文化運動所倡議的民主、自由、人權、法治的傳統，是一股真實的歷史動力，深刻地影響了後來中國大陸和臺灣的政治發展。參見余英時，2019/05，〈試釋「五四」新文化運動的歷史作用〉，《思想》第37期，頁139-151。

3 至於對海耶克理論的回應，可參考本書第十三章〈市場秩序與社會正義〉。

4 在下文討論中，我會將「左翼自由主義」和「自由主義」交替使用，指涉同一意思。

5 「高貴的謊言」出自柏拉圖《理想國》一書，意指統治菁英為了社會和諧而故意創造一個神話來欺騙民眾。參見 Plato, 1991, *The Republic*, trans. Allan Bloom, Basic Books, p. 93。「仁慈的家長制」指的是在沒有得到當事人同意下，聲稱為了當事人著想而限制他的自由。關於「自由人的聯合體」的想法，可參見 John Rawls, 1999, *A Theory of Justice* (revised edition), Belknap Press of Harvard University Press, p. 12。

15 相關觀點可參Jeremy Waldron, 1995, "Minority Culture and the Cosmopolitan Alternative" in *The Rights of Minority Culture*, ed. Will Kymlicka, pp. 93-122。

21. 自由愛國主義

1 二〇二〇年五月八日，疫症肆虐全球期間，我主持了一場名為「自由主義與愛國主義」的Zoom線上講座，由錢永祥先生主講，並由劉擎和周濂回應，有兩千人參與。本文深受他們的觀點啟發，錢先生讀過本文初稿，並給予寶貴意見，謹此致謝。當晚的完整對談紀錄，可見〈錢永祥、劉擎、周濂、周保松：自由主義與愛國主義（作者版）〉，《端傳媒》，2020/07/04。本文初刊於《中國民主季刊》第1卷第4期，2023/10，頁96-113。

2 這個定義主要參考Stephen Nathanson, 1993, *Patriotism, Morality, and Peace*, Rowman & Littlefield, pp. 34-35。

3 我們平時也會基於不同理由而喜歡別的國家，例如歷史文物、自然風光、特色食物等，但這種喜歡和愛自己的祖國，是性質完全不同的情感。

4 凱律便指稱愛國在性質上是一種「非衍生性」（non-derived）的忠誠，直接基於「它是我的國」這一事實，而不需要獨立的道德理想或進一步的忠誠基礎。Simon Keller, 2005, "Patriotism as Bad Faith", *Ethics* 115, p. 569.

5 Alasdair MacIntyre, 2002, "Is Patriotism a Virtue?" in *Patriotism,* ed. Igor Primoratz, Humanity Books, pp. 43-58.

6 MacIntyre, "Is Patriotism a Virtue?" in *Patriotism,* pp. 46-47.

7 MacIntyre, "Is Patriotism a Virtue?" in *Patriotism,* pp. 57-58.

8 MacIntyre, "Is Patriotism a Virtue?" in *Patriotism,* p. 50.

9 MacIntyre, "Is Patriotism a Virtue?" in *Patriotism,* pp. 52-53.

10 MacIntyre, "Is Patriotism a Virtue?" in *Patriotism,* p. 56.

11 MacIntyre, "Is Patriotism a Virtue?" in *Patriotism,* p. 50.

12 MacIntyre, "Is Patriotism a Virtue?" in *Patriotism,* p. 52.

13 麥金泰爾具體指的，是Adam Von Trott。他是一名律師和外交官，一九四四年七月二十日參與著名的刺殺希特勒行動，最後事敗而被處決。MacIntyre, "Is Patriotism a Virtue?" in *Patriotism,* p. 53.

14「第二種忠誠」的說法，借用自劉賓雁一篇影響力很大的同名的報告文學作品，一九八五年首發於中國大陸的《開拓》雜誌。

15 MacIntyre, "Is Patriotism a Virtue?" in *Patriotism,* p. 56.

16 MacIntyre, "Is Patriotism a Virtue?" in *Patriotism,* p. 46.

p. 39.

12 Taylor, "The Politics of Recognition" in *Multiculturalism: Examining the Politics of Recognition*, pp. 43-44.

13 Taylor, "The Politics of Recognition" in *Multiculturalism: Examining the Politics of Recognition*, p. 59.

14 Taylor, "The Politics of Recognition" in *Multiculturalism: Examining the Politics of Recognition*, p. 43.

20. 自由主義與群體權利

1 金里卡的成名作是*Liberalism, Community and Culture*, Clarendon Press (1989)。他也編了一本相當出色的書，*The Rights of Minority Culture*, Oxford University Press (1995)，收錄不少重要文章。

2 Will Kymlicka, 1995, *Multicultural Citizenship: A Liberal Theory of Minority Rights*, Clarendon Press.

3 Kymlicka, *Multicultural Citizenship: A Liberal Theory of Minority Rights*, p. 11.

4 Kymlicka, *Multicultural Citizenship: A Liberal Theory of Minority Rights*, p. 28.

5 Kymlicka, *Multicultural Citizenship: A Liberal Theory of Minority Rights*, p. 31.

6 Kymlicka, *Multicultural Citizenship: A Liberal Theory of Minority Rights*, p. 32.

7 Kymlicka, *Multicultural Citizenship: A Liberal Theory of Minority Rights*, pp. 35-38.

8 金里卡對自由主義更詳細的論述，可參考他的*Liberalism, Community and Culture*, Chapter 2。

9 Kymlicka, *Multicultural Citizenship: A Liberal Theory of Minority Rights*, pp. 80-82.

10 Kymlicka, *Multicultural Citizenship: A Liberal Theory of Minority Rights*, p. 76.

11 Kymlicka, *Multicultural Citizenship: A Liberal Theory of Minority Rights*, p. 83.

12 以上這段是我對金里卡的觀點所做的引申，而非直接引用，因為金里卡關注的主要是民主社會中的少數族群問題。對於這種感受，歷史學家陳寅恪有很深的體會：「凡一種文化值衰落之時，為此文化所化之人，必感苦痛，其表現此文化之程量愈宏，則其所受之苦痛亦愈甚；迨既達極深之度，殆非出於自殺無以求一己之心安而義盡也。」這段話是陳寅恪對王國維為何自沉昆明湖的解釋，出自他的〈王觀堂先生輓詞並序〉，最初發表於一九二七年的《國學月報》。

13 John Rawls, 1999, *A Theory of Justice* (revised edition), Belknap Press of Harvard University Press, p. 3.

14 Kymlicka, *Multicultural Citizenship: A Liberal Theory of Minority Rights*, p. 111.

9 八九民運、零八憲章、維權律師推動的公民維權運動，以至二〇二二年的白紙運動，背後主要都是自由主義的理念。更重要的是，在社會和經濟生活中，權利意識、個人自主、市場經濟、私有財產權，以至對於基本自由的重視和追求，早已成為人們普遍的價值意識，也構成日常規範語言的一部分。

10 羅爾斯便認為，政教分離的政策，使得天主教在美國的發展較歐洲更為繁榮。John Rawls, 1999, "Commonweal Interview with John Rawls" in *John Rawls: Collected Papers*, ed. Samuel Freeman, Harvard University Press, p. 621.

19. 文化認同與承認的政治

1 本文脫胎於〈多元文化與承認的政治〉，由於增補較多，故改為現名。原文見周保松，2020，《政治的道德：從自由主義的觀點看》（第三版）。香港中文大學出版社，頁191-196。

2 Charles Taylor, 2003, "The Politics of Recognition" in *Multiculturalism: Examining the Politics of Recognition*, ed. Amy Gutmann, Princeton University Press, pp. 25-73.

3 Taylor, "The Politics of Recognition" in *Multiculturalism: Examining the Politics of Recognition*, p. 55.

4 Taylor, "The Politics of Recognition" in *Multiculturalism: Examining the Politics of Recognition*, pp. 40, 58-59.

5 這宗官司發生在一九七二年，見 *Wisconsin v. Yoder* 406 U.S. 205 (1972)。相關討論也可參考Raphael Cohen-Almagor, 2021, "Can Group Rights Justify the Denial of Education to Children? The Amish in the United States as a Case Study", *SN Social Sciences* 1: 164, pp. 1-29。

6 Taylor, "The Politics of Recognition" in *Multiculturalism: Examining the Politics of Recognition*, p. 25.

7 Taylor, "The Politics of Recognition" in *Multiculturalism: Examining the Politics of Recognition*, p. 26.

8 Taylor, "The Politics of Recognition" in *Multiculturalism: Examining the Politics of Recognition*, pp. 28-31.

9 Taylor, "The Politics of Recognition" in *Multiculturalism: Examining the Politics of Recognition*, p. 32.

10 Taylor, "The Politics of Recognition" in *Multiculturalism: Examining the Politics of Recognition*, p. 32.

11 Taylor, "The Politics of Recognition" in *Multiculturalism: Examining the Politics of Recognition*,

17. 左翼自由主義的正義提綱

1 本文仿效馬克思的〈關於費爾巴哈的提綱〉的形式而寫，嘗試就我所要論證的左翼自由主義正義觀做出一個總體論述。關於每一點更為詳細的論證，可參考本書各章。

2 這個觀點來自John Rawls, 1999, *A Theory of Justice* (revised edition), Belknap Press of Harvard University Press, p. 273。

3 馬克思認為，「哲學家只是用不同的方式解釋世界，而問題在於改變世界。」而黑格爾認為，在指導世界應該怎麼樣這個問題上，哲學總是來得太遲。馬克思，1972，〈關於費爾巴哈的提綱〉，《馬克思恩格斯選集》第一卷，中共中央編譯局編。人民出版社，頁19。黑格爾，1996，《法哲學原理》，范揚、張企泰譯。北京商務印書館，頁13。

18. 宗教自由的基礎

1 本章脫胎於拙文〈自由與宗教〉，惟內容已做大幅修改，故另起新題。原文見周保松，2020，《政治的道德：從自由主義的觀點看》(第三版)。香港中文大學出版社，頁181-189。

2 羅爾斯對此有精闢的討論。John Rawls, 2005, *Political Liberalism* (expanded edition), Columbia University Press, pp. xxiii-xxiv.

3 以上關於洛克的觀點，全部來自John Locke, 2010, "A Letter Concerning Toleration" in *Locke on Toleration*, ed. Richard Vernon, translated by Michael Silverthorne, Cambridge University Press, pp. 6-10。

4 J. S. Mill, 1991, "Of the Liberty of Thought and Discussion" in *On Liberty and Other Essays*, ed. Stefan Collini, Cambridge University Press, pp. 19-55.

5 當代哲學家泰勒認為，這正是「俗世時代」的標誌。Charles Taylor, 2007, *A Secular Age*, Belknap Press of Harvard University Press, pp. 1-3.

6 當代政治思想史家伯林在這點上，有很深的洞見。Isaiah Berlin, 2013, "The Pursuit of the Ideal" in *The Crooked Timber of Humanity* (second edition), ed. Henry Hardy, Princeton University Press, pp. 32-34.

7 從傳統基督教社會過渡到現代自由社會初期，基督教神學難免有它的影響，但自十九世紀以降，已經很少有哲學家會用神學來證成自由主義。例如，一七七六年發表的《美國獨立宣言》，仍開宗明義地訴諸造物主來證明人人擁有不可讓渡的權利，可是到了一九四八年的聯合國《世界人權宣言》，普遍性權利的基礎已改為奠基於人的理性與良知，不再有任何神學色彩。

8 完整報告可在此下載：https://www.eiu.com/n/campaigns/democracy-index-2022/。

斷。倘若有人認為有些判斷不合理，只要提出的理由充分，即可修正。我的想法源於羅爾斯的「反思均衡法」(reflective equilibrium)。Rawls, *A Theory of Justice*, pp. 17-19.

4 這種對自由人的理解，基本上源於羅爾斯的想法。John Rawls, 1999, "Kantian Constructivism in Moral Theory" in *John Rawls: Collected Papers,* ed. Samuel Freeman, Harvard University Press, pp. 303-358.

5 當代哲學家伯林對此有相當深刻的洞見。Isaiah Berlin, 2002, "Two Concepts of Liberty" in *Liberty*, ed. Henry Hardy, Oxford University Press, pp. 166-217.

6 這種想法，主要來自John Rawls, 2005, Lecture VIII in *Political Liberalism* (expanded edition), Columbia University Press, pp. 289-371。

7 對此問題一個相當清楚的介紹，可參考Jeremy Waldron, 1984, "Introduction" in *Theories of Rights*, ed. Jeremy Waldron, Oxford University Press, pp. 1-20。

8 由此可見，「權利」和「自由」這兩個概念關係相當密切，因為權利保障的，往往便是個人的選擇自由。又，這張自由的清單只是舉例而已，清單上可以包括其他自由。

9 伯林便持這種觀點。Berlin, *Two Concepts of Liberty*, pp. 176-177.

10 例如美國的《獨立宣言》(1776)和法國大革命的《人權宣言》(1789)，便開宗明義表明國家最重要的責任，是保障人的自然權利。

11 不過須留意，雅典公民是指那些二十歲以上的雅典男性，並不包括女性，亦不包括大量的奴隸，以及其他城邦的移民。當時的雅典公民大約有三萬到四萬五千人。

12 「民主」的希臘文是democratia，它是一個由demos(人民)和kratos(管治)組合而成的詞，意指人民自己管治自己。

13 雅典全民大會的成員包括所有公民，最低法定人數是六千人。對於雅典民主制的詳細討論，可參考David Held, 1996, *Models of Democracy*, Polity Press；亦可見M. I. Finley, 1996, *Democracy: Ancient and Modern*, Rutgers University Press。

14 民主投票必然會出現多數人的選擇凌駕少數人的結果。既然如此，投票輸了的一方，為什麼仍然願意接受最後結果的正當性——即使他們繼續堅持自己的決定才是對的？我相信其中的關鍵，是所有參與的成員都接受民主程序背後的價值，並給予這些價值優先性，其中包括政治平等、集體自治和公平競爭。基於這些價值，公民在政治社群共享一個政治身分(political identity)。公民對這個政治身分的認同，相當大程度上決定了民主社會的團結和穩定。

15 關於民主的討論，可參考Robert Dahl, 1998, *On Democracy*, Yale University Press；亦可見 Ross Harrison, 1993, *Democracy*, Routledge。

16 魯迅，1981，〈故鄉〉，《魯迅全集》第一卷。人民文學出版社，頁485。

許多和民生息息相關的產業，也會由國家擁有。

6 桑德爾就此有很好的討論，見Michael Sandel, 2012, *What Money Can't Buy: The Moral Limits of Markets*, Allen Lane；亦可參考Elizabeth Anderson, 1993, *Value in Ethics and Economics*, Harvard University Press, Chapter 7。

7 在中文學界，人們常常將liberalism和libertarianism同譯為「自由主義」，引起許多不必要的誤會。前者有時也稱為左翼自由主義或自由平等主義，後者則稱為自由主義右翼、市場自由主義，或自由放任主義。這兩派理論在分配正義問題上，其實有極為不同的立場。

8 Robert Nozick, 1974, *Anarchy, State, and Utopia*, Basic Books, pp. 149-182.

9 Nozick, *Anarchy, State, and Utopia*, pp. 175-176.

10 對於諾齊克的觀點的批評，可參考G. A. Cohen, 1995, *Self-Ownership, Freedom, and Equality*, Cambridge University Press。

11 這方面的分析，可參考Will Kymlicka, 2001, *Contemporary Political Philosophy: An Introduction* (second edition), Oxford University Press, pp. 102-127。

12 John Rawls, 1999, *A Theory of Justice* (revised edition), Belknap Press of Harvard University Press, pp. 87-88.

13 Rawls, *A Theory of Justice*, p. 266.

14 Rawls, *A Theory of Justice*, pp. 86-93.

15 陳冠中近年對這個議題有非常深入的反思，並提出新左翼的立場。例如陳冠中，2013/12/26，〈新左翼思潮的圖景〉，《共識網》；亦可見陳冠中、周濂，2014/4/6，〈對談新左翼思潮〉，《上海書評》。

16 劉擎便認為，即使在當代中國，平等主義的理想也早已沉澱在我們的深層文化背景當中，成為社會想像中不容質疑的核心價值。見劉擎，2013，〈中國語境下的自由主義：潛力與困境〉，《開放時代》第4期。頁106-123。

16. 一種正義社會的想像

1 這個想法可參考John Rawls, 1999, *A Theory of Justice* (revised edition), Belknap Press of Harvard University Press, p. 4。

2 對於「認同」的重要性，可參考Charles Taylor, 1994, "The Politics of Recognition" in *Multiculturalism: Examining the Politics of Recognition*, ed. Amy Gutmann, Princeton University Press, pp. 25-74。

3 以上提出的六點判斷，只是公平合作的部分重要前提，並不排除其他可能性。而且作為一個思想實驗，這些判斷並非真實出現的共識，而是經過道德反思後得出的判由的烏托邦。

64 關於這個問題，可參考G. A. Cohen, 2011, "Capitalism, Freedom, and the Proletariat" and "Freedom and Money" in *On the Currency of Egalitarian Justice, and Other Essays in Political Philosophy*, ed. Michael Otsuka, Princeton University Press, pp. 147-165。

14. 機會平等的理念

1 本章脫胎於〈論機會平等〉，由於已大幅度改寫，故另起題目。原文見周保松，2020，《政治的道德：從自由主義的觀點看》(第三版)。香港中文大學出版社，第十二章。

2 羅爾斯稱之為「正義的環境」(circumstances of justice)。John Rawls, 1999, *A Theory of Justice* (revised edition), Belknap Press of Harvard University Press, pp. 109-110.

3 對於這點的分析，可參考Bernard Williams, 1976, "The Idea of Equality" in *Problems of the Self*, Cambridge University Press, pp. 243-249。

4 Rawls, *A Theory of Justice*, p. 63.

5 海耶克便抱有這樣的想法。Friedrich A. von Hayek, 1982, *Law, Legislation and Liberty, Volume 2 , The Mirage of Social Justice*, Routledge, pp. 84-85。

6 詳細討論可見Rawls, *A Theory of Justice*, pp. 242-251.

7 海耶克便提出這樣的擔憂。Hayek, *Law, Legislation and Liberty*, p. 85.

8 Rawls, *A Theory of Justice*, p. 64.

9 Rawls, *A Theory of Justice*, pp. 86-87.

10 Rawls, *A Theory of Justice*, p. 87.

15. 自由主義的平等觀

1 托克維爾，2000，《民主在美國》，秦修明等譯。貓頭鷹出版社，頁5-6。

2 John Rawls, 2005, *Political Liberalism* (expanded edition), Columbia University Press.

3 例如Ronald Dworkin, 2000, *Sovereign Virtue: The Theory and Practice of Equality*, Harvard University Press；Martha C. Nussbaum, 2006, *Frontiers of Justice* , Harvard University Press；Amartya Sen, 2009, *The Idea of Justice*, Harvard University Press。

4 這方面的討論，可參考聯合國的《人類發展報告》: http://hdr.undp.org/en/；亦可參考Richard G. Wilkinson, 2006, *The Impact of Inequality*, The New Press。

5 和所有其他自由一樣，承認這些自由重要，並不表示它們不應受到任何限制。此外，市場制和生產工具私有制是兩個不同概念，兩者並不互相涵蘊，例如市場社會主義者（market socialist）便提出市場經濟結合公有制的嘗試。而在資本主義社會，

44 我認為，海耶克如此強調規則的「消極性」，用意是要嚴格限制市場的功能，而不是規則的性質本身便應如此。

45 Hayek, *LLL*, p. 31.

46 Hayek, *LLL*, pp. 35-37.

47 Hayek, *LLL*, p. 33.

48 Hayek, *LLL* pp. 64, 68.

49 Hayek, *LLL*, p. 67.

50 詳細討論見Rawls, *A Theory of Justice*, pp. 242-249。

51 Rawls, *A Theory of Justice*, p. 242.

52「正當期望」是指在一個正義的合作體系中，個體可以獲得的應分（entitled）的回報，但這個回報並不是基於道德上的應得（moral desert）。Rawls, *A Theory of Justice*, p. 273. 海耶克也有使用這個概念來指涉同樣的意思。Hayek, *LLL*, p. 37.

53 Rawls, *A Theory of Justice*, p. 267.

54 Rawls, "Constitutional Liberty and the Concept of Justice" in *John Rawls: Collected Papers,* p. 102.

55 這個定義可參考Rawls, *A Theory of Justice*, p. 63。

56 Hayek, *LLL*, pp. 84-85.

57 Hayek, *LLL*, pp. 85.

58 根據二〇二三年加圖研究所（Cato Institute）發表的「人類自由指數」，在全球一百六十五個國家和地區之中，瑞士和新西蘭分別排第一和第二，而臺灣和日本則排第十二和十六。詳細報告可參考：https://www.cato.org/human-freedom-index/2023。

59 例如他說：「只要『社會正義』的信念支配政治行動，這個過程必然一步一步地走向極權主義體系。」Hayek, *LLL*, p. 68.

60 事實上，對於那些由於個人不幸而陷入極度貧困的家庭，海耶克同意政府應該給予基本援助，包括最低收入和基本教育等。不過，他強調，這樣做的理由並非出於正義，而且不應對市場運作有重大影響。Hayek, *LLL*, p. 87.

61 例如他很明白地認為，社會正義是個「不可實現的目標」，追求這個目標的最後必然會摧毀培養個人自由的社會環境。Hayek, *LLL*, p. 67.

62 這裡所說的自由，主要是指市場中的選擇自由，而不是指政治自由。我們千萬不要誤會，國家一旦干預市場，其他領域的自由便會跟著受損。正如我在前面指出，許多推行高福利政策的民主國家，其實有極佳的人權和自由紀錄。自由是一張清單，某種自由在某個領域受到限制，並不意味著別的自由在其他領域也跟著受到限制。

63 某些無政府主義者因此認為，完全沒有政府介入的放任市場，就是他們心目中最自

27 Hayek, *LLL*, p. 69.

28 海耶克本人完全接受這種關於規則和行動的觀點。Hayek, *LLL*, p. 33.

29 在這份報告中，香港排名第四，網址見：https://hdr.undp.org/content/human-development-report-2023-24。

30 例如英國智庫「公共政策研究所」在提出他們的社會改革主張時，報告書用的標題便是「社會正義：建設一個更公平的英國」，而他們針對的，正是深受海耶克影響的英國保守黨的自由放任主義。Nick Pearce and Will Paxton ed., 2005, *Social Justice: Building a Fairer Britain*, Politico's.

31 Hayek, *LLL*, p. 64.

32 Hayek, *LLL*, pp. 32-33.

33 Hayek, *LLL*, p. xvii, 100.

34 關於海耶克和羅爾斯的正義觀的比較，周濂有過深入且精到的討論，本人受益甚多。見〈哈耶克與羅爾斯論社會正義〉，收錄於氏著，2018，《正義與幸福》。中國人民大學出版社，頁53-84。

35 Hayek, *LLL*, p. xvii.

36 Rawls, *A Theory of Justice*, p. 266.

37 John Rawls, 1963, "Constitutional Liberty and the Concept of Justice" in *Nomos IV : Justice*, ed. Carl J. Friedrich and John W. Chapman, Atherton Press, p. 102. 此文後來收錄在John Rawls, 1999, "Constitutional Liberty and the Concept of Justice" in *John Rawls: Collected Papers*, ed. Samuel Freeman, Harvard University Press, pp. 76-77。

38 Rawls, *A Theory of Justice*, p. 76.

39 Rawls, *A Theory of Justice*, pp. 74-76. 海耶克似乎並沒有留意到羅爾斯在《正義論》中的這個說法，不過他所認同的羅爾斯的觀點，基本上就是「純粹程序正義」的想法。

40 Rawls, *A Theory of Justice*, p. 266.

41 Hayek, *LLL*, p. 38; Rawls, *A Theory of Justice*, pp. 4-5.

42 例如羅爾斯聲稱，正義是社會制度的首要德性，而海耶克也認為在推動社會規則的改革時，正義是指導原則（guiding principle），同時社會制度必須以盡可能減少不正義為目標。不過，他們對於構成公平規則的條件，有很不同的想法。Rawls, *A Theory of Justice*, p. 3; Hayek, *LLL*, pp. 41-42.

43 Hayek, *LLL*, pp. 31-42; Rawls, *A Theory of Justice*, pp. 112-118. 儘管如此，他們對於這些形式限制也有不同要求，例如海耶克強調，特別為市場秩序而設的正義行為規則，必須是消極（negative）的，即只會阻止和限制人們不能做某些行動，卻不會要求所有人必須承擔一些積極的責任（positive duties）。

9 香港政府統計處「香港貧窮情況報告」最新數據（二〇二〇年）可在此下載：https://www.censtatd.gov.hk/tc/scode461.html。

10 這是該年五月二十八日，李克強在全國人民代表大會閉幕後的記者會講話，數字其後得到國家統計局確認。相關新聞報導可見人民網：http://politics.people.com.cn/n1/2020/0615/c1001-31747507.html。

11 羅爾斯便清楚指出，競爭性市場是社會基本結構的一部分。Rawls, *A Theory of Justice*, pp. 6-7.

12 我在這裡用的是「壞」(bad)，而非「不義」(unjust)。這兩個概念有重要分別：一個壞的制度（由於它帶來一些不好的結果）卻不一定是不義的（因為沒有人在結果產生的過程中受到不公平的對待）。我在下文將進一步指出，為什麼市場導致的貧窮是不義的。

13 Hayek, *LLL*, p. 31.

14 Hayek, *LLL*, pp. 66-68, 80.

15 Hayek, *LLL*, p. xvi.

16 Hayek, *LLL*, p. 68.

17 Hayek, *LLL* p. 68.

18 Hayek, *LLL*, pp. 31-32.

19 Hayek, *LLL*, p. 33.

20 海耶克指出，穆勒是最早將分配正義等同於社會正義，並從這種角度來要求市場必須回應正義訴求的哲學家。而他認為，穆勒的社會正義觀最終必會導致社會主義。Hayek, *LLL*, pp. 63-64。穆勒的觀點，見J. S. Mill, 1998, *Utilitarianism,* ed. Roger Crisp, Oxford University Press, Chapter 5。

21 Hayek, *LLL*, p. 62.

22 Hayek, *LLL*, p. 69.

23 海耶克在書中也將市場稱為「開放社會」(open society)、「大社會」(Great Society)、「自我創生的秩序」(self-generating order)，或「自我組織的結構」(self-organizing structure)。Hayek, *LLL*, p. xix.

24 Hayek, *LLL*, p. 70.

25「道德上可接受」是我的詮釋，而我相信海耶克也會同意。道理很簡單，如果市場機制本身是道德上不可接受的，從而導致的分配結果也是不合理的，那麼我們一開始就不應該選擇市場，而是選擇其他制度替代。當然，道德上可接受，並不一定便等同於正義。

26 詳細討論可見Hayek, *LLL*, pp. 67-73。

1981-1991, Cambridge University Press, p. 5.

25 Ronald Dworkin, 1996, "Do Liberty and Equality Conflicts?" in *Living as Equals*, ed. Paul Barker, Oxford University Press, pp. 39-58.

26 自由放任主義不會反對所有的徵稅，因為他們也同意，要維持市場順利運作，包括確保所有人都能遵守契約和財產權，國家需要大量成本。對這個問題的討論，可參考Stephen Holmes and Cass R. Sunstein, 1999, *The Cost of Rights: Why Liberty depends on Taxes*, W. W. Norton & Company。

27 Cohen, "Capitalism, Freedom, and the Proletariat" in *On the Currency of Egalitarian Justice, and Other Essays in Political Philosophy*, pp. 153-154. 也可參考Will Kymlicka, 2002, *Contemporary Political Philosophy: An Introduction*, Oxford University Press, pp. 151-152。

28 Cohen, "Freedom and Money" in *On the Currency of Egalitarian Justice, and Other Essays in Political Philosophy*, p. 175.

29 當然，這並不因此表示，我們須接受「結果平等」式的社會分配，因為我們還有其他的道德和現實的考慮，例如每個人須對自己的選擇承擔相應的責任、對個人努力和貢獻的承認，鼓勵創新，以至經濟動機和經濟效率的考量等。這些因素雖然性質不一，卻足以令我們接受不同程度的經濟不平等。

13. 市場秩序與社會正義

1 「純粹程序正義」這個概念來自羅爾斯。John Rawls, 1999, *A Theory of Justice* (revised edition), Belknap Press of Harvard University Press, pp. 75-76.

2 我在下文將討論到為什麼他是「傾向」支持，而不是直接支持。

3 Friedrich A. von Hayek, 1982, *Law, Legislation and Liberty*, Volume 2, *The Mirage of Social Justice*, Routledge, pp. 31-106，以下簡稱為*LLL*。此書共有三卷，每卷頁碼都從新開始，本章所引頁數，一律指第二卷（《社會正義的幻象》）。

4 Hayek, *LLL*, p. 100.

5 根據二〇二二年統計，排在頭三位的分別是瑞士、挪威和冰島，而亞洲區則以香港（第四）和新加坡（第九）最高。報告網址：https://hdr.undp.org/content/human-development-report-2023-24。

6 Hayek, *LLL*, p. 100.

7 Robert Nozick, 1974, *Anarchy, State, and Utopia,* Blackwell, p. ix.

8 我在〈貧窮之苦〉一文曾引用過類似例子，不過此處已大幅度改寫。見周保松，2020，《政治的道德：從自由主義的觀點看》（第三版）。香港中文大學出版社，頁165-168。

Egalitarian Justice, and Other Essays in Political Philosophy, pp. 148-149。

12 當然，社會保障計畫通常不是向有需要的公民直接派發現金，卻往往是現金的等價物，例如食物、醫療，以及交通和房屋津貼。

13 如何量度自由的增減，是個複雜問題。我們這裡假定，相同性質的自由，可以在人與人之間進行量化比較。

14 Cohen, "Capitalism, Freedom, and the Proletariat" in *On the Currency of Egalitarian Justice, and Other Essays in Political Philosophy*, p. 152.

15 這個比喻來自馬克思。Karl Marx, 2000, "On the Jewish Question" in *Karl Marx: Selected Writings*, ed. David McLellan, Oxford University Press, p. 60.

16 這裡必須再次強調，我在此處提出的是概念分析，並不是主張我們因此便要全面實行公有制。不過，在許多人的想像中，公有制便等於自由的減少，這無疑是種錯覺。香港的郊野公園，占全香港土地總面積四〇％，屬於公有土地，並容許所有人免費使用。這些土地一旦被私有化，絕大部分公民的自由馬上會因此而減少。

17 這個例子借用自 Adam Swift, 2014, *Political Philosophy* (third edition), Polity Press, p. 61。亦可參考 Cohen, "Freedom and Money" in *On the Currency of Egalitarian Justice, and Other Essays in Political Philosophy*, p. 179, footnote 29。

18 Berlin, "Two Concepts of Liberty" in *Liberty*, p. 169.

19 可是伯林卻認為，這兩者的性質其實是一樣。柯亨對伯林的觀點做出了有力反駁。他們的文章可參見：Berlin, "Two Concepts of Liberty" in *Liberty*, pp. 169-170；Cohen, "Freedom and Money" in *On the Currency of Egalitarian Justice, and Other Essays in Political Philosophy*, pp. 174-175。

20 我在接著下來的幾章，會嘗試提供這樣的論證。

21 這個用法來自柯亨。Cohen, "Capitalism, Freedom, and the Proletariat" in *On the Currency of Egalitarian Justice, and Other Essays in Political Philosophy*, p. 153. 柯亨認為，當代最有代表性的自由放任主義者諾齊克便使用了這種定義。Robert Nozick, 1974, *Anarchy, State, and Utopia,* Blackwell, p. 262.

22 這個例子引用自 Cohen, "Capitalism, Freedom, and the Proletariat" in *On the Currency of Egalitarian Justice, and Other Essays in Political Philosophy*, p. 153。

23 這裡所謂的「中性」，是指自由作為主體免受干預的一種狀態，本身並不預設道德上的好壞對錯。至於某種特定的自由是否有價值，以及應以什麼方式公平分配這種自由，需要進一步的道德論證。

24 這是當代哲學家沃爾德倫在他的一本關於財產權的名著中所得出的結論。Jeremy Waldron, 1993, "Theoretical Foundation of Liberalism" in *Liberal Rights: Collected Papers*

31 這方面的討論，可參考Kymlicka, *Liberalism, Community and Culture*, pp. 11-13。

12. 金錢、產權與自由

1 本文脫胎於〈市場、金錢與自由〉，惟結構和內容均有大幅度改動。該文收在周保松，2020，《政治的道德：從自由主義的觀點看》（第三版）。香港中文大學出版社，頁135-143。

2 傳統基金會最新的經濟自由指數排名，可參考其網站：http://www.heritage.org/index/。菲沙研究所的報告可見：https://www.fraserinstitute.org/sites/default/files/economic-freedom-of-the-world-2023.pdf。

3 香港採用的計算方法，是將每月住戶收入中位數的五〇％定為貧窮線。這個數字指的是政府各種福利政策介入前的情況。至於政策介入後的貧窮人口，則減到五十五萬人，而貧窮率變為七・九％。見〈2020年香港貧窮情況報告〉，香港政府統計處。而根據香港樂施會最新的調查，二〇二三年香港的整體貧窮率達二〇％，大約有一百三十六萬人活在貧窮狀態，而最低與最高家庭月入中位數相差五十七・七倍。完整報告可參看：www.oxfam.org.hk/tc/f/news_and_publication/100595/香港貧窮狀況報告2023.pdf。

4 本文深受當代哲學家柯亨的兩篇文章影響：G. A. Cohen, 2011, "Capitalism, Freedom, and the Proletariat" and "Freedom and Money" in *On the Currency of Egalitarian Justice, and Other Essays in Political Philosophy*, ed. Michael Otsuka, Princeton University Press, pp. 147-199。我仍清楚記得，二〇〇〇年我在倫敦政經學院讀書時，柯亨前來報告〈自由與金錢〉初稿帶給我的思想震撼。可以說，他的觀點徹底改變了我對自由的理解。

5 我這裡對自由的定義，主要參考自：Gerald C. MacCallum Jr., 2006, "Negative and Positive Freedom" in *The Liberty Reader*, ed. David Miller, Paradigm Publishers, pp. 100-122。

6 在伯林的著名分析中，這是他所稱的「消極自由」。Isaiah Berlin, 2002, "Two Concepts of Liberty" in *Liberty*, ed. Henry Hardy, Oxford University Press, p. 169.

7 只要得到制度認可，信用卡或電子支付也可以有像錢一樣的功能，因此同樣可以增加我們的自由。

8 相關討論可參考Cohen, "Freedom and Money" in *On the Currency of Egalitarian Justice, and Other Essays in Political Philosophy*, pp. 176-178。

9 *Economic Freedom of the World: 2023 Annual Report,* Fraser Institute, 19 September 2023, https://www.fraserinstitute.org/studies/economic-freedom-of-the-world-2023-annual-report.

10 這裡預設了自由是值得追求的最高價值，也即前面所說的前提一。

11 相關討論可參考Cohen, "Capitalism, Freedom, and the Proletariat" in *On the Currency of*

和客觀主義的關鍵，在於是否接受價值源於個人喜好，以及是否以喜好作為衡量價值的標準。

17 這是石元康先生對自由主義和現代性相當有名的分析，例如可參考他的〈政治自由主義之中立性原則及其證成〉和〈自由主義與現代社會〉，均收錄於石元康，2017，《歷史與社會：對人存在的哲學反思》。上海人民出版社。

18 在中文學界，近年對自由主義的批評，不少來自施特勞斯（Leo Strauss）的中國追隨者。其中一種相當流行的論述，是認為自由主義接受了價值主觀主義、相對主義，甚至虛無主義，因而導致所謂的現代性危機。可參看甘陽，2003，《政治哲人施特勞斯——古典保守主義政治哲學的復興》。牛津大學出版社（中國）。我對甘陽的回應，可見周保松，2015，《自由人的平等政治》。香港中文大學出版社，頁105-150。

19 這個例子借用自羅爾斯。Rawls, *A Theory of Justice*, p. 27.

20 J. S. Mill, 1998, *Utilitarianism,* ed. Roger Crisp, Oxford University Press, p. 81.

21 Rawls, *A Theory of Justice*, p. 28.

22 這個說法參考自 Gauthier, *Morals by Agreement*, p. 50。

23 石元康認為，這種理性的無力是現代社會工具理性主導下的必然結果，因為工具理性只能評價手段的合理性，卻無法評斷目的本身是否合理，因此不同主體關於終極目的的選擇必然因人而異，難以達成任何共識。在此意義上，「工具理性沒有能力確定價值的客觀性。」〈政治自由主義之中立性原則及其證成〉，《歷史與社會：對人存在的哲學反思》，頁18。

24 Rawls, *A Theory of Justice*, p. 25.

25 Nozick, *Anarchy, State, and Utopia*, pp. 32-33.

26 這裡須留意，「認可」並不等同於「選擇」，前者強調我們對這些活動須有一種反思性的認同，而不要求所有活動都必須是個體直接選擇的結果。例如一個自小成長於某個宗教家庭的人，嚴格來說，並沒有選擇過他的信仰，但在成長的過程中，他卻可以對此做出反思，甚至提出根本質疑，並決定是否應繼續認同原來的信仰。

27 Will Kymlicka, 1989, *Liberalism, Community and Culture*, Clarendon Press, p. 12.

28 J. S. Mill, 1989, *On Liberty and Other Writings*, ed. Stefan Collini, Cambridge University Press, p. 13. 也可參考中譯本，穆勒，2011，《論自由》，孟凡禮譯。廣西師範大學出版社，頁10。

29 這是穆勒的基本觀點。Mill, *On Liberty and Other Writings*, p. 57.

30 這裡只是舉例說明。每個領域的意義，並非單一及固定，而是容許有不同的實踐和詮釋空間。關於這個問題的討論，可參考 Michael Walzer, 1983, *Spheres of Justice*, Blackwell。

自學術界和不同專業的人士在報章刊登了一份〈維護香港核心價值宣言〉，聲稱「自由民主、人權法治、公平公義」等是香港的核心價值，並指出「失去了香港的核心價值，這座城市便變成失去靈魂的軀殼，港人也就失去了『香港』」。該聲明曾刊登在當年的《蘋果日報》，2004/06/07。

2 關於「構成性價值」的討論，可參考Ronald Dworkin, 1978, "Liberalism" in *Public and Private Morality*, ed. Stuart Hampshire, Cambridge University Press, p. 116.

3 例如在羅爾斯的正義理論中，「平等的基本自由原則」便具有「字典式的優先性」（lexical priority）。John Rawls, 1999, *A Theory of Justice* (revised edition), Belknap Press of Harvard University Press, p. 266.

4 「基本自由」的想法，主要來自當代哲學家羅爾斯。Rawls, *A Theory of Justice*, pp. 53-54; John Rawls, 2005, *Political Liberalism* (expanded edition), Columbia University Press, pp. 289-371.

5 道德約束的說法，最早見於Robert Nozick, 1974, *Anarchy, State, and Utopia,* Basic Books, pp. 28-35。不過，我對於約束的理解，並沒有像諾齊克那樣，認為在任何情況下，國家都不可以用其他理由來限制個人權利。羅爾斯的正義理論中，基本自由同樣具有一種「字典式的優先」，見Rawls, *A Theory of Justice*, p. 266。

6 Isaiah Berlin, 2002, "Two Concepts of Liberty" in *Liberty*, ed. Henry Hardy, Oxford University Press, pp. 212-217. 更完整的闡述，也可參看 Isaiah Berlin, "The Pursuit of the Ideal" in *The Crooked Timber of Humanity*, Fontana Press, pp. 1-19。

7 Berlin, "Two Concepts of Liberty" in *Liberty,* pp. 213-214.

8 Berlin, "Two Concepts of Liberty" in *Liberty*, p. 214.

9 Berlin, "Two Concepts of Liberty" in *Liberty*, p. 215.

10 格雷便認為這是從伯林的價值多元論推導出來的唯一合理的結論。John Gray, 1995, *Berlin*, Fontana Press, pp. 141-168.

11 Berlin, "Two Concepts of Liberty" in *Liberty*, p. 214.

12 Berlin, "Two Concepts of Liberty" in *Liberty*, p. 216.

13 此處或會有人回應說，所有選擇都是主觀的，沒有客觀意義上的好壞可言，我們因此應將選擇的權利交給每個個體。我在下一節將會回應這種價值主觀主義的觀點，不過，伯林本人並不持有這種立場，因為他認為價值雖然多元，卻具有客觀性。

14 Berlin, "Two Concepts of Liberty" in *Liberty*, p. 215.

15 David Gauthier, 1986, *Morals by Agreement*, Clarendon Press, p. 47.

16 這裡須留意，「來自其他地方」不一定指外在於人的某個源頭，例如上帝或自然法，又或某個獨立於人並等待人去發現的價值秩序。高契爾說得很清楚，區分主觀主義余英時，2004，《重尋胡適歷程——胡適生平與思想再認識》。聯經出版；吳乃德，2013，《百年追求：臺灣民主運動的故事》卷二 自由的挫敗。衛城出版。

4 容忍作為一種德性的定義，可參考Susan Mendus, 1989, *Toleration and the Limits of Liberalism*, Macmillan, pp. 1-21。

5 當然，即使弱勢一方沒有權力這樣做，在信念上依然可以對他人抱一種不容忍的態度。關於這點，可見Bernard Williams, 1996, "Toleration: An Impossible Virtue?" in *Toleration: An Elusive Virtue*, ed. David Heyd, Princeton University Press, p. 19。

6 這裡所說的理性，是指工具理性（instrumental rationality）或手段－目的理性（means-end rationality）。

7 〈「容忍與自由」——《自由中國》十週年紀念會上講詞〉，《什麼是自由主義》。頁397。

8 這就是所謂的「寬容的悖論」。見 Williams, "Toleration: An Impossible Virtue?" in *Toleration: An Elusive Virtue*, p. 18。

9 例如可參考胡適，〈自由主義是什麼？〉及〈我們必須選擇我們的方向〉，均收在《什麼是自由主義》，頁215-218及頁219-223。

9. 論思想自由

1 這句話出自陳寅恪在一九二九年寫的〈海寧王靜安先生紀念碑碑銘〉，紀念碑現立於北京清華大學校園。

2 J. S. Mill, 1989, *On Liberty and Other Writings*, ed. Stefan Collini, Cambridge University Press, pp. 19-55.

3 Mill, *On Liberty and Other Writings*, pp. 58-60.

4 Blaise Pascal, 1966, *Pensees*, trans. A. J. Krailsheimer, Penguin Books, p. 59.

10. 為民主辯護

1 這種對民主的批評，最早見於柏拉圖的《理想國》。Plato, 1968, *The Republic of Plato*, trans. Allan Bloom, Basic Books.

2 根據《經濟學人》編訂的「民主指數2023」，臺灣在全球一百六十五個國家和地區中，排名第九，亞洲最高。報告可在此下載：https://www.eiu.com/n/campaigns/democracy-index-2023/。

11. 個人自主與自由的優先性

1 「核心價值」的說法，在香港有頗長傳統，例如在二〇〇四年六月，便有近三百位來

opposite of coercion, is good as such, although it is not the only good. This is the 'negative' conception of liberty in its classical form." 中譯：「一種觀點認為，所有的強制，只要它壓制了人的欲望，本身就是不好的，儘管它可能被用來阻止其他更大的惡；與此同時，不做干預——也即強制的反面——本身就是好的，雖然它不是唯一的好。這是『消極』自由的概念的古典形式。」Berlin, "Two Concepts of Liberty" in *Liberty*, p. 175.

3 當然，這並不表示所有制度都能合理地保障我們的自由。我這裡是要指出，就概念而言，法律一方面約束了我們的自由，另一方面也保障了我們的自由。

4 泰勒對此有很好的分析。Charles Taylor, 1985, "What's Wrong with Negative Liberty" in *Philosophy and the Human Sciences: Philosophical Papers 2*, Cambridge University Press, pp. 211-229.

5 羅爾斯稱這些自由為「基本自由」(basic liberties)。羅爾斯又認為，要論證這些基本自由的優先性，必須扣緊人的道德能力的發展來談。John Rawls, 2005, *Political Liberalism* (expanded edition), Columbia University Press, pp. 289-371.

6 Berlin, "Two Concepts of Liberty" in *Liberty*, p. 173.

7 Berlin, "Two Concepts of Liberty" in *Liberty*, pp. 213-214.

8 洛克，1996，《論宗教寬容》，吳雲貴譯。北京商務印書館。

9 Berlin, "Two Concepts of Liberty" in *Liberty*, pp. 214-215.

10 關於這點，可參考Will Kymlicka, 1989, *Liberalism, Community and Culture*, Clarendon Press, p. 11。

11 J. S. Mill, 1989, *On Liberty and Other Writings*, ed. Stefan Collini, Cambridge University Press, p. 13.

12 Berlin, "Two Concepts of Liberty" in *Liberty*, p. 175.

13 對此問題一個很精采的回應，可參考Adam Swift, 2006, *Political Philosophy: A Beginner's Guide for Students and Politicians* (second edition), Polity Press, pp. 77-87。

14 我在第十一章對此有更詳細的討論。

8. 自由與容忍

1 第一篇文章的題目是〈容忍與自由〉，第二篇是〈「容忍與自由」——《自由中國》十週年紀念會上講詞〉，均收錄於張忠棟等編，1999，《什麼是自由主義》，唐山出版社。

2 以上引文分別見於《什麼是自由主義》，頁377-382、395-403。溫和懷疑論的說法，是我的詮釋。

3 胡適與《自由中國》種種，可參考：雷震，1978，《雷震回憶錄》。七十年代雜誌社；

6. 自由的理念

1 基本自由的說法，來自羅爾斯。John Rawls, 1999, *A Theory of Justice* (revised edition), Belknap Press of Harvard University Press, p. 53.

2 這個對自由的定義，我主要參考了Gerald C. MacCallum Jr. 2006, "Negative and Positive Freedom" in *The Liberty Reader*, ed. David Miller, Paradigm Publishers, p. 102。

3 例如在新型冠狀病毒疫情期間，所有國家都會對公民的行動自由做出各種限制，包括強制隔離感染者、限制營商和出境自由，以及必須佩戴口罩等。

4 我曾經在臉書上如此形容：「唱歌的失去舞臺，拍電影的沒戲院放映，畫漫畫的沒平臺發表，寫作的沒出版社敢出，做記者的失去媒體，熱愛閱讀的發覺許多書已在圖書館消失，通識老師沒有通識可教，大學生沒有學生會，關心勞工權益的沒有工會，以政治為志業的沒有參政的權利，而奮力為大家爭取自由的卻首先失去自由。更加無解的，是無數以這個地方為家的，現在卻無家可歸，無論是離開的還是留下的。然後他們說，這是美麗新香港。」發表於二〇二三年五月二十七日。

5 關於個人自主的深入討論，可參考Joseph Raz, 1986, *The Morality of Freedom*, Clarendon Press, pp. 369-399。

6 這個說法，可參考J. S. Mill, 1989, *On Liberty and Other Writings*, ed. Stefan Collini, Cambridge University Press, p. 59。

7 關於這種批評，可參考Michael Sandel, 1982, *Liberalism and the Limits of Justice*, Cambridge University Press。

8 他們的代表著作如下：John Locke, 1988, *Two Treatises of Government*, ed. Peter Laslett, Cambridge University Press; Jean-Jacques Rousseau, 1993, *Social Contract and the Discourses*, trans. G. D. H. Cole, Everyman's Library; Immanuel Kant, 1991, *Political Writings*, ed. Hans Reiss, trans. H. B. Nisbet, Cambridge University Press; Mill, *On Liberty and Other Writings*; Rawls, *A Theory of Justice;* Raz, T*he Morality of Freedom*。

9 關於原子式自我的論述，可參考Charles Taylor, 1985, "Atomism" in *Philosophy and the Human Sciences*, Cambridge University Press, p. 189。

7.「消極自由」的基礎

1 Isaiah Berlin, 2002, "Two Concepts of Liberty" in *Liberty*, ed. Henry Hardy, Oxford University Press, pp. 166-217. 這篇文章最初發表於一九五八年，是伯林擔任牛津的齊契利（Chichele）社會及政治理論講座教授的就職講辭。

2 原文："One is that all coercion is, in so far as it frustrates human desires, bad as such, although it may have to be applied to prevent other, greater evils; while non-interference, which is the

10 關於這裡出現的雙重「合理性」，可參考羅爾斯的說法。Rawls, *Political Liberalism*, p. xlii.

11 這個想法可參考Rawls, *Political Liberalism*, pp. 136-137。

12 Mill, *On Liberty and Other Writings*, pp. 56-74.

13 John Locke, 1988, *Two Treatises of Government*, ed. Peter Laslett, Cambridge University Press, pp. 330-333.

14 Mill, *On Liberty and Other Writings*, pp. 56-74.

15 John Rawls, 1999, *A Theory of Justice* (revised edition), Belknap Press of Harvard University Press, pp. 86-91.

16 這裡須留意，我理解的公共哲學實踐，並不等同於政治上的行動主義（political activism），因為前者的目標，主要是通過思想討論來影響公共文化，而不是直接介入政治行動。當然，在某些關鍵的歷史時刻，這條界線未必會那麼清楚。

17 蘇格拉底的生平及在雅典城邦的受審，可參考Plato, 2002, "The Apology of Socrates" in *The Trials of Socrates: Six Classic Texts*, ed. C. D. C. Reeve, Hackett, pp. 26-61.

18 諾齊克對此有很好的分析。Robert Nozick, 1997, *Socratic Puzzles*, Harvard University Press, p. 154.

19 對於「公共哲學」理念的討論，可參考Lee McIntyre, Nancy McHugh, Ian Olasov eds., 2022, *A Companion to Public Philosophy*, Blackwell。桑德爾有一本書便以「公共哲學」為名，不過他主要是從政治哲學的角度，去分析政治和法律爭議背後的道德問題。Michael Sandel, 2005, *Public Philosophy: Essays on Morality in Politics*, Harvard University Press.

20 原則上，我們也可以想像自己是地球人，並以此一身分來與他人展開對話。不過，在以國家為政治共同體的今天，嚴格來說，地球人並不是一個政治身分。

21 關於現代合理多元社會的討論，可參考Rawls, *Political Liberalism*, p. xvi.

22 「觀念的水位」一說借用自劉瑜，2014，《觀念的水位》。江蘇文藝出版社。

23 我的微博經歷，可參考本書之〈自由誠可貴——我的微博炸號紀事〉。

24 這個名為「Brew Note文化沙龍」的系列影片，請見：https://www.youtube.com/@brewnote2257。

25 關於公共文化和社會轉型的討論，可參考錢永祥，2016，〈哲學與公共文化：台灣的經驗〉，《二十一世紀》總158期，頁4-18。

26 關於我對蘇格拉底的理解，可參考我的公開講座「蘇格拉底的抉擇」：https://www.youtube.com/watch?v=wkmnfcxC-ww&t=3181s。

36 Rawls, "Kantian Constructivism in Moral Theory" in *John Rawls: Collected Papers*, p. 304. 這篇文章最早發表於一九八〇年，我認為它對準確理解羅爾斯的正義理論，舉足輕重。

37 對於這點最為清楚的說明，可參考Rawls, "Kantian Constructivism in Moral Theory" in *John Rawls: Collected Papers*, pp. 304-307。

38 Rawls, *A Theory of Justice*, p. 513.

39 Immanuel Kant, 1996, *Groundwork of the Metaphysics of Morals in Practical Philosophy*, trans. & ed. Mary J. Gregor, Cambridge University Press, pp. 78-79.

5. 公共哲學的理念

1 本章部分想法曾見於拙作〈政治哲學的旨趣〉，收於周保松，2020，《政治的道德：從自由主義的觀點看》（第三版）。香港中文大學出版社，頁217-224。本文初刊於《思想》第48期，頁191-213。錢永祥、陳祖為、王邦華和鄧偉生先生對本文給予許多寶貴意見，謹此致謝。

2 我認為，洛克、盧梭、康德、黑格爾、馬克思、韋伯等思想家的著作，都是在努力理解和把握現代性的精神和產生的問題，並尋求應對之道。來到當代，羅爾斯和哈伯瑪斯的政治哲學，同樣有十分清楚的現代性意識。見John Rawls, 2005, *Political Liberalism* (expanded edition), Columbia University Press；Jurgen Habermas, 1990, *The Philosophical Discourse of Modernity,* trans. Frederick Lawrence, MIT Press。也可參考Anthony Giddens, 1991, *The Consequences of Modernity*, Stanford University Press。

3 「世界解魅」（disenchantment of the world）的說法借用自韋伯。Max Weber, 1991, "Science as a Vocation" in *From Max Weber: Essays in Sociology*, trans. and ed. H. H. Gerth and C. Wright Mills, Routledge, pp. 148-149.

4 這句話出自李鴻章的光緒元年〈因台灣事變籌畫海防折〉。光緒元年即一八七五年。

5 「師夷之長技以制夷」出自魏源的《海國圖志》，「中學為體，西學為用」的說法出自張之洞的《勸學篇》，「君主立憲」是康有為、梁啟超的主張，「全盤西化」則是新文化運動時的口號。

6 關於中國的現代化之路，可參考金耀基，2013，《中國的現代轉向》（增訂版）。牛津大學出版社（中國）。

7 石元康，1998，《從中國文化到現代性：典範轉移？》。東大圖書，頁36。

8 「集體學習」這個想法來自錢永祥先生，謹此致謝。

9 通過生活實驗和自由選擇，找到最適合自己的「生命模式」，是穆勒論證自由的價值的一個重要觀點。J. S. Mill, 1989, *On Liberty and Other Writings,* ed. Stefan Collini, Cambridge University Press, p. 57.

18 Rawls, *A Theory of Justice*, p. 514; *Political Liberalism*, p. 17. 羅爾斯甚至進一步指出，原初狀態最後推導出來的原則之所以能充分證成，是因為它能夠和我們許多深思熟慮的道德判斷形成「反思均衡」。Rawls, *A Theory of Justice*, pp. 17-19.

19 Rawls, *A Theory of Justice*, pp. xii-xiii; Rawls, "Kantian Constructivism in Moral Theory" in *John Rawls: Collected Papers*, pp. 312-315.

20 羅爾斯把「互惠」和「互利」(mutual advantage) 區分開來，前者基於公平的道德考慮，後者則純粹基於自利。Rawls, *Political Liberalism*, pp. 16-17.

21 Rawls, *A Theory of Justice*, pp. 41, 398, 442-443.

22 簡單來說，「合理」指涉的是我們的道德考慮，而「理性」指涉的是我們的利益考慮，兩者有清楚的概念分工。Rawls, "Kantian Constructivism in Moral Theory" in *John Rawls: Collected Papers*, pp. 307-317.

23 Rawls, *A Theory of Justice*, pp. 27-28.

24《正義論》第三部分就是處理這個問題，並把正義感的優先性和穩定性問題連結起來。Rawls, *A Theory of Justice*, pp. 398-399. 也可參考拙著，2015，《自由人的平等政治》，中文大學出版社，第五及六章。

25 在《正義論》全書最後一段，羅爾斯再一次告訴讀者，原初狀態中的每項條件的設定，都是我們實際上會接受，或可以被說服去接受的。原初狀態代表了一個觀照和評價社會的客觀、具普遍性的立足點。Rawls, *A Theory of Justice*, p. 514.

26 Rawls, *A Theory of Justice*, p. 12.

27 Rawls, *A Theory of Justice*, p. 3.

28 羅爾斯本人並沒有使用「道德約束」(moral constraints) 這種說法，我在此借用了諾齊克的用法。Robert Nozick, 1974, *Anarchy, State, and Utopia,* Basic Books, pp. 28-31.

29 相關討論，可參考Rawls, *Political Liberalism*, pp. 32-33.

30 Jeremy Waldron, 1993, *Liberal Rights: Collected Papers 1981-1991*, Cambridge University Press, p. 50. 這裡須留意，沃爾德倫在文章中將正當性和政治義務做了一個重要區分，並認為契約論雖然能很好地回應正當性的證成要求，卻不一定就因此涵蘊公民有服從國家的政治義務。羅爾斯基本上接受這個觀點。Rawls, *Lectures on the History of Political Philosophy*, p. 15.

31 Waldron, *Liberal Rights: Collected Papers 1981-1991*, p. 61.

32 Rawls, *Lectures on the History of Political Philosophy*, p. 13.

33 關於自然權利的特點，可參考Rawls, *A Theory of Justice*, pp. 442-443。

34 Rawls, *A Theory of Justice*, p. 511.

35 Rawls, *A Theory of Justice*, pp. 221-222.

（fundamental organizing idea）。John Rawls, 2005, *Political Liberalism* (expanded edition), Columbia University Press, pp. 15-16.

7 羅爾斯稱他的正義理論為一種「康德式的建構主義」，最大特點是先界定一個特定的道德人的觀念，然後通過一個合理的建構程序，得出一組大家能合理接受的正義原則。John Rawls, 1999, "Kantian Constructivism in Moral Theory" in *John Rawls: Collected Papers,* ed. Samuel Freeman, Harvard University Press, p. 304.

8 這裡的「理性」(rational)，指的是工具理性或經濟理性，即在一個既定的目標下，最能有效實現該目標的手段便是最理性的。至於「根本利益」，包括有效實現自己的兩種道德能力，以及實現自己特定的人生計畫。詳細討論可見Rawls, "Kantian Constructivism in Moral Theory" in *John Rawls: Collected Papers,* pp. 312-315.

9 Rawls, *A Theory of Justice*, p. 65.

10 簡單來說，「財產所有民主制」希望通過制度安排，盡可能令資本和資源從一開始就分散到每個公民手上，避免生產工具過度集中於一小部分資本家。福利國家雖然通過二次分配令社會弱勢階層的基本需要得到保障，卻容許甚至鼓勵不斷加劇的經濟不平等。Rawls, *A Theory of Justice*, p. xv.

11 Rawls, "Kantian Constructivism in Moral Theory" in *John Rawls: Collected Papers,* pp. 308-310.

12 Rawls, *A Theory of Justice*, p. 16.

13 Rawls, *A Theory of Justice*, p. 10. 更詳細的解釋，也可參考 Rawls, "Kantian Constructivism in Moral Theory" in *John Rawls: Collected Papers,* p. 310。

14 羅爾斯對政治哲學的理解，可參考John Rawls, 2007, *Lectures on the History of Political Philosophy,* ed. Samuel Freeman, Belknap Press of Harvard University Press, pp. 1-4。

15 筆者講授羅爾斯的政治哲學多年，幾乎每次都有學生提出「我為什麼一定要進入無知之幕」這類問題，而我們不能簡單地用「如果你關心正義，你就一定會進入」作為回應，因為絕大部分學生都關心正義，他們困惑的是為什麼這是一種合理和合適的關心正義的方式。

16 事實上，羅爾斯明確指出，自利主義與道德的觀點並不相容。Rawls, *A Theory of Justice,* p. 117.

17 讀者或會問，這樣做會不會對這些人不公平，尤其當代自由主義經常強調要一視同仁地對待不同人生觀和宗教觀。這裡必須承認，作為一個道德設計，原初狀態顯然不會容許那些反自由反平等的觀點進去，所以它並非「一視同仁」和「價值中立」。我相信羅爾斯也會認為，真正的公平不是什麼觀點都接受，而是必須以「自由和平等的道德人」這一觀念作為前提。

19 我在這個問題上很受羅爾斯影響，因為他的整套正義理論，也是以發展自由人的道德能力作為出發點。Rawls, *A Theory of Justice*, pp. xii–xiii. 亦可見Rawls, *Political Liberalism*, pp. 289-371。

20 例如當一個國家的正當性陷入嚴重危機時，以革命的方式來變更政體，在歷史上便屢見不鮮。

21 換言之，「反思性認可」既不接受韋伯關於正當性的「信仰理論」，也能回應西門斯所說的個人與國家之間的特殊關係。Max Weber, 1978, *Economy and Society*, ed. Guenther Roth & Claus Wittich, University of California Press, pp. 212-216; Simmons, *Justification and Legitimacy*, p. 132.

22 儘管如此，我並不認為反思性認可以為政治義務提供直接的論證，因為政治義務所要求的那種對國家近乎絕對的服從，能否從反思性認可所接受的理由中推論出來，仍需視乎那些理由本身是否有這樣的力量。例如經過反思，我們的社會普遍認可只有每個人真實的同意才足以構成政治義務的必要條件，那麼這個國家就必須在每個公民十八歲時，讓每個人都對國家的忠誠做一次表態。柏拉圖筆下的蘇格拉底，便最早表達出這種想法。柏拉圖，2004，〈格黎東篇〉，《柏拉圖對話集》。王太慶譯，北京商務印書館，頁67-68。

23 沃爾德倫便認為，自由主義要求社會秩序必須原則上能在每個人的知性法庭上解釋自身（explaining itself at the tribunal of each person's understanding）。Waldron, *Liberal Rights*, p. 61.

4. 羅爾斯與要求正義的權利

1 本文脫胎於〈要求正義的權利〉，惟已做大幅度改寫，故改為現在的題目。原文見周保松，2020，《政治的道德：從自由主義的觀點看》（第三版）。香港中文大學出版社，頁29-38。

2 John Rawls, 1999, *A Theory of Justice* (revised edition), Belknap Press of Harvard University Press, p. 3.

3 羅爾斯的正義理論對過去半世紀政治哲學的發展影響深遠，使得「社會正義」成為最受關注的議題。相關討論可參考Katrina Forrester, 2019, *In the Shadow of Justice: Postwar Liberalism and the Remaking of Political Philosophy*, Princeton University Press。

4 本文會將「正義」、「公正」及「公平」交互使用，指涉類近的意思。

5 關於羅爾斯的理論更詳細的介紹，可參考周保松，2015，《自由人的平等政治》。香港中文大學出版社。

6 羅爾斯稱「社會作為公平合作體系」是他的理論中「最為根本的統合性理念」

的問題，即什麼是現代國家獨有的特徵。見Max Weber, 1991, "Politics as a Vocation" in *From Max Weber: Essays in Sociology*, ed. H. H. Gerth and C. Wright Mills, Routledge, pp. 77-78。

4 如果只是作為一種中性描述，現實中的國家肯定有的既不能促進公共福祉，甚至不具有最低度的統治正當性。

5 英文原文是"An Essay Concerning the True Original, Extent, and End of Civil Government"。

6 自然法通常指由上帝所頒布，再經由人類理性能力發現，繼而普遍地適用於所有人的一組律則。

7 全文見：https://www.archives.gov/founding-docs/declaration-transcript。

8 例如 A. John Simmons, 1993, *On The Edge of Anarchy: Locke, Consent, and the Limits of Society*, Princeton University Press。

9 這裡所說的「同意」，必須是真實而明確的同意。如果是假設性同意，那麼情況就會倒過來：(1)才是證成國家的主要理由，而「同意」本身並不構成實質的規範性。

10 西門斯便認為，接受洛克的論證的一個自然結論，就是接受一種「哲學無政府主義」(philosophical anarchism)的立場。A. John Simmons, 2001, *Justification and Legitimacy*, Cambridge University Press, pp. 155-156.

11 Locke, *Two Treatises of Government*, pp. 347-348.

12 我這裡的想法，深受羅爾斯提出的「反思均衡法」(reflective equilibrium)的影響。John Rawls, 1999, *A Theory of Justice* (revised edition), Belknap Press of Harvard University Press, pp. 17-18.

13 這種想法可參考John Rawls, 2005, *Political Liberalism* (expanded edition), Columbia University Press, p. 137。西門斯卻認為，證成和正當性兩者的性質有根本分別，前者關心國家存在的一些普遍性特質和理由，後者則關心一個國家和它的公民之間存在的特定道德關係，並且直接影響公民對國家具有的政治義務。Simmons, *Justification and Legitimacy*, pp. 130-132.

14 沃爾德倫認為，這是自由主義最為重要的一個理論特點和道德堅持。Jeremy Waldron, 1993, "Theoretical Foundation of Liberalism" in *Liberal Rights: Collected Papers 1981-1991*, Cambridge University Press, p. 44.

15 不過，這種約束力是否構成公民的政治義務，並具有最高的優先性，則需要進一步論證。

16 Rawls, *A Theory of Justice*, pp. 10-12.

17 Rawls, *A Theory of Justice*, p. 266.

18 本書其他章節將有更多關於自由和平等的討論。

Essays in Sociology, ed. H. H. Gerth and C. Wright Mills, Routledge, p. 78。但須留意，對於什麼構成權力正當性的基礎，韋伯並沒有特別從道德的觀點去考慮。他認為，只要被統治者相信在位者是有統治權威的，正當性問題便已解決。至於人們相信的理由本身是否合乎道德的要求，不是韋伯要處理的問題。我在這點上並不同意韋伯，因為正當性既然是個規範性概念，證成的理由就必須是（或以某種方式理解為）規範性的理由。

5 Thomas Hobbes, 1991, *Leviathan,* ed. Richard Tuck, Cambridge University Press, pp. 86-90.

6 這點可參考Rawls, *A Theory of Justice*, p. 7.

7 Jean-Jacques Rousseau, 1993, *The Social Contract and the Discourses*, trans. G. D. H. Cole, Everyman's Library, p. 184.

2. 較真的政治

1 「囚犯兩難」是指理性自利者在一個被隔離及缺乏保證的情況下，所做的決定雖然理性，卻不是對所有人最有利的安排。「搭便車」是指個體一方面免費享有集體提供的好處，卻不願承擔自己應有的責任。這兩種情況都會導致社會合作難以進行。相關說明可參考John Rawls, 1999, *A Theory of Justice* (revised edition), Belknap Press of Harvard University Press, pp. 236-238.

2 吳乃德，2013，《百年追求：臺灣民主運動的故事》卷二 自由的挫敗。衛城出版，頁271。

3 劉瑜，2022，《可能性的藝術：比較政治學30講》。廣西師範大學出版社，頁246。

4 Jean-Jacques Rousseau, 1993, *The Social Contract and the Discourses*, trans. G. D. H. Cole, Everyman's Library, p. 184.

3. 反思性認可與國家正當性

1 本章是之前一篇同名文章的擴寫版。原來的文章見周保松，2020，《政治的道德：從自由主義的觀點看》（第三版）。香港中文大學出版社，頁19-27。

2 John Locke, 1988, *Two Treatises of Government*, ed. Peter Laslett, Cambridge University Press, p. 268. 中譯本可參考洛克，1964，《政府論》下篇，葉啟芳、瞿菊農譯。北京商務印書館，頁2。

3 社會學家韋伯認為，國家最重要的特徵，是在其統治的領土範圍內，它是唯一具有正當使用武力的組織。和洛克不同，韋伯並不認為國家有任何特定的必須實現的目標，因為歷史上的國家可以任意界定它的目標。我認為他們的分別，主要是洛克在問一個應然的問題，即國家應該實現什麼目標，而韋伯則在處理社會學中一個實然

導論

1 本文源自〈我們非如此不可〉一文，由於已大幅度重寫，故另起新題。原文見周保松，2020，《政治的道德：從自由主義的觀點看》(第三版)。中文大學出版社，頁xvii-xxvii。又，我會在本書交替使用「正義」和「公正」指涉英文justice一詞。

2 羅爾斯便認為，政治哲學其中一個角色，是追求「有機會實現的烏托邦」(realistically utopian)。John Rawls, 2001, *Justice as Fairness: A Restatement*, ed. Erin Kelly, Belknap Press of Harvard University Press, p. 4.

3 如果國家能夠合理地回答這個問題，我們就可以說，這個社會是正義的，國家權力的行使就具有很高的正當性。

4 John Rawls, 1999, *A Theory of Justice* (revised edition), Belknap Press of Harvard University Press.

5 詳情可見柏拉圖，2004，〈蘇格拉底的申辯篇〉，《柏拉圖對話集》，王太慶譯。北京商務印書館，頁25-55。

6 Isaiah Berlin, 2002, "Two Concepts of Liberty" in *Liberty*, ed. Henry Hardy, Oxford University Press, p. 167. 此文最初發表於一九五八年，是伯林就職牛津大學政治理論講座教授時的演講辭。

7 馬克思認為，「哲學家只是用不同的方式解釋世界，而問題在於改變世界。」而黑格爾認為，在指導世界應該怎麼樣這個問題上，哲學總是來得太遲。馬克思，1972，〈關於費爾巴哈的提綱〉，《馬克思恩格斯選集》第一卷，中共中央編譯局編。人民出版社，頁19；黑格爾，1996，《法哲學原理》，范揚、張企泰譯。北京商務印書館，頁13。

1.政治道德之必要

1 這裡我用的是資源「相對稀缺」，而不是「極度稀缺」，因為人類社會如果長期處於後者的狀態，個體就會為了生存而不顧一切地爭奪資源，很難形成穩定和互信的合作關係。羅爾斯稱此為正義問題出現的「客觀環境」。John Rawls, 1999, *A Theory of Justice* (revised edition), Belknap Press of Harvard University Press, pp. 109-110.

2 自由主義宗教寬容和政教分離的理念之所以在十七世紀歐洲出現，便是源於宗教改革導致的連綿不絕的宗教戰爭。John Rawls, 2005, *Political Liberalism* (expanded edition), Columbia University Press, pp. xxii-xxiv.

3 這種對社會合作的理解，主要參考Rawls, *A Theory of Justice*, pp. 4-5；亦可見Rawls, *Political Liberalism*, pp. 15-16。

4 這個對於國家的定義，來自Max Weber, 1991, "Politics as a Vocation" in *From Max Weber:*

注釋

前言

1 事實上，隨著中國在國際政治和全球經濟的影響力急速增長，威權資本主義作為一種政經力量，也作為現代政治的一種發展模式，不僅直接影響兩岸三地和東亞地區的政治發展，也已為全球民主國家帶來極大挑戰。

2 他們兩人在香港最有影響力的著作，分別是：F. A. Hayek, 2001, *The Road to Serfdom*, Routledge；Milton Friedman, 1982, *Capitalism and Freedom*, The University of Chicago Press。傅利曼（港譯：佛利民）和香港淵源甚深，曾盛讚香港是他心目中最理想的自由經濟體。相關討論，可參考Jamie Peck, 2021, "Milton's Paradise: Situating Hong Kong in Neoliberal Lore" *Journal of Law and Political Economy*, vol. 1, issue 2, pp. 189-211。

3 至於那些對資本主義構成不便的自由，例如結社自由、罷工自由，以及集體談判權等，卻長期受到壓制，尤其是保障工人權益至為關鍵的集體談判權，直到今天仍然無法獲得香港政府承認。

4 這是美國傳統基金會（Heritage Foundation）的排名。直到二〇一九年，香港都是世界第一。不過，從二〇二一年開始，香港不再獲單獨評級，而是和澳門一起列入中國評分。

5 根據香港樂施會最新的調查，二〇二三年香港的整體貧窮率達二〇%，大約有一百三十六萬人活在貧窮狀態之中，而最低與最高家庭月入中位數相差五十七·七倍。完整報告可參看：www.oxfam.org.hk/tc/f/news_and_publication/100595/香港貧窮狀況報告2023.pdf。

6 目前香港的利得稅率為一六·五%，薪俸稅標準稅率為一五%。此外，香港並沒有徵收銷售稅、遺產稅、資產增值稅和股東紅利稅。

7 類似的思路和類似的困境，過去數十年，是否也存在於中國大陸主流的右翼論述之中，同樣值得我們關注。

8 如果文章改動幅度太大，我會另起新題目以作識別。如果只是局部修訂，就會保留原來的題目，但不會逐一注明修訂之處。與此同時，原書也有部分文章沒有收進本書。

時代》第1期，頁48–57。
費爾巴哈，1984，《基督教的本質》，榮震華譯。北京商務印書館。
楊絳，2015，《洗澡》。時報出版。
鄭煒、袁瑋熙，2014/11/29，〈後雨傘運動：告別政治冷感的年代〉，《明報》。
劉軍寧，2014/12/17，〈左翼自由主義「左」在哪裡？〉，《愛思想網》。
劉瑜，2014，《觀念的水位》。江蘇文藝出版社。
劉瑜，2022，《可能性的藝術：比較政治學30講》。廣西師範大學出版社。
劉擎，2013，〈中國語境下的自由主義：潛力與困境〉，《開放時代》第4期，頁106–123。
魯迅，1981，《魯迅全集》第一卷。人民文學出版社。
盧梭，1987，《社會契約論》，何兆武譯。唐山出版社。
穆勒，2011，《論自由》，孟凡禮譯。廣西師範大學出版社。
錢永祥，2008，〈社會主義如何參考自由主義：讀曹天予〉，《思想》第10期，頁253-267。
錢永祥，2014，《動情的理性：政治哲學做為道德實踐》。聯經出版。
錢永祥，2016，〈哲學與公共文化：台灣的經驗〉，《二十一世紀》總第158期，頁4-18。
謝韜，2007，〈民主社會主義模式與中國前途〉，《炎黃春秋》第2期，頁1-8。
鍾玲玲，1991，《愛蓮說》。天地圖書。

周濂，2015，〈正義第一原則與財產所有權的民主制〉，《中國人民大學學報》第1期，頁66-78。
金耀基，2013，《中國的現代轉向》（增訂版）。牛津大學出版社（中國）。
施特勞斯，2003，《自然權利與歷史》，彭剛譯。北京三聯書店。
柏拉圖，2004，《柏拉圖對話集》，王太慶譯。北京商務印書館。
洛克，1964，《政府論》，葉啟芳、瞿菊農譯。北京商務印書館。
洛克，1996，《論宗教寬容》，吳雲貴譯。北京商務印書館。
胡適，1999，〈容忍與自由〉，《什麼是自由主義》，張忠棟等編。唐山出版社，頁377-382。
胡適，1999，〈容忍與自由──《自由中國》十週年紀念會上講詞〉，《什麼是自由主義》，張忠棟等編。唐山出版社，頁395-403。
韋伯，1991，《學術與政治》，錢永祥編譯。遠流出版。
唐德剛，1980，《胡適雜憶》。傳記文學出版社。
徐友漁，2007，〈進入21世紀的自由主義和新左派〉，《當代中國研究》第2期。
海耶克，2019，《到奴役之路》，殷海光譯。國立臺灣大學出版中心。
馬克思，2002，〈關於費爾巴哈的提綱〉，《馬克思恩格斯選集》第一卷，中共中央馬克思恩格斯列寧斯大林著作編譯局編。人民出版社，頁16-19。
馬克思，2002，〈論猶太人問題〉，《馬克思恩格斯全集》第三卷，中共中央馬克思恩格斯列寧斯大林著作編譯局編。人民出版社，頁163–198。
高華，2000，《紅太陽是怎樣升起的：延安整風運動的來龍去脈》。香港中文大學出版社。
陳宜中 ，2013，〈社會經濟公正與中國的憲政民主〉，《二十一世紀》總第138期，頁16–24。
陳宜中，2013，《當代正義論辯》。聯經出版。
陳冠中，2013/12/26，〈新左翼思潮的圖景〉，《共識網》。
陳冠中、周濂，2014/04/08，〈周濂、陳冠中對談新左翼思潮〉，《東方早報．上海書評》。
陳純，2020，〈自由主義者的「心力」〉，《自由主義的重生與政治德性》。世界華語出版社，頁385-396。
康德，1990，〈論通常的說法：這在理論上可能是正確的，但在實踐上是行不通的〉，《歷史理性批判文集》，何兆武譯。北京商務印書館。
張忠棟等編，1999，《什麼是自由主義》。唐山出版社。
許紀霖，1997，〈現代中國的自由主義傳統〉，《二十一世紀》總第42期，頁27–35。
許紀霖，2000，〈尋求自由與公道的社會秩序：現代中國自由主義的一個考察〉，《開放

Princeton University Press.

Wolff, Jonathan. 2006. *An Introduction to Political Philosophy* (revised edition). Oxford University Press.

Wolff, Robert Paul. 1988. *In Defense of Anarchism*. University of California Press.

Young, Iris Marion. 1990. *Justice and the Politics of Difference*. Princeton University Press.

中文文獻

甘陽，2000/10/01-02，〈中國自由左派的由來〉，《明報》；亦收在陳祖為、梁文韜編，2001，《政治理論在中國》。牛津大學出版社（中國）。

甘陽，2003，《政治哲人施特勞斯》。牛津大學出版社。

石元康，1998，《從中國文化到現代性：典範轉移？》。東大圖書。

石元康，2017，〈自由主義與現代社會〉，《歷史與社會》。上海人民出版社，頁27-40。

石元康，2017，〈政治自由主義之中立性原則及其證成〉，《歷史與社會》。上海人民出版社，頁3-26。

皮凱提，2022，《二十一世紀資本論》，詹文碩、陳以禮譯。衛城出版。

托克維爾，2000，《民主在美國》，秦修明等譯。貓頭鷹出版社。

江緒林，2022，《生命的厚度》。上海文藝出版社。

吳乃德，2013，《百年追求：臺灣民主運動的故事》卷二　自由的挫敗。衛城出版。

李丹，2014/08/08，〈中國左翼自由主義的「香港共識」：一次不亮旗的亮旗〉，《澎湃新聞》。

李澤厚，1999，《己卯五說》。中國電影出版社。

周保松，2015，〈自由主義左翼的理念〉，《二十一世紀》總第149期，頁36-54。

周保松，2015，《自由人的平等政治》（新版）。香港中文大學出版社。

周保松，2015/04/10，〈對本土論的一點反思〉，《獨立媒體》。

周保松，2017，《在乎》。香港牛津大學出版社（中國）。

周保松，2019，《我們的黃金時代》。牛津大學出版社（中國）。

周保松，2020，《政治的道德：從自由主義的觀點看》（三版）。香港中文大學出版社。

周保松，2021，〈羅爾斯與中國自由主義〉，《二十一世紀》總第185期，頁4-20。

周保松，2023，〈公共哲學的理念〉，《思想》第48期，頁191-213。

周保松，2023，〈自由愛國主義〉，《中國民主季刊》第一卷第4期，頁96-113。

周保松，2023，〈還有理由做個自由主義者嗎？〉，《二十一世紀》總第200期，頁116-135。

周濂，2014，〈哈耶克與羅爾斯論社會正義〉，《哲學研究》第10期，頁89-99。

Springer, Simon, Birch, Kean and MacLeavy, Julie eds.. 2016. *The Handbook of Neoliberalism.* Routledge.

Swift, Adam. 2006. *Political Philosophy: A Beginner's Guide for Students and Politicians* (second edition). Polity Press.

Taylor, Charles. 1985. "Atomism" in *Philosophy and the Human Sciences: Philosophical Papers 2.* Cambridge University Press, pp. 187-210.

—— 1985. "What's Wrong with Negative Liberty" in *Philosophy and the Human Sciences: Philosophical Papers 2.* Cambridge University Press, pp. 220-222.

—— 1994. "The Politics of Recognition" in *Multiculturalism: Examining the Politics of Recognition*, ed. Amy Gutmann. Princeton University Press, pp. 25-74.

—— 2007. *A Secular Age.* Belknap Press of Harvard University Press.

The Heritage Foundation. Index of Economic Freedom, https://www.heritage.org/index/.

Thoreau, Henry David. 1991. "Civil Disobedience" in *Civil Disobedience in Focus*, ed. Hugo Adam Bedau. Routledge, pp. 28-48.

Tocqueville, Alexis de. 2011. *Democracy in America.* The University of Chicago Press.

Vásquez, Ian et. al. 2022. "The Human Freedom Index: A Global Measurement of Personal, Civil and Economic Freedom", Cato Institute and Fraser Institute, https://www.cato.org/sites/cato.org/files/2022-03/human-freedom-index-2021-updated.pdf.

Waldron, Jeremy. ed.. 1984. *Theories of Rights.* Oxford University Press.

—— ed.. 1987. *Nonsense Upon Stilts.* Methuen.

—— 1993. "Theoretical Foundations of Liberalism" in *Liberal Rights: Collected Papers 1981-1991.* Cambridge University Press.

—— 1995. "Minority Culture and the Cosmopolitan Alternative" in *The Rights of Minority Culture*, ed. Will Kymlicka. Oxford University Press, pp. 93-119.

Walzer, Michael. 1983. *Spheres of Justice.* Blackwell.

Weber, Max. 1978. *Economy and Society*, ed. Guenther Roth & Claus Wittich. University of California Press.

—— 1991. *From Max Weber: Essays in Sociology*, ed. H. H. Gerth and C. Wright Mills. Routledge.

Wilkinson, Richard G.. 2006. *The Impact of Inequality.* The New Press.

Williams, Bernard. 1973. "A Critique of Utilitarianism" in J. J. C. Smart and Bernard Williams, *Utilitarianism: For & Against.* Cambridge University Press, pp. 77-150.

—— 1976. "The Idea of Equality" in *Problems of the Self.* Cambridge University Press, pp. 230-249.

—— 1996. "Toleration: An Impossible Virtue?" in *Toleration: An Elusive Virtue*, ed. David Heyd.

and Political Economy 1, issue 2, pp. 189-211.

Piketty, Thomas. 2014. *Capital in the Twenty-First Century*, trans. Arthur Goldhammer. Harvard University Press.

Plato. 1968. *The Republic of Plato*, trans. Allan Bloom. Basic Books.

—— 2002. "The *Apology* of Socrates" in *The Trials of Socrates: Six Classic Texts*, ed. C. D. C. Reeve. Hackett, pp. 26-61.

Rawls, John. 1999. *A Theory of Justice* (revised edition). Harvard University Press.

—— 1999. "Constitutional Liberty and the Concept of Justice" in *John Rawls: Collected Papers*, ed. Samuel Freeman. Harvard University Press, pp. 73-95.

—— 1999. "Kantian Constructivism in Moral Theory" in *John Rawls*: *Collected Papers*, ed. Samuel Freeman. Harvard University Press, pp. 303-358.

—— 1999. "Commonweal Interview with John Rawls" in *John Rawls: Collected Papers*, ed. Samuel Freeman. Harvard University Press, pp. 616-622.

—— 2001. *Justice as Fairness: A Restatement*, ed. Erin Kelly. Harvard University Press.

—— 2001. *Political Liberalism* (expanded edition). Columbia University Press.

—— 2001. *Lectures on the History of Political Philosophy*, ed. Samuel Freeman. Harvard University Press.

Raz, Joseph. 1986. *The Morality of Freedom*. Oxford University Press.

Riley, Patrick. 1982. *Will and Political Legitimacy*. Harvard University Press.

Rousseau, Jean-Jacques. 1993. *The Social Contract and the Discourses*, trans. G. D. H. Cole. Everyman's Library.

Sandel, Michael. 1982. *Liberalism and the Limits of Justice*. Cambridge University Press.

—— 2005. *Public Philosophy: Essays on Morality in Politics*. Harvard University Press.

—— 2012. *What Money Can't Buy: The Moral Limits of Markets*. Allen Lane.

Scanlon, T. M.. 2003. *The Difficulty of Tolerance: Essays in Political Philosophy*. Cambridge University Press.

Scheffler, Samuel. 1992. *Human Morality*. Oxford University Press.

Schwartz, Benjamin. 1964. *In Search of Power and Wealth: Yen Fu and the West*. Harvard University Press.

Sen, Amartya. 2009. *The Idea of Justice*. Harvard University Press.

Simmons, A. John. 1993. *On The Edge of Anarchy: Locke, Consent, and the Limits of Society*. Princeton University Press.

—— 2001. *Justification and Legitimacy*. Cambridge University Press.

—— ed. 1995. *The Rights of Minority Culture.* Oxford University Press.

—— 2002. *Contemporary Political Philosophy: An Introduction* (second edition). Oxford University Press.

Locke, John. 1988. *Two Treatises of Government*, ed. Peter Laslett. Cambridge University Press.

—— 2010. "A Letter Concerning Toleration" in *Locke on Toleration*, ed. Richard Vernon, trans. by Michael Silverthorne. Cambridge University Press, 2010.

MacCallum Jr., Gerald C.. 2006. "Negative and Positive Freedom" in *The Liberty Reader*, ed. David Miller. Paradigm Publishers, pp. 100-122.

Marx, Karl. 1977. "On the Jewish Question" in *Selected Writings*, ed. David McLellan. Oxford University Press, pp. 52-54.

—— 1977. *Selected Writings,* ed. David McLellan. Oxford University Press.

MacIntyre, Alasdair. 2002. "Is Patriotism a Virtue?" in *Patriotism,* ed. Igor Primoratz. Humanity Books, pp. 43-58.

McIntyre, Lee, McHugh, Nancy, and Olasov, Ian eds.. 2022. *A Companion to Public Philosophy*. Blackwell.

Mendus, Susan. 1989. *Toleration and the Limits of Liberalism*. Macmillan.

Mill, John Stuart. 1989. *On Liberty and Other Writings*, ed. Stefan Collini. Cambridge University Press, pp. 1-116.

—— 1998. *Utilitarianism*, ed. Roger Crisp. Oxford University Press.

Miller, David. 2003. *Political Philosophy: A Very Short Introduction.* Oxford University Press.

Müller, Jan-Werner. 2007. *Constitutional Patriotism*. Princeton University Press.

Nagel, Thomas. 1991. *Equality and Partiality*. Oxford University Press.

Nathanson, Stephen. 1993. *Patriotism, Morality, and Peace*. Rowman & Littlefield.

Nozick, Robert. 1974. *Anarchy, State, and Utopia*. Basic Books.

—— 1997. *Socratic Puzzles*. Harvard University Press.

—— 1989. *The Examined Life*. Simon and Schuster.

Nussbaum, Martha C.. 2006. *Frontiers of Justice*. Harvard University Press.

O'Neill, Martin. 2008. "Three Rawlsian Routes towards Economic Democracy", *Revue de Philosophie Économique* 9, no. 1, pp. 29-55.

O'Neill, Martin, and Thad Williamson eds.. 2012. *Property-Owning Democracy: Rawls and Beyond.* Wiley-Blackwell.

Pascal, Blaise. 1966. *Pensées*, trans. A. J. Krailsheimer. Penguin.

Peck, Jamie. 2021. "Milton's Paradise: Situating Hong Kong in Neoliberal Lore", *Journal of Law*

Press.

Galeottik, Anna. 1993. "Citizenship and Equality: The Place for Toleration", *Political Theory* 21, no. 4, pp. 585-605.

Gauthier, David. 1986. *Morals by Agreement*. Clarendon Press.

Gewirtz, Julian. 2017. *Unlikely Partners: Chinese Reformers, Western Economists, and the Making of Global China*. Harvard University Press.

Giddens, Anthony. 1991. *The Consequences of Modernity*. Stanford University Press.

Gray, John. 1995. *Berlin*. Fontana Press.

Habermas, Jürgen. 1990. *The Philosophical Discourse of Modernity*, trans. Frederick Lawrence. MIT Press.

—— 1997. "Modernity: An Unfinished Project" in *Habermas: An Unfinished Project and Modernity*, ed. Maurizio Passerin d'Entrèves and Seyla Benhabib. MIT Press, pp. 38-55.

—— 1998. "Citizenship and National Identity" in *Between Facts and Norms: Contribution to a Discourse Theory of Law and Democracy*, trans. W. Rehg. MIT Press.

Hampton, Jean. 1996. *Political Philosophy*, Routledge.

Harrison, Ross. 1993. *Democracy*, Routledge.

Hayek, F. A.. 1982. *Law, Legislation and Liberty*, Routledge.

—— 2001. *The Road to Serfdom*, Routledge.

Held, David. 1996. *Models of Democracy*, Polity Press.

Hobbes, Thomas. 1991. *Leviathan*, ed. Richard Tuck, Cambridge University Press.

Holmes, Stephen and Sunstein, Cass R.. 1999. *The Cost of Rights: Why Liberty depends on Taxes*, W. W. Norton & Company.

Hume, David. 1985. "Of Social Contract" in *Essays: Moral, Political and Literary*, Liberty Fund, pp. 465-487.

Kant, Immanuel. 1991. *Political Writings*, ed. Hans Reiss, trans. H. B. Nisbet. Cambridge University Press.

Keller, Simon. 2005. "Patriotism as Bad Faith", *Ethics* 115, pp. 563-592.

King Jr., Martin Luther. 1991. "Letter from Birmingham City Jail" in *Civil Disobedience in Focus*, ed. Hugo Adam Bedau. Routledge, p. 73.

Korsgaard, Christine. 1996. *The Sources of Normativity*. Cambridge University Press.

Kuhn, Thomas. 2012. *The Structure of Scientific Revolutions*. University of Chicago Press.

Kymlicka, Will. 1989. *Liberalism, Community and Culture*. Clarendon Press.

—— 1995. *Multicultural Citizenship: A Liberal Theory of Minority Rights*. Clarendon Press.

Other Essays in Political Philosophy. Princeton University Press, pp. 147-165.

—— 2011. "Freedom and Money" in *On the Currency of Egalitarian Justice, and Other Essays in Political Philosophy*. Princeton University Press, pp. 166-199.

Cohen-Almagor, Raphael. 2021. "Can Group Rights Justify the Denial of Education to Children? The Amish in the United States as a Case Study", *SN Social Sciences* 1:164, pp. 1-29.

Constant, Benjamin.1988. "Liberty of the Ancients Compared with that of the Moderns" in *Political Writings*, trans. and ed. Biancamaria Fontana. Cambridge University Press.

Dahl, Robert. 1998. *On Democracy*. Yale University Press.

Delmas, Candice. 2018. *A Duty to Resist: When Civil Disobedience Should be Uncivil*. Oxford University Press.

Dworkin, Ronald. 1977. *Taking Rights Seriously*. Harvard University Press.

—— 1996. "Do Liberty and Equality Conflicts?" in *Living as Equals*, ed. Paul Barker. Oxford University Press, pp. 39-58.

—— 1978. "Liberalism" in *Public and Private Morality*, ed. Stuart Hampshire. Cambridge University Press, pp.113-143.

—— 2000. *Sovereign Virtue: The Theory and Practice of Equality*. Harvard University Press.

Edwards, Sebastian. 2023. *The Chile Project: The Story of the Chicago Boys and the Downfall of Neoliberalism*. Princeton University Press.

Feuerbach, Ludwig. 1957. *The Essence of Christianity*, trans. George Eliot. Harper & Brothers.

Finley, M. I.. 1996. *Democracy: Ancient and Modern*. Rutgers University Press.

Forrester, Katrina. 2019. *In the Shadow of Justice: Postwar Liberalism and the Remaking of Political Philosophy*. Princeton University Press.

Freeman, Samuel. 2002. "Illiberal Libertarians: Why Libertarianism Is Not a Liberal View", *Philosophy and Public Affairs* 30, no. 2, pp. 105-151.

Fricker, Miranda. 2007. *Epistemic Injustice: Power and the Ethics of Knowing*. Oxford University Press.

Friedrich, Carl J.. 1955. "The Political Thought of Neo-Liberalism", *The American Political Science Review* 49, no. 2, pp. 509-512.

Friedman, Milton. 1951/2/17. "Neo-Liberalism and Its Prospects", *Farmand*, pp. 89-93.

—— 1982. *Capitalism and Freedom*. The University of Chicago Press.

—— 2000/01/10. "Up for Debate: Reform Without Liberty: Chile's Ambiguous Legacy", www-tc.pbs.org/wgbh/commandingheights/shared/pdf/ufd_reformliberty_full.pdf, pp. 1-3.

Friedman, Milton and Friedman, Rose D.. 1998. *Two Lucky People: Memoirs*, University of Chicago

參考書目

英文文獻

Anderson, Elizabeth. 1993. *Value in Ethics and Economics*. Harvard University Press.

—— 1999. "What is the Point of Equality", *Ethics*, 109, pp. 287-337.

Aristotle. 1998. *Nicomachean Ethics,* trans. Terence Irwin. Dover Publications.

Beetham, David. 1991. *The Legitimation of Power*. Palgrave Macmillan.

Bentham, Jeremy. 2007. *An Introduction to the Principles of Morals and Legislation.* Dover Publications.

Berlin, Isaiah. 1991. "The Pursuit of the Ideal" in *The Crooked Timber of Humanity*. Fontana Press, pp. 1-19.

—— 2002. "Two Concepts of Liberty" in *Liberty*, ed. Henry Hardy. Oxford University Press, pp. 166-217.

Boas, Taylor C. and Gans-Morse, Jordan. 2009. "Neoliberalism: From New Liberal Philosophy to Anti-Liberal Slogan", *Studies in Comparative International Development* 44, issue 2, pp. 137-161.

Caldwell, Bruce and Montes, Leonidas. 2015. "Friedrich Hayek and His Visits to Chile", *The Review of Austrian Economics* 28, no. 3, pp. 261-309.

Chan, Joseph. 2014. *Confucian Perfectionism: A Political Philosophy for Modern Times*. Princeton University Press.

Charvet, John. 2013. *The Nature and Limits of Human Equality*. Palgrave Macmillan.

Cherniss, Joshua. 2021. *Liberalism in Dark Times: The Liberal Ethos in the Twentieth Century*. Princeton University Press.

Cohen, G. A.. 1995. *Self-Ownership, Freedom, and Equality*. Cambridge University Press.

—— 2000. *If You're an Egalitarian, How Come You're So Rich?*. Harvard University Press.

—— 2008. *Rescuing Justice and Equality*. Harvard University Press.

—— 2009. *Why Not Socialism?*. Princeton University Press.

—— 2011. "Capitalism, Freedom, and the Proletariat" in *On the Currency of Egalitarian Justice, and*

春山之聲 058

左翼自由主義——公平社會的理念

Left-Liberalism: The Idea of a Fair Society

作者　周保松
總編輯　莊瑞琳
責任編輯　夏君佩
行銷企畫　甘彩蓉
業務　尹子麟
封面設計　井十二設計研究室
內頁排版　張瑜卿
法律顧問　鵬耀法律事務所戴智權律師

出版　春山出版有限公司
地址　116臺北市文山區羅斯福路六段297號10樓
電話　(02) 2931-8171
傳真　(02) 8663-8233

總經銷　時報文化出版企業股份有限公司
地址　桃園市龜山區萬壽路二段351號
電話　(02) 2306-6842
製版　瑞豐電腦製版印刷股份有限公司
印刷　搖籃本文化事業有限公司

初版一刷　2024年7月
定價　660元
I S B N　978-626-7236-77-2（紙本）
978-626-7236-75-8（EPUB）
978-626-7236-76-5（PDF）

本書擴充、改寫自《政治的道德：從自由主義的觀點看》（第三版）
香港中文大學出版社授權出版 2014, 2015, 2020
本書由香港中文大學出版社授權出版，本版限在臺灣發行

國家圖書館出版品預行編目（CIP）資料

左翼自由主義：公平社會的理念／周保松著
—初版．—臺北市：春山出版有限公司，2024.07
—576面；14.8×21公分．—（春山之聲；058）
ISBN 978-626-7236-77-2（平裝）
1.CST：政治社會學　2.CST：自由主義
570.15　112018509

春山出版　填寫本書線上回函

EMAIL SpringHillPublishing@gmail.com
FACEBOOK www.facebook.com/springhillpublishing/

All Voices from the Island

島嶼湧現的聲音